O MUNDO EM PRIMEIRA PESSOA

Francis Wolff

O MUNDO EM PRIMEIRA PESSOA

Entrevistas com André Comte-Sponville

Tradução
Mariana Echalar

Direitos de publicação reservados à:
Fundação Editora da Unesp (FEU)
Praça da Sé, 108
01001-900 – São Paulo – SP
Tel.: (0xx11) 3242-7171
Fax: (0xx11) 3242-7172
www.editoraunesp.com.br
www.livrariaunesp.com.br
atendimento.editora@unesp.br

Dados Internacionais de Catalogação na Publicação (CIP) de acordo com ISBD
Elaborado por Odilio Hilario Moreira Junior – CRB-8/9949

W855m Wolff, Francis

O mundo em primeira pessoa: entrevistas com André Comte-Sponville / Francis Wolff; traduzido por Mariana Echalar. – São Paulo: Editora Unesp, 2022.

Inclui bibliografia.
ISBN: 978-65-5711-130-7

1. Filosofia. 2. Antropologia. 3. Entrevistas. I. Echalar, Mariana. II. Título.

CDD 100
2022-1850 CDU 1

Editora afiliada:

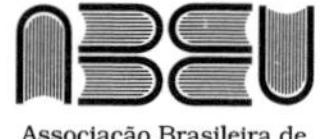

À memória de

Ferdinand Israel Wolff
Diefflen, 9 dez. 1882 – ✡ Theresienstadt, 10 jul. 1943

Bertha Kahn
Fürfeld, 1º dez. 1881 – ✡ Auschwitz, 15 maio 1944

Hugo Moritz Czech
Łańcut, 18 out. 1884 – ✡ Auschwitz, 24 jul. 1942

Sophie Levy
Bollendorf, 24 ago. 1885 – ✡ Auschwitz, 7 mar. 1943

SUMÁRIO

PREFÁCIO

André Comte-Sponville

Disse muitas vezes, especialmente aos jornalistas que me perguntavam, que considero Francis Wolff o maior filósofo francês vivo. Isso não significa que suas ideias tenham se tornado as minhas – admiração, em filosofia, não é o mesmo que aprovação –, mas não conheço, em nossa época e em nosso país, um filósofo cujo pensamento seja mais sólido, mais científico e mais rigoroso do que o seu. Talvez isso cause surpresa, pois ele é pouco conhecido do grande público. Esse descompasso entre a importância de sua obra (largamente reconhecida pelos especialistas) e sua notoriedade (que não vai muito além dos limites da Universidade) é a razão deste livro e o suficiente para justificá-lo.

A ideia, sob outra forma, veio primeiro de Francis, que me propôs, alguns anos atrás, escrevermos um livro a duas vozes para confrontarmos nossos pontos de vista. Eu não via a necessidade ou, caso o projeto se concretizasse, como eu poderia evitar repetir inutilmente o que eu já formulara em outras obras, sozinho, com outros ou contra outros. Não basta trocar de interlocutor para mudar de filosofia! Depois o projeto tomou novas feições. Francis, passados os anos e ao arrepio de seu modo habitual de escrever, teve a ideia de um livro de entrevistas. Queria poder relembrar a história de sua família (cujas particularidades dolorosas têm certa relação com as posições universalistas defendidas por ele), dirigir-se a um público mais amplo e, sobretudo, trazer à luz do dia a unidade de seu trabalho, para além dos diferentes domínios, parciais e às vezes muito distantes uns dos outros, nos quais ele é conhecido (como historiador da filosofia antiga, como filósofo da música, como metafísico, como crítico das utopias contemporâneas, ou mesmo como defensor das touradas). Do meu ponto de vista, isso mudava tudo! Não se tratava mais de um livro a duas vozes iguais, sob forma de diálogo ou textos justapostos, mas de um jogo de perguntas e respostas, no qual eu assumiria as perguntas e deixaria para Francis a responsabilidade exclusiva das respostas. Essa nova ideia me convenceu, ou melhor, despertou imediatamente meu entusiasmo. Que alegria seria oferecer ao grande público um acesso mais fácil e mais personificado ao pensamento – sempre claro, mas vez por outra terrivelmente abstrato e denso – do meu amigo! Visto que Francis, sonhando com esse livro de entrevistas, me concedia a honra e a amizade de pretender, ainda que timidamente ("não sei se me atrevo a lhe pedir", escreveu ele), fazê-lo comigo, estava fora de cogitação hesitar. Aceitei. Se agi bem ou mal, não cabe a mim dizer, nem a ele, mas aos leitores.

Como procedemos? Primeiro à distância, já que estávamos na época do primeiro confinamento imposto pela pandemia de Covid-19, mas tirando partido de todas as facilidades oferecidas pelas novas tecnologias, portanto, tanto oralmente, por videoconferência, como, mais frequentemente, por escrito, através de e-mails. O objetivo era encontrar, na e pela escrita, alguma coisa da oralidade, da vivacidade, da espontaneidade dela, sem abrir mão do que o escrito pode oferecer em termos de rigor e precisão. A amizade, muito antiga entre nós, tornou a coisa mais fácil do que poderíamos imaginar, e ainda mais agradável do que esperávamos. O confinamento, a cada encontro, tornava-se menos pesado. Depois acabou e pudemos continuar ou retomar nossas conversas pessoalmente, sem deixar de privilegiar a escrita.

O plano, estabelecido previamente e de comum acordo, variou pouco. A primeira entrevista, que cumpre aqui a função de abertura, é ao mesmo tempo a mais geral e a mais singular. Trata do que é filosofia (especialmente por oposição às ciências e à literatura), mas também da trajetória biográfica que levou Francis a fazer dela uma profissão e, mais tarde, uma obra. A segunda entrevista faz uma espécie de *flashback* que nos pareceu necessário: ela conta a história de antes do nascimento de Francis, de seus pais e avós, judeus alemães tragicamente vitimados (inclusive os que não morreram) pela monstruosidade dos nazistas e de seus cúmplices na França. A terceira entrevista nos leva de volta à filosofia e a Francis, ou melhor, à maneira como este último se alimenta daquela primeira, não mais vista em geral, como no primeiro capítulo, mas mediada por certos mestres (especialmente Althusser e Derrida), ou alguns dos maiores filósofos do passado, dos mais distantes de nós (Aristóteles, Descartes, Kant...) aos nossos quase contemporâneos (Quine, Strawson, Foucault, Ricœur, Rawls, Habermas...). Os leitores compreenderão como uma filosofia se busca e se constrói confrontando-se com outras filosofias – como a admiração, quando é exigente, torna-se criativa. A quarta entrevista trata da metafísica de Francis Wolff, inteiramente oriunda de sua análise da "linguagem-mundo" e do que ele denomina a "razão dialógica". O mundo, tal como podemos dizê-lo e pensá-lo, compõe-se fundamentalmente de três tipos de entidades, e somente três: coisas, eventos e pessoas. Os leitores verão, na quinta entrevista, que essa ontologia triádica esclarece consideravelmente, e sob uma nova luz, um certo número de problemas tradicionais da filosofia, desde a questão do "por que existe alguma coisa, ao invés de nada?" até as interrogações sobre os "conceitos híbridos", como Deus e o tempo. Essa ontologia deságua numa nova maneira de pensar nossa humanidade (tema da sexta entrevista, que responde à pergunta: "O que é o homem?"), fundamentar a moral (sétima entrevista: "A objetividade do bem") e conceber a liberdade (oitava entrevista). As mesmas categorias, aplicadas às belas-artes, nos permitem compreendê-las e classificá-las de maneira original, ao mesmo tempo que nos interrogamos sobre seu devir contemporâneo (nona entrevista). Em todos esses domínios, o universal – e, portanto, também o humanismo – está no centro do pensamento de Francis

Wolff, o que o faz distanciar-se de toda uma parte do pensamento contemporâneo, tanto em ética como em estética. Finalmente, a décima entrevista esclarece as posições de Francis sobre um certo número de temas nunca ou pouco abordados nas nove entrevistas precedentes, desde a política até a religião, passando pelo amor e pelas touradas. Também é ocasião para uma espécie de balanço, provisório ao menos, sobre uma obra sempre em desenvolvimento. Possam os leitores sentir tanto prazer em descobri-la nas próximas páginas quanto eu senti ao revisitar, graças a Francis, as suas diferentes etapas!

PRIMEIRA ENTREVISTA

TORNAR-SE FILÓSOFO

O filósofo e o *castrato* – As perguntas da criança – Razão e experiência – Meditações metafísicas de um pré-adolescente – Ciência, literatura e filosofia – A família e os estudos – O grande segredo de família – O tio da América – O rabino Gourévitch: o educador – "Jejuar no Kipur" – Os maos – Os gêneros e o sexo – Uma carreira e quatro telefonemas – Ensinar em português – Interpretações analíticas e os *baroqueux* – Um pecado de juventude – "A liberdade do espírito"

– Você me permite, à guisa de introdução, que eu comece contando uma história? Foi há cinquenta anos, no outono de 1970. Eu tinha acabado de entrar na hypokhâgne, *no Liceu Louis-le-Grand. Eu não conhecia ninguém da classe superior, a* khâgne,* *exceto – porque éramos do mesmo sindicato estudantil, a Union Nationale des Étudiants de France (Unef) – um certo Thierry V., com quem eu conversava de vez em quando.*

* *Hypokhâgne* e *khâgne* são gírias, respectivamente, para o primeiro e o segundo anos do curso preparatório para o exame da École Normale Supérieure (seção literatura). (N. T.)

Um dia, saindo do liceu, andando ao lado dele, perguntei: "Na sua turma tem alguém realmente bom em filosofia?". Ele respondeu: "Tem um cara que é fantasticamente fera. Ele se chama Francis Wolff". A resposta me impressionou tanto que nunca mais me esqueci nem do nome, que eu estava ouvindo pela primeira vez, nem do advérbio e do adjetivo, cuja autenticidade literal eu garanto. Alguns anos depois, conhecendo você, na época do nosso internato na Rue d'Ulm, e depois lendo você, nas décadas seguintes, eu me peguei várias vezes pensando nessa apreciação do ex-colega, que há muito tempo perdi de vista, e me surpreender que fosse tão pertinente e tão precoce! Como eu poderia não aceitar, meio século depois, e a convite seu, representar diante de você, como fiz para Marcel Conche, o modesto e útil papel de entrevistador?*

Mas vamos direto ao que interessa. Francis, para você, o que é filosofia?

Minha primeira tentação é fazer piada: não sou nem jovem o suficiente nem velho o bastante para me perguntar o que é filosofia. Ainda estou na idade de fazer filosofia e, portanto, de ter esperança de redefini-la pela minha prática, sem estabelecer um limite *a priori*. Confesso que, quando eu era um jovem professor, eu adorava dar esses cursos introdutórios sobre: "O que é filosofia?". Ficava maravilhado com meus alunos que a própria pergunta já fosse uma questão filosófica, e acrescentava, também classicamente, e até banalmente, que acontecia o mesmo com as perguntas: "O que é matemática?", "O que é ciência?", ou: "O que é arte?", perguntas que não são matemáticas, científicas ou artísticas, mas filosóficas exatamente por causa do "que é?" – que em filosofia chamamos de "a essência"... Isso me permitia abordar diretamente Sócrates e sua maneira de reformular qualquer questão prática ou moral em uma pergunta "que é?", e depois passar para o nascimento da filosofia na Grécia Clássica, o fato de ela coincidir com a democracia, o discurso livre e o pensamento crítico, mas também com a demonstração matemática. Em resumo, numa grande alegoria, a Razão se distanciava triunfalmente do mito e dos preconceitos religiosos. Como você vê, o curso estava

* Referência à École Normale Supérieure, localizada na Rue d'Ulm, em Paris. (N. T.)

redondinho. E funcionava bem. Eu tinha segurança, sabia o que era filosofia, ou pelo menos sabia mais ou menos defini-la: a busca da sabedoria, isto é, a busca do conhecimento verdadeiro, da ação correta etc. Nada disso é falso, mas imagino que não seja isso que você espera de mim, já que envelheci um pouco, mas ainda não sou velho.

– Vou reformular a minha pergunta, então: o que é, para você, filosofar?

Como sou apaixonado por música, recorro a uma analogia musical e digo que filosofar é cantar como um *castrato* do século XVIII: com voz de criança e técnica de adulto. Filosofar é interrogar o mundo com o rigor de um adulto e o espírito de uma criança. Há um momento no desenvolvimento das crianças em que elas perguntam "o que é?" a propósito de tudo. "O que é isso? O que é isso? O que é isso?". Na maioria das vezes, o nome da coisa é suficiente para satisfazer a curiosidade delas. Às vezes a criança repete a pergunta a respeito do nome dado. "E o que é casa?", ou então: "O que é animal?". Então ela se cansa: ela entende e se faz entender, é o que interessa. Acontece a mesma coisa com os "por quê?". "Por quê? Por quê? Por quê?", não se cansam de perguntar as crianças por volta dos 4 ou 5 anos, nunca satisfeitas com a resposta que damos. Na verdade, elas mal escutam nossa resposta. Elas a usam como simples pretexto para uma nova pergunta, o que prova, na minha opinião, que o que elas querem é testar a nossa capacidade de responder a tudo. Porque os pais se cansam e a criança quer brincar. Ela tem razão: brincar é a melhor maneira de aprender as regras da existência. Foi assim que todos nós aprendemos progressivamente a nos contentar com este mundo imperfeito em que os *que é* são incontáveis e os *por quê* são intermináveis. Nós nos adaptamos! É preciso viver, a vida não espera. Mas suponhamos um "espírito filósofo", que não quer se adaptar completamente, que mantém esse olhar inquieto da criança sobre as coisas e que, além do mais, tem o desejo, ou o vagar, ou a ocasião de trabalhar esse espírito como um cantor trabalha sua voz: escalas, *vocalises*, respiração, e ainda solfejo, história da música, estudo das grandes vozes etc. Esse espírito filósofo aprende a filosofar pelas lições dos mestres, pela leitura dos grandes textos ou pela prática dos exercícios de escola. Da criança, ele conserva a insatisfação e a insistência. Mas, como adulto, aprende a questionar não apenas as coisas ao seu redor, mas também os saberes, as crenças, as práticas, as normas, os valores aceitos etc. E da mesma forma que a criança aprende a dar nome a todas as coisas, ele aprende a dar nome aos conceitos, isto é, a pensá-los de maneira abstrata e geral, a manejá-los com rigor e precisão. E ao contrário da criança, que não tem saída senão acreditar na autoridade de seus pais ou de seus mestres, ele aprende a argumentar, isto é, a justificar tudo o que afirma e, portanto, a questionar aquilo em que acreditava ou aquilo que acreditava saber. Tudo isso é filosofar. E se, finalmente, certos espíritos conseguem fazer de todos esses questionamentos singulares, de todos esses conceitos e argumentos um conjunto coerente, capaz de esclarecer a própria existência, ou o saber e a ação dos homens, pode-se dizer que eles realizam uma obra de filosofia.

Eu poderia dizer isso numa frase. Filosofar é introduzir o máximo de racionalidade na experiência. Mas desde que a frase possa ser invertida: filosofar é, por seus conceitos e razões, permanecer o mais fiel possível à singularidade e à riqueza da experiência humana. Filosofar mal, sofismar, bancar o ideólogo ou o guru é falhar com a razão, ou falhar com a experiência.

– Mas como você, pessoalmente, fez para "filosofar bem"? Como aplicou no seu trabalho essas definições de filosofia que você propõe: a do questionamento infantil com voz de adulto e a do equilíbrio entre razão e experiência?

Que é e *por quê* não são somente duas perguntas sistemáticas das crianças. Para mim, elas são a manifestação mais significativa da inquietude humana em face do mundo. Expliquei a presença delas em *Dizer o mundo*. E, na maioria dos meus trabalhos, me esforço para ser fiel a esse modo de questionamento. Neste livro, por exemplo, esboço uma resposta possível à questão do *que é* o mundo e o que há no mundo. Nessa trilha, da qual evidentemente nunca saí, descobri depois a questão *por que existe alguma coisa, ao invés de nada?*, que está justamente na intersecção da questão *que é* com a questão *por quê*. Outro exemplo: meu livro *Pourquoi la musique?* [Por que a música?] pergunta logicamente "o que é a música?", porque raramente essas perguntas aparecem uma sem a outra em filosofia. Outros exemplos? Escrevi um longo ensaio sobre o mal que tenta defini-lo, desenhar seus contornos, para talvez dissipar seu conceito. Também escrevi um livrinho sobre o amor cuja única ambição é dizer o que é, ou melhor, o que são os amores! E há mais de uma década me dedico à questão "o que é o homem?", que apresentei diversamente em três livros. Quando não me pergunto *que é*, como Sócrates e Platão, me pergunto *por quê*, como Aristóteles, entende?

Na verdade, para mim, há uma terceira pergunta fundamental: "Quem?". Voltaremos a falar dela. Essa, na minha opinião, é a pergunta fundadora da moral.

– *Como você praticou nos seus textos o equilíbrio entre razão e experiência?*

Sempre tentei me manter à mesma distância das duas. Quando escrevi sobre a música, por exemplo, tentei ser o mais fiel possível à multiplicidade das experiências musicais, às emoções que elas suscitam, às paixões que elas despertam, às ações que elas incitam. E, sobretudo, nunca soterrar a singularidade de cada experiência sob um excesso de generalidades, como fazem certos filósofos. Eles arriscam meia dúzia de especulações sobre a ideia abstrata de "melodia" que nunca esclarece nada. Um conceito só tem valor em relação às realidades que ele permite *compreender* em todos os sentidos do termo. Mas, inversamente, não posso apenas me limitar a caracterizar a diversidade dos efeitos da música, tenho de explicar sua razão. Perguntar *por que* uma música faz cantar, outra dançar e outra chorar. *Por que* uma música nina a criança e outra desperta a nação? *Por que* uma louva perdidamente o Deus salvador e outra manda tranquilamente os homens para a morte? O problema que se coloca ao filósofo que fala de música é: como ser fiel à riqueza de cada experiência musical concreta e à extrema variedade de suas manifestações (de Johann Sebastian

Bach a Charlie Parker, das polifonias medievais às polirritmias africanas), sem se privar das virtudes instrutivas dos conceitos abstratos? Porque o objetivo é filosofar, não é?, e não se contentar com um relatório de experiências.

O mesmo vale para o amor no livrinho que dediquei a ele. Como quem se lança um desafio. Definir o indefinível. Mais indefinível ainda que a música. O amor parece se rebelar contra o conceito porque suas manifestações são caprichosas, ou até opostas. É claro que não faltam frases sugestivas que desejam prendê-lo em suas malhas. Mas, assim como o peixe escapa da rede, o amor volta a ondular ao largo. Todas essas belas sentenças se chocam imediatamente com múltiplos contraexemplos: a literatura mundial oferece milhares de ilustrações. Como no caso da música, eu tinha de respeitar a identidade do conceito e as diferenças das experiências. E, se possível, explicar uma pela outra. Porque cada um de nós tem uma maneira de amar, e uma maneira singular de não amar como amava antes. E cada história de amor é pelo menos duas histórias: a que é vivida por um e a que é vivida pelo outro. Duas histórias, ou mais: porque nem um nem outro contam a história dele, ou deles, duas vezes da mesma maneira. Dito isso, a verdade é que nem sempre é fácil manter o equilíbrio entre a carne da experiência e o esqueleto do conceito.

– Em relação à razão e à experiência, sim. Mas poderíamos dizer o mesmo – ou talvez até melhor – em relação às ciências...

Tem razão. Aliás, como você sabe tão bem quanto eu, na maior parte da história da ciência não havia diferença entre filósofos e cientistas: Demócrito e Aristóteles eram os maiores cientistas de sua época e, no período clássico, é só lembrar os nomes de Descartes, Pascal ou Leibniz. Mas o que diferenciou essas duas disciplinas não foi apenas o fato de que as ciências ocuparam progressivamente cada um dos territórios da filosofia, que foi obrigada a se entrincheirar pouco a pouco na vida interior, na moral e na metafísica. Houve outras razões. A ciência e a filosofia, naquilo que elas têm de mais autêntico, tentam conciliar razão e experiência, mas não tomam essa exigência no mesmo sentido.

Nas ciências, ou pelo menos nas ciências naturais, "experiência" significou cada vez mais "experimentação", isto é, experiência provocada e controlada, uma maneira de investigar ativamente a Natureza, ao invés de observá-la passivamente de fora. Por outro lado, a razão científica envolveu desde o início o raciocínio matemático, assim como a medição. Em contrapartida, a razão filosófica é menos dedutiva, ou demonstrativa, do que argumentativa. Entendo por isso uma forma de dialogar que opõe o pró e o contra, seja com um outro, como diz Platão, seja consigo mesmo, como se vê na maioria dos grandes filósofos. Toda ideia deve desafiar sua contraideia, sua objeção. Chamo essa razão de razão "dialógica".

Quanto à experiência humana que alimenta desde sempre o pensamento filosófico, ela é extremamente variada e depende sobretudo do alcance que se dá à palavra "humano". É, em primeiro lugar, a experiência de cada um de nós, vivida em primeira pessoa. É viver, desfrutar, sofrer, se emocionar, amar, acreditar, agir, morrer. É o que se chama existência. É também a experiência da humanidade como tal, em toda a sua variedade: a história, o conhecimento (em especial o científico), a moral, a política, o direito, a arte, a religião, a própria filosofia. É por isso que, desde que a filosofia se tornou uma disciplina de ensino e pesquisa, isto é, mais ou menos desde o início do século XIX, existem filósofos "profissionais", que fazem filosofia da história, das ciências, do direito, da arte, da religião, e existem filósofos que se dedicam ao que se chama, de forma um tanto duvidosa, a "história da filosofia", isto é, o estudo, o comentário e a interpretação das filosofias do passado.

– Existem também os generalistas, como se diz em medicina: os que se recusam a se fechar numa determinada especialidade, seja porque se interessam por todas, seja porque preferem se dedicar ao que chamamos tradicionalmente de "filosofia geral". Me parece que você é um desses, como é também – mas esse é outro aspecto do seu trabalho – um historiador da filosofia. Isso me leva à questão da articulação entre essas duas disciplinas. Filosofar não é a mesma coisa que fazer história da filosofia – embora seja difícil praticar a filosofia sem passar pelo estudo aprofundado do seu

passado e, sobretudo, dos seus pontos altos. Mas, antes de abordar essa questão, se você me permite, gostaria de saber mais sobre a sua relação pessoal com a filosofia, quer dizer, sobre o lugar que ela ocupa na sua vida, o interesse ou a paixão que levaram você a ela, sobre o prazer ou o benefício que você encontra nela. Investigar o mundo "com o rigor de um adulto e o espírito de uma criança" é um desejo que nem todo mundo tem. De onde ele veio? E, principalmente, como você descobriu a filosofia? No último ano do liceu?

Bem, não exatamente. Escolhi deliberadamente fazer o último ano em "Filosofia" – era assim que se chamava – quando ela já começava a perder prestígio para a "Matemática Elementar". Era a época da efervescência filosófica. Foi no ano letivo de 1966-1967. A imprensa estava dividida: Sartre ou Foucault? *As palavras e as coisas* tinha acabado de sair, alguns anos depois de *Crítica da razão dialética*, que marcou o período marxista de Sartre. E nós éramos marxistas, inevitavelmente. Enfim, nem todos, apenas os que tinham alguma coisa na cabeça. Ora, Foucault tinha cometido um crime imperdoável em *As palavras e as coisas.* Evidentemente nós não tínhamos lido esse livro longo e difícil (como também não tínhamos lido o livro de Sartre, do qual só conhecíamos *O existencialismo é um humanismo*), mas uma frase assassina chegou até nós: "O marxismo vive no pensamento do século XIX como um peixe na água, isto é, fora dele ele deixa de respirar". Me lembro de discussões acaloradas no pátio do liceu de Saint-Cloud. Nosso professor de filosofia, Amédée Gauthier, vinha se juntar a nós, fumando *gitanes* sem filtro, cuidadosamente divididos em dois e encaixados numa piteira de baquelite e metal prateado. (Consequentemente, alguns colegas de classe faziam igual e eu achava ridículo.) A grande questão que nos dividia, ou melhor, que dividia cada um de nós, era: história ou estrutura?

Mas já naquela época eu não imaginava outra coisa para a minha vida senão fazer filosofia. Não fazia ideia do que isso podia implicar, exceto talvez virar um senhorzinho de terno e gravata, piteira e sorriso discreto, intrometendo-se tranquilamente na conversa dos alunos do último ano para iluminá-los com seu saber e sua sabedoria. Para mim, não havia a menor dúvida, com piteira ou não: "vou ser filósofo e ponto-final". Porque tinha tido a "revelação" antes dos meus 15 anos, no primeiro ano do liceu, eu acho. Tinha "lido" – não até o fim, é claro, e provavelmente não como se deve – as *Meditações metafísicas* de Descartes na edição dos Pequenos Clássicos da Larousse que tinha sido da minha irmã, no último ano dela no liceu (ela é quatro anos e meio mais velha que eu). Achei que tinha encontrado ali alguns dos obscuros fantasmas existenciais que me perseguiam desde o início da adolescência: "Talvez eu esteja sozinho no mundo. Que prova eu tenho de que existem outras pessoas, ou um mundo fora de mim, a não ser a ideia que faço deles? As pessoas, as casas, talvez tudo seja um cenário criado para mim (nesse caso eu seria 'o eleito' de algum deus, como o povo ao qual eu acreditava pertencer, ou a única pessoa que tinha se salvado do naufrágio diabólico do mundo? Brr...). Ou talvez seja um filme... Mas se é um filme – eu pensava – tem de ter um projecionista, um demônio bom ou mau que...". Tive esses pensamentos arrebatados por volta dos 13 anos, misturados com outras angústias, púberes e religiosas. Eles me atormentavam a tal ponto que me abri com um amigo – que se solidarizou comigo, provavelmente o tempo suficiente para achar todos aqueles pensamentos vagamente engenhosos e totalmente ridículos – e nunca mais tocamos no assunto. Eles pararam de me perseguir no dia em que "li", fascinado e entusiasmado, as *Meditações metafísicas.* Foi como uma iluminação. Aquelas minhas elucubrações, meio angustiantes, meio excitantes, eu podia traduzi-las numa forma *perfeita*, tão racional e distinta quanto meus pensamentos eram loucos e confusos. Então era aquilo "a" filosofia! Meu primeiro encontro com ela foi um acontecimento. O encontro com um grande Mestre distante, Descartes, precedeu o encontro com o pequeno Mestre de terno e gravata. Antes de imaginar, no pátio do liceu, que eu podia me tornar aquele senhor, eu pensava que era *aquilo* que eu tinha de pensar. Ou pelo menos como *aquilo*, como as *Meditações metafísicas*. E que aquilo merecia a dedicação de uma vida. Aquilo, isto é, aquela fusão íntima de uma aventura existencial em primeira pessoa com uma argumentação inabalável em terceira pessoa.

– Isso confirma – talvez contra Descartes – a diferença entre a filosofia e as ciências: uma argumentação *(inabalável, ou com ambição de ser assim!), e não uma* demonstração; *uma "aventura existencial em primeira pessoa", e não uma experimentação objetiva, que tende, ao contrário, a deixar a subjetividade de lado. No entanto, a filosofia, por mais enraizada que seja numa experiência singular, tende a uma verdade que se deseja universal...*

Concordo em grande parte com você. É verdade que toda ciência tende, em seu campo, ao máximo de objetividade. A investigação científica começa quando ela substitui os juízos subjetivos "é demorado", "é quente", "é pesado" pela medida e seus instrumentos: o relógio, o termômetro e a balança. Eles nos dão acesso a propriedades objetivas: três horas, trinta graus centígrados, cinco quilos. A ciência procura nos tirar do nosso ponto de vista subjetivo. Penso aqui como os antigos astrônomos alexandrinos conseguiram se afastar da aparência plana oferecida pela Terra para concebê-la como uma esfera. Isso permitiu a Ptolomeu produzir um modelo matemático que descrevia, com razoável precisão, o funcionamento do sistema solar como um gigantesco relógio de esferas concêntricas. Somente treze séculos depois foi possível avaliar o que essa representação devia ainda ao ponto de vista do observador. Copérnico, trancado com seu compasso e sua genialidade matemática, se esforçou para imaginar os planetas, isto é, os "astros errantes", não do ponto de vista no qual estamos, mas do ponto de vista do Sol; ele concebeu um sistema mais simples e mais racional que o sistema de Ptolomeu, que se ajustava melhor às observações astronômicas. Mas a história da caça ao ponto de vista subjetivo continuou. Nem o Sol, nem o céu, nem a Terra, como demonstrou Newton, porque o Universo é homogêneo – é a "gravitação universal" que coloca sob uma única e mesma lei o movimento da Lua e dos planetas (elíptico e infinito), a queda dos corpos (retilíneo e finito, do nosso ponto de vista) e o movimento do pêndulo. Esses três tipos de movimento não têm aparentemente nada em comum, mas todos obedecem à mesma lei objetiva e matemática. Contudo, essa lei talvez seja ainda relativa a um ponto de vista... se o próprio tempo depende da posição e do movimento do observador. Teríamos de dar mais um passo na direção da objetivação, na direção da teoria da relatividade restrita de Einstein. Evidentemente podemos nos perguntar: "E assim por diante?". Provavelmente. Em todo caso, na ciência, a subjetividade é o adversário que temos de derrotar, destituir e expulsar para chegar ao universal. Isso vale tanto para o biólogo como para o historiador, tanto para o ambientalista como para o sociólogo. O cientista brinca de esconde-esconde com o mundo. Diz: "Vamos ver como é o mundo quando não estamos olhando para ele".

Também concordo com a sua ideia de que a filosofia tende a uma verdade universal. Nos dois casos existe uma tensão entre a razão, necessariamente universal, e a experiência, necessariamente particular. No caso da ciência, há um acordo, sempre precário e passível de revisão, entre uma teoria (ou um modelo) e os dados experimentais, às vezes abundantes, às vezes escassos. No caso da filosofia, há um perigo constante de infidelidade à razão ou à experiência.

Mas não acho que a filosofia esteja necessariamente "enraizada numa experiência singular", como você disse, se entendemos por "experiência" uma experiência vivida. Isso às vezes acontece, especialmente na filosofia moral, mas nem sempre. Claro, Descartes escreveu as *Meditações metafísicas* em primeira pessoa, como fez no *Discurso sobre o método para bem conduzir a razão e buscar a verdade nas ciências*, contrariando as convenções da época. Mas a força filosófica desse texto não é que ele convida o leitor a seguir as reflexões existenciais de um sujeito particular, ainda que seja o senhor René Descartes. É, evidentemente, que o leitor é incitado, por seu engajamento escrupuloso numa leitura atenta, a tomar para si a progressão dos argumentos do sujeito reflexivo, ou seja, a se dar conta do valor universal desses argumentos: todo indivíduo pode pensar, como Descartes e graças a ele, que, mesmo que ele sempre erre ou se iluda sobre tudo o que ele pensa, ele não se engana quando pensa que existe. Mas, de novo, isso não é suficiente: não é a universalização da experiência singular que faz a particularidade do procedimento filosófico. Porque, no fundo, quando leio Proust, ou Flaubert, ou Balzac, que me contam em primeira pessoa, ou mesmo em terceira pessoa, aventuras que jamais vivi ou imaginei, que me descrevem sentimentos e emoções que jamais senti, eu me sinto compelido (e esse não é um dos prazeres da literatura?) a tomá-los possivelmente para mim e, portanto, a sentir a universalidade deles. Acho que a filosofia é em si mesma tão distante da literatura quanto da ciência. No fundo, ciência, literatura e filosofia têm cada qual um caminho diferente para levar ao universal, porque elas não têm a mesma relação com a experiência que relatam.

– Você pode ser mais específico?

A experiência que a literatura relata é uma experiência subjetiva que deve permanecer subjetiva para ser escutada, sentida e compreendida em sua universalidade. Ela não pode passar pelo conceito, isto é, pelas ideias abstratas e gerais, porque pode acabar perdendo seu caráter universal. Em si mesma, ela vale tanto quanto as de qualquer outro. Um grande escritor, ao contrário, usa todo o seu talento criativo para contar histórias envolventes ou perturbadoras, ainda que sejam aventuras vividas dentro de um quarto. E a genialidade literária consiste sobretudo em encontrar a palavra certa para descrever emoções que considerávamos únicas e obscuras, porque não sabíamos como dizê-las. Meu maior prazer quando leio Proust, mas eu poderia fazer a mesma observação sobre qualquer escritor que me toca, eu sinto quando levanto os olhos do livro para dizer: “É isso, exatamente isso. Essa experiência efêmera, esse sentimento fugidio, essa emoção vaga, também vivi isso, com certeza (mesmo não estando inteiramente seguro disso), mas estava escondido em algum canto do repertório inconsciente das infinitas virtualidades de existências ou experiências, porque jamais encontrei as palavras certas para dizer, pensar e, portanto, saber que senti isso”. De fato, a experiência literária me parece estar sempre na conjunção de duas experiências. Ali descubro o que a linguagem pode fazer como tesouro inesgotável de expressões singulares e o que a humanidade, a minha e a de qualquer outra pessoa, guarda como tesouro inesgotável de vivências únicas.

O inimigo que as ciências tentam derrubar, a subjetividade e a singularidade, é a condição do valor universal da literatura: quanto mais singulares são as circunstâncias que ela relata, quanto mais subjetivas são as aventuras do coração ou da mente que ela revela, mais eu posso tomá-las para mim e sentir a sua universalidade.

– E a filosofia?

A meu ver, o poder universal da filosofia não está nem no seu empenho em permanecer o mais perto possível da subjetividade nem no seu esforço para alcançar um ponto de vista independente de toda subjetividade. É um terceiro motivo, a meio caminho entre a experiência e a razão: o conceito. A ciência se divide entre experiência e razão: de um lado, a teoria sistemática, o modelo matemático, a lei geral; de outro, os fenômenos observados ou experimentados, sempre meio rebeldes aos rigores da teoria, do modelo, da lei. A filosofia, ao contrário, não vive num equilíbrio instável entre as duas porque está sempre num nível intermediário, que é o do conceito. Ela vai de conceito em conceito, ora mais concretos, ora mais abstratos, sem nunca se aprofundar na minúcia da peripécia ou da impressão na qual o romancista ou o poeta se concentra, mas também sem nunca buscar a lei geral à qual visa o sociólogo ou o físico.

Tomemos, por exemplo, uma experiência banal, mas absolutamente singular, que a percepção de uma cor, digamos, o verde, pode nos proporcionar. O escritor vai tentar traduzir as mil nuances desse verde, vai descrever um verde "gelatinoso", "viscoso" ou "duro", vai evocar metaforicamente a sombra verde dos bosques ou o verde paraíso dos amores pueris. O biólogo vai explicar que a onipresença do verde na Natureza se deve à clorofila, o pigmento que faz a fotossíntese nas plantas; e vai acrescentar que, já que o comprimento de onda luminosa dessa cor é menos absorvido pelas folhas, o olho vê as plantas como verdes. O neurocientista vai se perguntar que parte do cérebro é ativada para perceber essa cor, o que vai lhe permitir, talvez, compreender a origem de certos problemas da visão, como o daltonismo.

– E o filósofo?

Ele não vai partir nem da vivência do escritor, nem do fenômeno a ser explicado, nem do modelo explicativo do cientista. Ele vai se colocar diretamente no nível do conceito: vai primeiro construir o conceito de *sensação de verde* ou, mais em geral, de *sensação* ou *percepção*. Vai se perguntar, por exemplo: a *sensação* desse verde já é um *conhecimento*? (Outro conceito.) É em si apenas o *reconhecimento* de que é o *mesmo* verde aqui e ali? (Isso é recorrer ao conceito de *identidade*.) Dito de outro modo, a *sensação* também é *memória*, já é *conceito*? Ela é necessariamente *realista*, isto é, admite implicitamente a existência de seu objeto fora dela? E o que é a cor em relação à coisa colorida? Que tipo de *entidade* ela é? (De novo o conceito.) Os objetos são *objetivamente* coloridos ou é apenas a *aparência* que eles têm para nós? E essa aparência é *ilusória*?

Um filósofo pode tentar se pôr o mais próximo possível da experiência subjetiva do escritor e adotar um ponto de vista "fenomenológico": ele vai tentar descrever o que é, para uma *consciência*, ser *percebente* de uma cor, o que a diferencia de uma consciência *imaginante* da mesma cor (mas será que é a *mesma* cor?). A descrição do fenomenólogo é necessariamente conceitual, ao contrário da descrição do escritor, que vai tentar nos fazer sentir realmente esses significados e essas reações motrizes. Inversamente, o filósofo analítico vai tentar se pôr o mais perto possível do ponto de vista objetivo do cientista. Vai se perguntar, por exemplo, se a experiência visual das cores acrescenta conhecimento à ciência física abstrata das coisas coloridas.

Esse exemplo mostra claramente o abismo que separa a ciência da filosofia. Enquanto o conhecimento científico da percepção e do cérebro fez progressos gigantescos desde o século XVII, as consequências metafísicas que se pode tirar disso mudaram pouco desde Descartes. Porque, no fundo, é exatamente esse tipo de pergunta que ele faz na sexta *Meditação metafísica*: a relação entre a alma e o corpo. Qual a relação entre a *sensação* íntima, qualitativamente incomparável a qualquer outra, que eu sinto ao perceber a cor verde ou ao sentir uma pontada no pé – coisas que para ele eram "ideias" – e as "disposições do meu cérebro"?

O vocabulário mudou, mas os *conceitos* são praticamente os mesmos: essas "ideias" de Descartes hoje se denominam *qualia* e a alma de Descartes se denomina em geral "espírito". A metafísica fez poucos progressos em três séculos. Você vai me dizer: a música fez progressos desde Bach e Mozart? Essa é uma pergunta à qual certamente retornaremos.

Observo que não pude deixar de me referir aos conceitos filosóficos sem inseri-los em perguntas: a sensação é um conhecimento ou não? É uma ilusão? Está ligada ao espírito ou ao corpo? Etc. Vejo isso como uma prova da minha definição. Ao contrário da razão científica, a razão filosófica é dialógica. Ela se coloca numa espécie de campo de batalha pacífico em que teses se enfrentam mediante conceitos. Vejo também uma confirmação da minha analogia inicial: aprendemos a filosofar como afirmamos nossa voz de criança, praticando a interrogação para treinar a conceituação.

E, finalmente, retorno à sua observação inicial sobre a diferença entre as pretensões universais da demonstração científica e da argumentação filosófica, apesar de eu ter me permitido divagar com a literatura e as cores, da mesma forma que os alunos se empolgam com assuntos "fora de propósito". Mas como um inseto atraído pela mesma luz, sempre acabo voltando ao Descartes da minha juventude.

– *Se não me engano, seus pais não eram intelectuais... Que relação eles tinham com a cultura? Eles contribuíram, mesmo que indiretamente, para essa paixão filosofante que picou você na adolescência? Eles a encorajaram?*

Meus pais não tinham nada de intelectuais. Minha mãe, Régine Czech, nasceu em 1914, na Alemanha, em Bollendorf (Renânia-Palatinado). Mais tarde, morando com os pais em Nilvange (Mosela), ou seja, na Lorena, que voltou a ser francesa em 1918, ela quis continuar a estudar, depois de completar o primário, mas teve de aprender corte e costura, que ela odiou a vida inteira. O pai dela era ajustador-mecânico na fábrica da SMK (Société Métallurgique de Knutange). Ela arranjou emprego numa loja de roupas, ou seja, era vendedora, nas

Galeries Réunies, em Metz, depois no Lanoma, um ancestral dos supermercados Monoprix, no Boulevard de Sébastopol, em Paris. Durante a guerra, enquanto meu pai estava preso e os pais dela estavam tentando escapar das perseguições aos judeus, ela se refugiou na casa de uma tia, a tia Émilie, em Ivry-sur-Seine, na Place Gambetta. Mesmo usando a estrela amarela, ela conseguiu emprego com os Languinier, uma família de comerciantes honrados que morava em frente à tia Émilie e tinha uma loja de artigos de papelaria onde também se vendiam jornais.

Meu pai, Arnold, fez o primário em Nohfelden, perto da aldeia natal dele, Nalbach, no Sarre (Alemanha), onde nasceu, em 1913. Ele aprendeu o ofício de padeiro. Antes da guerra, exerceu a profissão em diversos estabelecimentos perto de Saarbrücken, na Alemanha, depois na Lorena, em Metz e Algrange, que ficava perto de Nilvange, e, finalmente, em Paris. Quando foi desmobilizado, em outubro de 1945, não podia mais exercer a profissão porque, quando ficou preso, teve asma e desenvolveu uma alergia à farinha. Ele se estabeleceu em Ivry, com Régine, e pouco a pouco ele e ela se tornaram gerentes da papelaria, até 1951. Foi ali que nasci, na Place Gambetta, em 1950, quatro anos e meio depois da minha irmã, Monique. Em 1951, eles se endividaram para comprar um comércio do mesmo tipo, venda de jornais e miudezas de papelaria, em Puteaux, no número 36 da Rue Paul-Lafargue. Nós quatro moramos nos fundos dessa "banca-livraria-papelaria" até meus 13 anos.

Meu pai nunca quis continuar os estudos. Era um homem simples, rude, rígido, conservador e cheio de manias; tinha uma coragem obstinada e às vezes demonstrava uma grande generosidade. Falava pouco em geral e tinha preconceitos arraigados sobre o que se devia e não se devia fazer. Acho que estudar entrava nessa segunda categoria. Ele não conseguia entender de que servia estudar, a não ser talvez para ser "doutor" ou "advogado" e ter um fim de mês confortável. Provavelmente ambicionava um bom marido para a filha, de preferência simples e de família judia; e, para o filho, uma profissão sólida, se possível lucrativa. Acho que, se não fosse pela minha mãe, ele se entregaria ao poujadismo anti-intelectual ("São todos uns vagabundos!"). Aliás, eu soube por acaso, muitos anos depois, numa briga violenta que ele teve com a minha mãe, que ele votou em Pierre Poujade nas eleições de 1953. Minha mãe jogou na cara dele: "Você foi um trouxa, ele era antissemita!". Arnold Wolff: o típico "pequeno comerciante" com que sonham os líderes populistas de extrema direita.

Já a minha mãe podia se privar de tudo e ceder em muitas coisas, menos em uma: os estudos dos filhos. Quanto mais, melhor. Na época, todo mundo sonhava com o *baccalauréat*.* Acima dele, era o desconhecido. Um desconhecido que tínhamos de conhecer e, principalmente, domar.

– Por que "domar"? O estudo não é um animal selvagem!

O que quero dizer é que, à medida que minha irmã e eu avançávamos nos estudos, ficava claro para a minha mãe que, quanto mais perto de realizar a esperança da inclusão cultural, maior a consciência da exclusão. É o preço que se paga por qualquer integração. Mais tarde, quando os professores do liceu começaram a pronunciar a palavra "École Normale Supérieure" e essa palavra começou pouco a pouco a fazer sentido, ela suscitou em nós tanto a esperança de fazer parte de um mundo novo quanto o medo de entrar nele sem conhecer os seus códigos.

Voltando ao meu pai, acho que, se ele aceitou com tanta facilidade essa exigência da minha mãe, é porque, para ele, conscientemente ou não, "os estudos das crianças" faziam parte de uma estratégia mais geral de normalização social, assim como a capacidade de acordar cedo (sempre às 5 horas no caso dele, seja como padeiro, seja como jornaleiro), trabalhar duro (seis dias e meio por semana: os domingos à tarde eram para descansar e visitar a família), guardar dinheiro ("sempre ter algum guardado para uma necessidade", dizia ele para justificar a parcimônia) e, principalmente, falar francês. Ele mesmo falava muito mal o francês, sempre contava em alemão os "encalhados" – os jornais que não eram

* O *baccalauréat* (ou *bac*) é o exame de conclusão do ensino médio e também de acesso ao ensino superior. Há diversos tipos de *baccalauréat*, dependendo da área que se deseja seguir na universidade. Alguns equivalem a um diploma de nível técnico ou profissionalizante. (N. T.)

vendidos – e até o fim da vida falava um sotaque carregado que deformava as palavras mais corriqueiras – o que durante muito tempo me envergonhou.

Contudo, cedendo às objurgações da minha mãe, ele concordou em só falar francês em casa. O alemão, misturado a algumas palavras em ídiche (o que era considerado ainda mais degradante), era para as grandes ocasiões: os bate-bocas mais violentos, que aterrorizam as crianças, ou os assuntos dos quais não podíamos ficar sabendo.

(Entre parênteses, se nunca aprendi alemão, o que lamentei diversas vezes quando cheguei à idade de ler os filósofos, foi talvez porque ele ficou sempre associado ao sotaque insuportável do meu pai. Ou talvez, mais verossimilmente ou mais complacentemente, foi porque eu imaginava que o conhecimento do alemão estava impregnado em mim, já que era a língua materna dos meus pais.)

Para a minha mãe, então, os estudos dos filhos era uma esperança de ascensão cultural. Consequentemente, ela nos fez aprender piano, porque era assim que se fazia nas boas famílias. (Minha irmã abominava, eu me interessei logo de cara.) Também se informou sobre os melhores cursos. (Professores republicanos, leigos e socialistas a ajudaram.) Fomos para o liceu de Saint-Cloud, frequentado pelos melhores rebentos de Versalhes e Sèvres, em vez de fazer o curso complementar de Puteaux, que dava um diploma de nível técnico, ou pior, levava à "conclusão dos estudos", ou seja, ao abismo. Esse liceu foi meu primeiro choque social e o início da minha longa carreira de transclasse (depois veio o choque da *hypokhâgne* no Louis-le-Grand e na Rue d'Ulm). De repente eu tinha colegas que tinham "casa de campo", faziam "aulas de tênis", e alguns tinham até "empregada". E, é claro, para coroar, tínhamos aulas de latim, porque era pelo *rosa, rosam* que se tinha chance de ser um bom francês!

– Você não fez grego?

Fiz nos dois últimos anos do fundamental. Depois abandonei, porque estava atravessando uma fase de rejeição da instituição escolar. Isso quase custou a minha admissão no *hypokhâgne*. Tive de recuperar sozinho o tempo perdido.

– Imagino que seus pais não falavam de filosofia com você...

Acho que essa palavra só entrou na minha casa quando a minha irmã começou o último ano do liceu. E, evidentemente, não estou me referindo à coisa em si!

– Para ingressar alguns anos depois no Liceu Louis-le-Grand e depois na Rue d'Ulm, imagino que você fosse um bom aluno... Mas descreva sua vida nessa época, primeiro em Puteaux e depois no liceu de Saint-Cloud.

Pratiquemos um pouco de ego-história então! Imagine um casal de "pessoas simples", salvas por milagre dos campos da morte, frugais, econômicos e trabalhadoras. A parelha é dirigida pelos princípios do meu pai, mas pilotada pela perspicácia da minha mãe. Eles não são quase nada. Sonham com quase tudo, cada um do seu jeito. Avançam na mesma direção, embora não sejam motivados pelas mesmas razões. O objetivo comum: a completa assimilação naquele mundo que os acolheu, ou rejeitou, talvez, nem eles sabem bem.

Nós éramos pobres, mas a França inteira era pobre. Não tínhamos banheira, nos lavávamos com uma luva de banho, em pé numa bacia. Mas não precisávamos sair para usar a privada, o que nos parecia um luxo. (Não era o caso, por exemplo, do meu vizinho e melhor amigo, Patrick L., que usou penicos, baldes e privadas turcas compartilhadas com os vizinhos do andar.) Nunca íamos a restaurantes, exceto uma vez por ano, depois do 1º de janeiro, no primeiro andar do Colisée, nos Champs-Elysées, onde comíamos uma *quenelle de brochet*. Não tínhamos televisão, mas tínhamos um rádio no qual escutávamos "La famille Duraton", pela Radio-Luxembourg, e "Vous êtes formidables", com Pierre Bellemare, pela Europe 1. No domingo à noite, meu pai fazia "psiu!" pelo apartamento todo para poder escutar Geneviève Tabouis papagueando as "últimas de amanhã": "Esperem para saber, blá-blá-blá...". Ninguém entendia nada, nem ele. Mas, enfim, a gente calava a boca. Os passeios eram no domingo à tarde, ora em Ivry, na casa da tia Émilie, ora na casa dos meus primos, perto da estação Nation, porque era a família que nos restava. A França estava se reconstruindo, a família Wolff estava se integrando: primeiro comprou um Simca 5, depois um 4 CV Renault, depois um Dauphine e, mais tarde, um R5. Sempre Renault. E De Gaulle, é claro.

E o que fazia o menino Francis? Até ingressar no liceu de Saint-Cloud, jogava bolinha de gude na valeta da Rue Paul-Lafargue com os moleques do bairro, brincava de patinete e bambolê na calçada, não precisou fazer o curso preparatório, era o primeiro da turma e o orgulho da mamãe. Enfim, seria uma vida perfeita, se não fosse o grande segredo.

– *Que segredo?*

Bem, aparentemente nós éramos franceses, tanto quanto os meus amigos Patrick L. e Michel P., que moravam no 32, mas na realidade (não conte para ninguém!), nós éramos judeus alemães. Por razões que hoje não fazem mais sentido e parecem até contraditórias, nós, as crianças, não tínhamos o direito de nos dizer nem judeus nem alemães.

Alemães? Como é que podíamos negar? Era tão evidente quando meu pai abria a boca. Mas ele negava. Ferozmente. Wolff? É um sobrenome loreno! Arnold? "Não, você entendeu errado, é Arnaud!" (Era uma maluquice, quando penso hoje!) E judeu? Isso significava o que para o menino de 9 anos que andava de patins pela Rue Paul-Lafargue? Ser judeu significava ouvir a mãe gritar durante seus pesadelos à noite. Significava telefonar para os primos de Luxemburgo depois de fechar a loja e ser lembrado que teve ou ia ter uma "grande festa": eles sabiam, mas nós ignorávamos, por exemplo, que era Pessach ou Rosh Hashaná (nós, asquenazes, dizemos alguma coisa como "rochochone", ou pelo menos é o que acho que ouço). Ser judeu era ir todos os anos chorar na sinagoga da Rue de la Victoire, ouvindo em pé o discurso do grande rabino Kaplan "em memória dos nossos deportados". Ser judeu era falar em voz baixa quando os "amigos" do bairro, também judeus e praticantes, entravam na loja e passavam discretamente para a minha mãe o endereço de uma colônia de férias "judaica" para a minha irmã. Mas era só isso. Não existia religião, rituais, comida kosher, *mezuzá* na porta (isso veio depois), o Deus de Abraão, Isaac e Jacó... só um "bom deus" que se invocava em vagas orações noturnas e que, segundo meu pai, podia nos punir se fizéssemos alguma coisa errada.

– E, no entanto, você mencionou o povo "eleito" ao qual acreditava pertencer... De onde vinha essa ideia?

Na verdade, nossa relação com o judaísmo, ou talvez eu deva dizer com a judeidade, mudou bruscamente, em 1962, após a visita, a incrível visita!, do meu tio Herbert, de Chicago, irmão caçula do meu pai, e de sua loura esposa, Gloria. Meu pai e ele não se viam desde a debandada dos cinco irmãos, em 1935, expulsos pelos pogroms antijudeus no Sarre. Herbert embarcou sozinho, aos 15 anos, num barco velho que estava indo para os Estados Unidos, só com uns dólares no bolso e um endereço, e acabou como ajudante no mercado de Chicago, carregando caixas de frutas e legumes. De couve-flor em couve-flor, não sei como ele acabou comprando parte do mercado e fazendo fortuna, como um verdadeiro tio da América, uma fortuna grande o suficiente para casar com uma judia loura de boa família e viajar pelos quatro cantos do mundo para visitar seus irmãos e irmãs: Arthur (que partiu com um movimento sionista, na mesma época que ele, via Suécia, e fundou um kibutz "comunista" – era a palavra que se usava – na Palestina), Arnold em Paris, Herta em Luxemburgo e a "pequena" Edith na Argentina (eles diziam "nos pampas"). A visita de Herbert? Foi um verdadeiro terremoto! Depois de várias cartas anunciando a sua chegada, ele telefonou dos Estados Unidos (uma coisa inacreditável para a época) para dizer que tinha reservado um quarto no hotel Meurice (um hotel de luxo em Paris) e pedir ao meu pai que insistisse com o gerente para que colocassem uma *king size bed* no quarto (e quem sabia o que era aquilo?!). Depois, quando chegaram, eles nos encheram de presentes, minha irmã e eu (mas presumo que meus pais também), nos levaram a restaurantes e até à Ópera (evidentemente foi a minha primeira vez: *La traviata*; foi um choque!). Acho que ele dormiu: não fazia o gênero dele. Herbert? Era o contrário do meu pai! Jovial, despreocupado, mão aberta. Gloria? Era o contrário da minha mãe! Fútil, extravertida, segura de si. Foi amor à primeira vista! Ela foi responsável pelas minhas primeiras perturbações de natureza erótica quando me sentou no colo dela. Uma semana de loucuras, acredite! Mas o essencial foram as consequências para a minha relação com o judaísmo.

Herbert, como bom judeu descontraído dos Estados Unidos, o contrário dos meus pais, convenceu os dois de que eles não tinham o direito de apagar a judeidade deles e, portanto, era imperativo que eu fizesse o meu bar mitzvá. Muito bem! Mas onde, e como? Eles foram se informar. A sinagoga mais próxima era em Neuilly. (Isso foi antes da chegada dos judeus argelinos, que povoaram os "grandes conjuntos residenciais" de Puteaux e criaram uma forte comunidade sefardita, expansiva e sem complexos: alguns até usavam kipá na rua – o que era inimaginável na França). Mas Neuilly era outro mundo! A gente tinha de limpar os pés quando chegava, porque os sapatos que brincavam de gude nas valetas de Puteaux não podiam sujar os tapetes. Felizmente existia o rabino Édouard Gourévitch, bendito seja, bendito seja seu nome! Era um homem admirável, muito culto, ex-membro da Resistência, condenado à morte em Riom, milagrosamente libertado pelos *maquisards*. Ele participou da libertação de Clermont-Ferrand, e casou com uma mulher portadora de deficiência, com quem teve sete filhos. Um "homem santo". Foi assim que ele se revelou aos meus olhos. Mas não aos olhos da burguesíssima comunidade de Neuilly, que acabou se vingando e arranjou um substituto mais de acordo com a paisagem. (Ouvi minha mãe repetir uma frase de uma dessas famosas relações judaicas que frequentavam a loja: "Me pergunto por que aquele lá é rabino! Ele não acredita em nada!".)

Mas tinha um problema. Eu ia fazer 12 anos e, de acordo com o calendário israelita oficial, eu só podia fazer o meu bar mitzvá em agosto de 1963, ou seja, um ano depois. Ora, afirmam os sábios do Consistório, você tem de fazer três anos de estudos antes de passar pelo temido "exame do bar mitzvá", o passe de mágica que permite ler publicamente o *parashá* e carregar orgulhosamente a Torá diante de toda a comunidade reunida. O que fazer? Trair o juramento solene que fiz ao tio Herbert (e à inesquecível tia Gloria), ou dar um jeitinho com o bom rabino Gourévitch? Felizmente, o rabino era compreensivo com os proletários aturdidos. Ganhei o direito de fazer as aulas de orientação religiosa coletiva às quintas-feiras de manhã, com a condição de fazer aulas particulares de reforço com ele à tarde. O que eu fazia com uma animação que beirava o entusiasmo: história (judaica) antiga, história (judaica) moderna, orientação religiosa (as festas, os jejuns), hebreu (leitura e escrita) etc. Mas, sobretudo, líamos a Torá diretamente do texto e era ocasião para Gourévitch fazer longas e instrutivas digressões sobre a vida, sobre a morte (ele parecia não acreditar muito na imortalidade da alma individual, mas em alguma coisa como a imortalidade do povo judeu), sobre a Shoah (na época, dizia-se "a deportação"), sobre "a ética", como diríamos hoje (ele dizia: "Salvar a mãe, em vez do nascituro") e, principalmente, sobre um assunto proibido: a sexualidade! Ele dizia: "A Torá é nua e crua! Você entendeu o que diz o texto? Sabe o que são as regras femininas? Não, então escute". Gourévitch foi meu primeiro educador! Talvez o único que tive! Tive pais, tive professores (eu estava na sétima série), mas nunca tinha tido educadores. Eu gostava dele. Como eu podia agradecer? Bem, sendo o primeiro colocado no exame nacional de orientação religiosa no fim do terceiro ano de estudos, o que ele ficou sabendo com lágrimas nos olhos e, dois anos depois, em agosto de 1965, me valeu como prêmio uma viagem de cinco semanas a Israel, quando eu começava a questionar meu compromisso com o judaísmo e, justamente, a ter dúvidas sobre o sionismo: ele ainda era realmente "de esquerda"?

– E, hoje, o que você pensa dele?

Penso que a história do sionismo é trágica. O sionismo foi concebido inicialmente como um movimento de libertação e se tornou progressivamente um nacionalismo semelhante aos outros. Ele é, para mim, o próprio símbolo das ambiguidades inerentes à ideia de nação, cuja face sombria quase sempre acaba prevalecendo. Dito isso, entendo o apego dos judeus do mundo ao Estado de Israel. Por outro lado, hoje é quase impossível se dizer antissionista, ao menos fora de Israel. Durante muito tempo, era uma postura comum na diáspora. Depois passou mais ou menos a significar "ser favorável à destruição de Israel" e atualmente é um eufemismo para antissemita.

– Em junho de 1967, na Guerra dos Seis Dias, você tinha quase 17 anos. Como você viveu aquele período? Você disse: "Nós éramos marxistas, inevitavelmente"... Você já era marxista nessa época? Isso era suficiente para a sua leitura do conflito?

Eu estava prestando o *bac*. Sim, eu era marxista. E, para mim, era uma guerra de agressão colonialista. Sem sombra de dúvida. Isso fazia a minha mãe chorar e o meu pai esbravejar. Sim, minha visão se tornou unilateral. É muito fácil passar de um dogmatismo para outro. Ou de uma fé para outra. Me recordo muito bem do dia em que tomei consciência de que não acreditava mais em Deus. Quer dizer, do dia em que, provavelmente no segundo ano do liceu, me senti livre do Senhor lá de cima, aquele que controlava tudo o que eu pensava e fazia. Pois bem, senti exatamente a mesma coisa sete ou oito anos depois, quando me senti livre das obrigações militantes do bom marxista-leninista. Sentimento de libertação, é claro, mas também de desassossego, como uma angústia em sentido sartriano. "Condenado a ser livre." Droga! Você vai ter de pensar por si mesmo. Sem referências nem instruções do Alto.

Volto a Gourévitch. Ele foi muito importante para mim. E não só no plano religioso. Mais tarde, eu devia estar no último ano do liceu, nós nos reencontramos. Eu tinha me distanciado do judaísmo, disse isso a ele, e ele não ficou nem surpreso nem chocado. A frase "ele não acredita em nada" me voltou à memória. Ele me disse simplesmente, e isso me ficou para sempre: "Bah! Quem foi judeu como você, nunca é completamente ateu". Acho que ele tinha razão. Mas sempre me perguntei: que parte de não ateísmo, digamos assim, ainda me resta? Não a fé no Deus de Abraão, Isaac e Jacó, que no fundo nunca é muito simpática, nem a crença num Ser supremo, criador do Céu e legislador do mundo, mas alguma coisa parecida com uma fidelidade ao nome "judeu" e a esperança messiânica de uma emancipação da humanidade. E talvez também, no fundo, certa aversão à Natureza, quer dizer, à sua apologia. Não acho que faça o nosso tipo, o tipo dos judeus.

– *O que você quer dizer?*

Eretz Zavat Halav ou Dvash... Essa é a descrição da Terra prometida na Torá, aquela que todo judeu conhece, aquela que cantei como muitos outros: "A terra que mana leite e mel...". Digamos que isso demonstra que não somos muito *veganos*!

É brincadeira. Volto à minha adolescência. Durante dois ou três anos eu me entreguei profundamente ao judaísmo. Deus, Moisés, os profetas. Sinagoga semanalmente, longos jejuns, "Escoteiros Israelitas da França", colônia de férias com uma tropa sefardita de Villiers-le-Bel, de origem egípcia (outro choque social, dessa vez no sentido inverso). Com essa tripla motivação (tio Herbert, Gourévitch e eu), meus pais voltaram a frequentar a sinagoga, comíamos (um pouco) menos de presunto em casa, festejávamos a Pessach na casa dos famosos vizinhos com quem meus pais cochichavam na loja. E, forçosamente, assistíamos aos ofícios do Kipur e jejuávamos. Mas sem fechar a loja: os jornaleiros não tinham esse direito.

"Jejuar no Kipur", o último sinal, a última fronteira antes da assimilação total, isto é, o fim dos judeus para o judeu. Me recordo de ter continuado a "jejuar no Kipur" muito tempo depois de ter perdido a "fé" em Deus e mais ainda em Moisés e nos profetas, já estando na *hypokhâgne* ou talvez desde a *khâgne*, já militando em outras frentes e por causas muito diferentes no marxismo-leninismo. Como eu poderia não "jejuar no Kipur"? E, principalmente, como explicar que eu continuasse a jejuar, mesmo não acreditando mais? Tenho apenas duas palavras: fidelidade e memória, cuja aliança se expressa na transmissão. Se ainda hoje me sinto judeu é nesse sentido. Ou seja, não como um particularismo, mas como um universalismo. Porque é dessa forma que interpreto a mensagem histórica que a diáspora levou com ela, em errâncias e perseguições: como um cosmopolitismo. Os antissemitas do pré-guerra, ou Stálin quando criticou os "cosmopolitas sem raízes", entenderam muito bem. Talvez seja isso que eu chamava de "povo eleito" quando divagava entre o judaísmo e o marxismo: um povo particular com uma mensagem universal. Dessa forma, creio que permaneci fiel às lições do meu educador.

– Você não mencionou os acontecimentos de Maio de 1968. Como você viveu esse momento? Como uma revolução? Uma confirmação? Uma decepção? Imagino que estivesse na hypokhâgne, *no Liceu Louis-le-Grand, ou seja, no coração do Quartier Latin...*

De fato, eu estava duplamente na linha de frente. Com a Rue d'Ulm, da qual era uma espécie de antecâmara, o Liceu Louis-le--Grand era na época o principal refúgio dos que estavam começando a ser chamados de "maos", e chamavam a si mesmos "marxistas-leninistas". Eu militava na UJCML (Union des Jeunes Communistes Marxistes-Léninistes). Tinha sido contatado por esse grupúsculo no meu último ano de liceu em Saint-Cloud, reduto de "fascistas" com fama de serem particularmente violentos e que me tinham em mira. Na época, eu era das Juventudes Comunistas, uma organização oficial do Partido Comunista, o verdadeiro, o institucional. E com alguns valentes resistentes à dominação do "Ocidente" e da Ação Francesa no liceu, fundei um movimento chamado "Frente de Esquerda", que editava um jornal intitulado *Gavroche** – que provavelmente não teve mais do que dois números. (Era a esse grupinho de camaradas a que me referia quando disse que "nós éramos marxistas".) Depois desse episódio, os "marxistas-leninistas" da École Normale Supérieure de Saint-Cloud, que ficava perto do liceu, se interessaram por mim e me converteram para a causa. Na *hypokhâgne*, eu me dividia entre o culto das humanidades – que descobri com paixão – e

* "Moleque atrevido", especificamente de Paris. (N. T.)

o "combate pela libertação de todos os oprimidos" – no qual me engajei com fervor. No Liceu Louis-le-Grand, militei também no Comitê Vietnã de Base ("pela vitória do povo vietnamita"), que foi chamado assim em oposição ao Comitê Vietnã Nacional, que tinha sido fundado dois anos antes por "intelectuais de esquerda". Maio de 68 explodiu. Confirmação da nossa visão do mundo: de um lado estavam os explorados, que eram os operários em greve, e do outro os "intelectuais", que deviam servir ao proletariado, do qual eram a "vanguarda". Nós publicamos um jornal intitulado *Servir le peuple.* Para mim, portanto, Maio de 68 foram barricadas e manifestações – menos alegres do que as pessoas costumam descrever hoje em dia (revolução é coisa séria e não "um jantar de gala", como se dizia na época) –, intercaladas com partidas de xadrez com um amigo, sempre de ouvido colado na Europe 1. E, depois, plantões na Sorbonne a partir de 13 de maio, quando ela reabriu. Tem uns vídeos em que dá para me ver na barraca da UJCML no pátio da Sorbonne, ao lado do retrato de Mao Tsé-tung. Não me orgulho dessas cenas. Somos muito sérios aos 17 anos.

– Depois veio a École Normale Supérieure (ENS), em 1971... Deixou boas recordações?

Nos estudos, aprendi pouco, infinitamente menos do que no curso preparatório, em todo caso. Exceto no ano da *agrégation.** Mas fiquei lá cinco anos, um "ano a mais" que me concederam por sugestão de Louis Althusser para eu dar um curso sobre o epicurismo aos meus "jovens camaradas". No resto do tempo, foi bastante tranquilo. Uma *maîtrise* de dois anos,** infinitas discussões político-especulativas, um resto de militantismo desiludido (tempo suficiente para o Senhor lá de cima desaparecer completamente), algumas boas amizades, noitadas, descoberta da ópera,

* Trata-se de um curso preparatório para o exame de seleção de professores para o ensino médio e certas disciplinas do ensino superior. (N. T.)

** Até o fim da década de 1990, a *maîtrise* era obtida após quatro anos de ensino superior (corresponde, grosso modo, ao nosso bacharelado); com dois anos de estudos superiores, depois do *baccalauréat*, obtinha-se a *licence*. (N. T.)

vida sexual intensa – era o período do "parêntese encantado" entre a pílula e a aids.

Você deve se lembrar também: a ENS era nessa época uma espécie de *mens club*. Como tive o privilégio de poder comparar em diversas épocas a vida estudantil no *campus*, posso descrever a evolução que houve nesse campo. A École Normale que você e eu conhecemos nos anos 1970 tem um ponto em comum com a atual: nós entrávamos virgens e, ao contrário do que acontece hoje, às vezes saíamos do mesmo jeito, porque, por medida profilática, cuja finalidade não consigo mais entender, nós éramos mantidos longe, desde o curso preparatório até a *agrégation*, desses seres humanos de espécie alógena que chamávamos, ruborizados, de "meninas" e cujas representantes eram enclausuradas na "ENS das moças", no Boulevard Jourdan. Algumas corajosas fugitivas invadiam o internato da Rue d'Ulm e apareciam no café da manhã (conhecido como *petit pot*),* comendo o mesmo pão com manteiga e bebendo o mesmo café com leite que os humanos da nossa espécie. Emprego essa palavra de propósito. Naquela época, os antropólogos dividiam o mundo humano de acordo com a oposição entre Natureza e Cultura, e os sociólogos dividiam o mundo social em classes. Infelizmente, os sociólogos pós-modernos abandonaram essas classificações em proveito da divisão do mundo em "humanos" e "não humanos". Provavelmente ignoram que, para um "humano" como eu, nascido em 1950, o ser se dividia necessariamente em "humanos" e "humanas". Salvo a leitura de Ovídio e Platão (imagine só!), nada nos cursos preparatórios nos preparava para compreender esse gênero de humanidade: fizemos a *khâgne* em estado permanente e inútil de ereção, cuja firme constância eu recordo hoje com saudade.

Além do sexo, que boas lembranças eu guardo dos meus anos na École Normale? Talvez o alívio de ter tido a liberdade de bater na porta de Althusser quando me sentia mal, sem imaginar o mal sem fim que ele próprio sofria e não alterava em nada a sua

* "Petit pot" é a porção de comida que se prepara para os bebês e é também o nome da cantina da ENS. "Pot", especificamente, é pote, vaso ou tigela com asas. "Petit pot" poderia ser traduzido por "potinho". (N. T.)

bondade. Quem o conheceu, quem apenas teve contato com ele, o amava. Para mim, ele foi menos o modelo intelectual que ele era na época para o mundo do que um generoso confessor. Me lembro também de ter dado boas risadas nos seminários de Jacques Derrida, que estava na fase dos trocadilhos e dos *salamês minguês*. Tenho a lembrança de um homem bom, de um professor dedicado, rigoroso, e de um *showman* inigualável.

– Você não fez serviço militar?

Fiz meus "três dias" desleixadamente e, para meu azar, saí "apto para paraquedista". Brr! Felizmente, quando esgotei todas as minhas dispensas de incorporação dadas por causa dos estudos, eu estava casado, minha mulher estava grávida, tínhamos apenas a renda de normalista e fui considerado "arrimo de família" pelo Exército. Logo, reformado.

– E você começou a lecionar... Onde? Durante quanto tempo?

Excelente pergunta! Sei que, para muita gente, sou uma espécie de funcionário de carreira da École Normale Supérieure que já faz parte dos móveis. Errado! Tenho a honra de ter ensinado filosofia em todo tipo de instituição, da escola normal de Laon ao liceu de Plaisir, do último ano do ensino médio de Hénin-Beaumont à *khâgne* de Versalhes, da Universidade de Reims à Universidade de São Paulo, da Universidade de Aix-Marseille à Universidade Paris-X-Nanterre, do liceu de La Celle-Saint-Cloud à Universidade de Lille etc. Ao todo, uma dúzia de postos de trabalho, inclusive, é verdade, os três que ocupei na École Normale Supérieure: *maître de conférences* a partir de 1992, diretor-adjunto em Letras (depois de Nanterre, onde fui nomeado professor em 1999) e, finalmente, de 2004 a 2015, professor no Departamento de Filosofia, que dirigi alguns anos. Mas tenho boas recordações dessa carreira variada, irregular e às vezes difícil, porque sempre adorei ensinar filosofia e para os mais diversos públicos.

Se tivesse de resumir os treze anos (sim, treze!) que separam minha saída da ENS da minha entrada na universidade francesa, diria que esta última foi determinada por meia dúzia de telefonemas matinais.

Foi no inverno de 1979-1980. Eu tinha um velho Renault 4L azul, de três marchas, e rodava pelas estradas congeladas do Norte do Aisne, lá pelos lados de Hirson (que se parece muito com a imagem que vem à cabeça quando se ouve esse nome),* para inspecionar meus estagiários de ensino primário de Laon, para os quais eu dava aula – contra a minha vontade, mas com entusiasmo – de "filosofia da educação e psicopedagogia". Recebi, numa sexta-feira, um telefonema matinal de um ex-colega que tinha sido nomeado não "professor de psicopedagogia" (sic) em escolas normais de professores primários, como eu, mas adido cultural em São Paulo. Ele disse que eu devia absolutamente me candidatar a um prestigioso posto de epistemologia na Universidade de Campinas (posto que progressivamente, à medida que me chegavam informações mais detalhadas por barco, se transformou em "filosofia antiga na Universidade de São Paulo") e me recomendou enfaticamente que entrasse em contato com um certo professor francês que dava aulas lá e ia passar por Paris para averiguar eventuais candidaturas: era Gérard Lebrun, historiador da filosofia alemã, admirado e renomado por dois livros importantes, mas que ninguém sabia exatamente quem era, onde vivia, nem como. Coloque-se no meu lugar. De um lado: gelo, psicopedagogia, Hirson; de outro: trópicos, tristes ou não, filosofia, Brasil (que eu achava que se parecia com a imagem que me vinha à cabeça quando ouvia esse nome) – "algum diabo também me tentando", a curiosidade de conhecer esse personagem misterioso num café parisiense –, o combate era muito desigual: conheci, postulei, consegui o trabalho e, mil peripécias depois, parti para o Brasil com mulher, filho e piano.

– Você levou o seu piano?

É claro! Eu poderia contar um monte de anedotas sobre isso. Só vou lhe dizer que o contêiner que carregava toda a nossa tralha

* O nome da comuna vem do latim *ericius* ("porco-espinho"), que em francês resultou na palavra "hérisson". (N. T.)

despencou no cais do porto de Santos. O piano chegou num estado lastimável, o que me valeu uma correspondência interminável com a empresa de mudança e a companhia de seguros. O piano se recuperou. Está até hoje na sala de casa.

Enfim, voltei do Brasil quatro anos depois, no início de dezembro de 1984, portanto no fim do ano letivo brasileiro. Sem tirar férias, assumi imediatamente meu posto de professor na Universidade de Aix-Marseille, onde tinha sido aceito dois meses antes. As idas e vindas entre Issy-les-Moulineaux e Aix-en-Provence (estou falando de uma época anterior ao TGV) se repetiram semanalmente até abril de 1985, quando recebi, num sexta-feira, um telefonema matinal:

– Alô – diz a voz. – Sou M. D., diretor do Liceu Fernand-Darchicourt, em Hénin-Beaumont.

– Muito prazer – responde um criado seu, ainda sem saber que em breve seria de fato. – Em que posso ajudá-lo?

– Recebi há pouco – diz o circunspecto M. D. – um telegrama da reitoria de Lille dizendo que o senhor foi nomeado professor de filosofia na minha escola, a partir das férias de Páscoa. O senhor vai aceitar? Digo sem meias-palavras – acrescentou o homem de bem – porque tenho uma professora auxiliar no posto e não quero ser obrigado a dispensá-la por sua causa, já que ela é inteiramente satisfatória.

Ainda me ouço responder, num tom quase de zombaria:

– Não se preocupe, senhor diretor, só pode ser um engano. Atualmente sou professor na Universidade de Aix.

– Faça bom proveito – diz a voz. – Mas esclareça esse imbróglio com o Ministério e me ligue o mais rápido possível.

O imbróglio nunca foi esclarecido, a professora auxiliar foi dispensada – e aprovada algum tempo depois num concurso da polícia – e minha nomeação para Aix foi invalidada: as regras de nomeação dos professores universitários tinham mudado depois da Lei de 1984 e o telegrama estava certo. Por causa disso, tive um fim de ano bastante atribulado. Eu me dividia durante a semana. De segunda a quarta, ia para Hénin-Beaumont, onde tive a felicidade de ter como colega nosso camarada na ENS Olivier Schwartz, que depois veio a ser um grande sociólogo, e emanava uma sabedoria natural que parecia se espalhar por todo o liceu. Em Hénin, eu preparava os alunos dos cursos técnicos para um teste (a palavra é adequada) de dissertação filosófica. E o resto da semana em Aix, como *freelance*, eu completava meu curso na *licence* e terminava a preparação dos alunos para os exames orais do concurso de *agrégation*.

Quatro anos depois, quando lecionava filosofia todos os dias no último ano do Liceu Jean-Vilar de Plaisir, e soube que finalmente seria entrevistado para diversos postos universitários, recebi, numa sexta-feira, um telefonema matinal de *monsieur* Claude Montheillet, inspetor-geral de filosofia, anunciando que sua nobre instituição (bendita seja, bendito seja seu nome!) tinha criado uma turma de *khâgne*, especialização em filosofia, no Liceu La Bruyère, em Versalhes, a dois pulos da minha casa, e que eles tinham decidido entregá-la a mim já no ano letivo seguinte. Ainda me lembro do meu filho perguntando à mãe por que eu estava dando pulos de alegria na sala. Algumas semanas depois, fui meio arrastando os pés para a entrevista para a qual eu tinha sido convocado em Bordeaux, às 9 horas da manhã: depois de uma noite de trem e vários outros meios de transporte, entrei exausto na sala de exame e ainda me ouço dizendo: "Senhor presidente, senhoras e senhores membros da comissão de especialistas, vim dizer que retiro a minha candidatura". Tinha tomado essa decisão, para a minha própria surpresa, alguns segundos antes. E, sem hesitar em converter hipocritamente minha indecisão em brio, acrescentei para o presidente da comissão, que ficou atônito com o arrogante anúncio: "Achei que seria mais educado dizer pessoalmente".

Na sexta-feira seguinte, recebi um telefonema matinal irritado do meu mestre Pierre Aubenque: "Acabei de saber do seu comportamento em Bordeaux! Isso não se faz. Me faça um favor e não repita a asneira na entrevista de Reims". Não tive escolha senão ir a Reims, fui selecionado com alguma dificuldade e, ainda resistindo à ideia de abrir mão da minha *khâgne*, retardei o máximo possível para assumir o posto.

E foi assim que, depois de tantos anos de espera para entrar na universidade francesa, entrei arrastando os pés.

– Vamos voltar à sua experiência no Brasil... Você ficou mais de quatro anos na Universidade de São Paulo, onde você ocupava uma cadeira de "filosofia antiga". Que recordações você tem dessa época? Seu olhar sobre a filosofia ou o ensino mudou depois disso?

Sim, o Brasil mudou o meu olhar, e não só sobre a filosofia. Sobre tudo. Sobre a amizade, a música, as artes populares, o futebol, a divisão da sociedade em classes. Sobre o mundo quando é visto de outro lugar. Sobre o que se faz e não se faz: você começa a pensar diferente quando convive com a miséria. Sobre a política: em 1980, a França ia finalmente conhecer a alternância e o Brasil estava saindo de uma ditadura militar. (Disse muitas vezes, brincando, que cheguei de Paris no mesmo voo que os anistiados políticos que estavam voltando do exílio.) Sobre o valor das liberdades, que pude avaliar pela primeira vez: não, nem tudo se resume ao social. E, evidentemente, também sobre "o social": o que é se virar na vida, sempre premido pela necessidade e, portanto, no limite entre o essencial e o secundário. Sobre a democracia, cujo conceito descobri no Brasil, embora nunca tivesse interessado nem a mim nem a ninguém que eu conhecesse (aliás, foi no Brasil que conheci Castoriadis, com quem acabei fazendo amizade), como se até então a política tivesse ocultado de nós a realidade das relações políticas. Vivi no Brasil as grandes manifestações a favor das eleições diretas ("Diretas já!"). Dizia-se dos brasileiros o que alguns anos antes se disse dos espanhóis: que nunca tinham conhecido a democracia e não estavam "maduros" para avaliar suas expectativas e benefícios, enquanto nós, franceses, do alto de nossas três revoluções e cinco repúblicas, blá-blá-blá... Em alguns anos, os espanhóis, e depois os brasileiros, mostraram o que é consciência democrática. (Você não imagina como chorei na eleição do Bolsonaro!) Sobre o ensino da filosofia meu olhar também mudou: você encara a filosofia de outro jeito quando leciona à noite, das 19 horas às 23 horas, para estudantes apaixonados que trabalharam dez horas e pegaram três ônibus para chegar ao *campus*. Sobre a França: você começa a ver a França de outra forma quando seus olhos ainda estão maravilhados com a coragem de um povo que luta todos os dias para existir, e não apenas para viver, que deseja aprender tudo e compreender tudo; quando você volta uma vez por ano, a França parece velha e melancólica; quando você encontra velhos amigos resmungões, queixando-se de um "governo socialista" que não ouve suas legítimas reivindicações, ou cruza com colegas irritados, mobilizados contra uma comissão ministerial que ousou modificar certas noções do sacrossanto programa de filosofia do último ano do ensino médio ("esse ataque sem precedentes contra a filosofia tem de parar imediatamente!"), e suplicam para você assinar uma petição cheia de pontos de exclamação.

Mas voltemos aos fatos. Fui para o Brasil para lecionar na universidade, porque era a única oportunidade que eu tinha. Eu também queria me distanciar da filosofia que eu conhecia na França. Quando cheguei, tive medo de que esse desejo nunca se concretizasse. Me surpreendi ao constatar que dois terços da biblioteca do departamento de filosofia (um excelente departamento, diga-se de passagem) era francófona e a metade dos meus colegas tinha feito doutorado na França! As coisas mudaram desde então. Felizmente eles se abrasileiraram e, principalmente, se internacionalizaram via web! Me lembro de uma conversa com uma colega mais ou menos um ano depois da minha chegada. Ela me perguntou por que eu tinha ido para o Brasil. Respondi: "Durante todos os meus anos de estudos, eu estava convencido de que o Quartier Latin era o centro do mundo filosófico!". E ela retrucou: "Mas ele *é* o centro do mundo!".

– O desenraizamento intelectual foi um fiasco!

Na verdade, não. Não foi um fiasco. E por duas razões.

A primeira razão, e retrospectivamente ela me parece fundamental, foi a língua. Quatro ou cinco meses depois da minha chegada ao Brasil, tive de dar aula em português, uma língua da qual eu não sabia nada seis meses antes. Ensinar filosofia nos permite em geral compreender melhor o que pensamos, porque nos esforçamos para fazer o nosso pensamento compreensível para os outros. Mas ensinar filosofia numa língua que não é a sua é uma experiência ao mesmo tempo desconcertante e extremamente enriquecedora, especialmente pela clareza do que você se esforça para pensar. Primeiro você se sente indefeso e burro, digamos assim, porque a filosofia exige um vocabulário preciso e uma sintaxe cheia de nuances. Mas pouco a pouco, à medida que você se livra dos reflexos da sua língua materna e começa a pensar entre as duas línguas, você aprende a avaliar o que, nas palavras que você usa, é estranho aos conceitos e os distorce. "Sim, soa bem em francês, mas não faz sentido em português." Você se pergunta: "Será que isso merece ser pensado? Talvez sim, talvez não. Talvez aqui minha língua enriqueça o conceito, o torne mais claro: vou me esforçar para *traduzir* a palavra ou a expressão idiomática usando perífrases, descrições ou exemplos. Ao mesmo tempo, essa operação de tradução vai me fazer apreender melhor o que quero dizer. Mas talvez isso não mereça ser pensado e traduzido. Talvez seja apenas uma nuance própria da minha língua. Mas se posso dizer isso jogando com as palavras, talvez a minha língua esteja me pregando uma peça, uma peça engraçada, bonitinha, mas enganadora: ela seduz o poeta ou atrai a atenção inconstante do psicanalista, mas ela me permite pensar com mais clareza? Ou, ao contrário, estou enriquecendo as minhas ideias com uma camada a mais de sentido e ela apenas as embaralha?". Só de fazer essas perguntas, cujas respostas nunca são claras ou absolutas, você aprende a filosofar melhor. E essas idas e vindas incessantes de uma língua para outra para tentar apreender o conceito foram uma etapa decisiva na minha emancipação dos ares de Paris. A moda intelectual na época era a "onipotência do significante", como se dizia então, e, portanto, os jogos de palavras, as alusões pseudocientíficas em forma de trocadilho, as referências refinadas e obscuras que demonstram que fazemos parte do mesmo mundo. Tudo isso é banal, cada época e cada círculo tem os seus esnobismos. E, no fim das contas, eles também são um vetor de transmissão de ideias. Mas digamos que a minha experiência no Brasil me ajudou a me desvincilhar disso tudo. Era talvez outro tipo de Senhor que eu via lá em cima. Bem menos poderoso e exigente do que o Deus da minha adolescência ou o marxismo-leninismo da minha juventude: a desintoxicação não foi muito difícil. Mas talvez tenha sido um pouco mais dura do que foi para você,

André, que superou essa etapa mais rápido e rompeu mais cedo com o que era considerado "filosoficamente correto" nos anos 1970 e 1980. Minha admiração por você só aumentou por causa disso, quando outros lhe viravam as costas pelas mesmas razões. E eu? Por que demorei tanto? Porque desembarquei no Quartier Latin vindo diretamente de Puteaux, tive de atravessar o Atlântico para conseguir sair dele?

– Você mencionou dois fatores de desenraizamento... Houve uma segunda lição de filosofia no Brasil, ou talvez do Brasil?

Eu disse que, no Brasil que conheci, a influência da França nos departamentos de filosofia era determinante. O essencial da formação e da pesquisa era francófono ou, a rigor, germanófono, portanto era parecido com o que eu conhecia. Mas foi lá, ao longo daqueles anos, que descobri a riqueza de uma outra tradição, a que denominamos "analítica" e é dominante sobretudo nos países anglo-saxões. Vejamos alguns exemplos: Wittgenstein era na época infinitamente mais bem traduzido no Brasil do que na França. E como não leio, por assim dizer, o alemão, eu o descobri em português! Outro exemplo, mas eu poderia dar muitos outros: foi primeiro em português que li John Rawls e sua *Teoria da justiça* (um dos clássicos da filosofia política do século XX) porque ele era lido e ensinado no Brasil, enquanto na França ele só foi traduzido uns dez anos depois.

E, principalmente, compreendi rapidamente que, para ensinar filosofia antiga, eu tinha de me debruçar sobre a bibliografia anglófona, que estava em plena revolução na época. Tive como mestre o saudoso Pierre Aubenque, cujos dois grandes livros marcaram profundamente meus estudos e, mais em geral, os textos sobre Aristóteles. Mas no Brasil descobri o trabalho de uma "jovem" geração de historiadores "analíticos" da filosofia (na faixa dos trinta, como eu) que eram todos mais ou menos discípulos do mesmo mestre de Cambridge, G. E. L. Owen: primeiro Jonathan Barnes, que mais tarde se tornou um amigo e um colega, com quem organizei um seminário internacional entre Paris e Genebra; e depois Myles Burneat, Malcom Schofield, Julia Annas, Terence

Irwin, Martha Nussbaum etc. Foi um choque. Uma lufada de ar fresco. Como se, depois de ouvir as cantatas de Bach regidas por Karl Richter durante toda a sua juventude, grandiosas, solenes, admiráveis, mas prisioneiras de um hieratismo majestoso, você descobrisse de repente Harnoncourt, Herreweghe ou qualquer um dos chamados *baroqueux*.* Não só eles tocam com "instrumentos antigos" (o que não é o mais importante), como recorrem a um grupo reduzido e a uma retórica rítmica mais solta; eles transformam em renda de Bruges o que antes você via como um monólito. Você leva um susto: "Puxa vida! É permitido tocar assim, com essa naturalidade, com essa espontaneidade, com essa alegria? Temos esse direito?". Sim, temos o direito de soprar a poeira de respeito que recobre a partitura. É como se você se sentisse livre de repente do Senhor lá de cima, aquele que controlava a maneira como você ouvia música. Com Platão e Aristóteles é a mesma coisa! O Senhor lá de cima que controlava a minha forma de ler os antigos desapareceu. A densidade histórica desapareceu. A revelação era a seguinte: os antigos filosofavam como nós! Era o ovo de Colombo, mas era também uma grande descoberta! Eles definiam os problemas, faziam perguntas, apresentavam argumentos, encontravam dificuldades, sugeriam soluções. Não era necessário "interpretar" os textos, bastava explicá-los. Eles não eram arquivos sagrados e obscuros, testemunhos de uma época – de outra época –, indícios de um pensamento passado ou enigmas que tinham de ser decifrados ou glosados. Por que procurar sentido para eles, como se procura chifre em cabeça de cavalo, se eles visavam a *verdade* – uma verdade que podíamos tomar para nós ou não? E quando digo que não havia necessidade de procurar a todo custo um "sentido" para eles, não me refiro evidentemente ao significado das palavras e das frases, que evidentemente devem ser analisadas minuciosamente com todos os recursos da filologia e da história. O que quero dizer é que não temos de nos perguntar *primeiro* de que eles são o *símbolo*, ou que diferença em relação a "nós" eles exprimem.

* Segundo o dicionário *Larousse*: "músico que prega, na interpretação de obras do período barroco, a fidelidade às condições de execução na época da composição. O movimento surgiu nos anos 1960". (N. T.)

Conhecendo os melhores artigos desses historiadores "analíticos", que leem Platão, Aristóteles e Epicuro com olhos novos, percebi que pouco a pouco, sem me dar conta, tinha me esquecido de ler esses filósofos tendo em mente a pergunta – que talvez não seja a única válida, mas que vale a pena fazer de tempos em tempos: o que eles estão dizendo é verdade?

Não simplesmente e tolamente: eu concordo com essa *opinião*? (Porque a minha opinião interessa tão pouco quanto a deles.) Quando falo de verdade filosófica, quero dizer, e volto aqui à minha definição: especificidade e pertinência das *perguntas*, adequação dos *conceitos*, rigor dos *argumentos* e, eventualmente, coerência de conjunto da doutrina. Em outras palavras, reaprendi progressivamente a ler ingenuamente um texto de filosofia, como vim depois a ensinar a minha vida toda aos meus alunos, tendo em mente as seguintes perguntas: que *problema* preciso, singular, inédito, esse filósofo apresenta aqui, *neste* texto? Que *conceitos*, criados por ele ou herdados de alguém, ele emprega para responder a esse problema? Que *argumentos* ele utiliza para defender suas teses? E eventualmente (e esta é a última pergunta e talvez a menos importante): todos os problemas, conceitos e argumentos desse filósofo formam uma unidade, isto é, uma doutrina ou um sistema, ou seja, uma filosofia? A verdade filosófica é tudo isso. É essa cadeia, mais ou menos firme ou desengonçada, que liga as teses aos argumentos, aos conceitos, aos problemas e, em último caso, a uma doutrina.

– Entendo que a leitura desses comentadores anglo-saxões tenha sido importante para você (dessa vez fui eu que demorei para descobrir a filosofia analítica, e acho que nunca vou recuperar o atraso!). Mas a analogia com os baroqueux *é meio paradoxal. A revolução desses músicos, se é que houve uma revolução, consistiu principalmente em devolver as obras barrocas à época delas, recuperar uma autenticidade histórica, portanto uma distância diacrônica, e não aproximá-las de nós. Não é o inverso do que você disse dos historiadores analíticos da filosofia?*

Tem razão, parece o oposto. Mas se faço essa comparação é por causa da *experiência* nova dos textos (musicais e filosóficos) que eles (os *baroqueux* e os historiadores analíticos) me ofereceram. E também porque me parece que nos dois casos existe uma mesma preocupação. A revolução das interpretações "historicamente informadas" ou dos comentários "analiticamente atentos à argumentação" revigorou esses escritos. Eles removeram as camadas de tradições interpretativas acrescentadas pelo tempo que nos separavam deles. Inversamente, não devemos acreditar que a aparente ingenuidade das leituras analíticas consiste em "modernizar" esses textos, colocá-los no nosso compasso. Acho até que é o inverso: é devolvê-los à intenção de verdade *deles*. E, no fundo, a traição está mais em ler Platão somente como um testemunho de sua "época da história do ser" ou reduzi-lo à sua helenidade do que em ser fiel à intenção filosófica da qual ele se pretende emissário.

Evidentemente, houve excessos dos dois lados, quando essa maneira de interpretar Bach ou Mozart se tornou uma nova norma, uma obsessão com a autenticidade, em detrimento da musicalidade, da precisão e da fluidez do discurso, e da emoção que ele transmite. Do mesmo modo, houve excessos nas leituras microanalíticas que tentaram reconstituir nos mínimos detalhes a estrutura subjacente de cada argumento, apelando sistematicamente para os recursos de uma lógica formal elementar. Aqui também, essa maneira de ler Platão ou Aristóteles, essa obsessão com a validade dos argumentos, não pode prejudicar a intenção geral de verdade de um texto ou de uma obra. Num caso como noutro, o que não podemos fazer é colocar de novo um Senhor acima de nós, assim que nos livramos do anterior.

O que quero dizer é o seguinte. Lendo Barnes e outros, descobri progressivamente muito mais do que uma nova maneira de ler os antigos. Porque me dei conta de uma outra coisa que, em si, não tem nada a ver com esses historiadores. Compreendi que, se esqueci que os antigos podiam nos dizer a *verdade*, foi porque, no fundo, eu não acreditava mais que a filosofia podia ou devia dizer a *verdade*. E por quê? Porque, durante toda a minha formação, só li e ouvi filósofos defendendo que a filosofia estava *morta*. Esse comunicado de falecimento chegou até mim vindo de diversas fontes heterogêneas.

Da parte dos historiadores da filosofia, a mensagem dominante era: estudem, comentem, expliquem os textos, mas, sobretudo, para trazer à tona a estrutura interna – por exemplo, "a ordem das razões", segundo Martial Gueroult, o grande comentador de Descartes. Era como se cada filosofia fosse uma espécie de sistema fechado, sem portas ou janelas para o mundo. Saber se ela nos dizia alguma coisa do mundo não era problema nosso. Por mais que ela visasse a verdade, o comentador não estava interessado em sabê-la e, por consequência, em dizê-la: só interessava a reconstituição da coerência interna de sua sistematicidade monumental.

Da parte dos filósofos, havia diversas tendências, evidentemente, mas todos concordavam em geral num ponto: era bom ter em mente a "boa nova", a da morte da filosofia. Estou simplificando ao extremo, correndo o risco de parecer caricatural.

Para os heideggerianos, por exemplo, a "metafísica", ou seja, a filosofia e suas questões clássicas (grosso modo, o que denomino os *que é* e os *por quê*), estava terminada, tinha esgotado suas possibilidades. Portanto, tínhamos de nos limitar a escrever sua história. Isso não significava relacionar a sucessão de filósofos, mas sim recuperar as "épocas" constitutivas do "esquecimento do ser".

Jacques Derrida foi mais longe. Era necessário localmente, em cada texto, "desconstruir" os pressupostos metafísicos implícitos nele, por exemplo, o "ser como presença" e a prevalência da palavra "viva" sobre a escrita. Ele mostrava em cada texto, com um brio acrobático um tanto taumatúrgico, ou pelo menos afirmava, segundo uma fórmula programática que ele adorava, que "seria muito possível, ou muito fácil, demonstrá-lo". Me lembro de ter perguntado publicamente a Derrida, justamente a propósito dos filósofos gregos (o que eu disse foi publicado em *Nos Grecs et leurs modernes*, textos reunidos por Barbara Cassin, Seuil, 1992): "O que os impede de dizer a verdade por nós? O que nos impede de dizer a verdade sobre eles?". No texto escrito, ele me respondeu com um eufemismo (a resposta oral foi mais direta): "Essa não é a questão que me interessa, nem a minha preocupação principal" (ibid.). Pouco importa que não fosse a questão que interessava a *ele*. Na verdade, gerações de estudantes e leitores entenderam sua abordagem como significante: a questão não *pode mais* ser essa, consequentemente não *deve* ser essa.

Mesma coisa do lado oposto, aquele do qual me sentia pessoalmente mais próximo: Foucault, sob orientação do qual comecei uma tese sobre "O nascimento da etnologia no século XIX". Ele dizia sempre: "Somos destinados historicamente à história". Aliás, ele acabou publicando os livros dele numa coleção intitulada "Biblioteca das Histórias". Nossa tarefa histórica, aquela da qual não podemos escapar, consistia, portanto, em escrever a história dos "sistemas de pensamento", isto é, a "arqueologia" das diferentes camadas de saber e poder sobrepostas. Num segundo momento, ele substituiu o método "arqueológico" pela "genealogia" da nossa modernidade – a palavra é um eco de Nietzsche, porque implicitamente o pensamento compartilhado na época era um nietzschianismo mínimo.

E eu poderia estender a lista. Mas sem dúvida não é nem o momento nem o lugar adequado (o Brasil) para desenvolver esse ponto... Me desviei do objeto, o que sem dúvida não lhe desagrada, já que você adora Montaigne e seu estilo nômade. O que quero dizer é que a nossa geração teve de cometer uma espécie de parricídio generalizado para ousar o salto e admitir que ainda era possível formular classicamente questões filosóficas – isto é, os *que é* e os *por quê*. No meu caso, tentei fazer isso recorrendo às ferramentas da modernidade, aproveitando as lições da história – no seu caso, você tentou recuperar a sabedoria dos clássicos.

Assim, e para voltar à sua pergunta, é evidente que as leituras "analíticas" dos antigos não foram a única causa da minha tomada de consciência das dúvidas que começavam a me perturbar em relação às lições recebidas e aceitas: e se a filosofia não estava morta? E se alguma coisa como a "busca da verdade pela luz natural", para usarmos a expressão de Descartes, ainda era possível? Ou ainda, já que essa terceira pergunta é a mais difícil de formular quando estamos a um passo de cometer um "parricídio": e se *eu* tentasse fazer isso, isto é, filosofar por mim mesmo? O que está claro é que a descoberta um tanto inesperada da filosofia "analítica", que veio se juntar à formação predominantemente franco-alemã (chamada "continental") que recebi, contribuíram para que progressivamente, entre setembro de 1980, data da minha chegada ao Brasil, e dezembro de 1984, data do meu retorno à França, eu conseguisse explicitar essas dúvidas e extrair suas consequências.

– Me parece que parte da sua singularidade está aí, à igual distância, ou melhor, muito perto destas duas tradições que se opõem há décadas: a filosofia continental (especialmente a alemã e a francesa) e a filosofia "analítica", que durante muito tempo foi desprezada ou pouco conhecida entre nós, mas predomina tanto do outro lado do Canal da Mancha como do outro lado do Atlântico. Isso estava muito claro no seu seminário "Segundas da filosofia", na École Normale Supérieure, mas também na sua obra, que é decididamente argumentativa e, no entanto, enraizada na filosofia mais antiga.

No meu seminário, intitulado "Segundas da filosofia", que você conhece bem, eu quis me lançar um desafio – e aos meus colegas também: filosofar "contra a parede", isto é, sem se apoiar em autores ou referências. No começo, ali pelo ano 2000, em Nanterre, e depois a partir de 2004, na École Normale Supérieure, parecia meio extravagante, porque ia contra as tendências dominantes na Universidade francesa e a tudo que aprendemos no último ano de preparação para a *agrégation* e nos cursos preparatórios – mas que tem incontestavelmente uma justificação do ponto de vista pedagógico. Que para tratar de um problema seja necessário fazer referência aos autores que trataram dele é o óbvio ululante. Mas nada nos impede de fazer *também* outra coisa, o que corresponde à vocação tradicional da filosofia: defender teses pessoais, sem nenhum outro apoio além dos argumentos. Aliás, o primeiro nome desse seminário que criei em Nanterre era "Posições e argumentos". Aos colegas que me diziam que eu estava me submetendo aos princípios da filosofia analítica, eu respondia que era, ao contrário, recuperar o que a maioria dos filósofos sempre fez, especialmente na França, antes de a influência alemã predominar. Em resumo, é isto que devo à filosofia analítica: a ideia de que em filosofia, sobre *questões* controversas, convém sustentar nossas teses com *conceitos* e *argumentos*. Eu apenas acrescentaria: e com o máximo de clareza. Nem mais nem menos.

Como você vê, o que devo à filosofia "continental" ou à minha formação é a minha relação com os filósofos clássicos. É a ideia, pouco presente na tradição analítica, de que as filosofias, quer dizer, as obras dos filósofos, sejam elas antigas, clássicas, modernas ou contemporâneas, constituem a reserva principal e inesgotável, digamos assim, de conceitos, posições e argumentos. Eu me apoio nos grandes autores clássicos: Platão, Aristóteles, Descartes, Leibniz, Kant, Bergson etc., assim como, se não mais, nos autores contemporâneos que me são familiares: Strawson, Quine, Habermas, Lévi-Strauss, Foucault, Ricœur etc. Ora, isso é totalmente contrário à tradição analítica. E temos de compreender por quê. Primeiro, a filosofia analítica é dominante sobretudo nos países – por exemplo, os Estados Unidos – onde a filosofia é quase exclusivamente uma disciplina acadêmica, praticada por profissionais e destinada a profissionais, da mesma forma que a biologia molecular ou a linguística histórica. Ela obedece às mesmas exigências de especialização que qualquer outra disciplina de pesquisa. É compreensível que filósofos que trabalham, por exemplo, com a estética cinematográfica ou as metateorias das teorias científicas não possam se limitar à leitura dos clássicos! Mas existem outras razões. Nos países latinos, a filosofia é considerada uma disciplina "literária": daí, na França, a prática escolar da "dissertação" e do "comentário de texto", ou o fato de que os filósofos também são, frequentemente, grandes escritores (e você sabe disso melhor do que ninguém, porque você pertence a essa tradição) que se dirigem a um público que vai muito além dos profissionais. Ao contrário, na tradição analítica, a filosofia imita e dá continuidade às práticas científicas: os filósofos, que em geral têm formação científica ou lógica, raramente escrevem livros, mas escrevem artigos (*papers*) para revistas superespecializadas, dirigidas e lidas quase exclusivamente por pares. E embora as referências desses filósofos sejam numerosas, raramente elas remetem aos que chamei, um pouco por autoderrisão, os grandes autores, mas quase sempre à bibliografia recente (de vinte anos para cá) da sua área de especialidade: filosofia da física quântica, "ética animal", teorias da democracia etc.

Minha "singularidade" filosófica, para voltar à sua expressão, é que empresto elementos das duas tradições. Com o agravante, que me torna talvez mais inclassificável ainda, de que sou um "generalista", como você observou há pouco. Isso raramente acontece com os filósofos analíticos: eles são filósofos da linguagem, filósofos do direito, filósofos das ciências, ou historiadores da filosofia antiga, medieval, moderna etc., e quase tão raramente com os filósofos "continentais", pelo menos quando são "universitários". É evidente que não estou falando dos professores dos cursos preparatórios, que são generalistas por obrigação e muitas vezes por vocação. Devo dizer que, se sou generalista, é graças à ENS, que é a continuação dos cursos preparatórios e é uma instituição muito *especial*, justamente porque sua vocação é não ser demasiado *especializante*. Portanto, trabalhei com um pouco de tudo: história da filosofia, metafísica, linguagem, moral, antropologia, política etc. Em certo sentido, isso enfraqueceu as minhas posições sobre cada tema que abordei, mas espero que, em outro sentido, elas tenham se enriquecido, porque isso me permitiu tecer relações transversais entre os domínios. É como na medicina: os especialistas são necessários para tratar dos órgãos, mas o generalista cuida melhor da pessoa. Me parece que a filosofia, ao contrário da ciência, deve tender a ser generalista, sob pena de perder sua razão de ser.

– *Se tivesse de compará-lo com um médico, eu o colocaria entre os "internistas" (os especialistas da "medicina interna", que é chamada muitas vezes de "especialidade polivalente"), que são os supergeneralistas do hospital. Com você é a mesma coisa. Você não é professor de* khâgne *(profissão admirável, mas que não é a sua). Você é um grande universitário, que se interessa por todas as especialidades, mas não se fecha em nenhuma. Ou ao menos se tornou isso! Porque o que eu disse a respeito da sua singularidade, e você acaba de confirmar, não vale para o seu primeiro livro,* Logique de l'élément, *sobre Lucrécio e o* clinâmen, *que apareceu em 1980. Eu o li na época: achei muito inteligente, muito culto, brilhante, mas nos anos seguintes não senti o desejo ou a necessidade de relê-lo. Não posso retomá-lo hoje, por causa do confinamento (a maioria dos meus livros e quase todos os de Francis Wolff estão na minha casa na Normandia), mas ficou a impressão de uma obra muito marcada pela época, ou mesmo pelas modas daquele momento. Me lembro de que um de nossos amigos (que se tornou um excelente historiador da filosofia) me disse na época: "O livro é bom. Mas por que ele enfiou sexo em tudo?". O que você diria dele hoje? Que é preciso tempo para sermos o que somos?*

Eu repetiria o que disse há pouco. Precisei de tempo e de espaço. Tempo para aceitar romper com os preceitos filosóficos admitidos na época da minha formação. E de espaço: precisei do oceano Atlântico entre mim e Paris para me libertar das suas modas. Esse livro medíocre a que você se refere, que não me atrevo a abrir há mais de trinta anos, é um amálgama inábil desses preceitos e dessas modas. Um modelo do que não se deve fazer e que os ares da época encorajavam implicitamente.

Nesse livro, pelo que me lembro dele, você nunca sabe, por exemplo, se comento Lucrécio ou se defendo teses pessoais, o que era comum em muitos autores da época, porque se desconfiava de qualquer pretensão à verdade e se afirmava que, no fundo, só havia "interpretações". Além disso, a exegese do texto de Lucrécio repousa sobre uma base filológica frágil, mas isso também era moda na época: optar sempre pela *lectio difficilior*! Isso significa *grosso modo* que, na transmissão de um texto antigo, quando os manuscritos apresentam diversas variantes de uma mesma palavra ou de uma mesma passagem, devemos considerar autêntica a que parece mais "difícil" de entender. O preconceito desse preceito contraintuitivo era que os autores antigos eram extremamente astutos (e, forçosamente, um pouco obscuros), e que nós somos tão astutos quanto eles (o que nos obrigava também a praticar uma saudável obscuridade), mas os copistas medievais eram forçosamente umas bestas, que não entendiam nada do que copiavam e, por consequência, simplificavam afrontosamente o texto. Em terceiro lugar, pelo que me lembro, meu estilo é cheio de facilidades retóricas e verbais, e cultiva certa obscuridade de qualidade, o que também fazia parte dos tratados dos maus mestres da época. Enfim, e como observou nosso colega Alain P., ele tem uma espécie de pansexualismo generalizado. É verdade que há algumas cenas eróticas em Lucrécio, mas os anos 1970, quando escrevi esse livro, eram obcecados pela coisa, e eu mesmo os vivi dessa forma.

Esse livro era o desenvolvimento da minha dissertação de *maîtrise*, intitulada "O materialismo de Lucrécio", que Althusser leu e apreciou a ponto de me confiar cursos de *agrégation* sobre o tema, como já contei, e me encorajar a publicá-la. Evidentemente ele não teve nenhuma responsabilidade pelo resultado final. Nem ninguém! Cheguei a ele depois de longos anos de labor que me permitiram transformar uma dissertação apreciável num livro deplorável. Ele saiu em 1981, oito anos depois da minha *maîtrise*, e quando eu já estava no Brasil. Althusser estava internado, depois da morte de sua esposa, Hélène, e eu estava me tornando um honrado estudioso da Antiguidade greco-romana, trabalhando sob orientação do melhor de todos, Pierre Aubenque, aprofundando minha bibliografia e ocupando a cadeira de filosofia antiga da Universidade de São Paulo.

Minha conversão se deu de diversas maneiras. Primeiro, tive a oportunidade de mudar completamente de estilo de redação. Como um velho estroina que é obrigado a adotar um novo estilo de vida e acordar todos os dias às 7 horas, foi uma proposta de trabalho que me obrigou a mudar. Quando eu já estava no Brasil havia pouco mais de um ano, um ex-aluno do nosso departamento de filosofia, Luís S., que tinha virado editor (e foi muito bem-sucedido na vida), entrou em contato conosco, Gérard Lebrun e eu. (Nós morávamos perto um do outro e éramos amigos.) Esse Luís S., sentindo que o país avançava a passos largos para a democracia e a abertura cultural, decidiu criar novas coleções de livros de bolso que seriam vendidos em bancas de jornal a preços muito módicos. Uma dessas coleções, intitulada "Encanto radical", apresentava grandes figuras históricas, tipo Einstein, Picasso ou Pelé (o lendário jogador de futebol brasileiro). Desejando incluir na lista alguns filósofos incontestáveis, ele deu carta branca a Lebrun (nem podia fazer diferente, dada a reputação de Lebrun no Brasil), que, para surpresa geral, não escolheu Kant ou Hegel, mas Pascal, apesar de ele próprio ser conhecido por "jantar o cura". (Seu livrinho *Pascal, tours, détours et retournements* é uma excelente introdução que senti recentemente ser um dever e um prazer traduzir e editar em francês.) E, ao "professor de filosofia antiga" de sua antiga universidade, Luís S. encomendou um Sócrates. Forçosamente é o nome mais popular da categoria. Relutei um pouco: Sócrates não fazia meu gênero, já tinham dito tudo dele e não se sabia nada sobre ele! Bom, acabei aceitando. E, no fim, com entusiasmo. O livro fez algum sucesso, a ponto de o Sócrates, o jogador de futebol, um dos jogadores da grande *seleção* brasileira de 1982, a de Zico, Júnior, Éder etc., ser entrevistado sobre ele:

– O que você acha que Sócrates, o filósofo, teria lhe dito se vocês se encontrassem?

– Acho – respondeu o genial pernalta – que ele teria me encorajado a ser o melhor jogador possível!

Algum tempo depois, Pierre Macherey, que orientou a minha dissertação sobre Lucrécio, chegou ao Brasil como professor convidado. Ele me falou do seu projeto de criar uma nova coleção nas Presses Universitaires de France, intitulada "Filosofia". Mostrei a ele o meu modesto manuscrito e ele se entusiasmou: "É exatamente o que estou procurando!". Ele me pediu para completá-lo com uma segunda parte, mais acadêmica, para chegar às 128 páginas do formato previsto. O livro saiu entre os primeiros títulos da coleção, logo depois do meu retorno do Brasil. Foi publicado pela mesma editora e assinado com o mesmo nome do livro sobre Lucrécio, mas na realidade não é mais o mesmo autor.

Paralelamente, publiquei artigos acadêmicos em revistas brasileiras sobre democracia grega, sofística e Platão. E, sobretudo, dava aulas de pós-graduação sobre a *Metafísica* de Aristóteles, que me encantava cada vez mais. Um livro em especial me fascinava: o Livro Gama, em que Aristóteles tenta justificar o que ele chama de o primeiro princípio da filosofia, e nós chamamos de o princípio da contradição (ou, às vezes, da não contradição). É a ideia aparentemente muito simples de que é impossível uma mesma coisa ser e não ser ao mesmo tempo de determinado jeito. Os lógicos e os metafísicos discutem isso há 25 séculos. Eu e meus alunos arrancávamos os cabelos estudando o texto e sua demonstração. Nunca encontrei auxílio nas edições francesas e alemãs. Encontrei alguns esclarecimentos num livro da corrente analítica a que me referi há pouco, o de um certo R. M. Dancy, *Sense and Contradiction*, graças a um recorte notável da argumentação do texto. E também tive a oportunidade de discutir, não sobre o texto, mas sobre a coisa mesma, com um grande lógico brasileiro, Newton da Costa, internacionalmente famoso por ter concebido as chamadas lógicas "paraconsistentes", que ignoram o princípio da contradição e, no entanto, funcionam localmente – o que até então era considerado impossível. E depois com Jacques-Alain Miller, genro, editor e continuador de Lacan, de passagem pelo Brasil: ele também se interessava por esse famoso princípio, já que, desde Freud, se considerava que o inconsciente ignorava o princípio da contradição. Eu estava em plena efervescência intelectual. É possível um mundo contraditório? O princípio da contradição é necessário? E, como um autor de ficção científica, me pergunto: o que seria o nosso mundo, se não fosse submetido ao princípio da contradição? Escrevi febrilmente dezenas de páginas. E, mais tarde, dezenas de outras. Notas que nunca usei. Mas pouco depois do meu retorno à França, quando você me pediu um artigo para uma revista que hoje não existe mais, *La Liberté de l'Esprit*, reescrevi aqueles rascunhos e intitulei o resultado: "As três linguagens-mundo: em torno de Aristóteles, da contradição e de uma hipótese".

– Me lembro muito bem! François George, que fundou a revista, me confiou a edição de um número. Pensei em você, claro, e seu texto, desde a primeira leitura, me pareceu fascinante e extremamente esclarecedor. Foi o primeiro do sumário (antes de Marc Wetzel, Jean-Jacques Szczeciniarz, Olivier Schwartz, Alain Petit, Denis Kambouchner e eu). Mais de trinta anos depois, ainda me orgulho daquele sumário e, principalmente, de ter sido o primeiro editor do que depois viria a ser Dizer o mundo*!*

Foi ali que tudo começou.

Eu tinha 36 anos. Era professor de liceu. Como você pode ver, não fui tão precoce quanto você disse no início desta conversa!

SEGUNDA ENTREVISTA

HISTÓRIAS JUDAICAS

Ferdinand Wolff, "herói do povo alemão" – O referendo de 13 de janeiro de 1935 no Sarre – Os pogroms e a dispersão da família Wolff – Arnold Wolff, o "reintegrado" francês – Um advogado muito esperto – Arnold, o "francês" germanófono, casa-se com Régine, a "tcheca" francófona – Fugas felizmente frustradas – "Judeus, um passo à frente!" – Ferdinand Wolff e Bertha Kahn "partem em viagem" – Theresienstadt, "colônia judaica modelo" – Hugo Czech, um galiciano na Mosela alemã... depois francesa – Os Czech se refugiam em Ivry-sur-Seine – A estrela amarela – A noite de 16 de julho de 1942 – O comboio nº 9 – A noite de 10 de fevereiro de 1943 – O comboio nº 49 – "Deportados políticos" – Um advogado meticuloso

– Vamos voltar um pouco ao passado. Você me disse que seus pais nasceram na Alemanha... Quando eles vieram para a França? Por que razão? Em que condições? E quem eram os pais deles? Em resumo, você pode me falar da história da sua família, no sentido largo da palavra, antes do seu nascimento? Se não me engano, apesar de você quase não falar sobre isso, vários membros da sua família desapareceram nos campos de concentração.

Agradeço as perguntas. Aliás, foi por me dar a oportunidade de respondê-las que aceitei e depois desejei este livro de entrevistas sugerido pela minha editora.

Não gosto muito de falar de mim. Sempre digo que a minha pessoa não interessa a ninguém, e que a minha vida não é da conta de ninguém. E também não tenho nenhum talento de escritor para torná-la atraente. Mas a história da minha família é outra coisa. Comparada à história de milhões de judeus europeus, ela não é mais interessante, mas é igualmente interessante, e todas mereciam ser contadas. Foi ela que progressivamente transformei em minha, por fragmentos de relatos dos meus pais, sobretudo da minha mãe, por respostas evasivas ou recorrentes que ela dava às minhas perguntas. A História, a maiúscula, se misturou muitas vezes à história minúscula de suas vidas. Eu perguntava "onde?", "quando?". Ela vasculhava a própria memória, e eu os livros de história, mas nem sempre havia resposta. A memória guardou outros fatos, se fixou em outros encadeamentos, a história escolheu outras lentes. Eu perguntava "por quê?". Ela se interrogava, não sabia, havia apenas fatos ou acontecimentos – sempre os mesmos – e eles eram esparsos, ou então embaralhados. A força da emoção muitas vezes contrariava a expressão – ou a recordação.

Essa história, ou melhor, essas histórias que encadeadas não chegam a ser uma narrativa, eu vou ter de me esforçar para contar, com suas lacunas, suas falhas, seus enigmas. É meu dever? Não sei. Uma necessidade talvez: para os meus filhos e netos. Mas certamente uma exigência, agora que a geração dos sobreviventes se foi.

– Vamos começar pelo seu pai, se você não se importa...

Arnold, filho de Ferdinand Israel Wolff e de Selina Mendel, nasceu, como eu disse, em 1913, em Nalbach. Era uma aldeiazinha do Sarre (portanto, em 1913, na Alemanha), nos arredores de Sarrelouis. Não é longe da fronteira com a França, cerca de vinte quilômetros. Ferdinand era de família judaica estabelecida nessa aldeia havia muitas gerações. Selina era de outra aldeia,

Nohfelden. Havia comunidades judaicas numerosas em todo o Sarre. As minorias daquelas cidadezinhas ou aldeias, como Dillingen, Nalbach, Diefflen e Nohfelden, eram particularmente bem integradas à sociedade do Sarre e da Alemanha desde o século XVIII. Parece que não houve grandes atritos com os cristãos antes dos anos 1930. Qualquer que fosse o grau de envolvimento dos judeus na vida comunitária, eles não encontravam grandes barreiras para participar das diferentes instâncias municipais. Os de Nohfelden frequentavam a sinagoga de Bosen; os de Nalbach e Dillingen tinham uma sinagoga em comum desde meados do século XIX. Mas em 1924 uma nova sinagoga foi inaugurada em Dilligen. Só para você ter uma ideia do dinamismo do judaísmo na região.

Aparentemente os Wolff não eram muito religiosos. Eles se sentiam profundamente alemães. Principalmente depois da Primeira Guerra Mundial (1914-1918). Gravemente ferido no *front*, meu avô Ferdinand voltou para casa hemiplégico. Recebeu a medalha e o título de “Herói do Povo Alemão”. Ele provavelmente recebia uma pensão de guerra, porque não podia mais trabalhar no armazém. Ele teve cinco filhos com Selina. Três nasceram antes da guerra: Herta, Arthur e Arnold. Dois depois: Edith, em 1920, e Herbert, em 1921. Depois, em 1926, nova tragédia: Selina morreu (de quê? Não sei). Arnold tinha 13 anos. Ele foi criado, com seus irmãos e irmãs, por aquela que depois seria a sua madrasta querida, Bertha Kahn, que ele chamava de *Mutti* e que acabou se casando com Ferdinand (quando? Não sei) e nunca mais o deixou.

Segundo o Tratado de Versalhes, assinado em junho de 1919, a Alemanha, que capitulou incondicionalmente e foi considerada integralmente responsável pelo desastre que se abateu sobre a Europa, teve de se submeter a amargos rearranjos territoriais. Entre eles consta o estatuto do Sarre, que consultei várias vezes: “O governo do território da bacia do Sarre é confiado a uma comissão representando a Sociedade das Nações” por quinze anos. E “ao término desse prazo [...], a população do território da bacia do Sarre será convocada a manifestar sua vontade”, escolhendo “uma das três alternativas seguintes: a) manter o regime estabelecido pelo presente tratado e pelo presente anexo; b) unir-se à França; c) unir-se à Alemanha". Em outras palavras, entre 1920 e 1935, os Wolff viveram numa região chamada "Bacia do Sarre" que estava sob mandato internacional e não era oficialmente nem francesa (a cidade de Sarrelouis foi francesa de 1680 a 1815) nem alemã, embora a sociedade do Sarre se sentisse profundamente alemã.

Arnold, meu pai, frequentou a escola primária de Nohfelden. Obteve o diploma em maio de 1928. Depois, de setembro de 1928 a setembro de 1931, fez um "aprendizado em alternância" na escola de comércio de Dillingen (uma cidadezinha a cinco quilômetros de Nalbach) e, paralelamente, aprendeu o ofício de padeiro e confeiteiro na casa Hermann, que depois o contratou.

Em janeiro de 1933, Hitler assumiu o poder. Arnold, que na época tinha 20 anos, era empregado da padaria Hartfuss, em Saarbrücken, capital do Sarre, a quarenta quilômetros de Nalbach. O antissemitismo que vinha crescendo desde o fim da guerra explodiu em toda a Alemanha. Parece que um pouco menos no Sarre: a propaganda nazista contra os judeus foi mais discreta, à espera da consulta de 1935, que devia decidir o destino da região. A campanha do referendo se concentrou mais no desemprego do que na pureza racial. No entanto, a partir de 1933, o medo cresceu e os judeus começaram a deixar o Sarre. Menos nos pequenos burgos, onde eles eram bem integrados, e menos ainda na família Wolff, cujo patriarca é "herói do povo alemão". Por que eles iam ter medo dos alemães?

Em agosto de 1934, Arnold estava empregado na padaria Kräuter, em Völklingen, uma aldeia a vinte quilômetros de Nalbach. Chegou o dia do referendo: 13 de janeiro de 1935. Mais de 90% dos eleitores votaram pela reunificação com a Alemanha; 9% pelo *statu quo*, isto é, continuar sob a administração da Sociedade das Nações; e menos de 0,5% pela união com a França. Em 1º de março, o território foi oficialmente reunificado à Alemanha e hordas de nazistas tomaram o Sarre. Em 9 de setembro, houve pogroms contra os judeus em Nalbach. A padaria Kräuter foi atacada e parcialmente destruída. As vitrines foram pichadas: "Kräuter tem um empregado judeu". Meu pai me contou a cena dezenas de vezes. O senhor Kräuter, um homem honesto, mas não um herói, o chamou: "Arnold, eu sinto muito. Não tenho nada contra os judeus, mas sou obrigado a me desvincular de você".

A partir daí, a família se dispersou. Entre 1935 e 1936, os cinco irmãos deixaram um a um o Sarre: foram para Luxemburgo, ou mais longe, para a Palestina (via Suécia), a Argentina e os Estados Unidos. Eles só voltaram a se ver em 1962, data da famosa viagem do "tio Herbert" pelo mundo. Toda a família emigrou, exceto Ferdinand Israel Wolff, que não poderia se deslocar com facilidade, dada a sua paralisia, e se achava protegido por seu engajamento irrefutável do lado da Alemanha e por seu status de *Prominent* ("pessoa importante"), como se dizia na época. Ele acompanhou por carta o itinerário e o destino de cada filho. Bertha Kahn ficou ao lado dele e cuidou dele até o fim. Eles se mudaram alguns anos depois para Bosen, uma aldeia vizinha, para a casinha de Bertha.

Num primeiro momento, Arnold se refugiou na casa de Herta, que tinha se casado com um luxemburguês: Léon Ackermann. (Passei algumas férias com eles, nos anos 1950. Eles tinham cinco filhos, todos mais velhos do que eu. Ir para Luxemburgo era ir para outro país, a atração era essa. A paisagem urbana e as marcas de refrigerante eram diferentes, mas o cotidiano na casa dos Ackermann era bastante monótono.) Arnold trabalhou na propriedade de uns camponeses até janeiro de 1936. Me parece que ele foi para a França nessa época. Por que a França? Não sei.

De todo modo, no início de 1936 ele estava em Borny, que na época era periferia de Metz. Desde que chegou, esteve em contato com círculos judeus que procuravam facilitar a acolhida dos refugiados do Leste. Advogados analisaram seu caso. E foi aí que a vida de Arnold passa a perna no determinismo histórico ao qual ele parecia destinado. Um dos advogados descobriu uma forma, ou talvez um artifício, ou até mesmo uma burla, para fazer daquele camponesinho judeu alemão (meu pai tinha 1,62 m) um francês da gema. Como? Até hoje não entendi. O fato é que, em 30 de janeiro de 1936, Arnold Wolff conseguiu, na prefeitura de Grosbliederstroff (Mosela), um precioso documento, assinado pelo prefeito, *monsieur* Wagner (bendito seja!, bendito seja seu nome!), que reconhecia sua nacionalidade francesa, de acordo com o estatuto das "pessoas reintegradas de pleno direito na qualidade de francês, em execução do Tratado de Paz de 28 de junho de 1919". "Reintegrado"! Evidentemente a palavra é absurda, porque não havia nem sangue nem solo. Mas essas cinco sílabas insignificantes seriam determinantes alguns anos depois. Elas vão salvar a vida de Arnold e daquela que ele ainda não conhecia e que viria a ser sua esposa, Régine Czech. Elas tornaram possíveis a vida da minha irmã e a minha. E não era o "poder do significante"(!), mas a onipotência dos textos administrativos na era do Estado-nação.

– O que era um "reintegrado"?

Perguntei muitas vezes aos meus pais: por que "reintegrado"? Resposta: porque ele era do Sarre e os naturais do Sarre tinham um estatuto especial, segundo o Tratado de Versalhes. Eles podiam se reintegrar à França, se não estivessem de acordo com o resultado do referendo.

Tudo bem, parecia lógico! Durante décadas, agradeci o favor involuntário que os redatores do tratado fizeram aos judeus do Sarre. E, principalmente, louvei em mil pensamentos a tenacidade daquele advogado desconhecido. Posso imaginá-lo descobrindo essa disposição no tratado – ou talvez ela já fosse conhecida naqueles círculos. Posso imaginá-lo sobretudo tentando reunir a papelada necessária para a obtenção do documento no qual estaria escrita a palavra salvadora para o camponesinho sem família que o tinha nas mãos e não falava praticamente nenhuma palavra de francês.

Matutei muito sobre isso durante anos. Meu pai nasceu no Sarre, *consequentemente* era francês. Até o dia, não muito tempo atrás, em que decidi ler nas minúcias o Tratado de Versalhes na internet. A Seção IV da Parte III, sobre a "Bacia do Sarre". Li, reli, e nenhuma cláusula trata da questão da reintegração dos nascidos no Sarre à França após o referendo. Claro, existe um obscuro §27 que estipula: "As presentes disposições não causarão nenhum prejuízo à nacionalidade atual dos habitantes do território da bacia do Sarre. Não haverá nenhum obstáculo aos que desejarem obter outra nacionalidade, entendendo-se que, em semelhante caso, sua nova nacionalidade será obtida por exclusão de toda outra". Mas essa cláusula se aplica – como indica a palavra "atual" – aos habitantes do Sarre que escolhessem (e acho que foi o caso de uns poucos milhares) outra nacionalidade a partir de 1920. Não era o caso de Arnold, filho do herói Ferdinand Wolff. Na época, eles não tinham nenhum motivo para não querer ser alemães. Como então?

Voltei àqueles papéis n vezes. Um deles, datado também de 30 de janeiro de 1936, mas, estranhamente, também de 25 de março de 1920, dizia: "Certidão do registro de pessoas reintegradas [palavra adorada por todos] de pleno direito na qualidade de francês em execução do n. [ilegível] do Parágrafo I do Anexo da Seção V do Tratado de Paz de 28 de junho de 1919". Reli. Sim, li direito: "Seção V". Voltei à Seção V. Ela se intitula "Alsácia-Lorena". O artigo 54 diz: "Possuirão a qualidade de alsaciano-lorenos por execução das disposições da presente seção as pessoas que recuperaram a nacionalidade francesa em virtude do Parágrafo 1 do Anexo aqui incluso etc.". E, no Anexo, o §1 diz: "Da data de 11 de novembro de 1918, são reintegrados [de novo a palavra adorada] de pleno direito à nacionalidade francesa: 1º) As pessoas que perderam a nacionalidade francesa por aplicação do tratado franco-alemão de 10 de maio de 1871, e desde então não adquiriram outra nacionalidade, salvo a nacionalidade alemã; 2º) Os descendentes legítimos ou naturais das pessoas referidas no parágrafo anterior, com exceção daquelas que tenham um alemão entre seus ascendentes de linha paterna que tenha imigrado para a Alsácia-Lorena após 15 de julho de 1870".

Em outras palavras, meu pai foi "reintegrado" à França como se tivesse perdido a nacionalidade francesa no momento da anexação da Alsácia e da Mosela à Alemanha, em 1871, ou como se fosse "descendente legítimo ou natural" de um alsaciano ou alsaciana, ou de um moselano ou moselana.

E então me lembrei de uma conversa meio dúbia da minha mãe, recordando-se vagamente do que ela teria ouvido dizer na época, ou depois (tudo isso se embaralhou tanto desde então!), sobre o milagre da nacionalidade francesa concedida ao meu pai: "Ela se aplicava aos que tinham um ancestral nascido na França". De fato, é o que diz o §1 do Anexo da Seção V. Mas que ancestral de Arnold Wolff nasceu na França? Fui o mais longe possível na linhagem de Ferdinand Wolff, filho de Marx Wolff e Fanny Rothschild, ambos nascidos em Nalbach, e na de Selina Mendel, filha de Siegman Mendel, nascido em Neunkirchen, e de Maria-Anne Steinfels, nascida em Hoppstädten, não encontrei nenhuma alsaciano ou moselano. E se não encontrei nenhum, apesar das longas pesquisas genealógicas que fiz sobre os judeus do Sarre, que ancestral o esperto do advogado apresentou?

Foi então que me veio uma ideia, a única que concorda com os documentos que tenho comigo: é tudo falso! Tudo o quê? Todos os documentos! O advogado não era apenas astucioso e obstinado: ele era um gênio da falsificação. A "reintegração" do meu pai não se baseava em nada. Pelo menos é o que acredito. Foi tudo inventado: a reintegração é falsa, os ancestrais são falsos. E, evidentemente, as fronteiras, a nacionalidade, é tudo falso, tão falso quanto o Sarre (afinal, o que é o Sarre?) e a "raça judaica". Que grande homem, esse advogado de Grosbliederstroff! E, pouco a pouco, tudo veio à luz como uma grande trapaça! E também, é claro, o sangue, o solo, as astúcias jurídicas, políticas, históricas sobre o direito de nacionalidade do qual depende a cada minuto, tanto hoje como no passado, a vida de milhões de pessoas no mundo, pelo menos daquelas que não têm a sorte de encontrar um advogado com o caráter daquele de Grosbliederstroff! Ele precisava de um Wolff na Lorena para passar por ancestral legítimo de Arnold? Havia montes deles nos cemitérios da Mosela, era só escolher: com um *f*, com dois *f* – de todo modo, a ortografia do Wolff mudava quase a cada geração. E a história da "reintegração" dos Wolff colou, porque encontrei no meio dos documentos da família uma carta oficial do consulado da França em Mainz, datada do 1º de setembro de 1936, assinada por Ferdinand Wolff (meu avô, o "herói alemão" que ficou na Alemanha), "consentindo pelo presente ao pedido de reintegração" à nacionalidade francesa do seu filho Herbert, então com 15 anos. Isso foi um pouco antes do garoto sabido fugir definitivamente da Europa e de seus delírios, o mesmo Herbert que, 26 anos depois, exigiria uma *king size bed* no hotel Meurice para se deitar com Gloria.

Às vezes a vida não consegue não introduzir certa farsa na tragédia.

– Você disse que seu pai veio para a França em 1936. Ele tinha 23 anos. Como ele se virou?

Ele se deu bastante bem. Encontrou um bom emprego de padeiro em Metz, nos Estabelecimentos Mielle Cailloux. Fez o serviço militar, de outubro de 1936 a outubro de 1937, no Exército francês, cantando todas as manhãs *A marselhesa*, tão alegremente quanto seu pai cantou *Deutschland über alles* [A canção dos alemães]. Em dúzias de fotos, ele aparece brincando com os companheiros de regimento, ora bancando o acrobata, ora o palhaço, ora o soldado sério. Um camarada desconfia do seu péssimo francês: "Ah, mas na Lorena...". Depois do serviço militar, ele trabalhou na Schmuck, em Algrange. Foi lá que, por intermédio de um (ou uma) *chadhan* (casamenteiro judeu), ele conheceu Régine Czech, a mais velha de três irmãs, que morava com os pais. Parece que a família Czech adotou Arnold e os dois jovens simpatizaram um com outro. Por que não? Afinal, o rapaz estava feliz por encontrar uma jovem lorena e uma família adotiva, e a moça um rapaz baixinho, mas jeitoso, com uma boa profissão e, ainda por cima, francês. Porque esse era o paradoxo: Régine era de cultura francesa, mas era alemã por parte de mãe e tcheca por parte de pai; Arnold era de cultura alemã, alemão por parte de pai e mãe, mas era francês. Era assim que as pessoas se definiam no século XX. O que os humanos chamam de *identidade*! Uma bobagem!

– Que idade tinha a sua mãe quando eles se conheceram?

Ela tinha acabado de fazer 23 anos. A continuação é banal. Arnold trabalhava em Montigny-lès-Metz e, em janeiro de 1939, se mudou para Paris (por quê?), provavelmente para ficar mais perto de Régine, que na época era vendedora em Ivry-sur-Seine. Ele arranjou emprego numa doceria da Rue Rochechouart.

O casamento civil com Régine Czech foi em 4 de maio de 1939, em Ivry-sur-Seine, e o casamento religioso foi três dias depois, ou seja, em 18 de Iyar de 5699 do calendário hebraico. A bênção nupcial foi dada no número 5 *bis* da Place Gambetta, em Ivry-sur-Seine, isto é, na casa da tia de Régine, Émilie Cahen, em solteira Lévy, que era irmã da minha avó Sophie e tinha uma retrosaria. No mesmo dia do casamento civil, e graças a essa união, Régine Czech, agora Wolff, pediu a nacionalidade francesa na prefeitura de Ivry-sur-Seine, por "matrimônio com um reintegrado francês" – em outras palavras, com um francês que teve desde sempre esse privilégio identitário. No registro de residente, ela aparecia como sendo de "nacionalidade tchecoslovaca" (embora – será que preciso recordar? – a Tchecoslováquia nem existisse quando ela nasceu, em 1914!). Ela foi informada de que sua naturalização se efetivaria seis meses após a data do matrimônio, ou seja, em novembro de 1939.

Tudo teria corrido muito bem se a História com letra maiúscula não tivesse se intrometido. Em agosto de 1939, ou seja, três meses depois do casamento, o filho do "herói do povo alemão" foi convocado pelo Exército francês. Arnold foi ser ciclista na Linha Maginot. "Guerra de mentira",* depois "*débâcle*"... A história é conhecida. Arnold foi feito prisioneiro em Château-Salins em 17 de junho de 1940. A sequência é parecida com a de inúmeros prisioneiros de guerra franceses. Exceto por dois detalhes, que você já vai ver.

Prisioneiro no Stalag VII A, perto de Moosburg (Bade-Württemberg), onde levava uma vida tranquila, Arnold tomou a absurda decisão de fugir, em março de 1942.

– Por que "absurda"?

Porque o nosso judeu francês estava mais protegido na Alemanha, trabalhando tranquilamente com os camponeses da região e fazendo palhaçada com os companheiros de prisão, do

* Termo utilizado para designar o período inicial da Segunda Guerra Mundial, de 3 de setembro de 1939 a 10 de maio de 1940. (N. T)

que na França ocupada, com Vichy e Laval no comando. Em Paris, onde as medidas contra os judeus se multiplicavam, onde as batidas policiais estavam começando, ele fatalmente seria detido pela polícia francesa, pelo Exército alemão ou pela Gestapo: ou como francês foragido, ou como judeu. Bom, mas ele não sabia de nada disso. Ou calculou mal. Ele tinha a desculpa de não ter lido ainda os livros de história da Segunda Guerra Mundial... Ele fugiu com seus companheiros Camille R. e Robert P. Os três seguiram para Munique, foram detidos em 8 de março de 1942 em Karlsruhe, levados para Baden-Baden, encarcerados em Villigen, depois em Ludwigsburg e, por último, levados para o campo de "prisioneiros recalcitrantes" de Rava-Ruska, Stalag 325 (Ucrânia). As condições de sobrevivência eram muito duras: pouca água, tifo, disenteria, frio, fome.

(Alguns anos depois, Arnold me sentou várias vezes no colo dele para me mostrar de novo e de novo o "Livro de recordações de Rava-Ruska", ilustrado por desenhos tocantes dos prisioneiros.

– Por que você não morreu na guerra?

– Eu me escondi – ele respondia invariavelmente.

Eu imaginava a guerra como uma espécie de caça ao homem. Mas como também se falava de prisioneiros, imaginava meu pai numa jaula como aquelas em que se prendem animais selvagens, e os soldados inimigos atirando com fuzis para tentar matar os cativos. Mas meu pai, muito esperto, se escondia contra as paredes da jaula.)

Quando chegaram ao campo, um oficial da Wehrmacht gritou: "Judeus, um passo à frente!". Uns dez caras se adiantaram. Arnold não. Por que ele não obedeceu quando um oficial da Wehrmacht mandou dar um passo à frente? O que deu nele? Será que pesou os prós e os contras? Ou, antes mesmo de tomar a decisão, ele já estava decidido? Ele se sentia judeu como naquele dia de setembro de 1935, quando o senhor Kräuter o chamou para dizer: "Arnold, sinto muito..."? Ou como naquele dia de Iyar de 5699, quando se casou com Régine Czech?

No dia seguinte, visita médica. Convocação do médico do campo. Dispa-se! Ele se despe. O médico olha para o pênis circuncidado e encara Arnold. Vista-se! Ele pensa: "Pronto, estou perdido". E esperou. Horas, dias, semanas. Nada. Por que o médico não disse nada? Ele também correu risco, desobedecendo às ordens? Ou não queria esquentar a cabeça: um judeu a mais ou a menos...?

A continuação está nos livros. Os prisioneiros foram transferidos em outubro de 1942 para o Stalag II A, em Neubrandenburg (Pomerânia Ocidental), no Norte da Alemanha; em novembro de 1942 para o Kommando A1, em Malchow; e finalmente libertados pelo Exército Vermelho em 2 de maio de 1945.

Arnold foi repatriado em 25 de maio de 1945 e desmobilizado em 29 de outubro de 1945. Tinha 32 anos. Reencontrou Régine cinco anos depois que se despediram. Ele não sabia nada ou quase nada do que tinha acontecido durante a guerra, do que ela e os pais dela tinham passado, nem do que tinha acontecido com os próprios pais dele no Sarre.

Porque foi lá que a verdadeira tragédia aconteceu.

– Você quer dizer do lado da sua mãe e da família dela?

Não só. Ferdinand Wolff e Bertha Kahn ficaram em Bosen, talvez com os últimos judeus do Sarre. Sabemos o destino do meu avô e da esposa dele por uma série de cartas que eles escreveram à minha mãe, em Ivry, de fevereiro a julho de 1942. Essas cartas são muito difíceis de decifrar: a grafia varia e está em gótico. Pedi a uma amiga alemã, Ursula B., para traduzi-las. Mas grande parte continua obscura. Elas foram assinadas por Ferdinand, mas, como ele tinha paralisia, era Bertha quem as escrevia, às vezes escondida. Não consigo reler essas cartas sem me comover. Separei algumas passagens.

Para Régine, 11 de fevereiro de 1942: "Papai [era assim que ela se referia ao marido quando se dirigia à nora] fica sentado em sua poltrona e precisa de ajuda. Tenho de vesti-lo, limpá-lo, e que lhe dê de comer, quer dizer, quando ele tem alguma coisa no prato, ele come com a mão esquerda. A senhora H., na casa da qual estamos morando agora, acha que, quando chegamos, ele estava caminhando melhor. Quando vou para o campo, precisa ter sempre alguém em casa para vigiá-lo, senão não ficamos sossegados

[...]". E depois de pedir notícias de toda a família e contar o dia a dia, ela diz: "Dias atrás, uma prima do papai também 'partiu em viagem'". Essa expressão aparecerá carta após carta.

Para Régine, 6 de abril de 1942: "Estamos de novo muito angustiados; estamos tão aterrorizados que não conseguimos mais escrever cartões e muito menos cartas. Não está mais tão frio, mas não podemos ficar sem fogo, principalmente o papai, quando fica sentado parado".

Para Régine, 4 de maio de 1942: "Aqui, na semana passada, todos 'partiram em viagem', menos cinco pessoas. Entre essas cinco, papai e eu. Foi muito duro. Esta semana devemos ser transferidos para Sötern, a três quartos de hora daqui. Não acredito que seja o nosso destino final. Fomos todos levados para a mesma casa [...]. Dos cinco, sou a mais válida. Estão a tia X [ilegível] e a mãe da tia X [ilegível], que tem 72 anos. Ela fica conosco e, na maior parte do tempo, estamos todos confiantes. Os dois outros são um irmão e uma irmã, os dois solteiros: o irmão tem 68 anos e a irmã 72 anos. Mas eles ficam o tempo na barra da minha saia; quando quero ir aos fornos, ele aparece na minha frente. Ontem lavei roupa para todo mundo. Faço tudo isso por delicadeza. [...] Arthur escreveu na semana passada. [...] Querida Régine, a horta não dará nada este ano. [...] Papai está sentado na poltrona, está caminhando muito mal; gostaria que tudo isso já tivesse terminado, assim já teria ficado para trás. Recebemos poucas cartas [...]. Não temos notícias da tia Rose. Nem da sua avó. [Ela se refere à avó materna de Régine, Johanetta 'Jettchen' Lévy, de Bollendorf.] O tempo está fresco e continua a fazer frio. Será que viveremos o suficiente para receber notícias do querido Herbert e da querida Édith? [Ela se refere ao irmão e à irmã mais novos do meu pai, que se refugiaram nos Estados Unidos e na Argentina.] Esta semana vocês fazem três anos de casados, mas ficaram tão pouco juntos".

Para Régine, 29 de maio de 1942: "Tem recebido notícias de Arnold? Espero que você esteja gozando de boa saúde [...]. Recebemos a triste notícia da morte de [ilegível, e não consegui descobrir quem poderia ser] em Luxemburgo [...]. Não disse nada ao papai. Espero que ele não se dê conta de nada. [...] Aqui, a cada dia nos atormentam mais! Lembranças a Herta e família e felicitações a Arnold pelo aniversário em 7 de junho".

Para Régine, 6 de julho de 1942: "Esta noite sonhei com Herbert e o vi como se estivesse na minha frente. Papai está sentado na janela. Não o sento na porta. Não tivemos nenhuma notícia de R. [uma vizinha de Bosen que 'partiu em viagem'] [...]. Aliás, dos que partiram, não temos nenhuma notícia. Estamos sentados num galho muito fininho e são só preocupações dia e noite. [...] R. sofreu e agora está no céu. Mas ninguém sabe o que ela sofreu antes do fim. Será que ainda viveremos para receber notícias das crianças? [...] Nos últimos dias fez muito calor. Os dias estão começando a encurtar de novo e, será que estaremos vivos?, me aproximo do inverno com medo. Se pelo menos não fizer tanto frio como fez no inverno passado. De resto, não tenho nada a dizer."

Para Régine, 19 de julho de 1942: "Espero que tenha recebido minha carta. Hoje quero lhe comunicar que vamos partir em viagem. Não sei se vou poder escrever de novo. É terrível com um marido paralítico. Dê lembranças a Arnold de nossa parte. Saúde para você. Adeus [*Lebewohl*]. Lembranças também a Herta e família. Lembranças a você e aos seus..."

– Para onde eles foram deportados?

Ferdinand Israel Wolff, hemiplégico, "herói do povo alemão", foi deportado com a sua segunda esposa, Bertha Kahn, de sua aldeia natal no Sarre (Bosen), via Saarbrücken e Colônia, para o gueto de Theresienstadt (Terezin, em tcheco), em 28 de julho de 1942, no transporte III/2, nº 441, que levou 1.168 deportados, dos quais 1.081 foram assassinados.

Nesse mesmo trem estava a avó de Régine, Johanetta "Jettchen" Lévy, mencionada com frequência nas cartas de Bertha. Ela foi deportada de Bollendorf, aldeia natal dela e dos filhos, e de onde nunca tinha saído antes. Ela foi assassinada em Theresienstadt, em 16 agosto de 1942.

Theresienstadt foi concebido inicialmente como um campo de passagem para os judeus tchecos, antes de serem deportados para os campos de extermínio do Leste, mas com o tempo se tornou uma enorme cidade-gueto para judeus alemães e austríacos célebres, os famosos *Prominenten*: artistas, músicos, pintores, cientistas e... "heróis". Os nazistas apresentavam esse campo como uma "colônia judaica modelo", administrada por judeus, o que era verdade em grande parte. Na realidade, era um gueto terrível e, para muitos, um simples local de passagem para Auschwitz.

Um documentário dirigido por Claude Lanzmann, intitulado *Le dernier des injustes* [O último dos injustos], foi dedicado a Theresienstadt e, em especial, a Benjamin Murmelstein, antigo grão-rabino de Viena e último decano judeu do campo. É um documento extraordinário tanto do ponto de vista histórico quanto do ponto de vista moral. Murmelstein encarna exatamente o que Primo Levi chamava de "zona cinzenta", onde o Bem e o Mal se misturam. Por mais que tenhamos definido, abstratamente, o que é o bem, o que é o mal, onde está o dever, o que é a virtude, *nas circunstâncias concretas* há sempre, claramente, heróis e bandidos? Há seres humanos, poucos sobre-humanos. Geralmente a história é pesada demais para eles – em todo caso, para Murmelstein ela foi. Ele foi um homem honesto, uma vítima das ordens nazistas, alguém que salvou os que podiam ser salvos, ou um colaboracionista infame, indiferente aos fracos e complacente com os poderosos? Ninguém pode dizer. A gente sai atordoado do filme: quem era ele afinal? O que eu faria no lugar dele?

– Seu avô, Ferdinand Wolff, morreu em Theresienstadt?

Por incrível que pareça, ele sobreviveu um ano em Theresienstadt. Morreu em 24 de julho de 1943, oficialmente de uma hemorragia cerebral. O atestado de óbito dele está na Internet, assinado pela dra. Irene Bartany. Uma nota indica que ele era hemiplégico e estava na companhia de sua esposa, Bertha.*

Minha mãe me falou várias vezes de uma carta, que nunca encontramos, que dizia: "Meus pêsames por seu sogro". Hoje

* Disponível em: <https://www.holocaust.cz/databaze-dokumentu/dokument/97552-wolff-ferdinand-oznameni-o-umrti-ghetto-terezin/>. (N. E. Fr.)

deduzo que essa carta foi enviada por Bertha, que conseguiu manter uma correspondência esporádica com ela.

Bertha sobreviveu algum tempo a Ferdinand. Foi deportada em 15 de maio de 1944 para Auschwitz, onde foi assassinada. Provavelmente assim que chegou – pelo menos, é o que espero.

– E do lado da sua mãe?

Sua pergunta nos leva de volta a Ivry-sur-Seine, onde morava Régine Czech, então sra. Wolff. Mas antes devo esclarecer certas questões relativas à nacionalidade, porque a vida dependia dela.

O pai de Régine era Hugo Moritz Czech, o que significa "tcheco" na língua tcheca. Ele nasceu em Łańcut, no Sudeste da atual Polônia. Até 1918, a cidade fazia parte do Império Austro-Húngaro. Era uma das sedes administrativas da Galícia, uma província onde viviam comunidades judaicas importantes, que surgiram no século XVI. A cidade, aliás, era 40% judaica, de um judaísmo tradicional: era um importante local de peregrinação hassídica. A comunidade falava iídiche e, nos arredores, vivia em *shtetls*, com costumes muito bem descritos por Isaac Bashevis Singer em seus contos.

Dito isso, para mim existem três mistérios. De que família era Hugo Czech? Ele é o único que não encontro em nenhuma genealogia. Segundo: por que Hugo era de nacionalidade tcheca, como diz o seu sobrenome – nacionalidade que a minha mãe herdou –, se podia ser polonês, galiciano ou austríaco (de acordo com as datas e os documentos administrativos)? Mistério das definições das nacionalidades na Europa Central antes da Primeira Guerra Mundial. Terceira pergunta: o que Hugo Czech estava fazendo na Mosela em 1914, por que deixou a Galícia e quando? Emigração por razões econômicas? Perseguição antissemita?

Em 1914 ele tinha 30 anos, exercia a profissão de serralheiro e vivia com a mulher, Sophie Lévy, em Algrange, na Mosela – *isto é, na Alemanha,* porque a Mosela era alemã desde 1871. Ele foi convocado em 1º de agosto pelo Exército alemão, como outros 380 mil habitantes da Alsácia e da Mosela. Na verdade, segundo li, apenas uma minoria de 18 mil homens conseguiu se juntar ao Exército francês. Eles tinham de querer, e Hugo não tinha nenhum motivo para querer. Ele foi prisioneiro de guerra. Onde? Não sei. Na França? Ou na Rússia, no campo de Tambov, como outros nascidos na Mosela?

Meus dois avós lutaram na Primeira Guerra Mundial do lado alemão e o meu pai lutou na Segunda do lado francês.

Depois que o marido partiu para o *front*, Sophie Lévy, minha avó materna, foi morar com os pais em Bollendorf (Renânia-Palatinado), onde ela tinha nascido. Lá, na casa da família, ela deu à luz a minha mãe em setembro de 1914. Mais um mistério em torno da nacionalidade da minha mãe – ou melhor, minha enorme ignorância a respeito da legislação alemã (ou austro-húngara?) da época: Régine não era alemã, mas "tcheca", pelo menos até se casar com Arnold.

Bollendorf fica a cerca de setenta quilômetros a nordeste de Algrange. É uma aldeia alemã de mais ou menos 1.200 habitantes, na fronteira com Luxemburgo, que abriga de longa data uma pequena comunidade judaica: eram 110 pessoas quando estourou a Primeira Guerra Mundial. A sinagoga e o cemitério foram destruídos na "Noite dos Cristais", em 9 de novembro de 1938. Sophie, minha avó, era filha de Samuel Lévy (comerciante de gado) e de Johanetta Samuel, cujo apelido era "Jettchen" e da qual já falei, porque por acaso (enfim, não totalmente por acaso) ela – ou seja, minha bisavó *materna* – estava no mesmo trem para Theresienstadt que meu avô *paterno*, Ferdinand.

Samuel e Johanetta, meus bisavós maternos, tiveram doze filhos: três morreram ainda criança, três morreram na Primeira Guerra Mundial (sempre do lado alemão) e quatro foram assassinados na Shoah, assim como a própria Johanetta. Eram meus tios-avós: Klara, que foi assassinada em Theresienstadt em julho de 1943 (o marido dela, Daniel Abraham Lévy, foi deportado de Theresienstadt para Auschwitz, onde foi assassinado em outubro de 1944); Moritz, que foi assassinado com a esposa em Belzec em abril de 1942; Henrietta, cujo apelido era Jetchen ou Jetta, e que foi assassinada em setembro de 1942 no campo de extermínio de Chelmo com seu filho de 10 anos, Manfred, e sua filha de 2 anos, Chana. (O marido dela, David Schloss, foi assassinado em

Łódź.) E, evidentemente, Sophie, minha avó. Dos doze irmãos, restaram apenas duas irmãs: Émilie, de Ivry-sur-Seine, e Rose, que vivia na Lorena.

Quando voltou da prisão, em 1918, Hugo, pai da minha mãe, foi ao encontro da esposa, Sophie, e da filha, a pequena Régine, em Bollendorf. Mas, aí, o problema: eles estavam na Alemanha e a casa deles, em Algrange, agora era na França! Encontrei o rascunho de uma carta que a minha mãe escreveu a um advogado, em fevereiro de 1962, em que ela dizia: "Minha mãe e eu passamos toda a guerra de 1914-1918 em Bollendorf, e sei que, depois que meu pai foi libertado, nós tivemos de prolongar a estadia: Algrange, onde eles residiam antes da guerra, tinha se tornado francesa, meus pais se tornaram estrangeiros e encontraram dificuldades para retornar". De que natureza eram essas dificuldades? O domicílio do casal foi ocupado ilegalmente, ou talvez tenha sido legalmente requisitado? Queriam tirar a casa deles porque eram alemães? Ou porque eram judeus? O fato é que eles só voltaram para Algrange no fim de 1919 ou 1920. Hugo trabalhou como ajustador-mecânico na fábrica da SMK até a ocupação da Lorena, em junho de 1940. Eles tiveram mais duas filhas, ambas francesas (direito de solo): Fernande (minha tia, ainda viva) e Odette, que morreu em 1949, aos 23 anos, de tuberculose, me parece. (Sempre se referiam a ela pela perífrase "a coitada da Odette".)

– Em 1919 ou 1920, quando os pais voltaram para Algrange, na Mosela, sua mãe tinha 5 ou 6 anos. Ela cresceu na França então. O que ela fazia na vida?

Como eu disse antes, Régine, que sonhava estudar, teve de aprender corte e costura e virou vendedora. Em novembro de 1932, ela foi morar na casa da tia Émilie, irmã de Sophie, em Ivry-sur-Seine, no número 5 *bis* da Place Gambetta. Esse apartamento de primeiro andar foi palco do casamento religioso de Régine e Arnold e de alguns acontecimentos trágicos. Para mim, continua associado às tediosas visitas dominicais da minha infância. Émilie e o marido, Léon Cahen, tinham uma loja de roupas e armarinho. Régine trabalhou lá, como vendedora, até abril de 1939.

Depois do casamento, o casal foi morar na Rue Rochechouart. E quando Arnold foi convocado, em 23 de agosto de 1939, Régine voltou a morar em Ivry-sur-Seine, com a tia.

– *Enquanto seu pai estava no* front, *primeiro na Linha Maginot e depois, durante cinco anos, como prisioneiro de guerra, a jovem esposa (em 1939 ela tinha 25 anos) foi morar com os pais, os Czech, na casa do tio e da tia, os Cahen... Como eles viviam?*

Descobri recentemente, no meio da papelada da família, um documento espantoso, datado de 19 de setembro de 1939, de acordo com o qual Hugo Czech se alistou na Lorena como "voluntário do Exército em caso de guerra", para "provar sua inteira lealdade à França". É incrível! Um judeu supostamente de nacionalidade tcheca, que serviu quatro anos no Exército alemão, tanto que foi prisioneiro na França durante a Primeira Guerra Mundial, se compromete a servir no Exército francês na eventualidade de uma segunda guerra. Será que sentiu o perigo tão próximo que não encontrou outro refúgio senão o Exército francês? Se pensarmos bem, ele foi prudente: veja o destino de Arnold, em comparação com o que ele teve pouco tempo depois.

Em julho de 1940 foi a "*débâcle*". A Lorena foi anexada. No rascunho de outra carta escrita em março de 1962 ao advogado já citado, Régine diz: "Quando houve a anexação da Lorena pelos alemães, e em consequência de um decreto alemão, meus pais foram obrigados a abandonar em 24 horas seu domicílio e seu trabalho em Nilvange". Informação encontrada nos livros de história, esse decreto atingia apenas os "indesejáveis", e forçosamente os judeus: os habitantes da Mosela foram convidados pelo ocupante a permanecer em suas casas, ou retornar, já que eram considerados alemães. Quando a História se intromete na história dos Czech, é sempre com ironia. Eles eram mais alemães do que aqueles que os alemães consideravam alemães e que se achavam tão franceses que fugiram do Exército alemão! Mas a expulsão dos judeus não tem relação com "o êxodo" dos moselanos. Os Czech se refugiaram em Ivry-sur-Seine, na casa da tia Émilie, com as duas filhas mais novas, Fernande e Odette. Eram oito pessoas morando no pequeno apartamento de Ivry: os cinco Czech, dos quais Régine, e os três Cahen, Émilie, o marido, Léon, e a nora, Rachel, porque René, primo da minha mãe (que ela chamava de "irmão caçula"), estava no *front*. A situação se agravou progressivamente.

No mesmo dia que eles se instalaram em Ivry, em 22 de julho de 1940, saiu a lei de Vichy sobre a "desnaturalização". Qualquer pessoa que tivesse adquirido a nacionalidade francesa depois de 1927 podia perder a nacionalidade e se tornar apátrida. Li que, dos 195 mil franceses naturalizados, 15.154, dos quais 6 mil judeus, perderam a nacionalidade francesa. Régine, que como previsto se tornou francesa em novembro de 1939, graças ao matrimônio com um "reintegrado" (a palavra mágica), e não com um "naturalizado", não foi atingida. E as suas irmãs tinham nascido na Lorena francesa.

Depois, em 3 outubro de 1940, Vichy decretou a primeira lei do "estatuto do judeu": "É considerada de raça judia toda pessoa que tiver três avós de raça judia ou dois avós, se o cônjuge for da mesma raça". Os judeus foram proibidos de exercer diversas profissões, ministérios, altos cargos públicos, ensino, imprensa, cinema, espetáculos, rádio etc. No dia seguinte foi publicada a lei que regulava o confinamento dos "estrangeiros de raça judia" em "campos especiais" por decisão administrativa dos prefeitos. Foi o início da política de colaboração do regime de Vichy com o extermínio dos judeus da Europa.

A partir daí a situação da família Czech é sob constante ameaça.

Na verdade, a coisa se acelerou. Em 14 de maio de 1941 houve a primeira grande detenção em massa na zona ocupada: atingiu judeus poloneses de 18 a 40 anos e judeus tchecoslovacos e austríacos de 18 a 60 anos. O cerco estava se fechando.

Em 2 de julho de 1941 saiu a chamada lei do "segundo estatuto do judeu". A lista das profissões proibidas cresceu e foi instituído um *numerus clausus* de 2% para as profissões liberais e de 3% para as universidades. As profissões do comércio e da indústria ficaram de fora. Os prefeitos estavam autorizados a praticar o confinamento administrativo de judeus de nacionalidade francesa. Os judeus eram proibidos de exercer a profissão de advogado, arquiteto etc., ou possuir um rádio.

Régine, que nessa época trabalhava em frente à loja dos Cahen, na Place Gambetta, na papelaria e banca de jornais dos Languinier, podia perder o emprego. Mas os Languinier nunca a chamaram para dizer: "Régine, sentimos muito, não temos nada contra os judeus, mas...".

A pressão aumentou ainda mais a partir de 29 de maio de 1942, quando saiu um decreto alemão que exigia que todos os judeus maiores de 6 anos usassem a "estrela amarela". Era um pedaço de tecido amarelo, cortado no formato da estrela de Davi, com letras verdes imitando a caligrafia hebraica. Tinha de ser costurado na roupa, de maneira que fosse irremovível e ficasse à mostra, do lado esquerdo. Recusar-se a ostentar a "estrela amarela" acarretava "deportação imediata". As três irmãs não podiam sair de casa sem esse símbolo de infâmia. Já os pais evitavam sair.

– *Sua mãe falava disso?*

Às vezes ela fazia a gente entrar no quarto dela, eu e minha irmã. Eu tinha 8 anos, ou talvez 12. Minha mãe abria o armário e, com todo o cuidado, tirava de uma gaveta o pano com que ela enrolava a estrela. Ela mostrava o lugar onde tinha de costurá-la nas roupas. Dizia que, por vergonha, quando estava na rua, sempre atenta, ela deixava o lenço de pescoço cair de lado, meio sem querer, para disfarçar o símbolo amarelo. Eu via as lágrimas nos olhos dela e, sem coragem de dizer, pensava comigo mesmo que não, ela não devia fazer aquilo. Não era perigoso? Por que ela se arriscava daquele jeito? Ela podia ser presa e "deportada" por causa de uma bobagem. O risco valia a pena? E por que sentir vergonha da estrela?, perguntava o meu coração de criança. Afinal, não era uma mácula, mesmo que os malvados achassem que sim. Era um simples sinal de pertencimento. Mas eu entendia que a minha mãe não queria aquele "pertencimento" por nada neste mundo, nem na época, nem antes, nem depois, nem nunca. Nem aquele nem nenhum outro, além do da família, nem identidade, fosse alemã, tcheca ou francesa – e, mesmo assim, a identidade francesa não era realmente uma identidade, mas uma maneira de não ter identidade nenhuma, de estar simplesmente em algum lugar, em qualquer lugar, sem ser de lugar nenhum. A identidade francesa era apenas uma maneira, a única possível, de se assimilar discretamente aos tempos e aceitar de boa vontade os costumes locais.

Depois da morte dos meus pais, nós vasculhamos o apartamento de cima a baixo. A famosa "estrela amarela" tinha sumido.

– Em 16 e 17 de julho de 1942 houve a trágica e vergonhosa "batida policial do Velódromo de Inverno". Seu pai, na época, era prisioneiro na Alemanha ou na Ucrânia. Mas a sua mãe ainda morava com os pais no acanhado apartamento de Ivry, da tia Émilie e do tio Léon Cahen...

Os livros de história dizem que mais de 13 mil pessoas, das quais quase um terço crianças, foram detidas com a colaboração de 9 mil policiais e *gendarmes* franceses, por ordem do governo de Vichy, após negociações conduzidas por René Bousquet, secretário-geral da Polícia Nacional, com o ocupante. Por causa dessas negociações, iniciadas por Pierre Laval, os judeus de nacionalidade francesa foram excluídos temporariamente dessa batida policial, que atingiu essencialmente judeus estrangeiros ou apátridas que tinham se refugiado na França, dos quais mais de 4 mil crianças, na maioria das vezes francesas.

Minha mãe costumava contar a história dos Czech: "De repente, às 4 horas da manhã, ouvimos murros na porta, depois chutes. Ouço aqueles murros, aqueles chutes, a toda hora! Eram *gendarmes* franceses. Muito nervosos, muito brutos. 'Ande logo, senhor Czech! (Eles não sabiam pronunciar o nome dele.) Ande logo! Leve qualquer coisa! Não, só uma mala pequena! Vamos, vamos! Não temos tempo para abraços, o ônibus está esperando'". E minha mãe dizia: "Por que aqueles *gendarmes* foram tão duros? Mal tivemos tempo de abraçar papai na porta do apartamento". E: "Não tínhamos como saber para onde iam levá-lo. Onde ele ficou naquele dia e nos dias seguintes. Tentamos nos informar, algumas pessoas falaram do Velódromo de Inverno, outras do campo de Drancy. Nós não sabíamos nada. Nada. Nós nunca soubemos. Nunca mais o vimos".

Eu: – E vocês sabiam para onde ele ia ser "deportado"?

Minha mãe: – Cada um dizia uma coisa. Havia boatos: "Eles vão trabalhar na Alemanha. Fiquem tranquilos, ele não vai ser maltratado, a Alemanha precisa de braços para trabalhar". E outros: "Vocês nunca mais vão vê-los...". Às vezes diziam isso por pura maldade.

– Você sabe o que aconteceu com o seu avô?

Graças ao trabalho extraordinário de Serge Klarsfeld e seu *Mémorial de la déportation des juifs de France*, hoje sei muito mais sobre o destino do meu avô do que Régine, sua primogênita e minha mãe, jamais soube. Sabemos que Hugo Czech foi levado diretamente para o campo de Drancy, como todos os judeus não acompanhados de crianças. Ele ficou cinco dias lá, em condições terríveis. Partiu da estação de Bourget-Drancy em 22 de julho de 1942, às 8h55, num vagão de mercadorias, para Auschwitz-Birkenau (via Châlons-sur-Marne, Bar-le-Duc, Saarbrücken, Frankfurt, Dresden, Görlitz, Nysa, Katowice), no comboio nº 9. Esse comboio levava 996 judeus, a maioria poloneses (569), e dois judeus de nacionalidade francesa, apesar do acordo com as autoridades francesas de que somente os judeus estrangeiros seriam deportados. O livro diz o seguinte: "Uma escolta de um oficial para cada trinta homens seria fornecida pela *gendarmerie* francesa [para o trem], e uma escolta alemã composta de um oficial para cada nove homens seria fornecida pela *Feldgendarmerie* (polícia militar alemã)". E também: "Os vagões eram alemães, mas a locomotiva foi fornecida pela SNCF, e o pessoal da companhia escoltou o trem até a fronteira, em Novéant (Neuburg). Na estação, a unidade motora foi substituída por uma locomotiva alemã e o pessoal francês pelo pessoal alemão". Na relação do comboio, consta que, entre os 996 deportados judeus, havia 26 meninos e 24 meninas de 13 a 18 anos. E também que Hugo Czech nasceu em Łańcut. Mas os zelosos funcionários da autoridade administrativa de Drancy acrescentaram: "Polônia". No fim, ele viveu na França como judeu alemão de nacionalidade tcheca e morreu como judeu polonês: o absurdo se soma ao trágico como a careta do diabo se soma ao mal. Serge Klarsfeld também afirma que, ao chegar a Auschwitz, em 24 de julho de 1942, todos os deportados foram selecionados para os trabalhos forçados. Quase todos foram assassinados em seguida. Em 1945 restavam apenas oito pessoas daquele comboio.

– E o resto da família?

Vivia aterrorizado. Havia a incerteza sobre o destino do desaparecido, e também de Ferdinand, o pai de Arnold, que tinha “partido em viagem”, como dizia Bertha. Também havia a angústia pelo que aconteceria com os outros. Principalmente porque Fernande, a irmã caçula, trabalhava meio período na UGIF (Union Générale des Juifs de France), como voluntária. Ora, nessa época, corria um boato maluco na UGIF: “Eles são mortos com gás”. Mas quem acreditava?

– A UGIF teve um papel muito controvertido...

Vou abrir um parêntese aqui. A UGIF foi criada em novembro de 1941 por Vichy, a pedido do ocupante. Sua missão oficial era “garantir a representação dos judeus junto aos poderes públicos, notadamente para auxílio, assistência e reinserção social”. Todos os judeus residentes na França eram obrigados a se cadastrar na UGIF. Depois da guerra, ela foi alvo de acusações graves, em particular de Hannah Arendt. Todo mundo acha que o escândalo depois da publicação de *Eichmann em Jerusalém* foi causado pelo conceito de “banalidade do mal”. Não. Nos círculos judeus, o que semeou a revolta e a indignação foi o ataque aos *Judenräte*, no rol dos quais ela incluía a UGIF, os tais “Conselhos Judeus” criados em certos países da Europa ocupada. Segundo ela, os conselhos facilitaram o trabalho da administração na deportação dos judeus. Evidentemente não sou historiador para me atrever a me pronunciar sobre uma questão tão delicada e dolorosa. Alguns historiadores tentaram fazer justiça à UGIF e recuperar a honra dos que tinham alguma responsabilidade na associação. A UGIF nunca foi um *Judenrat*. Os responsáveis pelas instituições judaicas (que, no fim das contas, foram todos detidos e deportados) teriam, ao contrário, complicado a vida do Comissariado Geral para Assuntos Judeus do governo de Vichy, retardando a aplicação de medidas discriminatórias, suscitando posicionamentos corajosos da parte de certos membros da Igreja etc. A opinião geral, contudo, era que a UGIF tinha muita culpa no cartório. Pouco antes da liberação de Paris, o sinistro Aloïs Brunner continuava na sua perseguição incansável aos judeus e lançava uma série de operações nos abrigos infantis da UGIF parisiense, que tinha 1.500 crianças judias sob a sua responsabilidade. Ora, ao mesmo tempo que as redes judaicas clandestinas propunham dispersar e proteger essas crianças, 250, que poderiam ter sido salvas se não fosse pela tergiversação e pela teimosia criminosa dos medalhões da UGIF, foram detidas e "deportadas". Fico então com o julgamento sempre equilibrado de Serge Klarsfeld em *Vichy-Auschwitz (1943-1944)*: "Essa mancha vergonhosa marcou para sempre a UGIF, o que leva à negligência da contribuição dessa instituição, inicialmente concebida pelos alemães para facilitar a solução final, mas que inegavelmente, em termos estatísticos, ajudou muito mais do que prejudicou os judeus".

Nesse caso, estamos na "zona cinzenta".

– Vamos voltar à sua mãe, à sua avó e às suas tias, que permaneceram em Ivry, na casa dos Cahen...

Outra dúvida perturbou os moradores do número 5 *bis* da Place Gambetta a partir de julho de 1942. Por que Hugo? Por que não eles? Resposta: apenas judeus estrangeiros. Mas a polícia e os alemães prendiam judeus franceses todo santo dia. E outra: Hugo era "estrangeiro", mas Sophie, sua esposa, era alemã, ou melhor, tcheca – nunca entendi por quê. Régine pensava: "Sim, sou francesa, porque Arnold é 'reintegrado'. Mas se eles fuçarem...". A situação de Fernande e Odette (as irmãs mais novas da minha mãe) e dos Cahen era um pouco menos preocupante, porque eles tinham nascido na França. Mas vai saber! As batidas policiais pareciam pegar qualquer um, a qualquer momento.

Durante muito tempo, eu também me perguntei por que só Hugo foi detido na batida do Velódromo de Inverno, e não Sophie, se tanto ele como ela eram "estrangeiros". Só recentemente fui me dar conta de que a circular de 13 de julho de 1942 da Chefatura de Polícia, assinada por Émile Hennequin, dizia que a batida visava "os judeus alemães, austríacos, poloneses, tchecoslovacos, russos (soviéticos e refugiados, ou seja, brancos e vermelhos) e apátridas" – e, por essa razão, atingia tanto Sophie como Hugo –, mas especificava que a detenção se aplicava aos "homens de 16 a 60 anos" e às "mulheres de 16 a 55 anos, bem como seus filhos" – como Laval em pessoa tinha proposto, embora em sua imensa maioria eles fossem franceses. Ora, Hugo nasceu em 1884 e tinha 57 anos (portanto, entrava nas regras da circular) e Sophie, que nasceu em 1885, tinha 56 anos, portanto escapou por um ano.

Os crimes de gabinete dependem de quê, então? Do fato de que 60, 55, são números redondos. Fica mais fácil classificar, ordenar os seres e as coisas. Para pôr em ordem e para dar ordens. É mais asseado, cabe numa planilha de cálculo.

– Os outros moradores do apartamento de Ivry escaparam do pior?

Não, porque as batidas continuaram.

Os livros de história dizem que dias depois da batida da UGIF de Lyon, também conhecida como "Batida da Rue Sainte-Catherine", na noite de 10 de fevereiro de 1943, foram detidos 1.549 judeus na região parisiense. Dessa vez minha avó, Sophie Czech, em solteira Lévy, estava entre eles.

Mais de 1.550 policiais franceses participaram das operações em Paris. Os mesmos murros bateram na porta do apartamento de Ivry. A mesma brutalidade, os mesmos gritos, as mesmas lágrimas, a mesma dor. Sophie foi levada. Dessa vez, eles duvidaram que voltassem a vê-la. E mais pesadelos começaram a perturbar as noites das três irmãs, que viram a mãe partir alguns meses depois do pai.

Os livros afirmam: dos judeus detidos, 440 tinham mais de 70 anos, e mais de 680 tinham mais de 60 anos. (Dessa vez ninguém se preocupou com os números redondos.) Além disso, a polícia deteve trinta judeus doentes. Crianças também foram detidas: nos orfanatos de Rothschild, Lamarck e Guy-Patin, 44 crianças foram levadas em 10 de fevereiro. Todas foram transferidas para o campo de Drancy. Em 15 de fevereiro houve mais detenções: dessa vez, 2 mil judeus, pretensamente em represália a "tiros disparados contra o tenente-coronel Winkler e o major dr. Nussbaum, do estado-maior do 3º Destacamento da Luftwaffe". O que fazer com todos aqueles corpos que gritavam e se amontoavam em Drancy?

Em 25 de fevereiro, Heinz Röthke, corresponsável com Theodor Dannecker pelo planejamento da deportação dos judeus da França, informa a Eichmann que três comboios partiriam nos dias 2, 4 e 6 de março. Do lado francês, Louis Darquier de Pellepoix era quem estava à frente desse planejamento milimétrico. O comboio em que estava a minha avó, Sophie Lévy, era o comboio 49, e o trem era o 902. Ele partiu da estação de Bourget-Drancy em 2 de março, às 10h50, para Auschwitz-Birkenau, com 1.093 judeus a bordo. Serge Klarsfeld afirma: "O tenente Garnet era responsável pela vigilância do trem. A maioria dos deportados era de judeus idosos. Todos receberam provisões antes da partida". Contudo, havia também 22 crianças de menos de 12 anos. Esse trem fez mais ou menos o mesmo itinerário que todos os outros, desde junho de 1942, e, portanto, o mesmo do trem que levou Hugo Czech, marido de Sophie, oito meses antes. (Foram ao todo 79 comboios, cada um com cerca de mil judeus.) Na chegada do comboio 49 a Auschwitz, cem homens foram selecionados para os trabalhos forçados. Os outros deportados foram enviados para as câmaras de gás, assim que chegaram. (Imaginando o destino de Hugo, não posso deixar de pensar que foi melhor para a minha avó, mesmo me censurando por esse pensamento.) Nos registros de Drancy, ela está como natural de "Rollendorf". A nacionalidade dela não foi contestada, ela era realmente alemã. Mas é difícil que algum funcionário francês conhecesse a pequena comunidade judaica de Bollendorf, na Renânia-Palatinado. Aliás, ela não existia mais. Aliás, não existia mais nenhuma a leste.

– Sua mãe, durante todo esse horror, continuou morando no apartamento de Ivry, com os Cahen?

Sim, e evidentemente a angústia não diminuiu na Place Gambetta. Onde eles estão? Eles vão voltar? Quando será a nossa vez? "Minha vez", se perguntava Régine, a "reintegrada", mas a menos francesa das três irmãs.

– E no fim da guerra?

Não pense que o pavor e o desassossego terminaram com a "libertação dos campos", ou quando descobriram Auschwitz, em janeiro de 1945. Em certo sentido, foi o contrário. Ninguém sabia o que "Auschwitz" queria dizer, e o que o diferenciava, por exemplo, de Dachau ou Buchenwald. Ninguém sabia nem o que "campo" queria dizer. E a confusão entre "campo de concentração", "campo de trabalho" e "campo de extermínio" (todos na Polônia) durou um bom tempo (e será que terminou realmente?).

E havia outras razões também. Eles continuavam esperando, e ainda esperaram um bom tempo, o retorno dos "deportados". Minha mãe contava: "Quando, por acaso, alguém voltava, e não voltava com ele alguém que esperávamos, a primeira coisa que perguntávamos era: 'Você conhece, você viu, você sabe quem é Hugo Czech, ou Sophie Lévy, ou Ferdinand Wolff, ou Bertha Kahn, ou Johanetta, Klara, Henrietta, Manfred...?'. A esperança e a ansiedade viravam raiva, que raramente era demonstrada, ou então uma suspeita horrível, que estava sempre na ponta da língua: 'Por que você e não ele ou ela?'. E: 'Em que sujeirada ele se meteu para ser poupado, e ela, que tramoia ela inventou?'".

A angústia durou um bom tempo. Na verdade, ela continuou. Os pesadelos recorrentes de Régine são prova disso.

– Ela falava deles?

Ela falava de vez em quando, para a minha irmã e para mim. Ela queria nos explicar aqueles pesadelos ("Aqueles murros! Aqueles murros no meio da madrugada!"). Ela tinha medo de que fossem a causa dos meus terrores noturnos. Mas de resto, para os de fora, era se calar. Engolir a tristeza. Pensar sempre nos desaparecidos, mas nunca falar deles. As pessoas à nossa volta diziam que todo mundo tinha sofrido com a guerra – o que era verdade. Os judeus sofreram tanto quanto todos os outros – acrescentavam quando falavam dos judeus, mas quase nunca falavam deles. Eles não tinham mais motivos para se queixar do que os outros. Era o que ouvíamos, e o que eu mesmo ouvi no liceu de Saint-Cloud nos anos 1960. Era assim que as pessoas eram obrigadas a pensar para que a França pudesse se reconstruir na ilusão da unidade nacional. O silêncio dos franceses e a vergonha da geração judaica dos meus pais – ou talvez a deles, sobretudo – explicam o que eu disse: nós, as crianças, não tínhamos o direito de nos dizer nem judeus nem alemães. Só pouco a pouco a França tomou consciência do destino inacreditável que tinha sido reservado aos judeus – e sob as barbas dela (alguns diriam que com a cumplicidade dela). E foi só muito mais tarde – talvez no fim dos anos 1970 – que começamos a perceber "a unicidade da destruição dos judeus da Europa", e a nomeá-la Shoah, segundo a designação dada por Claude Lanzmann.

Exemplo. Em 1958, Régine finalmente conseguiu da prefeitura de Ivry-sur-Seine uma certidão de óbito do pai, ocorrido em 27 de julho de 1942 e transcrito nos registros em 26 de dezembro de 1950. Nessa certidão estava escrito simplesmente: Auschwitz. No da mãe estava: Majdanek, o que estava errado. O que Régine conseguiu depois do governo francês, em 27 de abril de 1959, foram "cartas de deportado político" (sic), para o pai e para a mãe. Hoje chamaríamos isso de negacionismo. Mas não era. Simplesmente não existia uma palavra na França para pensar sobre isso – um país que se vangloriava de ter "resistido" desde o princípio.

Outro exemplo. Em 10 de abril de 1967, cinco anos depois das tentativas infrutíferas de obter explicações da parte das autoridades francesas, ou alemãs, sobre o destino dos pais, ou até sobre as "indenizações" que a República Federal da Alemanha tinha prometido às vítimas – e que alguns amigos e parentes tinham conseguido –, Régine recebeu uma carta registrada do "advogado especializado" com o qual ela se correspondia havia um bom tempo. Ele tinha escritório na Avenue Hoche, em Paris, as cartas dele eram datilografadas, mas provavelmente não tinha a astúcia do advogado loreno que tinha conseguido fazer do judeuzinho refugiado um bom francês reintegrado, salvando assim a vida dele e da minha mãe. A carta do doutor Victor B. merecia ser citada na íntegra. Extraio apenas as passagens mais estarrecedoras:

"Em seguimento à nossa conversa telefônica desta manhã, venho indicar por meio desta as razões da impossibilidade de obter para a senhora uma indenização da Alemanha.

É exato que a sra. sofreu perseguições durante a guerra. O direito à indenização pode basear-se tanto na qualidade de apátrida ou refugiado político quanto no domicílio (sic) alemão durante ou antes das perseguições. O primeiro motivo não cabe no seu caso, porque a senhora ainda possui a nacionalidade francesa [e vimos por que milagroso concurso das circunstâncias]. Empenhei-me em estabelecer que, nascida em Bollendorf, na Alemanha, a senhora era domiciliada nessa comuna pelo menos até 1919. Dado que na época a senhora era menor de idade [Régine tinha 5 anos] e, como tal, compartilhava o domicílio de seu pai, é necessário apresentar prova de que, nessa época, seu pai tinha domicílio em Bollendorf. Essa prova se mostrou impossível, pois a correspondência que mantive com a Prefeitura de Algrange confirmou que seu pai, salvo o período de serviço de guerra no Exército austríaco [...], tinha domicílio em Algrange."

O raciocínio é ímpar: antes da guerra seu pai morava na Alemanha, porque o domicílio dele era em Algrange e Algrange era na Alemanha, mas você não morava em Algrange; depois da guerra, ele morava em Bollendorf, mas o domicílio dele era na verdade em Algrange e Algrange era na França! Logo, a senhora nunca morou com seu pai na Alemanha. A continuação é de dar desespero:

"Não existe possibilidade de a senhora ser indenizada pelas perseguições sofridas por seus pais. Para que a indenização que eles próprios poderiam obter caso tivessem sobrevivido à guerra [mas eles não sobreviveram e o motivo do pedido de indenização é justamente esse!] seja transmitida por falecimento, ou seja, para que essa indenização seja transmitida aos herdeiros [...], eles teriam de ser domiciliados na Alemanha na época das perseguições ou antes delas. Ora, como expliquei acima, não é o seu caso".

Acho que essas últimas frases dispensam comentários. Mas não a conclusão desse raciocínio impecável:

"Da carta que a senhora recebeu de Trier resulta que o governo alemão espera uma prova de seu direito. A prova esperada é a de seu domicílio na Alemanha ou do domicílio na Alemanha de seu pai. Como a senhora pode ver, trata-se de uma prova que é impossível apresentar.

Considero terminado meu papel nesse caso. Aqui anexados, devolvo os documentos que a senhora me entregou [segue-se uma lista de documentos]. Atenciosamente."

Eu queria poder rir!

– Você chora?

Cada vez mais.

TERCEIRA ENTREVISTA

OS MESTRES

Dos primeiros professores aos primeiros mestres – Althusser, Derrida, Godelier – Aubenque – Nem Nietzsche nem Heidegger – Descartes ou Espinosa? – Aristóteles, mas com Kant – Kant, mas com Aristóteles – Diversas descrições de uma mesma ação – Poucos criminosos à altura do crime – O eu é culpado? – Dois analíticos: Quine e Strawson – Dois continentais: Foucault e Ricœur – Dois outros: Rawls e Habermas – Pagando as dívidas

– Antes de entrar no que realmente nos interessa, isto é, a filosofia que você pratica, gostaria de voltar aos filósofos que guiaram ou acompanharam você, seja como professores (me refiro em particular aos três que tivemos em comum: André Pessel, Jacques Derrida e Louis Althusser), seja como autores, vivos ou mortos.

Vamos começar pelos professores. Quais foram os que mais marcaram você? Você teve algum mestre, ao longo dos seus estudos, que você admirou a ponto de pensar que gostaria de seguir os passos dele?

"Seguir os passos dele", você disse, e disse bem, mas hoje diríamos "seguir os passos dele ou dela". Já apontei o fato – para me queixar – de que convivi apenas com colegas homens, e agora percebo que aconteceu o mesmo em relação aos professores. Felizmente as coisas mudaram muito!

Bem, “seguir os passos dele”. Se isso significa “fazer filosofia”, eu estava praticamente seguro disso antes do meu último ano de liceu, como já contei. Se é “ser professor de filosofia”, isso ficou claro assim que o desejo de filosofar se materializou no senhorzinho de piteira do liceu de Saint-Cloud: o senhor Gauthier, aquele que tratávamos carinhosamente, mas com respeito, de Amédée. Ele tinha três qualidades: amava a clareza e não se considerava nem Sócrates nem Nietzsche. Conheci mais tarde, ao longo da minha carreira, colegas que se achavam um ou outro. Esses são os piores. Eles sentem prazer em encarnar para os alunos *a filosofia inteira*, justificam a pedagogia excessivamente livre que praticam proclamando uma liberdade absoluta (Que programa o quê! Eu faço o que quero nas minhas aulas!), acreditam que têm uma missão de conversão crítica dos adolescentes, mas tudo isso é apenas uma pobre máscara do seu próprio narcisismo. A variante “nietzschiana” desses sedutores baratos é mais preocupante: eles cultivam um personagem *blasé*, acima das convenções sociais, além do bem e do mal, a ponto de colocar em perigo o equilíbrio dos alunos mais frágeis. A bem-vinda feminização da profissão reduziu o poder e o território de caça dessas pessoas. Nada disso fazia a cabeça de Amédée Gauthier, um senhor de maneiras distintas e referências sólidas.

“Seguir os passos dele” tem um terceiro sentido: copiar o estilo. Na *hypokhâgne* do Louis-le-Grand, meu professor foi René Schérer, que era, provavelmente, mais um “pesquisador” da fenomenologia do que um amante do ensino. Fiquei fascinado desde a primeira aula: “Quando olho para esta mesa...” (Ele falava devagar, com o olhar meio perdido, destacando cada sílaba: “Es-ta me-sa”.) E podia continuar assim durante duas horas, improvisando: “Re-fle-tir é re-ve-lar al-gu-ma coi-sa ir-re-fle-ti-da...”, ou: “O que é per-ce-bi-do é já lá, an-tes que a pró-pria per-cep-ção se a-pro-pri-e de-le”. Nada a ver com o “grande A, o idealismo, o grande B, o realismo, e o grande C, o retativismo” de Amédée, que não assustava ninguém! Graças a Schérer, descobri uma mina de ouro: o *estilo* fenomenológico. Nunca tinha lido uma linha de Husserl, mas entendi a manha. Pelo menos, era o que eu achava. Porque eu não sabia muita coisa de fenomenologia, e não posso dizer que fiz grandes progressos nesse campo. Aliás, pouco importava o saber. Para tratar de qualquer questão, seja em dissertações, seja em apresentações orais (que chamávamos de *colles*), era só falar em primeira pessoa com certa compunção, fingir que estava descrevendo minuciosamente a questão, como um médico auscultando um paciente, analisar os termos da própria descrição e, principalmente, não sair disso! Problema resolvido: sem muito esforço e com poucos conhecimentos, eu tirava boas notas, e não só com Schérer. A esperteza durou até o ano seguinte. Depois me cansei, o apelo da argumentação era mais forte.

Schérer nos acompanhou nas manifestações e depois sumiu. Foi transferido para Vincennes (Paris-VIII), junto com outros rebeldes de Maio de 68. Dos professores que conheci no curso preparatório, o mais marcante depois dele foi André Pessel, recentemente falecido. Eu o conheci pouco como professor de *khâgne*, porque no ano em que ele começou a lecionar no Louis-le-Grand eu aproveitei apenas algumas horas das suas aulas de "especialidades" (ele dava aula sobre Leibniz). Mas foi o suficiente para admirar a compreensão impetuosa que ele tinha dos textos e apreciar sua simpatia esfuziante. Enquanto a sua reputação de professor excepcional era transmitida de geração em geração, nós nos encontrávamos de tempos em tempos, como amigos.

– Tive a sorte de tê-lo como professor, um ano depois de você, tanto nas aulas de "especialidades" como no eixo comum. Ele é sem dúvida o professor mais brilhante e mais caloroso que já conheci!

Na Normal Superior, havia dois mestres, e dos bons: os que você citou, Derrida e Althusser. Com certeza você concorda comigo: dos dois, a grande vedete internacional era Althusser. Derrida estava em ascensão, Althusser estava no auge.

– Entrei um ano depois de você, em 1972. As coisas já tinham mudado: a influência de Althusser estava começando a declinar, a de Derrida continuava a crescer, principalmente entre os mais "antenados"...

Já falei um pouco deles. Derrida era dúplice. Era um professor extremamente clássico, especialmente na correção dos trabalhos e na preparação da *agrégation*. Ele reservava as pesquisas audaciosas e as especulações errantes para o seminário na sala Dussane, que poucos de nós frequentavam. Althusser também era dúplice, mas não no mesmo sentido. Era amável e conciliador nas relações humanas, mas tinha um pensamento incisivo e categórico nos textos escritos. Das conversas *tête-à-tête* que tive com ele guardo algumas recordações preciosas sobre a definição de "materialismo": ele ouvia humildemente, conjecturava, questionava. Eu saía da sala dele, abria seus livros, era outra pessoa – seco, incisivo, direto ao ponto, sem se incomodar com considerandos. Achei depois que tinha entendido o porquê. Como só escrevia nos curtos períodos de melhora que a sua doença mental permitia, ele não perdia tempo: ia direto no conceito, o argumento vinha atrás, como se dizia da intendência. Você conheceu Althusser tão bem quanto eu, talvez até melhor...

– Tenho a mesma impressão que você: ele era terno e delicado nas relações privadas ou pedagógicas, rude e rígido nos textos!

Quem não viveu esse período não imagina o que o nome de Althusser representava na França e no mundo nos anos 1970. Pouco depois da minha chegada ao Brasil, em 1980 (já no fim da ditadura militar), a rede Globo, uma das maiores redes de televisão do mundo, abriu o jornal das 20 horas com essa notícia inverossímil, que chegou imediatamente das tribos amazônicas às favelas nordestinas: "O famoso filósofo francês Louis Althusser assassinou sua esposa"! O mundo ficou estupefato. No mesmo dia recebi ligações de jornalistas brasileiros, o que me espantou, porque eu era um ilustre desconhecido no Brasil: "Parece que o senhor era próximo de Althusser. Ele era violento?" (Era o homem mais amável do mundo.) "Sabe se ele era louco?"

(Sabíamos que ele era periodicamente derrubado por uma doença terrível que o afastava alguns meses por ano das salas de aula.) "Ele odiava as mulheres?" Etc. A glória de Althusser se apagou de um dia para o outro. Foi como se nunca tivesse existido.

Se não fosse por Althusser, eu não teria conhecido o etnólogo que ele levou para a ENS para nos iniciar na disciplina: Maurice Godelier. Este foi um verdadeiro mestre para mim, a ponto de me fazer querer "seguir os passos dele", já que diziam que a filosofia estava morta. Não sei se você o conheceu.

– Não, não conheci.

Godelier preenchia todos os requisitos: 1) era marxista; 2) tinha sido filósofo, mas não era mais; 3) era um aventureiro. Ou pelo menos tinha fama de ter sido "iniciado" pelos baruias, um povo da Papua-Nova Guiné com o qual tinha vivido longos períodos e cujos mitos, economia e divisão social do trabalho ele tinha descrito. Com um talento extraordinário para contador de histórias, misturado a uma imaginação especulativa, ele conseguiu despertar em mim uma paixão arrebatadora pela moeda de sal, pelas regras matrimoniais entre primos cruzados (por favor, não confunda com primos paralelos), pela patrilocalidade (não confunda com a patrilinearidade), pela casa dos homens, pela casa das mulheres (impuras), tudo isso ilustrado com milhares de desenhos, esquemas e gráficos rabiscados na lousa. Na verdade, eu deveria dizer que ele despertou *em nós* uma paixão arrebatadora, porque ele tinha alguns alunos fiéis que assistiam às suas aulas, uns dez no máximo. As aulas terminavam invariavelmente no bar da esquina, onde discutíamos *a* questão principal, a que atendia aos três requisitos: como explicar, de um ponto de vista marxista, que em pequenas sociedades humanas a infraestrutura, aquela que para a ortodoxia determina a superestrutura política e ideológica, não seja constituída pelas forças produtivas ou pelas relações de produção (ou seja, pela economia), mas pelas regras de parentesco, por exemplo? O que se podia manter do esquema marxista, e o que a antropologia comparada permitia modificar nele? E assim sucessivamente, até o apagar das luzes do Normal'bar e, mais tarde, do Tournon, na rua de mesmo nome.

Quando Godelier voltou a viver com os baruias, me perguntei seriamente (já que a filosofia pertencia ao passado da humanidade) em que terreno antropológico eu podia exercer a minha vocação especulativa sobre os *que é* e os *por quê*.

Reencontrei Godelier alguns anos depois, acho que em 1982, em São Paulo. Ele estava em "missão" para assinar não sei que acordos de cooperação com as Ciências Sociais do CNRS, na direção da qual ele tinha sido colocado por Jean-Pierre Chevènement, que na época era ministro da Ciência e Tecnologia. Fiquei contente em reencontrá-lo: recordamos a Rue d'Ulm e a Rue de Tournon, e na mesma noite ele improvisou uma conferência extraordinária sobre os mbuti (um povo pigmeu do Congo) que tive de traduzir "ao vivo", do francês para o português. Foi um sofrimento.

– Althusser, Derrida, Godelier, todos na ENS. E nas outras? Você não teve nenhum mestre ao longo dos seus estudos, fora da Rue d'Ulm?

Sim, depois da *agrégation*, a paisagem mudou. O "normalista normal" da época, depois de meter no bolso a *agrégation* de filosofia, amargou uma longa depressão. Ele tinha o direito e o dever. "O que fazer? Não há nada a dizer. Tudo é vazio." A filosofia estava morta e a política tinha se esgotado. Uma e outra pareciam ter ficado para trás. Sair da abulia foi um processo lento e veio pelas mãos de dois mestres de fora.

O primeiro mestre *pós-agrégation*, aquele que me devolveu o gosto que eu tinha pelo pensamento, e indiretamente pela política, foi Michel Foucault. Ele proclamava a "boa nova" da morte da filosofia, mas era o filósofo mais criativo dos que dançavam sobre o seu túmulo: ele tinha o rigor epistemológico de um Canguilhem (mestre de Foucault), a erudição de um filólogo alemão, a visão ampla de um historiador da escola dos *Annales*, a liberdade de pensamento de um moralista à francesa. O contrário do estilo de Derrida. Eu tinha lido parte de *História da loucura da idade clássica* – que me pareceu um pouco indigesto –, mas li inteiro e com entusiasmo *As palavras e as coisas* e *O nascimento da clínica*. Li sobretudo o apêndice da reedição de *História da loucura*, intitulado "Meu corpo, este papel, este fogo", em que Foucault responde a Derrida – que ousou discutir, sobre um detalhe, seu comentário de um texto de Descartes sobre a "loucura". Em sua réplica, Foucault dá uma dura lição de *leitura* de texto ao aluno Derrida, situando-se no terreno em que supostamente Derrida era mestre. Para isso, mobiliza todo o aparelho crítico e exegético necessário ao exercício. O tom é pretensamente respeitoso no início, passa a educado, se torna incisivo e acaba polêmico. No fim da resposta, o soco. Li com deleite o texto de Foucault com alguns amigos: "Pow! Na boca!". Evidentemente não dava para ficar em cima do muro.

Tudo isso pode parecer estranho, porque hoje temos a tendência a colocar no mesmo saco os "filósofos franceses dos anos 1970" – sobretudo por influência da "nova esquerda" americana, que inventou uma suposta *french theory* muito política, muito relativista e politicamente muito radical, amalgamando com dezenas de autores francófonos pedaços de um Foucault tardio e fragmentos de um Derrida delirante. Mas na época não passava pela cabeça de ninguém, e muito menos pela minha, colocar no mesmo balaio o autor de *A arqueologia do saber* e aquele que ironicamente lhe respondeu com uma *A arqueologia do frívolo*.

Assisti quase dois anos aos cursos de Foucault no Collège de France, entre eles o de 1975, intitulado "Os anormais", que serviu de preparação para o livro que deu início à sua virada política: *Vigiar e punir*. A gente tinha de chegar uma hora antes para ter certeza de que ia conseguir assistir à aula, senão corria o risco de ficar numa sala onde só tinha o áudio. Ele era o Mestre que eu esperava desde que aceitei a morte da filosofia: suas maneiras, seus objetos, suas posições, tudo nele suscitava admiração e inspiração. Ele tinha aquela arte do prestidigitador de apresentar o objeto mais banal e, de repente, revelar uma face insuspeita desse objeto.

Godelier tinha partido, eu estava sem destino. Na verdade, eu me via cada vez menos enfiando um jeans e um dicionário francês-pídgin numa mochila, abandonando mulher e filho e vivendo longos meses com uma tribo de caçadores-coletores.

Etnologia sim, mas nos livros! E como a filosofia estava decididamente morta, me ocorreu transformar a minha vocação reprimida de aventureiro em uma carreira mais caseira de rato de biblioteca. Escrevi a Foucault tremendo de medo (porque ele tinha fama de ser pouco receptivo com os inconvenientes) e lhe propus um tema de tese sobre "O nascimento da etnologia no século XIX", que não era alheio às questões que ele abordava no seminário.

Ele me recebeu muito gentilmente, conversamos uma hora e ele me disse que "normalmente não aceitava orientandos, mas que excepcionalmente...". Saí radiante do apartamento da Rue de Vaugirard, virtualmente inscrito no doutorado, sob orientação de Foucault. Comecei imediatamente a pesquisar. E logo me desencantei. Alguns meses depois, quando compreendi que nunca teria a sua paciência para passar o dia na Biblioteca Nacional, lendo os tediosos relatórios da Sociedade dos Observadores do Homem, nem a sua genialidade para tornar tudo aquilo infinitamente apaixonante, eu lhe escrevi uma simples carta para anunciar a minha desistência.

Foi mais ou menos nessa época que a perspectiva de um posto de professor de história da filosofia antiga no Brasil se concretizou. Me convenci de que, se a filosofia estava decididamente morta, nada me impedia de fazer a sua história. Tive a ideia então de procurar a grande celebridade da filosofia grega na Sorbonne. Foi meu último mestre, o único cujos cursos eu nunca fiz: Pierre Aubenque. Expliquei minha situação: estava de partida para o Brasil, ia publicar em breve um livro sobre Lucrécio, queria pesquisar sob a orientação dele a questão do *por quê* e suas armadilhas. Perguntar *por que* não é buscar uma causa, outra causa para essa causa e assim por diante, infinitamente? Como os gregos clássicos, que não acreditavam em um Deus criador, lidavam com essa dificuldade? Ele me deu duas ou três indicações bibliográficas. A questão se resolveu em uma hora. O título da tese seria "A regressão ao infinito na filosofia grega". Ela nunca foi escrita.

Pierre Aubenque era exatamente o que se pode chamar de mestre no sentido do mandarim, mas ele tinha a envergadura intelectual, a autoridade moral e a habilidade para exercer como ninguém essa função e todos os seus atributos. Ele tinha formação germânica. Conheceu e debateu com Heidegger, que tinha influenciado sua leitura de Aristóteles sobre certos pontos. Mas seu Aristóteles era singular e, sobretudo, apaixonante. Ele tinha transformado aquele que era chamado, segundo as palavras de Dante, "o Mestre dos que sabem", numa espécie de Mestre dos que buscam e tropeçam na dura realidade de uma matéria humana inesgotável. Aubenque tinha outra qualidade rara na Universidade e mais rara ainda no mandarim: a magnanimidade. Um jovem historiador da filosofia (mais jovem do que ele, em todo caso), Jacques Brunschwig, um homem encantador e de uma precisão absurda nos textos, mas de formação oposta à sua e de inspiração "analítica", escreveu uma resenha extremamente precisa, mas bastante crítica sobre seu grande livro, *O problema do ser em Aristóteles*. Por respeito a Aubenque, ele lhe enviou o texto do artigo antes da publicação. Em vez de se zangar, Aubenque publicou a resenha na revista que ele dirigia. Eles viraram amigos.

Além de seus dois grandes livros, Pierre Aubenque deixou outra obra, mais efêmera em aparência, mas igualmente fecunda: o seminário mensal das sextas-feiras, que ele apresentava na qualidade de diretor do Centre Léon-Robin. O que esse seminário tinha de excepcional eram o debate franco e a efervescência intelectual que ele conseguiu suscitar em torno dos textos gregos, em particular dos textos metafísicos. Ele reuniu historiadores e filósofos de todos os círculos e gerações. Sem ele, o clima seria tenso; graças a ele, era amigável. Sob a sua aparente bonomia, no limite da invisibilidade, ele impunha ao seminário um espírito de tolerância e generosidade. Iniciei ali a minha carreira, participando (grande honra e tremendo desafio) nas minhas férias de verão no Brasil (janeiro e fevereiro) e, mais tarde, com certa regularidade. Foi por fidelidade a esse espírito de Aubenque que continuei como membro do Centro de Pesquisa Léon-Robin até a minha aposentadoria. E tentei manter esse mesmo espírito no seminário internacional de leitura de textos antigos que eu e Jonathan Barnes criamos depois.

– Precisamos falar dos seus autores preferidos, os que ajudaram você a construir seu pensamento. Acho que sei quais são... Mas antes gostaria de fazer uma pergunta que me intriga. Há, entre os grandes autores, algum filósofo do qual você não goste, ou que simplesmente considere antipático?

Por exemplo, não me lembro de ter lido textos seus sobre Nietzsche ou Heidegger. E nas raras vezes em que vi você mencionar Espinosa, seja oralmente ou por escrito, foi sempre de maneira muito crítica...

Eu precisaria de várias horas para dizer o que penso de Nietzsche ou de Heidegger, mas o leitor não aprenderia grande coisa, sobre eles ou sobre mim. Aliás, não coloco esses filósofos no mesmo plano. É verdade que eles têm em comum um destino póstumo paradoxal. Embora se considerassem filósofos alemães, no sentido de que seu pensamento se pretendia germânico (sobretudo Heidegger, porque Nietzsche é ambíguo sobre esse ponto, como em todo o resto) e devia se expressar em alemão (ou, a rigor, em grego antigo, mas isso já era passado!), bizarramente o nietzschianismo e o heideggerianismo são, desde o fim do século XX, tendências filosóficas tipicamente francesas. Na França, até inventaram duas entidades estranhas e até monstruosas: o nietzschianismo e o heideggerianismo "de esquerda", e até mesmo de esquerda radical!

Bem, vamos deixar isso de lado. Em poucas palavras, eu diria do primeiro: quantas noites insones, quantas vigílias agitadas da minha juventude passei lendo Nietzsche! E até me aventurei a lhe dedicar conferências e artigos no período que passei no Brasil. Confesso que de vez em quando ainda releio com prazer certas páginas de *Além do bem e do mal* ou *A gaia ciência* para me dar uma chacoalhada. Leio menos a *Genealogia da moral*. Talvez porque, quando eu era ainda um jovem professor, cansei de ler "terceiras partes" de dissertações tiradas diretamente do comentário brilhante, mas enganador, de Gilles Deleuze: "os fortes", "os fracos" etc. Na verdade, acho que se reluto em mergulhar na *Genealogia* é porque esse livro é mais sistemático e não tem aquele efeito revigorante que espero de uma leitura de Nietzsche.

– O que você quer dizer com "dar uma chacoalhada"? E que "efeito revigorante" você espera da leitura de Nietzsche?

O que quero dizer é que, quando você sente (digo "você", mas na verdade estou pensando exclusivamente em mim), quando você sente que o seu pensamento está começando a ficar frouxo, insosso, enfadonho, você engole um bom trago de Nietzsche e volta a pensar com força. É um excelente remédio, e melhor do que ele só conheço um: David Hume. Nos dois casos, você não se sente obrigado a pensar como eles, mas eles lhe dão força para resistir: no caso de Hume, aos seus argumentos; no caso de Nietzsche, aos seus conceitos. Por exemplo, em Hume, o famoso argumento que me convenceu durante muito tempo e bloqueou a minha mente para pensar sobre ética. Segundo ele, é impossível deduzir *should* de *is*, "o que deve ser" de "o que é". Concluir "isso é bom" de "isso é natural" seria um "sofisma". (É claro que cometemos esse sofisma com frequência: por exemplo, uma orientação sexual não é "natural", *logo* é condenável.) Do mesmo modo, o que é *é*, e ponto-final, e não seria legítimo deduzir disso o seu valor. Me debati durante muito tempo com esse argumento, ao mesmo tempo que me empenhava em defender o humanismo, isto é, o valor da humanidade. Como deduzir o valor da humanidade do ser do homem?

– E você encontrou uma forma?

Existem várias, mas a mais simples consiste em distinguir, num ser, o que ele é atualmente, no presente, em sua imperfeita existência singular, e o que ele tende a ser, aquilo para que ele se esforça, na maior parte das vezes inconscientemente, e que é ao mesmo tempo o seu ser real, sua natureza verdadeira e o bem a que ele aspira. É um argumento que eu poderia encontrar em Aristóteles, e que outros talvez encontrem em Espinosa. Então, sim, é possível fundamentar o valor da humanidade em seu ser. E era essa a minha intenção no meu livro *Em defesa do universal*. Vamos voltar a falar disso, com certeza.

– E Nietzsche?

Com Nietzsche a relação é diferente. Não conversamos do mesmo jeito com um jovem e encantador escocês, com quem tomaríamos com muito prazer um whisky velhíssimo, e com um prussiano achacadiço e rabugento, que pragueja entre uma injúria e outra e só bebe água. O prussiano revigora o seu pensamento não porque o estimula, mas porque o irrita. Por exemplo, em *Além do bem e do mal* você lê uma crítica ao *cogito* de Descartes e, mais em geral, de toda forma de poder da consciência. Isso desperta imediatamente o seu desejo de defender Descartes. E não é difícil. Nietzsche diz, por exemplo, que "o pensamento só vem quando *ele* quer, e não quando *eu* quero". O que foi traduzido algumas vezes por coisas do tipo "isso pensa em mim", em vez de "eu penso". Você lê essas coisas e diz: "Sim, talvez ele tenha razão, nós somos vítimas da gramática, achamos que todo verbo precisa de um sujeito e, por extensão, que todo pensamento precisa de um sujeito pensante. O cara parece bom!". Depois, refletindo melhor: "Será que é bom mesmo? Sem dúvida, pensamentos muitas vezes me ocorrem contra a minha vontade, e digo que os penso porque 'tenho' esses pensamentos. Exatamente da mesma forma que, quando sinto uma dor, digo que 'tenho dor' e, no entanto, nunca me passaria pela cabeça achar que sou o autor dessa dor (exceto se costumo me flagelar para me mortificar!). Seria mais adequado dizer que 'isso me causa dor'". Em todo caso, jamais confundo esse tipo de pensamento que existe em mim, mas sem mim, com aqueles pensamentos que chamei "de segunda ordem" e que atribuo a mim de maneira completamente diferente. E o *cogito* de Descartes faz parte deles. Seu "eu penso" não significa que *me vêm* pensamentos, mas que, ao cabo da prova de uma dúvida voluntária da qual sou o instigador, tomo consciência, refletidamente, da dúvida que existe em mim; e dessa reflexão sobre os meus próprios pensamentos eu sou não apenas o "paciente", mas também o sujeito, e não apenas o sujeito gramatical, mas também, digamos assim, o autor. Uma pequena dose de gramática me aproxima de Nietzsche, uma dose grande me distancia. Digo com os meus botões: no fundo, por trás dessa empáfia de sensibilidade à flor da pele, ele não é tão bom como parece. E saio firme e fortalecido da leitura. (No caso, Descartes também!)

– E Heidegger?

O caso de Heidegger é diferente, evidentemente. Nunca pensei com ele, nem graças a ele, quando pensei contra ele, como no caso de Nietzsche. Seu pensamento nunca me contaminou, como se diz sobre um vírus – embora ele tenha dizimado gerações de pensadores e filósofos, e dos grandes! Mesmo os gregos de Heidegger me parecem estranhos: eles ignoram a Cidade, a política, a democracia (com toda a certeza), o debate público, a retórica, a argumentação, o diálogo, a demonstração matemática, a astronomia, as ciências naturais, o teatro, em resumo, tudo que me interessa neles.

Por outro lado, há "o caso Heidegger". Se não fosse doloroso, seria grotesco, um verdadeiro *running gag*. Mais ou menos a cada dez anos, desde que foi proibido de lecionar pelas autoridades aliadas em 1945, descobrimos que ele era mais nazista do que acreditávamos dez anos antes. E é sempre um novo escândalo, tão burlesco quanto o anterior! A imprensa (francesa, é claro) faz a festa! Os especialistas coçam o queixo, ajeitam o *pince-nez* e se debruçam sobre esses novos elementos de prova. "Pois é", acabam admitindo. "É verdade..." E o pelotão dos fiéis mingua cada vez mais e, forçosamente, se radicaliza. "Mas é exatamente por isso!", urram. Outros, mais moderados, dizem: "Puxa vida! Quem diria? Era mais do que se imaginava!" Etc. Devo dizer que estou cansado dessa história.

Mas se eu tivesse de resumir em poucas frases o que penso da obra, forçosamente caricaturais, diria apenas o seguinte: vejo a diferença entre um grande livro como *Ser e tempo* e... o resto. *Ser e tempo*, à parte o estilo pomposo e condescendente (que, evidentemente, contribui muito para a glória do autor) e certas passagens duvidosas, propõe análises inesquecíveis dos "existenciais", isto é, das estruturas *a priori* da existência humana, "ser no mundo", "ser para a morte", "ser lançado", "ser com", e dos desenvolvimentos sutis sobre a "cotidianidade", o "falatório" e a "curiosidade". Mas se digo a um heideggeriano que gosto muito dessas análises, é como se eu dissesse a um wagneriano que adoro *O navio fantasma* ou *Tannhäuser*. Ele me fuzilaria com o olhar. É melhor não dizer nada! Porque o que merece ser venerado do mestre de Bayreuth é *Parsifal* ou *O crepúsculo dos deuses*. Nesse caso, eu também não deveria abrir a minha boca para falar de Heidegger.

Aliás, não tenho grande coisa a dizer. Porque, apesar das noites insones que passei lendo *Princípio de razão* ou *A doutrina de Platão sobre a verdade*, nas quais tive mil vezes a impressão de sentir o *frisson* e vislumbrar algumas vezes o esperado clarão da revelação profética, não me sobrou nada dessas leituras. Nada. A não ser ideias banais, apresentadas sem outra justificação além do som exaltado das trombetas. Para ser claro, não valiam o esforço. E os desenvolvimentos estarrecedores de tão confusos sobre o poder "da" técnica que pincei em *Nossa humanidade*? Essas páginas conseguiram conduzir alguns bons espíritos a apontar "a técnica" como responsável... pelo genocídio do povo judeu! – uma maneira indireta de desculpar Heidegger e uma forma calamitosa de responder ao *por quê*. (Aliás, um genocídio depois, em Ruanda, o mundo se deu conta, horrorizado, de que é possível massacrar 800 mil seres humanos em três meses a golpes de facão!) Digo ainda que esses textos são uma das principais fontes da crítica pós-moderna à racionalidade e às Luzes. Foi lendo esses textos também que os tanatologistas franceses encontraram elementos para alimentar sua convicção sobre "a morte da filosofia" (da "metafísica", da "ontologia"...). Porque, evidentemente, não foi lendo Carnap, o adversário que eles não conheciam, mas cuja crítica da metafísica, frágil e baseada na ciência, me parece muito mais fundamentada. Fico quase tentado a usar, a propósito de certos textos de Heidegger, uma frase pretensiosamente programática de Derrida (embora ele não a aplicasse a esse autor): "Seria fácil mostrar como tudo isso é inventado".

Mas vamos deixar Heidegger de lado, porque ele não é da minha alçada.

– Vamos falar de Espinosa então.

O caso de Espinosa não tem evidentemente nada a ver com o de Heidegger. Muito pelo contrário. Não o considero nada "antipático", para usar a palavra que você mesmo usou. Conheço poucos filósofos que me pareçam mais simpáticos. Ele tem tudo para me agradar: a humanidade, a vida sem concessões, a vítima perseguida injustamente, a modesta profissão de polidor de óculos, a grande obra incessantemente retrabalhada e esquecida numa gaveta. Além disso, a *Ética* é a mais formidável tentativa sistemática de explicar a experiência humana de maneira estritamente racional – e, para mim, é exatamente o que define a filosofia. Como ele poderia ficar de fora do meu álbum de família?

Vou abrir um parêntese aqui. Dos três grandes metafísicos da idade clássica, Descartes, Leibniz e Espinosa, você sabe que devo muito ao primeiro e é do último que me sinto mais próximo. Hoje Descartes tem poucos defensores. Todos os males são imputados a ele: a poluição atmosférica, o aquecimento global, a extinção das abelhas, os maus-tratos dos animais, tudo é culpa de Descartes! E isso porque ele escreveu no *Discurso do método* que esperava que a ciência nos tornasse "como mestres e donos da Natureza" – justo ele, que esperava da ciência principalmente o advento de uma medicina baseada no conhecimento científico do corpo humano para que o século pudesse se livrar dos enemas e dos chapéus pontudos dos Diafoirus.

Leibniz é o queridinho dos lógicos, que veem nele, com toda a razão, o maior de todos desde Aristóteles. Sua metafísica dos mundos possíveis é de uma engenhosidade extraordinária e me refiro a ela com frequência. Mas não perdoo sua "teodiceia". Defender Deus, que criou um mundo onde há tanto mal, dizendo que o mal está nos detalhes e não no conjunto (porque é "o melhor dos mundos possíveis"), é indecente: de que adianta um Deus que não se preocupa com os detalhes, se esses "detalhes" são o martírio de uma criança ou o extermínio de um povo? Sua teodiceia é sobretudo uma grande petição de princípio, como tentei mostrar no meu estudo "Le mal". Ela se resume ao seguinte: Deus é bom, apesar do mal do mundo, porque ele criou o melhor mundo; e este mundo, apesar do mal, é o melhor mundo, porque vem de Deus, que é bom!

Em relação a Espinosa, dos três, ele é hoje o que conta com mais defensores. Em especial entre os meus amigos. E não estou falando apenas dos meus amigos reais, como você e outros, mas de todos os antigos marxistas, os que ainda são marxistas, os materialistas militantes, os racionalistas ateus, e até mesmo os censores meio arrependidos da metafísica, que consideram a metafísica de Espinosa a única possível. E existem bons motivos para isso.

A metafísica de Espinosa parece oferecer uma resposta satisfatória para todas as metafísicas, sem precisar apelar para nenhuma entidade metafísica. Tomemos a questão da gênese do mundo: ela não necessita de um Deus criador, como as religiões reveladas, nem de "origem radical", como em Leibniz, nem de um "primeiro motor não movido" como em Aristóteles. Tudo é imanente, tudo é dado, existe uma única substância, a Natureza, e ela é eterna. Tomemos a questão das relações da alma e do corpo: não precisamos nos perguntar como o pensamento comanda o movimento do corpo ou como as coisas são representadas no nosso pensamento, como em Descartes, ou como na "filosofia do espírito" contemporânea, porque existe uma única substância, neutra, que não é nem extensa nem espiritual e que se manifesta, entre outras coisas, pelo pensamento e pela extensão. Não precisamos mais imaginar um misterioso livre-arbítrio para explicar as ações humanas, tudo acontece necessariamente. Não precisamos mais de abstrações vazias como "o" bem, "o" mal, ou a "falta" ou o "pecado". Isso é ilusão. O que se julga "bom" de um certo ponto de vista julga-se "mau" de um outro ponto de vista, e a única finalidade dos castigos é o controle social etc. Estou simplificando ao extremo, é claro.

O que me incomoda nessa obra? O estilo? As "demonstrações feitas à maneira dos geômetras"? Com certeza, a exposição sintética dos resultados do pensamento me parece mais obscura do que a exposição analítica, que possibilita pegar o movimento no ato. O fato de que esse *parti pris* austero, ascético e, evidentemente, admirável, a serviço de um sistema aparentemente fechado, me dá às vezes uma impressão de sufocamento? Ar! Ar! Com certeza, mas não só.

O que me parece mais grave é o fato de que essa doutrina, em bloco, sem portas nem janelas, esconde sob a sua impressionante edificação a fragilidade das suas engrenagens e opacidade dos seus resultados. Me dá a impressão, talvez injusta, de escapar pelos dois lados: as bases da Primeira Parte sempre me pareceram um pouco arbitrárias, e as considerações sapienciais da última parte me são estranhas. A *Ética* tenta explicar toda a Natureza de uma forma distante, impessoal, como se fosse possível descrevê-la do ponto de vista de parte alguma. Mas, dessa forma, ela corre o risco de não apreendê-la nem em primeira pessoa (cujo ponto de vista é deliberadamente eludido, porque é considerado iludido) nem em terceira pessoa, como ela própria tem intenção de fazer: a meu ver, ponto de vista "em terceira pessoa" só existe o científico, mas a ciência é necessariamente plural e não unificadora, é um sistema metafísico. Esses são os motivos pelos quais não passei da porta dessa construção magistral (e, evidentemente, não me orgulho disso), como se eu já intuísse as suas rachaduras.

E há contradições. Por exemplo: Espinosa não cansa de criticar a ideia de "possível", que, segundo ele, é um fruto quimérico da nossa imaginação e da nossa ignorância das causas, mas ele próprio descreve a Natureza como inteiramente "necessária". Ora, a ideia de necessidade não existe sem a ideia de possibilidade. Os lógicos diriam que as noções modais são interdefiníveis: o que existe necessariamente é o que não *pode* não existir. Não podemos conceber a necessidade sem conceber a possibilidade. Mais concretamente: se tentamos descrever a Natureza como uma totalidade vista de parte alguma, recorrendo a uma espécie de razão onisciente, como faz a *Ética*, a ideia de possível não tem cabimento. Mas também não tem cabimento a ideia de necessidade. E se introduzimos a ideia de necessidade, por vias travessas reintroduzimos o ponto de vista subjetivo. Porque se, por um lado, a minha razão por si só me impede de conceber que a Natureza pode ser diferente, por outro, ela não permite afirmar que ela não pode ser diferente. O que é *é*, ponto-final. Deveria ser suficiente constatar: é assim. As causas sempre produzem suas consequências? Ninguém é capaz de dizer. Elas produzem necessariamente suas consequências? Ninguém tem o direito de afirmar. Nunca conheci um espinosista que fosse capaz de me explicar por que Espinosa se considera autorizado a afirmar isso. E, no entanto, admiro quase tanto quanto você esse sábio intelectualmente apaixonado pela totalidade, esse solitário judeu excomungado...

– Espinosa não precisa de mim para se defender (o que fiz muitas vezes), da mesma forma que você não precisa de mim para criticá-lo (o que também fiz). Sua admiração é suficiente para mim. Aliás, ela faz uma excelente transição para a pergunta que eu gostaria de fazer. Você sabe que Montaigne escreveu que "a admiração é fundamento de toda filosofia". É claro que ele usa a palavra no sentido de "espanto", e a frase se refere implicitamente a Platão ou Aristóteles, no qual se encontra a ideia de que o espanto é a origem da filosofia ou o que leva alguém a fazê-la. Os dois sentidos da palavra, no entanto, tendem a se aproximar: há coisa mais espantosa do que a grandeza? Há coisa mais admirável do que a genialidade? Costumo dizer que, se começamos a filosofar a sério, a fortiori, *se escrevemos livros de filosofia, é seguramente porque nos espantamos com alguma coisa (foi o que você chamou, na nossa primeira entrevista, "interrogar o mundo com o rigor de um adulto e o espírito de uma criança"), mas também, e talvez principalmente, porque admiramos um grande filósofo do passado ou do presente, a ponto de fazer dele uma espécie de modelo ou ideal para o lado do qual desejamos pender – é claro que não para repetir o que ele disse, o que seria um exercício inútil, mas para tentar empreender, à nossa maneira, na nossa época e com os nossos meios, o que ele conseguiu ou tentou fazer de maneira tão genial... Você aceita fazer, em relação aos filósofos que você considera seus mestres, o que Cioran chama de maneira tão bonita (e que dá título a um de seus livros) "exercícios de admiração"? E, antes de mais nada, quais foram os mais importantes para você? É claro que me refiro a Aristóteles, entre os antigos, Descartes e Kant, entre os modernos...*

Você citou as minhas três referências clássicas mais constantes, ainda que, evidentemente, eu não me limite a elas. Vou tentar explicar o que encontro nesses três. Não vou fazer um resumo da filosofia, um comentário de algum aspecto da doutrina, mas um simples apanhado do que era deles e peguei para mim. Em outras palavras, o que eles me permitiram pensar, empoleirado nos seus ombros de gigantes. Ora com eles, ora contra eles.

Vou pegar um exemplo que envolve tanto Kant como Aristóteles, e o que um possibilitou que eu compreendesse do outro. E vice-versa!

Vou partir do problema que enfrentei no Brasil quando li e reli o Livro Gama da *Metafísica* com os meus alunos. Aristóteles inventa uma ciência nova, que teria um futuro brilhante, a "metafísica" (embora o termo não seja dele): "A ciência que estuda o ser enquanto ser". Ele afirma que essa ciência se fundamenta numa verdade válida para todo ser, seja qual for: o princípio da contradição. Explico aos meus alunos: se digo que "Sócrates é sábio", suponho necessariamente que ele não é "não sábio". Obviamente, posso considerar que Sócrates é sábio sob certos aspectos ou em certos momentos, e que ele é não sábio sob outros aspectos e em outros momentos. Mas o ponto não é esse. Se Sócrates é sábio do ponto de vista do seu comportamento, ele não pode ser ao mesmo tempo e desse mesmo ponto de vista não sábio – por exemplo, louco. O que ele é ele é e não pode não ser. Mais em geral: por mais que procure, você nunca vai encontrar um ser que tenha e ao mesmo tempo não tenha certo atributo. Assim, esta abóbora é uma abóbora e possui todos os atributos de uma abóbora e não é ao mesmo tempo... uma carruagem, como nos contos de fadas. Em resumo, toda realidade, e a realidade toda, se realmente é real, é não contraditória. Porque, como explico aos meus alunos, para Aristóteles, não há nenhuma dúvida a respeito disso, porque a realidade é assim.

É difícil fazer a demonstração, porque é o primeiro princípio: você não tem outro em que se apoiar. Aristóteles, no entanto, encontrou uma maneira indireta de fazer essa demonstração. Suponhamos que alguém afirme que o princípio é falso. Pois bem, ele vai confirmar, contra a sua vontade, que ele é verdadeiro, porque será obrigado a pressupô-lo para dizer o que tem a dizer. Ele vai cair na armadilha da linguagem. O que Aristóteles quer dizer é o seguinte: se você está falando com alguém, é necessário que a coisa da qual você fala – Sócrates ou a abóbora – seja realmente o que é e não seja ao mesmo tempo o contrário, senão você não poderia falar dela: as abóboras seriam ao mesmo tempo carruagens e – por que não? – couves, repolhos, alfaces ou sei lá o quê! E acrescento: não seria mais o mundo, *este* mundo; seriam fragmentos de sonho, em que todas as coisas são ao mesmo tempo outras coisas e tudo pode ser o contrário de tudo o tempo todo. E concluo a minha leitura do texto dizendo (em português) que, no fundo, a única prova que Aristóteles apresenta para mostrar que a realidade não é contraditória é que, se ela fosse contraditória, nós não poderíamos falar sobre ela, não poderíamos nos referir a nada, as coisas escapariam de toda apropriação da linguagem. Fim do semestre.

– Você saiu de férias ou começou a trabalhar de novo no texto?

Mergulhei de novo no texto, mas para mim. Digo com os meus botões: suponhamos que Aristóteles tenha razão. Tudo o que *podemos* dizer da realidade é o que podemos *dizer* sobre ela. Grande descoberta! Trata-se de um truísmo, ou "tautologia", como dizem os lógicos. Todavia, essa banalidade chama a minha atenção. Recorro ao que me lembro da *Crítica da razão pura*. Releio os dois prefácios e a introdução do livro nas longas semanas que viro e reviro a argumentação de Aristóteles em todos os sentidos. Chego ao seguinte. Até Kant, o "problema do conhecimento" era apresentado nos seguintes termos: um pensamento, uma proposição, um conhecimento é verdadeiro se alcança a realidade, e a questão é saber se esse conhecimento é verdadeiro. Como? Existem critérios? E aí... o problema. Só é possível saber se o conhecimento alcança a realidade comparando a realidade com... o que conhecemos dela. Mas como é possível saber o que é a realidade senão pelo conhecimento que temos dela? É andar em círculos. Evidentemente, cada filósofo tem uma resposta para essa questão, uma maneira de contornar o problema. A ideia de gênio de Kant é invertê-la. Porque ele tem sob os olhos os progressos extraordinários da física. Newton conseguiu sintetizar em uma única teoria, e em uma única fórmula (a da gravitação universal), os conhecimentos físicos acumulados desde o início da revolução científica do século XVII: todos os movimentos do Universo, apesar da sua diversidade de formas (a queda dos corpos na Terra, o movimento elíptico da Lua e dos astros, o movimento pendular) obedecem a uma única lei, que pode ser formulada em termos matemáticos. É uma coisa tão extraordinária que certas mentes brilhantes acreditaram, na época, que a ciência estava terminada! Kant diz com seus botões (ou pelo menos imagino): como é possível que os movimentos do Universo pareçam obedecer à razão humana a ponto de poder ser representados por uma única fórmula matemática? Ele inverte o problema do conhecimento. Não é mais: como saber se um conhecimento é verdadeiro? Agora é: visto que o *fato* é que conhecemos cientificamente o Universo (vide Newton), como é *possível*? Não preciso mais andar em círculos para tentar saber o que é o mundo, independentemente do conhecimento que tenho dele, como se o mundo me dissesse: vai ver se estou na esquina; ele forçosamente estará sempre lá, porque serei sempre eu, seremos sempre nós, com os nossos meios de conhecimento humanos, com os nossos sentidos, com a nossa razão, que o conheceremos! No fundo, o eureca de Kant é um truísmo: nós só podemos *conhecer* o que *podemos* conhecer!

– E você volta a Aristóteles...

Exatamente. Volto a Aristóteles e, num eureca à minha maneira, digo com os meus botões: visto que a única prova que temos de que o mundo não é contraditório é que, se ele fosse contraditório, não poderíamos falar uns com os outros, não estamos na mesma posição de Kant diante do problema do conhecimento? O que ele dizia, em resumo, era: "Visto que só podemos *conhecer* o que *podemos* conhecer, é bobagem ir mais fundo. É a realidade em si? Talvez não, mas é a maneira pela qual ela aparece para nós, dados nossos meios para conhecê-la". Isso muda tudo: não é possível conhecer o que é a realidade "em si", mas não importa! (Enfim, importa por outras razões, mas vou desconsiderá-las aqui.) O que temos de nos perguntar é: por que a realidade aparece assim para nós? Isso vem de nós, da nossa maneira de perceber e explicar a realidade, depende da maneira como a nossa razão funciona. Kant adota um ponto de vista *crítico* sobre a razão. E eu, lendo Aristóteles, me digo: "Só podemos *dizer* do mundo o que *podemos* dizer dele, portanto é bobagem ir mais fundo. É o mundo em si? Talvez não, mas é a maneira pela qual ele aparece para nós, dada a maneira pela qual nós falamos dele". Tenho a ideia de aplicar a tese *crítica* de Kant à linguagem. A partir daí, tudo muda. O que devo me perguntar é: por que o mundo aparece como não contraditório para nós? Isso vem de nós, não da nossa maneira de conhecê-lo, como era para Kant, mas sim da nossa maneira de falar dele, depende da maneira com a nossa linguagem funciona. E essa união da linguagem com o mundo, tão indissociável que é impossível distinguir o que é de um e o que é de outro, eu chamo pelo termo espúrio de "linguagem-mundo". E, a partir desse pequeno eureca, começo a escrever o artigo que lhe entreguei em 1986. Eu tinha de extrair todas as consequências dessa hipótese de trabalho, em especial novas questões como: existem outras linguagens-mundo possíveis? Linguagens que nos permitiriam dizer o mundo de outra forma e assim fazer aparecer outros mundos?

Isso é outra história, da qual talvez voltemos a falar. Eu não queria apresentar *Dizer o mundo*, queria apenas mostrar o que extraí de Kant e Aristóteles: a intuição inicial do primeiro, quando critica as pretensões da metafísica, aplicada ao princípio inicial do segundo, quando fundamenta a metafísica. Ou, se preferir, o ponto de partida crítico de Kant quando escreveu sua obra principal, *Crítica da razão pura*, aplicado a uma pergunta que ele não se colocava – nem ele nem Aristóteles –, mas que eu me colocava lendo Aristóteles: o que podemos saber do mundo simplesmente falando dele?

– É daí que você tira as suas próprias ideias? Da leitura dos filósofos?

Eu não generalizaria. Na maior parte do tempo, leio "meus" autores, ou outros menos familiares, por eles mesmos, pelo prazer de admirá-los, como você diria. Quando gosto de um autor, tento lê-lo o mais perto possível do seu espírito. E isso vale para autores tão distintos quanto Platão, Pascal ou Frege. Fico neles, eles me fazem pensar da forma como eles pensam – aliás, é isso que quero dizer quando digo que gosto deles: posso tornar minha a intenção de verdade do texto que estou lendo. Dessa forma, podem me ocorrer tanto cem ideias como cem perguntas: é possível ir mais longe na direção que ele aponta ou, ao contrário, fazer objeções a ele, e, nesse caso, como se pode responder às objeções? Às vezes me vêm comparações, hipóteses, conjecturas, enquanto tento permanecer fiel à intenção de verdade do autor. Em seguida, entre todas essas ideias instáveis e borboleteantes, acontece uma espécie de seleção natural. Sobrevivem as mais fecundas. A maioria se extingue sozinha. Algumas sobrevivem, ao menos localmente. Confronto essas ideias com outras, vindas de outros lugares, ou com as de outros textos: em geral eles não resistem à prova. É raro que uma ideia se imponha e dure muito tempo. O exemplo da "linguagem-mundo" me pareceu resistir bastante bem, desde que essa hipótese me ocorreu, mais de 35 anos atrás, obrigatoriamente com algumas adaptações aos ambientes percorridos, isto é, aos diferentes contextos em que a utilizei, e com uma leve astenia inevitável, em razão da sua longa existência.

Outra ideia que tirei de Aristóteles, no mesmo contexto da anterior, só ganhou força. Hoje ela é central no meu trabalho. Aristóteles, na sua definição do homem, não separa o fato de que ele é um ser social do fato de que ele é um ser de *logos* – a famosa palavra grega que não sabemos se traduzimos por "razão" ou por "palavra". No *logos,* uma e outra são uma coisa só. Eu criei um conceito sobre essa ambiguidade da palavra. Chamo essa razão de "dialógica", por oposição à razão clássica, por exemplo, a razão de Descartes, que chamo de "monológica". O ser humano não é nem um ser de linguagem em sentido estrito (a maioria das espécies sociais utilizam sistemas de expressão e comunicação), nem um ser de razão em sentido ordinário (os computadores "raciocinam" melhor do que nós). O que faz a especificidade do homem é que ele raciocina na e pela linguagem. Porque a espécie humana sempre foi uma espécie faladeira é que ela se tornou raciocinante (e vice-versa). Nós raciocinamos por e com outrem, afirmando (a outrem), negando (o que diz outrem), justificando (para outrem) o que dizemos e pensamos. E quando refletimos, interiorizamos um outrem imaginário a quem prestamos contas, como bem dizia Platão.

Foi assim que aprendemos a raciocinar. A meu ver, isso tem consequências importantes para o mundo tal como ele nos é acessível, e para outros planos também, por exemplo, o ético e o político.

– No exemplo que você elaborou, seu "exercício de admiração" consistiu em confrontar sua leitura de um autor com a de outro que você também

admira. Essa é a sua maneira habitual de se apropriar dos textos? Você nunca confrontou o pensamento de um autor com a sua própria experiência, ou com a experiência humana em geral, já que a razão filosófica, como você mesmo disse, consiste em ser o mais fiel possível a ela?

Sim, às vezes faço isso. E posso dar um exemplo, com o mesmo Kant, de como tentei submeter à prova da experiência uma de suas teses principais. Uma experiência, é claro, que não podia ser dele. Estendi seu pensamento até virá-lo contra ele. Nesse caso, não a sua teoria do conhecimento, mas a da moral, do famoso "imperativo categórico". Todo mundo aprende isso na escola, mas às vezes muito mal, ouvindo que é "a moral de Kant". Não a moral *de* Kant. É uma descoberta que ele fez sobre a maneira como funciona a moral. Era da seguinte forma que eu explicava o imperativo categórico aos meus alunos, me diga depois se você fazia a mesma coisa.

Quando nos fazemos uma pergunta moral, frequentemente (mas nem sempre) é sob a forma: o que devo fazer? E o que Kant descobre é que a resposta a essa pergunta, quando não se mistura com outra, por exemplo, "qual é o meu interesse?", é sempre simplíssima. Trata-se de novo de um truísmo. O que *eu* devo fazer é o que eu *devo* fazer – em outras palavras, o que *deve* ser feito. Eureca! Por exemplo, menti em determinada situação para sair de uma situação embaraçosa, mas sei muito bem – e todo mundo sabe – que não se *deve* mentir. E como sabemos? Bem, aceitamos espontaneamente que a mentira não pode ser instituída como regra universal, porque isso seria contraditório. Em compensação, desejamos necessariamente, mesmo se às vezes a transgredimos, que a regra "não mentir" seja universal, porque ela permite a comunicação. A própria ideia de mentira (ou qualquer outra do mesmo tipo) supõe que haja uma *exceção* a uma regra aceita, que até o próprio mentiroso aceita, senão ele não poderia mentir. Portanto não é difícil saber o que devo fazer em todos os casos: isso fica claro a partir do momento que deixo de me perguntar em primeira pessoa "o que *eu* devo fazer?" e começo a me perguntar, de maneira impessoal, "o que *deve* ser feito por todos sempre?". No fundo, segundo Kant, o adversário, no campo moral, sou eu, sempre eu, ou melhor, o eu, o "querido eu". Quem age mal sempre coloca seus interesses pessoais, ou seus desejos particulares, acima do seu dever. Quando agimos bem, podemos desejar que a regra particular que aplicamos à nossa ação seja universal. Esse é o imperativo categórico. Ele é perfeito. Parabéns, Kant! A arte de transformar um truísmo em descoberta genial!

– É mais ou menos o que eu dizia para os meus alunos no liceu ou na Sorbonne. Você tem de escolher: ou o "querido eu" (o mal radical) ou o universal (a razão, a autonomia, o dever).

Sim, é o que parece. Ou melhor, o que parecia. Porque, me recordando disso, me pareceu que a bela máquina kantiana tinha um defeito. Talvez até dois. Ambos decorrentes da mesma experiência.

O primeiro é o seguinte. Para me perguntar "o que devo fazer?" e, portanto, para me interrogar sobre o valor da minha ação, preciso saber *o que é* essa ação. Ora, isso não é fácil. Suponhamos um oficial que ordena uma batida, um funcionário público que assina uma ordem de prisão, ou um *gendarme* que faz uma detenção em plena madrugada. Como podemos *descrever* a ação dessas pessoas? Tomemos o exemplo do oficial nazista. Digamos que ele seja culto, como era comum entre eles. Mais do que isso, suponhamos que ele seja "kantiano"! Enfim, não no sentido de Kant em si, mas no sentido de que ele teve "boas aulas de filosofia" sobre a moral kantiana. O oficial diz com os seus botões: "Posso desejar que a regra particular que vou aplicar na minha ação seja uma lei universal?". Evidentemente a resposta depende do modo como ele denomina essa ação. "Posso desejar que a regra da minha ação (que consiste em defender os alemães da preponderância judaica no mundo, ou libertar os arianos das raças que sugam seu sangue) se torne uma lei universal? Talvez seja um trabalho sujo, mas eu devo fazê-lo, ele *deve* ser feito." Podemos objetar que, para Kant, a universalização que o imperativo categórico implicava dizia respeito a toda a humanidade. Claro! Mas, para o oficial nazista, isso não muda nada: ele pode continuar a se considerar kantiano, porque ele se lembra perfeitamente do professor

Heidegger dizendo que a "comunidade judaica tem uma predestinação especial para a criminalidade mundial" e que "a judiaria é o princípio de destruição do período do Ocidente cristão, isto é, da metafísica". (Essas frases são dos *Cadernos negros* do mestre de Freiburg im Breisgau.) Ele diz com seus botões: "Não há problema nenhum: a regra da minha ação é universalizável e todo ser humano deveria fazer o mesmo".

O problema do imperativo categórico é o seguinte: ele é perfeito, se soubermos descrever nossa ação, onde começa, onde termina e em que consiste. Porque existem mil formas legítimas de descrever uma mesma ação, como sugeriu Elizabeth Anscombe, que foi aluna de Wittgenstein. Na verdade, nestas diferentes descrições, não se trata mais da mesma ação: "prendo inocentes", "livro a França de estrangeiros em situação irregular", "mando os párias para a morte" etc. Qual *a* descrição correta? *Não existe.* E isso é uma coisa alucinante! Chamei isso no meu livro *Em defesa do universal* de "a tragédia dos valores".

– Você mencionou dois "defeitos" na máquina kantiana do dever. O segundo também é decorrente da "experiência"?

Sim, nos dois casos temos de confrontar o pensamento kantiano com uma experiência humana considerável, uma experiência que nem sequer passava pela cabeça de Kant: o genocídio. O que fica claro à luz dessa experiência (existem outras, evidentemente) é que, ao contrário dos crimes "comuns", digamos assim, cujos motivos, segundo Kant, são o interesse particular ou a satisfação egoísta de desejos pessoais, no caso dos crimes mais horrendos o "querido eu" dos moralistas franceses não é o motivo principal – se não considerarmos, é claro, o caso dos senhores da guerra ou certos sádicos.

Vamos voltar ao exemplo do *gendarme* francês que prende pessoas para deportar. Digo que existem várias formas de descrever sua ação: ele prende inocentes ou livra a França dos parasitas? Se supomos que ele é kantiano (reconheço que é um caso incomum), ele poderia dizer: "Minha ação? Que ação? Faço o que me mandam fazer, obedeço a ordens. Posso desejar que 'obedecer a ordens' seja uma lei universal para um *gendarme*? É evidente! Do contrário não haveria mais *gendarmerie* nem ordem social. Isso seria contraditório com a ideia de ordem, disciplina e sociedade policiada". O mais grave, porém, é que ele pode pensar que não é a *sua* ação, que essa ação não é *dele*, que ele próprio não faz nada além de obedecer e, portanto, cumprir seu dever.

Vemos por esse exemplo que o imperativo kantiano se choca com uma dificuldade ainda mais considerável do que a anterior. Para eu me perguntar "o que devo fazer?", para eu me perguntar, portanto, sobre o valor da minha ação, preciso reconhecer que sou *eu* quem age. Não outra pessoa. O oficial, o funcionário público ou o *gendarme* podem dizer: "O que *deve* ser feito deve ser *feito*". Mas não porque é seu dever agir daquela maneira, ou porque ele poderia descrever sua *ação* em outros termos, mas porque ele nem percebe que é uma ação *sua*.

Agora vamos tomar a experiência do genocídio sob um ângulo diferente: um crime enorme e poucos criminosos. Em todo caso, poucos criminosos à altura da enormidade do crime, como vimos tanto no processo de Nuremberg como no de Eichmann, em Jerusalém. Não foi com o dever que eles faltaram. Aliás, eles só falaram de "dever" ("Só estava fazendo o meu dever"). Seus atos não falharam com o dever, eles simplesmente não eram "seus". Nenhum daqueles criminosos agiu em seu nome próprio. Você pode dizer que o famoso "só obedeci às ordens" não passava de uma estratégia de defesa bastante cômoda. Especialmente no caso de Eichmann. Sem dúvida. Mas não é isso que quero sublinhar aqui. Não é a parte de responsabilidade desse ou daquele nos degraus da hierarquia que me interessa. Essa questão é legítima, não minimizo a sua importância, mas é uma questão judicial. Meu problema é ético, digamos assim, ou mesmo metafísico. E não envolve apenas os genocidas ou os criminosos. Envolve a ética no sentido banal das regras da conduta ordinária. Dito de outra forma: não existe nem bem nem mal sem ação, não existe ação sem sujeito, nem sujeito sem um ser capaz de dizer e pensar "eu ajo", no sentido em que Descartes formula o "eu penso".

– É o que Alain, que certamente concordaria com você, chamava "o único sujeito eu"*. E resumia o essencial do imperativo categórico, tal como o compreendia, em uma frase que cito com frequência:* "Sozinho, universalmente"*. Para ele, como para mim, trata-se da própria moral. Me parece que isso vai ao encontro da sua análise...*

Sim, em grande parte. Mas precisamos ir mais longe e dizer que, ao contrário do que Kant supõe, a extinção total do "eu" (dos meus interesses, dos meus desejos, das minhas inclinações) não é a condição da "ação correta". Às vezes, pode ser até uma condição da pior! Ou melhor, não é a sua primeira condição, mas a sua segunda. Antes de agir por dever, precisamos admitir que agimos. Antes de fazer o que devemos, abstraindo do que somos, precisamos reconhecer que somos alguém: uma pessoa que pode agir. Uma pessoa não é uma coisa passiva à qual vêm pensamentos quando *eles* querem, como diria Nietzsche, ou ordens quando lhe são dadas, mas um ser que pode pensar "eu". Uma pessoa pode refletir e ter sobre os seus pensamentos e sobre as ordens que ela recebe o que chamei de "pensamentos de segunda ordem". Ela pode agir, isto é, ser a causa das suas ações e de certos de seus pensamentos. Você percebe por que estou nos antípodas de todas essas filosofias que consideram que o eu é uma ilusão? Repito o que disse sobre Nietzsche: eu não sou o sujeito de tudo o que me ocorre, como pensamentos e desejos, por exemplo; eu não sou "responsável" por eles, como se diz. Mas Descartes tem razão contra Nietzsche: o eu que pensa "eu penso" é realmente o sujeito do seu pensamento. E eu sou realmente o autor do que, após madura reflexão, *eu* sou e, portanto, do que eu faço – o que não se confunde com os pensamentos que me passam pela cabeça quando bem entendem.

– Você diria, já que o exemplo está implícito no seu raciocínio, que os gendarmes *franceses que levaram seus avós podiam ter desobedecido às ordens que receberam de René Bousquet?*

Não, ainda que alguns tenham feito isso. Não se trata de bancar o herói. Mas nada me obriga a ser um canalha. Nada me obriga, por exemplo, a insultar ou maltratar as pessoas que estou prendendo, se penso, se realmente penso que não posso agir de outra forma. Mas apenas se eu puder pensar que *eu* ajo naquele momento.

O pensamento de que ajo deve preceder o imperativo categórico. Ele é a condição. Kant tinha consciência clara disso, porque, para ele, todo homem deve se considerar o "legislador" da lei universal e, para ele, a "razão prática" não pode ser separada da liberdade humana. No meu caso, quando escrevi *Dizer o mundo*, o que eu queria era reabilitar o eu, o sujeito, a ação, num período em que esses conceitos eram considerados pura ilusão; para mim, todas essas desconstruções podiam acabar justificando a irresponsabilidade. Também queria mostrar os limites das morais do dever, como a de Kant, ou até mesmo, mais em geral, das morais do universal (que eu defendo, aliás!) quando não estão apoiadas, em primeiro lugar, na consciência de *si*. Nesse caso, o dever pode facilmente virar obediência pura e simples. Suponhamos que eu acredite que toda ação deve obedecer a um imperativo categórico, mas não admita em primeiro lugar que sou eu que ajo. Nesse caso, o imperativo se impõe em sua *universalidade*, e não posso fazer nada: eu o recebo passivamente, não como alguém que age, mas como uma ordem que se impõe a mim, contra a minha vontade – uma vez que sou apenas o receptor passivo das ordens que recebo ou até mesmo dos pensamentos que existem em mim. Do imperativo categórico que me faz pensar se a regra do meu ato é universalizável resta apenas uma caricatura: uma ordem imperiosa, dirigida anonimamente, à qual devo obedecer absolutamente e incondicionalmente, como um agente *qualquer* (e, nesse sentido, universal) e não como o sujeito singular que sou. Eichmann, segundo cita Hannah Arendt, aprendeu conscienciosamente o imperativo categórico de Kant na escola, mas confessou que, depois, apenas obedeceu incondicionalmente às leis do Reich. Mas não surpreende, observa Hannah Arendt, que formulações corrompidas do imperativo kantiano tenham circulado no Terceiro Reich, como a de Hans Frank: "Aja de tal modo que o Führer, se tivesse conhecimento dos seus atos, os aprovaria".

– Isso em relação aos clássicos, Aristóteles, Descartes, Kant... e os outros. Mas e no século XX, ou mesmo nos dias atuais?

Sim, tem razão. Vamos a eles. Há um detalhe que eu queria citar há pouco, mas que perdeu o sentido depois desse último exemplo. O que sempre tentei fazer, mesmo quando lia os antigos, era filosofar hoje sobre os problemas de hoje, com as ferramentas contemporâneas.

Acontece que, entre as ferramentas *contemporâneas* disponíveis, temos acesso hoje, mais do que no passado, a todos os *corpus* filosóficos históricos. O passado está cada vez mais próximo de nós: hoje conhecemos melhor Platão, Aristóteles, Epicuro e os filósofos árabes do que há alguns séculos. Desde meados do século XIX, e hoje mais do que nunca, o contemporâneo também é a história, a capacidade de trazermos os filósofos do passado para perto de nós, seja para medir a distância que nos separa deles, seja para tentar adaptar o nosso olhar ao olhar deles, como é o meu caso em geral. Eles fazem parte da nossa experiência do mundo. Mas, inversamente, o contemporâneo é *também* toda essa nossa experiência que não pode ser a deles. São os novos conhecimentos, como as ciências humanas e as neurociências, que nos permitem pensar a humanidade de uma maneira diferente de Aristóteles ou Descartes. São as novas teorias físicas, a relatividade, a mecânica quântica e a cosmologia, que não nos deixam pensar o espaço e o tempo como Kant na época de Newton. São as novas teorias biológicas, a biologia molecular e a biologia evolucionista, que revolucionam constantemente a nossa concepção da vida, do vivente e das espécies naturais, inclusive do *Homo sapiens*. Uma nova lógica, a lógica de Frege e Russell, transformou a nossa maneira de encarar "o pensamento", a significação, a linguagem, e originou toda a filosofia analítica. E mais: formas de governo desconhecidas dos filósofos que viveram antes do século XX, como os totalitarismos e a democracia liberal, mudaram completamente as teorias políticas; e novos modos de expressão e representação, como a fotografia, o cinema, as histórias em quadrinhos, o vídeo, mudaram o nosso olhar sobre a arte. O contemporâneo é marcado pela extensão e pelo enriquecimento da nossa experiência do mundo, e a filosofia, cuja tarefa primordial é trazer o máximo de razão possível para essa experiência, só pode ser resolutamente contemporânea.

E, na minha opinião, essa novidade da experiência convoca novas metafísicas, se definimos a metafísica como uma "investigação racional sobre questões que estão além da experiência". Pode ser que, em matéria de metafísica, os séculos pares sejam os séculos da desconstrução e os séculos ímpares, os da construção. O século XX teve grandes metafísicos (o obscuro Alfred Whitehead, o nobel Bergson, o gênio fantasioso David Lewis), mas eles foram marginalizados pelas correntes mais influentes da filosofia, que eram antimetafísicas: Carnap e o Círculo de Viena, Wittgenstein e sua escola, Heidegger e a desconstrução derridiana, Foucault e o estruturalismo, e mais tarde a fenomenologia, a hermenêutica etc. Nenhuma filosofia do século XXI poderá prescindir das vertentes metafísicas! Sejam bem-vindas! E tenho dito!

Mas chega de predições pomposas e solenes. Vamos voltar à sua pergunta.

– Vou formulá-la de outro modo: há algum pensador que você considere, como disse Gide, "o contemporâneo capital"?

Na verdade, não tenho um "contemporâneo capital". E já que você citou Gide, do mesmo modo que pediram a ele que designasse "o maior escritor francês" e ele respondeu: "Victor Hugo, infelizmente!", fico tentado a responder: "Jean-Paul Sartre, infelizmente!". Mas seria injusto – por causa do "infelizmente" – e necessariamente falso – porque falta um instrumento de medida confiável. Não existe frase espirituosa que justifique um julgamento mordaz. Enfim, não há um "contemporâneo capital", na minha opinião.

Mas não é culpa dos contemporâneos, que admiro sinceramente. E são muitos! Para citar apenas aqueles dos quais tomei algum aspecto do pensamento, cito seis, todos já falecidos, exceto um. Dois "analíticos": Quine e Strawson. Dois "continentais": Foucault e Ricœur. E dois que fogem dessa divisão: Rawls e Habermas. Ou seja, uma lista digna de Prévert!

Por enquanto, me contento com um rápido panorama geral, destacando o que aprendi com cada um.

– *Vamos começar por Quine, filósofo americano do século XX, uma das principais figuras da corrente analítica. O que você deve a ele?*

A leitura de Quine foi um choque para mim, no fim dos anos 1970. Foi minha primeira verdadeira descoberta de um filósofo de tradição analítica, excluindo Frege e Russell, que li rapidamente ao longo dos meus estudos. Li primeiro uma coletânea publicada em francês com o título *Relativité de l'ontologie et autres essais* [Relatividade da ontologia e outros ensaios]. (Não sei se a sua grande obra *Le mot et la chose* [A palavra e a coisa] já tinha sido traduzida na época. Só fui lê-lo muito mais tarde.) Duplo encantamento: uma reabilitação genial da pergunta ontológica "o que há?" e um método original para resolvê-la: a experiência de pensamento.

Imagine um etnolinguista estudando uma comunidade que fala uma língua desconhecida e totalmente diferente da nossa. O etnólogo tenta estabelecer um protocolo de tradução. Cada vez que aparece um coelho, os indígenas dizem: *gavagai*. Ele está autorizado a anotar no caderninho: "gavagai = coelho"? A resposta é não. Porque, em teoria, "gavagai" pode designar qualquer parte do coelho, qualquer fase do aparecimento do coelho, ou ainda um evento dito impessoalmente: "Olha! Está brotando coelho!", da mesma forma que dizemos: "Está chovendo". Acreditamos que existem "coelhos" porque falamos uma língua que recorta a realidade dessa forma! E acreditamos, como Aristóteles, que existem "coelhos brancos" porque, como ele, pensamos que a realidade é constituída de "substâncias dotadas de atributos". Contra esse tipo de ilusão, Quine mostra que a resposta à pergunta ontológica é relativa à língua, mas também às teorias científicas: porque cada uma tem a sua maneira de conceituar a realidade mediante "quantificadores existenciais" ("*existe um x* tal que possui tais propriedades") ou "universais" ("*para todo x*, se x é A, ele é B").

O que estou fazendo aqui, tanto para Quine como para os meus outros "contemporâneos capitais", é apenas um esboço, uma simplificação condenável e enganadora, da tese central que me impressionou na época. De Quine, o que guardei foi a questão ontológica, à qual permaneci fiel, e o método da experiência de pensamento, que pratiquei com frequência. Mas a resposta que eu mesmo tentei dar à pergunta: "O que há?", e na qual continuo trabalhando, é muito diferente da dele.

– Vamos voltar a essa questão na próxima entrevista. Fale de Strawson, filósofo britânico que também é do século XX e também é de inspiração analítica...

Sim, mas ele pertencia a uma tendência da filosofia analítica oposta à de Quine. Ele não se apoiava na lógica formal, mas na análise da linguagem comum. A contribuição dele foi me fazer orientar a minha ontologia para uma direção menos relativista do que a de Quine. Descobri Strawson um pouco mais tarde, nos meus anos de Brasil, no início da década de 1980. Primeiro foi um artigo contra Russell, sobre a "referência", e depois um livro que virou um clássico (a ponto de ser incluído no programa da *agrégation* de filosofia na França!): *Indivíduos*. Ele sublinha a preexcelência da "estrutura predicativa" no discurso. Quando falamos, o átomo de comunicação que nos possibilita fazer referência às coisas e dizer alguma coisa sobre elas é a "proposição". Falamos de uma coisa qualquer e lhe atribuímos propriedades eventualmente mutáveis: "Sócrates está bem", "Sócrates está doente", "a mesa está limpa", "a mesa está suja" etc. Por essa razão é que vivemos num mundo de coisas fixas localizáveis no espaço. (Li tudo isso como uma volta a Aristóteles.) Strawson chama isso de "esquema conceitual". Retomei certos aspectos desse esquema em *Dizer o mundo*, completando-o com uma outra estrutura da linguagem que me parecia igualmente básica. Chamei essa estrutura de "estrutura indicativa". Eu a resumiria da seguinte forma: "Eu te falo disto". Porque, no nosso mundo, não existem apenas coisas das quais podemos falar, existem também pessoas que podem falar de si mesmas por meio de um "eu" e se dirigir a outras pessoas por meio de um "tu".

Por outro lado, há uma experiência de pensamento em Strawson que me inspirou muito quando escrevi sobre música.

Imagine um ser que tivesse apenas uma percepção auditiva do mundo. Nenhum outro sentido, nem mesmo o tato. Que representação ele tem do mundo? Existiriam objetos individualizados para ele, como existem para nós? E, em relação a essa experiência de pensamento, que experiência real representa a música?

– Na próxima entrevista voltaremos a falar das estruturas "predicativa" e "indicativa", e em seguida de música. Mas fale de Foucault. Você permaneceu fiel ao seu primeiro orientador?

Sim, é verdade, fui fiel a ele. Pelo menos ao Foucault que conheci, que admirei, que amei, e não ao pensador anti-Iluminismo que é citado hoje por certos pós-modernos. Conheci um leitor perspicaz dos textos clássicos, um epistemólogo extraordinário, um historiador original da medicina e das ciências humanas, um arqueólogo admirável da modernidade e um excepcional analista dos micropoderes. Hoje se fala de "biopolítica" e "neoliberalismo" para tudo! Conheci um filósofo que tentou separar o que não pode ser misturado, e hoje só vejo usos desse filósofo que fazem de tudo para misturar o que teria de ser separado: o liberalismo com o totalitarismo, a política com a economia e a moral etc. Já me disseram que esses conceitos atribuídos a ele foram discutidos nos seus cursos no fim dos anos 1970 ou início dos anos 1980. Respondo que ele sempre tomou muito cuidado em separar os textos publicados, cuja paternidade ele assumia plenamente, dos cursos e artigos, nos quais testava hipóteses provisórias. Acrescento que ele tinha atrás dele quase vinte anos de livros admiráveis. De toda forma, cada um tem seu Foucault!

O meu, como já escrevi algumas vezes, formulou uma teoria das "técnicas de verdade" infinitamente menos relativista que essa que atribuem a ele atualmente, depois de cruzar e descruzar o Atlântico. Esse conceito de "técnica de verdade" foi a primeira coisa que peguei dele. Foi ele que usei para compreender a gênese paralela, na época da democracia ateniense, da retórica, da dialética e da demonstração. Esses três modos de argumentação são fruto da "razão dialógica". Para os gregos, elas permitem a produção e a validação, cada uma no seu campo, das verdades socialmente partilhadas, seja no Tribunal ou na Assembleia do povo (no caso da retórica), seja nas discussões filosóficas (no caso da dialética), seja na matemática (no caso da demonstração).

Também devo a Foucault um método que ele chama de "arqueológico". Esse método me apareceu como uma solução convincente para a compreensão das rupturas históricas de longa duração. Me inspirei parcialmente nele para escrever *Nossa humanidade*. Em vez de mostrar os milhares de mudanças na ideia de humanidade, como faria um historiador das ideias, trouxe à tona as descontinuidades estratégicas representadas por quatro definições do homem: a de Aristóteles, a de Descartes, a das ciências humanas no século XX e a das neurociências contemporâneas. Meio à maneira de Foucault, tentei não separar os conceitos filosóficos nem dos saberes científicos nem de suas consequências políticas. Dessa forma, as transformações da ideia de humanidade não entram numa espécie de progresso contínuo dos conhecimentos e das práticas. Isso me permitiu fazer, como Foucault, uma crítica do que nós, seres humanos contemporâneos, pensamos ter sido desde sempre: não podemos mais ser aquilo em que acreditávamos nem acreditar naquilo que éramos.

Por tudo isso, acho que não sou totalmente infiel ao ensinamento de Foucault, apesar de ter concebido o meu *Nossa humanidade* como uma resposta ao seu *As palavras e as coisas*.

– Paul Ricœur, agora. É o que mais me surpreende vindo de você!

Sim, e por mais de um motivo. Da "turma", ele é de fato o único forasteiro. E apareceu tardiamente. Ele trabalhava no campo do pensamento cristão, tanto que escreveu estudos bíblicos; pertencia a uma corrente filosófica distante de mim: a fenomenologia e a hermenêutica; e defendia posições de esquerda moderada e humanista, a ponto de uns maoistas nervosos jogarem uma lixeira na cabeça dele em Nanterre, em 1970, na época em que eu me identificava com eles! Como você pode ver, nada dizia que Ricœur ia fazer parte da minha lista de "contemporâneos capitais". Mas eu fiz a minha carreira, e ele a dele. Devo dizer que a fenomenologia de Ricœur nunca foi jargão para mim, ao contrário daquela que sempre me repeliu: isso facilitou a aproximação. Também devo dizer que, a partir dos anos 1970, ele se dividia entre os Arquivos Husserl, em Paris, e a Universidade de Chicago, e acabou sendo um dos melhores "passadores" dos dois continentes do mundo filosófico – que ele conhecia como ninguém. Mas foi *O si-mesmo como outro* que me deu um estalo. Em relação ao estilo de pensamento em primeiro lugar. Admirava nele aquilo que eu queria para mim na época: circular com a mesma desenvoltura por autores que eu não me atrevia a encarar: Descartes, Locke e Kant, de um lado, e Wittgenstein, Strawson e Davidson, de outro. E, em segundo lugar, em relação ao conteúdo. Desde que se tivesse percorrido todas as críticas do "eu" e do "sujeito" de Nietzsche, Freud e dos estruturalistas, era possível trabalhar com esses conceitos clássicos! Eles não estavam "ultrapassados". O livro tinha mais a cara de um excelente curso do que de um tratado como manda o figurino, mas me impressionou. Peguei dele a distinção fundamental entre a questão da identidade pessoal (o que é permanecer o mesmo?) e a da ipseidade (o que é ser si mesmo e não outro?). E ele contribuiu, talvez, para me libertar de certos laços que ainda me prendiam aos meus anos de formação.

E também para me livrar de certos preconceitos contra ele. Foi só depois de *O si-mesmo como outro* que li o que considerado a sua obra mais importante: uma trilogia intitulada *Tempo e narrativa*, especialmente o terceiro volume, *O tempo narrado*. Encontrei nessa trilogia uma teoria da identidade pessoal muito mais convincente para mim. Ela me inspirou certas passagens de *Pourquoi la musique?* sobre "a identidade narrativa": uma pessoa, um povo, só podem ser eles mesmos se puderem se dizer numa narrativa. Na alegria e na tristeza: "Fui criado em Puteaux por pais que...", "Nossos ancestrais, os gauleses", "Nossos pais derrotaram os invasores em Poitiers, sejamos dignos de sua memória!" etc.

– Você já mencionou que descobriu a Teoria da justiça, *de John Rawls, quando morou no Brasil.*

Sim, foi em 1980, eu tinha acabado de chegar. A França e a minha juventude envelheceram de repente. E, lendo Rawls, foram os meus preconceitos políticos que envelheceram. Mesmo militando durante anos contra as injustiças e a favor de um mundo mais justo, eu nunca tinha pensado seriamente sobre o que era uma sociedade justa. Ou melhor, eu realmente percebia as injustiças reais da sociedade capitalista e imaginava vagamente o ideal de uma sociedade sem classes. Mas entre a realidade das injustiças e o longínquo ideal do justo, não existia nada, nenhum conceito do que seria *realmente* uma sociedade justa. Rawls define esse conceito com clareza e precisão. Obviamente, antes de ler seus livros, eu já fazia uma vaga ideia do que seria uma sociedade justa – pelo lado negativo pelo menos, dada a ruína do "socialismo real" nos regimes muito distantes da era messiânica com a qual eu sonhava na adolescência. O que eu deduzia era que, no fundo, uma sociedade justa era mais ou menos uma sociedade que garantia o máximo de liberdades individuais compatíveis com o máximo de igualdade social. Ou vice-versa, talvez, e esse era problema! Rawls resolveu esse problema com maestria num livro em que cada página continha uma ideia nova e cujos dois princípios iniciais resumiam de forma brilhante o conteúdo. Esses dois princípios, hoje bastante conhecidos, eram os seguintes: segundo o princípio da igual liberdade, toda pessoa tem direito igual às liberdades mais amplas compatíveis com a liberdade dos outros; e segundo o princípio da diferença, as desigualdades sociais e econômicas devem corresponder a posições e funções acessíveis a todos, e organizadas de modo que beneficie os menos favorecidos. A minha ideia vaga se tornou um conceito real. Devorei as centenas de páginas do livro, em português mesmo, já que não tinha o texto original ou a tradução em francês. Rawls examinava, em detalhes, as consequências econômicas da sua teoria, as doutrinas alternativas, a questão dos deveres, das virtudes etc. Em resumo, era uma filosofia moral e política completa que sistematizava uma posição à qual permaneço fiel, a social-democracia, apesar da achincalhação do termo e da desvalorização da ideia. A partir daí, minhas convicções políticas passaram a se apoiar numa filosofia política sólida. Era melhor do que nada. Por que procurar outra? Isso, pelo menos, estava resolvido!

Quanto à influência de Rawls no meu trabalho, peguei dele sobretudo, e mais uma vez, a experiência de pensamento que permitiu a ele fundamentar racionalmente a sua teoria. Imagine que os cidadãos estão originalmente sob um "véu de ignorância": eles não sabem absolutamente nada sobre o lugar que ocuparão na sociedade, a posição social ou os talentos naturais que terão. Se eles tivessem de definir entre eles a base sobre a qual repousará a sociedade justa na qual eles viverão, eles escolheriam os dois princípios de Rawls. Em meu *Em defesa do universal,* utilizei um procedimento semelhante para definir os princípios de uma ética universal, acima de todos os valores morais particulares.

– E por último Habermas, o único filósofo da sua lista que ainda está vivo...

É verdade, mas é meio por acaso, e não me arrisco a afirmar que se trata do maior filósofo vivo. Um colega me disse certa vez que há mais filósofos vivos do que mortos. Fiquei pasmo. Não sei que cálculos ele usou para fazer uma afirmação tão paradoxal, mas tentei refutá-lo de todas as maneiras. Até o dia em que me dei conta de que não tinha a menor importância, e que, verdadeira ou falsa, era impossível tirar dessa afirmação qualquer conclusão sobre a nossa relação tanto com os mortos como com os vivos.

Habermas, em todo caso, é um dos filósofos atuais cujas posições sempre me fazem refletir. Racionalista autêntico, verdadeiro iluminista, ele também tem uma cultura "analítica" e "continental". Percorreu todas as correntes filosóficas dos últimos cinquenta anos, a "teoria crítica", o marxismo, o pragmatismo americano, a virada linguística etc. Debateu com boa parte dos pensadores contemporâneos: Foucault, Rawls, Derrida, Gadamer etc. É uma das raras consciências filosóficas da Europa e uma daquelas vozes às quais dou especial atenção, as que defendem o federalismo e uma verdadeira cidadania europeia. Em *Três utopias contemporâneas* recuperei a maneira como ele estende a ideia kantiana de "direito cosmopolítico" para levá-la além das fronteiras dos Estados, imaginando o que seria uma associação de cidadãos do mundo livres e iguais. Inspirado na sua argumentação, procurei estender o "princípio de subsidiariedade" da União Europeia (segundo o qual o escalão superior deve se encarregar apenas das tarefas que o escalão inferior não cumpriria bem) à ideia de uma confederação mundial que se sobrepusesse progressivamente à soberania dos Estados em qualquer assunto que não fosse de interesse local ou nacional, mas da humanidade como tal. Sabemos o que a ameaça hoje: o aquecimento global, as crises econômicas globais e, é claro, as pandemias. Mas os males que acometem a humanidade globalmente não se traduzem numa consciência de humanidade global. Essa, aliás, foi a origem do meu *Em favor do universal*. Tentando encontrar o método racional que permitiria consolidar essa consciência, concordei com Habermas que ela deveria recorrer aos recursos da "razão dialógica". A leitura dos seus numerosos textos sobre a "ética da discussão" me permitiu aclarar a minha própria posição.

Ao contrário de alguns dos filósofos anteriores, nunca tive a impressão de filosofar com ele nem contra ele, mas sempre paralelamente ao pensamento dele.

– Que sentimento fica, agora que você pagou todas as suas dúvidas?

Como sempre nesses casos, o sentimento é duplo. É um alívio, sem dúvida. E é também um sentimento de "vazio". É como se, depois de devolver a Aristóteles, Descartes, Kant e todos meus contemporâneos o que peguei deles, não restasse nada meu. É como se eu nunca tivesse feito outra coisa senão emprestar ideias alheias. Hoje meu trabalho me aparece como uma espécie de colagem de pensamentos estranhos. Espero que as próximas entrevistas me deem a oportunidade de me apropriar de novo do que é meu, e a consciência da unidade desse trabalho!

QUARTA ENTREVISTA

O QUE HÁ NO MUNDO?

Minha filosofia em quatrocentas palavras – O real e o mundo – Verdade e conhecimento – As ciências e o real – O mundo, uma ordem total e comum – O que podemos sentir? – Os animais, o mundo, o meio – A linguagem-mundo – Linguagem e línguas – A predicação e as coisas – A predicação e os eventos – Outras linguagens-mundo – Uma linguagem-mundo de coisas nomináveis – Uma linguagem-mundo de eventos dizíveis – *Que é* e *por quê* – A rosa não tem *porquê* – Dois princípios de razão

– Vamos ao que interessa, que é a sua filosofia. E se começássemos, se você não se importa, por...

Vou interromper você. É muito esquisito quando falam da "minha" filosofia. Eu mesmo evito usar essa expressão, que me parece pretensiosa e ridícula. Pretenciosa, se comparo meu trabalho aos monumentos do passado que evocamos na nossa última entrevista. E ridícula porque só os remendões do conceito ainda se acreditam inventores de sistemas, os que Freud ridicularizou dizendo, se não me engano, que eles remendavam o mundo com os farrapos do próprio roupão.

Mas é verdade que, dando uma olhada no que escrevi em 25 anos, vejo uma unidade incontestável, apesar de alguns desvios. Há algumas páginas em *Dizer o mundo* que eu provavelmente não escreveria nos mesmos termos, mas reconheço certa coerência no conjunto do meu trabalho. Mas me recusaria a falar de um "sistema". O termo me parece muito mecânico.

– Por isso não usei...

E fez bem! Falar de "sistema" supõe que cada peça depende funcionalmente do todo. Também implica uma visão completa do mundo, o que me parece ter menos relação com a razão filosófica do que com a loucura, com um tipo de delírio paranoico em que tudo se encaixa perfeitamente ou perversamente, em que o fato mais insignificante é facilmente explicável, porque, "justamente, faz sentido!". Pensando bem, prefiro pensar essa unidade à maneira de Bergson, que falava de uma "intuição original" na base de toda filosofia. No meu caso, não seria a descoberta da pedra filosofal, mas o simples truísmo que mencionei antes: "Só *podemos* dizer o que podemos *dizer*".

Também poderia imaginar essa unidade à maneira de Descartes, que representava a filosofia (na verdade, a dele!) como uma árvore cujas raízes são a metafísica, o tronco é a física e os ramos são a mecânica, a medicina e a moral. Diria, nesse caso, que a filosofia (a minha) é como uma árvore cujas raízes são a ontologia (minha resposta à pergunta: o que há no mundo?), o tronco é a antropologia (minha resposta à pergunta: o que é o homem?) e os ramos são a ética (o que é o bem?), a política (como podemos viver juntos?) e a estética (o que é a arte?).

– Ambos concordamos, então, que você não tem um sistema, mas tem uma filosofia, que considero particularmente sólida. O objetivo aqui é apresentá-la aos nossos leitores, em especial aos que ainda não leram nenhum dos seus outros livros. Você aceitaria, só de brincadeira, descrever mais precisamente essa "árvore"? Enfim, resumir a sua filosofia?

Aceito. Com a dose de avacalhação necessária ao exercício. Quantas palavras você me concede?

– Digamos quatrocentas! Nem uma a mais!

Vou tentar. Mas expondo essas ideias como resultados brutos (minha tentação é dizer como pesos mortos), tenho consciência – e você também, sem dúvida – de que falta o essencial: o movimento do pensamento. Ao contrário do futebol e da culinária, na filosofia e na matemática não é só o resultado que importa!

Mas vamos lá.

Vou começar pelas raízes da árvore: a metafísica. O que há no mundo? Há João e Maria, cadeiras, pedras, flores, água, ar, fogo, pensamentos, guaxinins, cabelos, cores, sonhos, triângulos retângulos, astros, noites, rostos, invernos, templos, engavetamentos, números indivisíveis por três, música, notas de cem dólares, paisagens de montanha etc. etc. A lista não tem fim. Mas, na minha opinião, existem fundamentalmente três grandes gêneros de entidades, nem mais nem menos: coisas, eventos e pessoas. E o que é necessário para fazer o mundo? Substantivos (para as coisas), verbos (para os eventos) e pronomes pessoais (para as pessoas). E nada mais. Porque há coisas e eventos sobre os quais se pode falar; e há pessoas que podem falar deles. O resto é decorrência disso... As pessoas não estão apenas *no* mundo, elas estão *para* o mundo. Elas podem dizer e pensar "eu" e se dirigir a qualquer outra pessoa por um "tu".

(Passo agora das raízes para o tronco antropológico, para a pergunta: "O que é o homem?".) Os seres humanos são viventes falantes. Pela relação entre o "eu" e o "tu", eles podem pensar algo sobre si mesmos e ter acesso ao que chamo de pensamentos de segunda ordem, isto é, pensamentos sobre os próprios pensamentos. Assim, eles podem agir em seu nome, em vez de apenas reagir ou sofrer os eventos. Falando uns com os outros, segundo as regras próprias do diálogo, eles estabelecem, desde as origens, relações de reciprocidade e igualdade.

(Chego aqui ao primeiro ramo da árvore: "O que é o bem?".) Reciprocidade e igualdade são os valores fundamentais da ética.

Portanto, a ética deriva do ser do homem. Contudo, a ética é constantemente transgredida pela vida real dos seres. (Donde o ramo político.) Os homens só podem coexistir sob a representação de uma identidade coletiva, de um "nós", assim como de uma autoridade política, e ambas violam necessariamente as normas de igualdade e reciprocidade universais. Logo as exigências éticas e políticas são incompatíveis. Elas só poderiam se conciliar sob a ideia utópica de uma cosmopolítica. Mas os seres humanos não são apenas falantes, operantes e políticos: eles também são artistas. (Esse é o ramo estético da minha árvore.) Os homens criam mundos imaginários representando os três tipos de entidades do mundo no qual têm de viver. Imaginam um mundo de *coisas* sem eventos, ou seja, imagens; inventam um mundo sem coisas, feito apenas de *eventos* firmemente encadeados, ou seja, as músicas; e atribuem identidades a *pessoas* operantes, ou seja, as artes da narrativa.

Fim. Não contei as palavras, mas acho que cumpri o desafio. E, repito, é claro que falta o essencial a essa sucessão de pensamentos mortos. Não se trata mais uma árvore, mas da ordem do dia de um conselho administrativo. Mas pelo menos serve de guia para as nossas entrevistas.

– Foi o que combinamos: vamos falar primeiro da ontologia, que será objeto desta quarta entrevista e da próxima, depois falaremos da antropologia e da ética, nas três seguintes, da estética na nona...

E fica sobrando... todo o resto para a décima e última entrevista! Dito isso, o programa não é fechado e você pode se desviar como quiser. Aliás, poderíamos ter feito outro itinerário. Você entendeu que a minha resposta à questão do que há no mundo depende da maneira como defino o ser humano. Portanto, eu poderia ter começado o meu resumo pelo núcleo antropológico central e em seguida me espraiar nas diferentes direções. Minha resposta à pergunta: "O que é o homem?" teria sido: "O homem é um ser dialógico". E o resto seria decorrência disso.

– Nem me passa pela cabeça que poderíamos ter começado por outra coisa que não fosse a ontologia! Aliás, você pode nos dizer o que você entende por ontologia, e se você faz ou não diferença entre ontologia e metafísica?

Entendo por metafísica qualquer investigação feita exclusivamente pela razão sobre as questões últimas, aquelas que estão além da nossa experiência. Esse é o sentido clássico da metafísica. Por exemplo, Deus e a alma são objetos metafísicos por excelência. Mas existem outros: o tempo e o possível, por exemplo. A ontologia é um ramo da metafísica. Ela investiga o ser (do grego *on*, que significa "ser" ou "sendo") e tenta responder à pergunta: no fundo, o que há? Na tradição aristotélica, "a ciência que estuda o ser enquanto ser" é apenas uma das definições da metafísica. Há três outras: "a ciência dos primeiros princípios e das primeiras causas", "a ciência da substância" e "a ciência do divino". Podemos ver que essas três interrogações derivam da primeira, ou seja, da ontologia. As primeiras causas são as causas de tudo o que existe, ou do fato de que elas existam. A substância é o que existe realmente. O divino é a "realidade realmente real", ou a primeira causa de tudo o que existe. Portanto, tentando responder à questão do ser, eu faço metafísica. Eu assumo!

– Na verdade, foi pela ontologia que você começou a publicação da sua filosofia, com Dizer o mundo, *que é o longo desenvolvimento de uma ideia esboçada no artigo que você me enviou para* La liberté de l'esprit. *O que me fascinou e agradou naquele artigo de 1986 é que enxerguei ali o retorno da metafísica – finalmente! –, embora havia décadas fosse de bom tom considerá-la mais morta do que a filosofia em geral! Onze anos depois, saiu* Dizer o mundo, *que sempre considerei uma obra-prima. O título, que pode parecer estranho, sugere uma coisa essencial: que não se trata só da linguagem nem só do mundo, mas da relação entre eles, ou da unidade indissociável que há entre os dois. Você pode objetar que o mundo existe fora da linguagem, e antes dela... Isso nos leva a um ponto decisivo, que é a diferença que você faz entre o real* e *o mundo. É possível dizer alguma coisa do real, ou estamos definitiva e totalmente encerrados no mundo?*

Seria absurdo, evidentemente, sustentar que a realidade se reduz à linguagem ou, inversamente, que seria suficiente falar para saber o que existe! É de fato indispensável diferenciar "mundo" e "realidade".

Quando falo do mundo, não estou me referindo ao *universo* físico, formado por galáxias que estão se afastando umas das outras, e do qual o nosso planeta é apenas um ponto minúsculo. Quando falo do mundo, também não estou me referindo à *realidade*, ou ao real (tomo esses dois termos como sinônimos). O que é real? Não sabemos de fato. O que existe *realmente*? Anjos? Demônios? Espíritos? Um Deus? Um outro mundo? Não sabemos o que há *em realidade*. É isso que os seres humanos, em todas as culturas e civilizações, tentam diversamente conjecturar. Essa ignorância está na base das crenças as mais variadas, e às vezes as mais extravagantes. Elas são sistematizadas em cosmogonias, cosmologias, teogonias, teologias, mitologias e sistemas religiosos que enriquecem a humanidade. Diferentemente de todas essas crenças irracionais, os homens inventaram sistemas teóricos que permitem que eles comparem seus raciocínios com a experiência que eles têm do real. Estou falando das teorias científicas. Elas tratam do que há *em realidade*, e têm a ambição descomunal de tornar essa realidade conhecida por nós. Mas elas possuem um poder mais formidável ainda, que é o de corrigir muitas das nossas crenças ou ilusões: a crença de que a Terra é plana, que o Sol gira em torno da Terra, que o homem foi criado à imagem de um Deus que fez o mundo em sete dias milhares de anos atrás, que as espécies vivas são imutáveis, que nossos ancestrais eram gauleses etc. – crenças cujas particularidades, origens, impulsos antropológicos etc. convém estudarmos cientificamente.

Enfim, para responder à sua pergunta, sim, nós *dizemos* o mundo. Mas o real, nós tentamos *conhecê-lo*, em especial fugindo da nossa maneira ordinária de dizer o mundo.

– Numa aula de 2019, durante um dos seus seminários, citando um exemplo tradicional atualizado por Alfred Tarski, você disse que "a proposição 'a neve é branca' é uma proposição absolutamente *verdadeira, mesmo que, fisicamente, não haja nem neve nem brancura". Ora, o absoluto não*

é suscetível a gradação... Os conhecimentos científicos não seriam então mais verdadeiros *do que os conhecimentos da experiência comum? Em que eles são superiores aos conhecimentos da experiência comum?*

Diferencio "verdade" e "conhecimento". Vou citar um exemplo que utilizei na última edição de *Dizer o mundo* para responder a um colega físico. Esta manhã, ao abrir a minha janela, às 7h10, eu disse: "O Sol nasceu". Proposição verdadeira! E se eu tivesse dito a mesma coisa à noite, eu teria dito uma sentença falsa. No entanto, eu sei que o Sol não "nasce", que ele está estacionado em relação à Terra. É evidente que não desconheço que houve um grande progresso nos conhecimentos quando os astrônomos antigos demonstram que a Terra é redonda e os físicos clássicos estabeleceram o sistema heliocêntrico. Isso significa que temos duas maneiras de dizer o que vemos? De um lado: "O Sol nasceu" (ou, para evitar que venham contestar a minha metáfora, "o Sol desponta no horizonte"); e de outro: "O movimento de rotação da Terra sobre ela mesma faz o Sol surgir progressivamente no horizonte" (e, mesmo assim, estou simplificando! Essa segunda afirmação está formulada em termos bem pouco científicos). Você vai dizer talvez que a primeira é mais cômoda, mais curta, que é mais próxima do que vemos, que permite nos compreendermos mais facilmente etc., enquanto a segunda é mais verdadeira. Para mim, a superioridade da primeira frase não é só porque ela condiz melhor com a nossa situação perceptiva e a nossa maneira de falar. É mais do que isso! A frase: "o Sol desponta no horizonte" deve ser considerada *verdadeira* e até mesmo absolutamente verdadeira, isto é, por *definição* de verdade.

No seminário a que você se refere, utilizei o protótipo mais famoso da "proposição verdadeira", que é o exemplo canônico do lógico Tarski para ilustrar sua teoria da verdade: "A neve é branca". Um físico poderia dizer que na realidade a neve não é branca: nós vemos a neve branca, o céu azul e a relva verde, mas isso acontece por simples efeito da óptica. Ele poderia ir mais longe: *na realidade*, não há "neve", "neve" é apenas uma maneira de falar; o que chamamos de neve é um aglomerado de partículas de água em forma sólida, que por sua vez é um aglomerado de oxigênio e hidrogênio etc. Da mesma forma, o "céu" é um produto da nossa imaginação, a "relva" são gramíneas etc. Quem tem razão? O lógico ou o físico? Os dois. Portanto, é *verdadeiro* que a neve *é* branca, mesmo que "em realidade" não exista nem neve nem brancura. Quem afirma que a neve é incolor ou verde estaria se enganando ou nos enganando.

Nós não vivemos num mundo de partículas em movimento, mas num mundo onde o céu às vezes é azul, onde há mesas, cadeiras etc. Portanto, é *verdade* que a neve é branca e a relva é verde. Isso não é ilusão: são verdades que nos permitem viver, falar e pensar, mesmo que, do ponto de vista microfísico, isto é, *quando abstraímos do ponto de vista humano* e da necessidade de nos situarmos e nos falarmos, são ilusões porque não há "em realidade" nem neve nem relva. Do mesmo modo, o presente, a simultaneidade, e talvez o próprio tempo, são ilusões do ponto de vista físico, mas não é menos *verdadeiro*, absolutamente verdadeiro, que são 17 horas em Paris e Maria está atrasada. O tempo feito de presente, passado e futuro absolutos é aquele em que vivemos e aquele pelo qual pensamos coletivamente, objetivamente e universalmente.

– Como você define a verdade?

Ela é definida classicamente como a concordância (ou adequação) do pensamento (ou juízo) com a coisa (em latim *adaequatio rei et intellectus*). Não tenho nada contra essa definição. Mas prefiro ser mais preciso: é *verdade* o pensamento (ou o juízo) que está em concordância com as coisas do mundo. Diferencio essa definição da verdade daquela do *conhecimento* que é a concordância dos nossos conceitos e das nossas teorias com a realidade. Essa concordância é o objetivo último dos conhecimentos científicos. O real é o horizonte dos conhecimentos científicos. Quanta à verdade, ela está ao nosso alcance. Ela diz respeito ao mundo. Ela diz respeito a nós: todos que falamos dela.

– As ciências nos permitem conhecer a realidade?

Sim e não. Cada ciência, ou melhor, cada teoria nos permite conhecer infinitamente melhor determinado aspecto da realidade do que nossos parcos meios ordinários: que a água é *realmente* H_2O; que a nossa pequena galáxia possui mais de 100 bilhões de estrelas; que o homem e o chimpanzé têm ancestrais comuns; ou que centenas de línguas faladas no mundo derivam de uma mesma língua, o indo-europeu. Mas nenhuma ciência, nenhuma teoria nos dá acesso a toda a realidade como tal. Uma ciência *do todo* não seria uma *ciência* do todo, isto é, não seria de maneira nenhuma uma ciência. Uma teoria geral e completa do real é um sonho de visionário ou um delírio de charlatão. Os mitos explicam tudo, da origem do mundo às boas maneiras à mesa. São o contrário do conhecimento científico! Cada ciência ou até mesmo cada teoria tem seus objetos, seus métodos de investigação, seus instrumentos de coleta de dados, sua maneira racional de interrogá-los e compará-los. Por mais que a ciência conheça cada vez melhor a composição da matéria, não é com bósons e quarks (que são *reais*) que vamos explicar os mecanismos *reais* da reprodução das plantas, o crescimento do embrião no útero materno, as leis da economia de mercado ou a fonética do árabe – todos realidades que podem ser estudadas cientificamente. E não é apenas uma questão de divisão do trabalho, como se fosse só juntar esses pedaços de realidade cientificamente cognoscíveis para chegar à realidade como tal. Porque cada teoria repousa sobre entidades próprias, cuja existência ela deve admitir: partículas, átomos, acontecimentos, células, genes, espécies, neurônios, ou então mercadorias, classes sociais, fonemas, morfemas etc. E, em geral, essas entidades são irredutíveis umas às outras, exceto à margem e por um certo tempo, enquanto não acontece a próxima revolução científica.

Chamo atenção também para o fato de que, numa mesma ciência, ainda que seja a física, que é a mais fundamental de todas, as teorias não concordam entre si. O caso mais conhecido é o da teoria da relatividade geral e do modelo-padrão das partículas. Como observou meu colega Ulises Moulines, o filósofo físico com quem dialogo em *Dizer o mundo*, não basta dizer que o objeto da primeira é o “macrocosmo” e da segunda o “microcosmo” – o que já seria problemático, porque nesse caso haveria dois “cosmos” separados. Na verdade, esses dois campos *reais*, igualmente reais, possuem intersecções *reais*: por exemplo, os buracos negros. Sob o prisma dessas duas teorias (a relatividade e a mecânica quântica), a "realidade" dos buracos negros aparece não só diversa, fragmentada, "espalhada tipo quebra-cabeça", como diz o personagem de *Testamento de um gângster*, mas contraditória. É para descrer do conhecimento científico! Mas não: não só porque o conhecimento científico é a melhor maneira de conhecer a realidade, mas porque é a única. A ciência como tal visa o conhecimento da realidade, de toda a realidade, de nada mais do que a realidade. Ela é ao mesmo tempo o motor do conhecimento humano e o seu ideal racional mais elevado. E não é um objetivo quimérico.

Para responder à sua pergunta: a realidade é cognoscível? Sim, devemos postular que sim. Eu diria até que é correto postular que sim. O "realismo" é justificado no que diz respeito ao conhecimento. O real não é uma "coisa em si" intrinsecamente incognoscível. Ele não está irremediavelmente fora do alcance ou "velado", como alguns já disseram.

– Isso esclarece o que você escreveu na advertência da edição da Pluriel de Dizer o mundo, *que saiu em julho de 2020, e que você citou há pouco. Falando da sua evolução desde a primeira edição (em 1997, quase um quarto de século atrás), você reconhece: "Misturei um pouco de água natural no meu vinho logocêntrico. Sou agora menos 'crítico' e mais 'realista'". Quando li essa passagem, há algumas semanas, ela me alegrou e me tranquilizou. Era a essa mudança que você se referia?*

Sim, principalmente a ela. Em *Dizer o mundo*, defini o real de forma subtrativa: ele é o que resta quando subtraímos a linguagem. Consequência: o real seria uma experiência brutal e sem conceito. Mas não temos uma experiência brutal. Pelo menos não depois que deixamos de ser crianças de colo! E mesmo assim! Não renego a minha definição negativa, mas hoje caracterizo a realidade de forma positiva. Isso me conduz a uma posição mais realista: a realidade pode ser conhecida. Dito isso, tudo depende do que se entende por esse "pode". Para mim, é o mesmo que dizer que um vaso é "frágil". Se ele cair, *pode* quebrar: é uma das *suas* propriedades intrínsecas, dado o material com que é fabricado; um vaso mais sólido talvez não tenha essa propriedade. Mas isso não significa que ele vai quebrar, mesmo que ninguém esbarre nele. É o que os metafísicos contemporâneos, voltando às análises de Aristóteles ou Locke, chamam de "propriedade disposicional". O mesmo acontece com a realidade: ela é cognoscível, essa é uma das *suas* propriedades, e é correto atribuir essa propriedade a ela. Mas nada garante que um dia ela será conhecida, e temos razões muito sólidas para pensar que ela jamais será completamente conhecida.

– Começo a enxergar melhor o que você entende por "realidade". Mas voltando à noção de "mundo", o que você entende exatamente por essa palavra?

Disse há pouco: nós conhecemos realidades, mas talvez nunca tenhamos acesso à *realidade*. O real não forma um todo, nem sequer um conjunto coerente. E, no entanto, temos a impressão – uma impressão até muito racional – de que tudo o que existe forma uma totalidade. É o que denomino "o mundo". Eu o defino mais precisamente como "uma ordem total e comum". O que quero dizer com cada uma dessas palavras é o seguinte.

"Total": pressentimos que tudo o que é real deveria poder se juntar para formar uma unidade. O mundo não pode ter buracos! Por exemplo, quando viajamos por uma região desconhecida, nós a relacionamos forçosamente a uma região que conhecemos. E fazemos o mesmo com todas as coisas. Supomos espontaneamente que todas fazem parte de um mesmo conjunto que forma uma unidade. É um pressuposto perfeitamente racional.

"Ordem": também atribuímos uma coerência a esse conjunto. O mundo não é contraditório. Vamos compará-lo a um sonho: encontro um primo que morreu há dez anos, mas ele é ao mesmo tempo um vizinho de porta com que cruzei ontem. No meu sonho, não há problema nenhum nisso! Acredito piamente na existência desse ser contraditório, não existe nenhuma dúvida para mim. Ao acordar, não consigo explicar o sonho ou me fazer entender: no mundo, uma coisa não pode ser ela mesma e o que ela não é. É a mesma definição que aceitamos para o mundo: uma totalidade coerente. Em todo caso, é uma propriedade que atribuímos ao mundo: ele não é contraditório. É essa ordem que os antigos gregos chamavam de *cosmos*, e que nós traduzimos ora por "ordem", ora por "mundo". Essa é uma segunda exigência racional.

Mas me parece que aquilo que chamamos de mundo possui uma terceira propriedade: ele é comum a todos nós. Falei do sonho agora há pouco. Heráclito tem uma frase muito bonita que diz o seguinte: "Para os despertos, há um mundo uno e comum; mas quem dorme escapa dele para o seu próprio". Meu vizinho de porta não tem os mesmos gostos nem as mesmas opiniões que eu, mas ele faz referência mais ou menos às mesmas coisas que eu. Reconheço implicitamente que ele e eu vivemos no mesmo mundo, o que nos permite ao menos dizer "bom dia, boa noite" um para o outro e jogar conversa fora quando nos encontramos. Acontece a mesma coisa se eu estiver do outro lado do planeta, entre povos desconhecidos, com costumes e crenças estranhas para mim. Por mais que os meus informantes tenham certeza de que existe um mundo cheio de espíritos aos quais eles têm acesso quando realizam determinado ritual, eu perceberia que vivemos, de fato, no mesmo mundo. Apesar de tudo o que nos diferencia em termos de cultura, religião, crença ou idioma, podemos falar uns com os outros *deste* mundo que temos em comum: o mundo onde somos obrigados a viver, onde às vezes é muito bom viver, o mundo onde podemos comer, beber, amar, acreditar e ter esperança, onde podemos ser amigos, do qual podemos rir ou chorar juntos, ou, em todo caso, falar à vontade – e talvez mais do que com um vizinho de porta! O mundo que deixamos para trás todas as noites para sonhar cada qual com o seu, o mundo que nós e eles deixaremos para sempre um dia para ir, quem sabe?, para um mundo melhor ou, mais provavelmente, para mundo nenhum.

É por isso que defino o mundo como uma "ordem total e comum". E você pode notar que nenhuma das características que atribuo ao mundo e, me atrevo a dizer, que todos *nós* atribuímos ao mundo é compartilhada pela "realidade", pelo menos tal como a conhecemos pelas teorias científicas: aberta e fragmentada. E, no entanto, postulamos implicitamente que a realidade é como um mundo. Postulamos que ela é, ou melhor, deveria ser uma ordem total e comum. Mas, no máximo, temos acesso apenas a fragmentos de realidade que não se encaixam, apesar dos esforços dos cientistas para ajustar, à margem, um pedaço do real com outro, macrocosmo com microcosmo, física com química, química com biologia, biologia com neurociências, neurociências com psicologia etc.

Mas não sou cientista, não é o real ou o universo que me interessam, é o mundo. E de onde saiu essa ideia de uma ordem total e comum? Minha resposta: da linguagem...

– Devagar com o andor! Antes da linguagem, há o corpo. Antes de falar, é preciso sentir (por exemplo, ouvir para aprender a falar). Como os sentidos entram nessa história? Eles não são o nosso melhor instrumento, ou talvez o nosso principal instrumento de acesso ao mundo?

Diga de acesso ao real, em vez de mundo. Porque esse real, como eu disse, nós o sentimos o tempo todo. Nós estamos sempre vendo, ouvindo, cheirando, tocando o real: ele está por toda a parte. O que seria desse real que experimentamos diversamente se o percebêssemos sobretudo por outros sentidos, por exemplo, pelo olfato ou pela ecolocalização, como fazem certos animais? O real é a carne do mundo, sim, mas é uma carne mole e precária, porque não tem esqueleto nem órgãos internos. E se apreendêssemos esse real sem a linguagem que lhe dá corpo e vida, ele pareceria tão desestruturado quanto um sonho confuso e nebuloso, feito de simples impressões fugidias. Ou então de sensações íntimas que nunca saberíamos se estão em nós ou fora de nós, porque não poderíamos comunicá-las a ninguém: essa distinção não teria provavelmente nenhum sentido. Sem linguagem, a realidade não forma um mundo. É por isso que os homens reinventam incessantemente a realidade em mitologias religiosas que explicam o que é acessível a partir do que é inacessível. Essas doutrinas unificadoras explicam *todo* o real como se ele fosse dado e o apresentam como uma ordem total e comum. Por isso elas fazem muito mais sucesso do que as teorias científicas, que não podem apresentar toda a realidade como um mundo. As ciências nos permitem conhecer o real tal como ele é, mas pedaço por pedaço, e sem muita esperança de chegarmos ao fim. É a linguagem que transforma o real num mundo, o mundo onde nós, humanos, vivemos.

– Você diz que é a linguagem predicativa que transforma o real num mundo. Isso quer dizer que, do ponto de vista dos animais, eles não vivem no mundo. Onde eles vivem?

Cada espécie vive no seu "meio", de acordo com o conceito criado pelos etólogos, em especial Uexküll, que fala de *Umwelt*. Vamos tomar, por exemplo, o "meio" do carrapato, que foi o animal estudado por ele. No ambiente silvestre, há milhares de estímulos possíveis. De todos esses milhares de estímulos, o carrapato recebe (prefiro a "percebe") somente três incitações que constituem seu *meio* próprio: uma olfativa, que faz ele se soltar de uma árvore para cair num animal que esteja passando; uma tátil, para identificar partes de pele sem pelos; e uma térmica, que permite que ele se encha de sangue. Espécies que compartilham um mesmo ambiente, mas possuem modos de percepção diferentes, como os mamíferos e os peixes, não compartilham o mesmo meio. Elas não vivem no mesmo "mundo", para usarmos um termo antropomórfico. Algumas espécies de animais, ou pelo menos os mamíferos, e até onde sabemos, dispõem de uma "consciência fenomenal". Ela permite que eles sintam alguma coisa. O real mexe com eles! Eles experimentam certas condições do ambiente. Mas a parte puramente informativa dessa experiência não se diferencia muito bem das suas valências emocionais (dor, prazer, estresse, impulso), isto é, afetos relacionados a certos estímulos em função do sentido vital que eles têm para esses animais (presa, predador, alimento, parceiro sexual, rival etc.). Essas *affordances*, como dizem os etólogos, se desprendem do meio, da mesma maneira que uma forma se destaca de um fundo; elas representam para eles potencialidades de ações ou reações. Assim, cada espécie vive no seu próprio meio, dentro daquilo que, para nós, é o seu ambiente. Nós nunca teremos acesso a esses "mundos animais" a partir do nosso, mesmo que se trate das espécies mais próximas de nós, ou seja, dos mamíferos.

É óbvio que existem espécies recentes, geralmente inventadas pelos homens para o seu próprio proveito: os animais de estimação. Eles vivem em meios antropizados que nos dão a impressão – ou a ilusão – de que compartilhamos o meio deles. (Na verdade, eles é que fazem parte do *nosso* mundo.) Mas tomemos o exemplo de outro mamífero: o morcego. "Como é ser um morcego?" ("*What is it like to be a bat?*"), perguntou o filósofo americano Thomas Nagel. A formulação da frase é importante: não "o que é um morcego?", mas de maneira mais enigmática "como *é para ele* ser o que ele é?". O que eu traduziria por: o que o real provoca nele? Que experiência o morcego, que dispõe de um sistema de ecolocalização para se localizar no seu meio (por reverberação do ultrassom), tem do real? Jamais saberemos. Esse meio será sempre absolutamente intraduzível no nosso mundo, porque é o sistema perceptivo do morcego que contribui para fazer do real um "mundo", o do morcego. No nosso caso, mesmo que experimentássemos o real por nossos próprios recursos perceptivos, nossa experiência é *estruturada* pela linguagem predicativa que lhe dá forma de mundo. A ponto de ser impossível diferenciar o mundo da linguagem.

– Daí o seu conceito de "linguagem-mundo"... Mas talvez seja bom esclarecer como a linguagem transforma o real num mundo, em outras palavras, "uma ordem total e comum", segundo a sua definição.

Vamos pegar a ideia de "ordem", já que foi ela que me conduziu ao conceito de "linguagem-mundo". Como expliquei na entrevista anterior, parti da demonstração de Aristóteles do fato de que o ser não é contraditório: se fosse, não poderíamos falar de coisa nenhuma. Por mais que tenha procurado, não encontrei argumento melhor! Devemos sempre supor que aquilo de que falamos, a coisa presente ou invocada (esta mesa, Sócrates), é designado por uma palavra que tem o mesmo sentido para os dois interlocutores, porque do contrário eles não poderiam falar dele. É o que Aristóteles chama de "sujeito" do discurso, porque ele é "subjacente" ao que dizemos um para o outro. Mas se o tema do qual eu falo é contraditório, eu não poderia falar dele. Se eu lhe digo: "Sabe o meu primo...?". E você diz: "Ah, sim! Aquele que morreu!". E eu lhe respondo: "Não, ele não morreu, ele é aquele meu vizinho de porta". Ou talvez eu me veja obrigado a responder: "Sim, é verdade, ele morreu e está vivo, é aquele meu vizinho". Enfim, a conversa não teria pé nem cabeça! Os seres vivos que somos não poderiam mais se dedicar à atividade que nos caracteriza melhor: conversar. Logo o mundo não é contraditório... na medida em que podemos falar dele. E é impossível saber se é o mundo que é não contraditório, ou se ele nos aparece como não contraditório porque podemos falar dele. Daí a ideia de "linguagem-mundo". Mas isso é apenas parte da história.

Porque, se falamos uns com os outros, não é apenas para designar coisas. É também para *dizer* alguma coisa sobre elas, e em geral a alguém. Falar não é apenas se referir ou nomear coisas, é também atribuir propriedades a elas; é afirmar ou negar: "A mesa é sólida", ou: "Meu vizinho é um chato". Sem essa segunda exigência, não teríamos nada a dizer das coisas e, consequentemente, nada a nos dizer. Mas, curiosamente, essa segunda exigência, que é tão essencial quanto a primeira, parece instituir uma ordem completamente diferente. E até oposta. Porque, graças ao "predicado" que atribuímos ao "sujeito", nós podemos nos contradizer! Alguém pode me responder: "Não, a mesa não é sólida", ou: "Seu vizinho não é um chato". Sem essa aptidão para a negação, não seríamos humanos, não poderíamos dialogar, debater, conversar humanamente. Além do mais, o mundo não seria este mundo, porque não poderíamos dizer, em função da passagem do tempo: "A mesa não é mais sólida", ou: "Antigamente o meu vizinho não era um chato". Estou falando da dupla função da negação: permitir que dois interlocutores se contradigam, permitir que se fale de uma coisa que muda. Assim, o mundo é composto de coisas não contraditórias para que possamos falar delas, mas admite a contradição para termos algo a nos dizer ou poder dizer que ela muda.

No fundo, eu levo muito a sério a demonstração de Aristóteles. De certa maneira, muito mais a sério do que ele. Esses dois tipos de seres, ou seja, os "sujeitos" dos quais falamos e os "predicados" que atribuímos a eles, são entidades do mundo porque são exigências da nossa linguagem. De um lado, falar *de* alguma coisa (objetivamente); de outro, falar *a* alguém (interlocução). Pela primeira, institui-se a ordem do mundo: um conjunto de entidades não contraditórias. Pela segunda, a ordem do mundo parece ameaçada: podemos atribuir predicados contraditórios a essas entidades.

– E seja qual for a língua que falamos! Porque a sua ontologia é relativa à linguagem humana em geral, como dimensão constitutiva da humanidade, não às diversas línguas singulares que chamamos de "naturais".

Sim, é isso mesmo. Devemos aceitar o fato de que a nossa língua, como todas as outras, é apenas uma divisão territorial da linguagem. No entanto, existem universais da linguagem que escapam aos relativismos. Eles definem a humanidade. Por exemplo, não existe língua humana que não comporte a negação, como é o caso de todas as formas de comunicação animal. A negação é uma característica própria da linguagem humana. É também uma das manifestações mais elevadas da razão, ou melhor, do que denomino a "razão dialógica". Outra exigência mais geral da linguagem humana é a seguinte: nós nos referimos a uma "coisa" por um nome: por exemplo, "céu". Esse nome é sempre o mesmo, ainda que a coisa mude, do contrário não poderíamos nos referir a ela. É o "sujeito" do qual se fala. E dizemos algo sobre essa coisa: por exemplo, "azul". É o "predicado". Dizer uma coisa de uma coisa, ou seja, "predicar", é uma necessidade universal. Ela também define a humanidade. É impossível haver uma língua em que os falantes não se refiram a entidades fixas do mundo, o que denomino "coisas", porque eles simplesmente não poderiam falar sobre elas.

Para resumir, a pergunta "ontológica" que faço, ou seja, a questão: "O que há?", é sobre o *mundo* (ordem total e comum) e não sobre a realidade. Porque cada teoria científica supõe a sua própria ontologia regional do real, e não temos nenhuma resposta geral à pergunta: "O que há em realidade?". Ou melhor, temos respostas demais e elas não encaixam! Em compensação, é pela linguagem que temos acesso ao mundo, isto é, à ordem total e comum na qual vivemos, e da qual falamos infinitamente. Essa unidade ordenada é inesgotável. Sentimos que nunca se dirá tudo do mundo, que há e sempre haverá alguma coisa a dizer sobre ele: não porque o mundo é incomensurável, ou está em constante expansão, como o Universo dos astrônomos, mas porque sua infinitude corresponde à exata medida das capacidades infinitas da linguagem humana.

– Entendo perfeitamente como você deduz do conceito de linguagem-mundo que há no mundo o que você chama de "coisas", isto é, seres não contraditórios que podemos designar por um nome, o que nos permite falar sobre eles. Mas como você deduz que há um segundo tipo de entidade, que no seu resumo você chamou de "eventos"?

A predicação, como eu disse, pode ser considerada sob as suas duas faces: falar de *sujeitos* fixos, dizer deles *predicados* variáveis. Resumo isso na fórmula canônica: "S é P". Ela explica a riqueza infinita da linguagem humana. Graças à negação, podemos nos contradizer uns aos outros, mas também falar de uma coisa que muda com o tempo.

Há muitas questões aí. Elas nutriram toda a história da metafísica. Por exemplo: o que pertence ao sujeito, à sua "essência", e o que pertence necessariamente ao predicado, isto é, aos "acidentes"?

Não vamos entrar nesse debate de gigantes sobre a essência. Vamos ficar nas condições do diálogo. O que é certo é que, se é possível o diálogo entre nós e, consequentemente, a contradição, é porque há ao menos certos predicados que parecem não pertencer à essência do sujeito. Por exemplo, o que *acontece* com ele. Sócrates envelhece, a mesa quebra, o coelho come, o Sol se esconde, o código de acesso muda etc. É isso que me permite legitimamente – e eu diria até amigavelmente – contradizer um interlocutor que não sabia que o código de acesso tinha mudado! Alguns linguistas dizem que é o "verbo", e não o adjetivo, que é *essencialmente* predicado; o verbo nunca pertence ao que já é conhecido do sujeito. O motivo é simples: as coisas mudam o tempo todo. Nosso mundo está submetido ao tempo... Em outras palavras, há eventos! Isso significa que, na linguagem, os substantivos não são suficientes, são necessários verbos! O linguista Derek Bickerton estudou "experimentalmente" a origem da linguagem a partir da maneira como são inventadas as línguas de contato entre sociedades que não utilizam o mesmo idioma, mas têm de conversar, por exemplo, para estabelecer relações de comércio: surge espontaneamente os chamados pídgins, que precedem o crioulo. Nessas condições, o "falar humano" mais básico é uma versão simplificada da predicação: S é um substantivo, ou um pronome, ou um simples gesto que significa "isto", e P é um verbo relacionado a um evento ou ato. É o que fazemos espontaneamente com um estrangeiro que não fala a nossa língua: tentamos dizer coisas como "ele comer" ou "ela dormir" etc.

– Muito bem: há coisas que são o que são e eventos que acontecem a elas. Esses são os primeiros elementos básicos do nosso mundo para você. Mas o que me pareceu mais interessante do que essa ontologia, no seu artigo de 1986 e mais tarde em Dizer o mundo, *são as consequências que você extrai dela sobre a nossa maneira de interrogar e explicar o mundo. No caso em questão, para demonstrar que essa linguagem-mundo é necessariamente a nossa, você imaginou tranquilamente duas outras, dificilmente concebíveis (uma feita de coisas sem eventos e de substantivos sem verbos, e outra composta de eventos sem coisas e de verbos sem substantivos), mas que esclarecem por contraposição a única linguagem-mundo à qual temos realmente acesso, feita de um entrelaçamento de verbos e substantivos, como dizia Platão, e, portanto, de eventos acontecendo a coisas. Aparentemente, isso cria uma espécie de ficção metafísica, ou de experiência de pensamento, singularmente audaciosa e sugestiva. Salvo que, dessas três linguagens-mundo, duas apenas eram fictícias, e serviam apenas para esclarecer a nossa de uma maneira formidável!*

Sim, esse método é fundamental. Ele possibilitou que eu deduzisse do meu "truísmo" o que podemos denominar, de fato, uma metafísica.

Vamos voltar à demonstração de Aristóteles do princípio de contradição. Se o princípio de contradição é falso para um único ser, ou melhor, se esse ser possui uma essência contraditória, nós não podemos falar dele. Que seja. Mas é nesse ponto do raciocínio que atravesso o Rubicão e abandono meu mestre, provocando uma guerra civil na tradição metafísica! Digo a mim mesmo: Aristóteles vai além do alcance do seu argumento. Ele não pode deduzir dele que a realidade não é contraditória *em si mesma*. Só podemos saber que as coisas do mundo *das quais falamos* não são contraditórias, na medida em que falamos delas uns com os outros. Portanto, o princípio de contradição só vale para o mundo do qual podemos falar. Resolvo matar o Pai. E não refiro a Aristóteles! Estou falando do pai de todos nós, o mesmo de Aristóteles, o filósofo e poeta Parmênides, que vedava a possibilidade de dizer ou conceber o não ser. Você deve se lembrar: no primeiro capítulo de *Pensar com os antigos*, mostrei como as duas vias da ontologia – a dos materialistas (Demócrito e Epicuro) e a dos "lógicos" (Platão e Aristóteles) – surgiram da transgressão do mandamento de Parmênides: não pensarás o não ser! Portanto, decido tentar transgredir o sumo impossível do mundo, a contradição! (E, aqui, eu poderia tocar as trombetas à maneira de Heidegger para embasbacar os pacóvios: *"O ser que se dissimulava desde sempre já, e desde a aurora do pensamento, à guise de entes, ia ser levado finalmente a sua abertura original para o nada, pois o nada nadifica, blá-blá-blá etc."*). Eu no meu quarto, no 25º andar, em São Paulo, simplesmente digo: já que o mundo nos aparece necessariamente sem contradição, dadas as restrições da nossa linguagem, é possível conceber uma linguagem que nos permita fazê-lo aparecer como contraditório?

E, aí, paro de fazer ontologia, e até metafísica, para fazer ficção metafísica, como você disse de maneira muito apropriada! Isso me parecia muito mais excitante e frutífero que a ontologia descritiva. Me pus no lugar dos nossos leitores: eles deviam estar bocejando. E se dizendo: "Ok, tudo bem, temos substantivos e verbos, porque há coisas e eventos. Grande descoberta! Para que todo esse aparato, se era para chegar nisso?!". Sim, mas não foi o que eu me disse. Eu me disse exatamente o contrário: o mundo nos *aparece* feito de coisas e eventos, porque utilizamos necessariamente essa linguagem para nos fazer compreender. Mas me vieram novas perguntas! O que seria o mundo, este mundo, esta ordem total e comum, se tivéssemos outras linguagens à nossa disposição? E se tivéssemos apenas substantivos? Ou apenas verbos? Como o mundo nos apareceria? Em resumo, eu estava em busca de um mundo... contraditório! Como uma pedra filosofal. Mas também como simples continuação do meu truísmo: podemos dizer somente o que podemos dizer!

– E primeiro você imagina uma linguagem puramente nominal, que exprime um mundo de coisas às quais nada acontece, ou seja, um mundo sem eventos. É o que você denomina a "segunda linguagem-mundo"...

Exato. Uma linguagem de sujeitos sem predicados. Fácil de dizer, difícil de conceber! Porque ela ainda teria de ser capaz de designar *todas* as coisas do mundo. Senão não seria uma linguagem-*mundo*, mas o ambiente pobre de um bebê balbuciante. Vamos supor que seja possível dizer tudo com substantivos, apenas substantivos. Sem nenhum atributo. Sem nenhum verbo. Em cada coisa, somente uma etiqueta, e somente uma. Dizemos: "Isto é X". Nada mais. Nomear deve ser o suficiente para abranger tudo o que há para dizer. No mundo, há somente coisas. Cada uma é sempre absolutamente idêntica a si mesma, sem a mínima contradição. Ela é! Sendo assim, há somente um verbo, mas não um verbo de verdade: é o Ser, o do "há", e para cada coisa ele traduz uma identidade própria. Ser é ser si mesmo e permanecer idêntico a si mesmo. Isso é bastante satisfatório. Nunca houve um mundo tão ordenado. Trata-se de uma ordem. Logo é um mundo.

Dá vontade de dizer: "Isso é maravilhoso!". A linguagem é extraordinariamente precisa e o mundo é extraordinariamente claro. A miopia é impossível nesse mundo: não é possível confundir uma coisa com outra, porque cada uma tem um nome, um nome próprio que é só dela. Além do mais, cada nome nomeia somente uma coisa. Sim, e esse é o problema! Qual coisa? É preciso um nome para cada grão de areia de cada praia do universo, cada cor do arco-íris, cada momento, cada lugar, cada corpo, cada parte do corpo e cada parte dessas partes etc. São muitas infinidades. Infinidades demais. É vertiginoso! E incoerente: onde termina o grão de areia e onde começa o castelo? Onde começa o corpo e onde terminam suas partes e as partes de suas partes? O preço para pôr esse novo mundo em ordem é pesado demais! Primeiro, há uma consequência catastrófica para a "linguagem": ela é indizível. Não é comum, porque não temos nada a dizer uns aos outros. Aliás, não há nada a dizer. Aquele que sabe o *nome* da coisa sabe o que há para saber sobre ela, ou mesmo tudo o que há para saber sobre ela. E esse é o menor dos nossos problemas, porque essas coisas nomináveis, sempre absolutamente idênticas a si mesmas, são fixas e eternas. Se uma coisa mudar minimamente que seja, ela não será mais o que era, não será mais ela mesma: ela será outra coisa, seria conveniente um outro nome para ela... E assim, de uma em uma, aconteceria com todas as coisas do mundo.

Esse mundo estaria destinado à dispersão infinita? Não, porque essa ordem tem uma unidade. Ela não se resume a uma infinidade atordoante de coisas dispersas. Não é um amontoado, é um todo. Saber nomear uma única coisa é necessariamente saber tudo sobre ela, mas também é saber o que a diferencia das outras coisas e, assim, saber tudo do mundo. No fim, só há uma coisa: M, o mundo. Ele é imutável. Como se nomeia essa coisa? "M." O mundo é uma ordem total. Mas, ao contrário, do nosso mundo, ele não é comum. Logo não é realmente um mundo.

– Sim, mas ainda não sabemos como o mundo poderia parecer contraditório, mesmo permanecendo sempre o mundo, isto é, uma ordem total.

Pois então, é a esse exercício de equilíbrio que a terceira linguagem-mundo nos conduz: uma linguagem de predicados sem sujeitos. É impossível concebê-la, porque todo predicado é predicado de um sujeito. Uma linguagem de verbos sem substantivos, um pouco menos: é difícil imaginá-la, mas ela não é inconcebível. Comportaria verbos impessoais, que expressariam um mundo de eventos sem coisas. Mas se não há sujeitos fixos, a que eles estão vinculados? Não podemos falar de nada. Com essa linguagem verbal, não se pode dizer nada – o que é preocupante para uma linguagem. Assim como o precedente, esse mundo não é uma ordem comum.

No entanto, esse mundo de eventos é de fato uma ordem, porque não explicamos os eventos por *coisas*, mas por *outros* eventos. Por exemplo: a explosão da bomba (evento 1) deixou dezenove mortos (evento 2). Em outras palavras, a morte dessas dezenove pessoas não é uma simples continuação da explosão, ela é consequência dela. É a ordem própria dos eventos: um evento é explicado por outro, e este por outro, e assim sucessivamente. No fim, tudo isso forma um mundo bem ordenado, tão ordenado quanto o mundo das coisas precedente. Neste último, cada coisa tem o seu lugar. Era uma ordem no sentido em que os gregos falavam de *cosmos*: uma harmonia imutável e espacial. No mundo dos eventos, cada evento vai para a sua fila respectiva. Esse é outro sentido de "ordem". Uma ordem no sentido em que os gregos falavam de *taxis*: uma sucessão temporal regrada. Todos os constituintes do mundo se encadeiam de forma irreversível: cada um é determinado pelo precedente e determina necessariamente o seguinte, de acordo com uma relação que os matemáticos denominam justamente "relação de ordem estrita".

Também se trata de uma ordem total? Como esse monte de eventos poderia formar um todo? Os eventos não se referem a nada. A menos que se refiram... a tudo. Mas o que acontece nesse mundo? Acontece que tudo muda o tempo todo. O mundo é em devir permanente, ou seja, não tem permanência. Essa é a sua unidade. E os verbos que expressam o mundo se referem à passagem de uma fase do mundo para outra, à relação de causalidade que liga umas às outras. Assim, um único verbo exato de um evento permite dizer todos os outros. É o Verbo do mundo. Não é mais o verbo "ser" das coisas, que nem sequer é um verbo de verdade. É o verbo "devir", que é um verbo de verdade. E o único. "Devém." E, mais, é um verbo impessoal, não se refere a nada, a nenhum sujeito, a nenhum lugar (como "chove"). A única frase da linguagem, portanto, é: "Devém". E, decididamente, temos muito pouco a dizer.

De todo modo, a ordem do mundo é pautada por um outro princípio, muito diferente do anterior. Não é mais o princípio de identidade característico das coisas, mas o princípio de causalidade. Todo evento depende do precedente, e assim por diante... infinitamente.

– Mas ele não parece contraditório como o mundo que você estava procurando.

É verdade, ele não contém contradição interna. Para que haja contradição, uma mesma coisa tem de receber dois predicados contraditórios "ao mesmo tempo", o que é impossível, já que não há coisas! E, de toda forma, não há um "ao mesmo tempo". Nada é "ao mesmo tempo" que nada. No entanto, esse mundo do devir, de um devir sem ser, nos parece, isto é, do ponto de vista da nossa própria linguagem-mundo, uma contradição. Porque não há nada nele que obedeça ao princípio de identidade. Não há "ao mesmo tempo", como eu disse há pouco, porque não há permanência. Mas eu poderia acrescentar que não há "ao mesmo tempo" porque não há "mesmo". Tudo é outro. Tudo que se poderia dizer de verdadeiro do que quer que seja torna-se falso assim que é dito. De fato, nada é si mesmo, porque tudo devém outro. Todo A *é* e *também não é* A. E todo verbo é falso pelo mesmo motivo por que é verdadeiro, já que remete à transformação em si, a esse "devir" sem "ser". Dito e contradito.

("Devir sem ser"... Eu deveria ter dito isso com mais pompa e aproveitado para fazer soar mais umas trombetas...)

Seja como for, essas duas linguagens-mundo fictícias não nos interessam. O que nos interessa é o que elas dizem da nossa linguagem-mundo e o que nos permitem compreender melhor dela.

– Essas três linguagens-mundo que você apresenta eu designo com três nomes próprios: linguagem-mundo de Parmênides (o ser sem devir: substantivos sem verbo, coisas às quais nada acontece, essências imutáveis); linguagem-mundo de Heráclito (o puro devir: verbos sem substantivos, portanto sem sujeitos, eventos sem coisas, processos sem substâncias, o jogo sem fim dos contrários); e por último (ou melhor, "e primeiro", porque você começa por ela) a linguagem-mundo de Aristóteles, a nossa, que é meio uma mistura das duas anteriores, feita de ser e de devir, de substantivos e de verbos, com a qual falamos das coisas dizendo (graças à estrutura predicativa: "S é P") o que acontece com elas, e isso permite contradizermos uns aos outros. É uma cola ou atalho (apesar do desvio pela história da filosofia), mas parece aceitável?

Por que não? Em toda a história da filosofia, há diversos arranjos desse tipo entre Parmênides e Heráclito. E desde Platão. Mas, à parte a história da filosofia, acho mais significativo chamar a atenção para o fato de que, no fundo, estamos sempre imaginando esses dois mundos. Só não sei se eles são reais, e o problema é esse! Mas acredito que é desse jeito que os homens imaginam a verdadeira realidade, a realidade em si, a realidade sem eles. Enfim, sem nós! Muitos místicos tentam escapar das ilusões deste mundo em devir, da vida e da morte, para *enxergar* finalmente a verdadeira realidade, vislumbrar o Ser eterno sem nenhuma mediação. Essa é a "visão beatífica" prometida aos cristãos. Outros – por exemplo, no hinduísmo – tentam escapar da impermanência do mundo, do ciclo infernal dos nascimentos e renascimentos para atingir o Absoluto (*Brahman*) da Realidade imutável. Para outros, ao contrário, a realidade em si, a verdadeira realidade além do mundo, é precisamente essa impermanência. Dito de outro modo: se superássemos nossas ilusões perceptivas sobre o mundo, nosso ponto de vista humano, demasiado humano, talvez pudéssemos vê-lo constituído apenas por eventos, sem coisas! Budismo? Você já me sugeriu isso algumas vezes, mas você conhece essa tradição melhor do que eu.

– Sim, às vezes acho que o seu "terceiro mundo", o do devir, o de Heráclito, segundo a minha terminologia, é também, mais ou menos, o mundo do budismo, assim como, em problemáticas evidentemente muito diferentes, o de Montaigne (se deixamos de lado o seu "Deus", que pertence sobretudo ao segundo mundo), ou mesmo o da física quântica...

O que sei é que certos filósofos, que não são místicos e muito menos obscurantistas, como Whitehead ou mesmo Russell, propuseram essa visão do mundo para interpretar a teoria da relatividade de Einstein. Foi com base numa interpretação *realista* dessa teoria que eles defenderam uma ontologia baseada apenas em eventos, uma ontologia de um todo sem coisas. Para eles, essa é a realidade em si, isto é, sem nós. As coisas permanentes são ilusões criadas pela nossa maneira de ver e dizer o mundo. E mais: de acordo com a teoria da relatividade restrita, dado que a velocidade da luz é constante, um evento que precede outro e o causa dentro de um sistema de referência precede-o e pode causá-lo em outro sistema de referência admissível. E é isso que acontece na minha terceira linguagem-mundo: um mundo de eventos sem coisas, mas em relação causal uns com os outros!

No que me diz respeito, lembro que não me manifesto sobre a pergunta "o que é o real?". Não que essa pergunta não me interesse, ou porque eu ache que não está ao meu alcance (mesmo que seja de fato o caso!), mas porque a realidade não faz mundo. A realidade não é nem uma ordem, nem uma totalidade, nem uma comunidade. Portanto, ela é, e não é, feita de coisas. Ela é, e não é, feita de eventos. Ela é também, e não é, feita de qualquer outra coisa.

Mas em que concordo plenamente com você é que tudo isso nos esclarece essencialmente sobre o trabalho que Aristóteles fez para compreender como a nossa linguagem funciona e, na minha opinião, como nós pensamos o mundo. Nós atribuímos predicados variáveis a sujeitos invariáveis. Vivemos, portanto, num mundo mediano: as coisas não são totalmente coisas, já que podem mudar o tempo todo; os eventos nem sempre se encadeiam de forma unilateralmente causal, porque as cadeias causais se cruzam ou se chocam com coisas. Nossa linguagem pode nomear todas as coisas? Nomeá-las, não. Dizer algo sobre elas, sim. A realidade é contraditória? Não é possível dizer. E o mundo? Ele não é nem totalmente não contraditório, nem totalmente contraditório. Entre dois mundos perfeitos, ele é imperfeito. Mediano. Ou híbrido. Devemos nos queixar? Não. Muito pelo contrário! Porque esses mundos não são o nosso. Graças à imperfeição do nosso mundo é que podemos falar dele. É essa imperfeição que permite à ordem total do mundo ser *comum*. É o *nosso* mundo. Quer dizer, a nossa linguagem-mundo.

– Que consequências você extrai da estrutura predicativa da nossa linguagem, e do que você acabou de chamar de hibridez do mundo?

Muitas. No entanto, gostaria de lembrar que a estrutura predicativa não é a única que nos permite dizer o mundo. Há uma outra, que chamo de estrutura indicativa. Ela também é importante.

E permite que eu complete a minha ontologia: não há apenas coisas e eventos; há também pessoas e atos.

Mas, em primeiro lugar, você tem razão: vamos às consequências da estrutura predicativa. Vejo ao menos três. Vou enumerá-las. Primeira consequência: temos duas maneiras opostas de inquirir fundamentalmente o mundo, perguntando ou *que é* ou *por quê* – o que nos leva de volta ao início da nossa primeira entrevista, à maneira como defino a filosofia a partir do questionamento da criança. Segunda consequência: o mundo onde somos é mediano, e com frequência os conceitos que utilizamos para apreendê-lo são híbridos. Aliás, já assinalei um desses conceitos: o de tempo. Voltarei a ele mais adiante. Terceira consequência, que é um pouco a hibridação das duas anteriores, digamos assim: há uma questão que, para além das duas perguntas fundamentais que podemos fazer (*que é* e *por quê*), passa pela pergunta mais radical e mais enigmática da metafísica: "Por que há alguma coisa, ao invés de nada?". Ela mesma é híbrida e se "resolve" em duas. Evidentemente isso não significa que podemos responder a essa pergunta, mas sim que não podemos. Mas, pelo menos, me parece que isso explica por que não podemos. É um avanço? Não sei.

– De onde vêm essas perguntas fundamentais da filosofia?

Estamos sempre nos fazendo perguntas. A que horas o bonde passa? Onde deixei meu celular? Como você vai? O que aconteceu? Desde quando? Até onde? Como? Com quem? Etc. Mas fazemos duas perguntas fundamentais sobre o mundo: *que é* e *por quê*. São essas perguntas que qualquer intelecto que não soubesse nada do mundo e desejasse compreender alguma coisa a respeito dele faria. Tomemos o *que é*. Dizemos: "O bonde está atrasado". A criança pergunta: "O que é bonde?". *Que é* também é a pergunta fundadora da filosofia. Lembra-se de Sócrates? Ele rechaça todas as perguntas que lhe fazem e as substitui por uma pergunta preliminar. Perguntam a ele: "Como nos tornamos corajosos?". Sócrates responde: "O que é coragem?".

Passemos ao *por quê*. Do ponto de vista da filosofia, primeiro. Muito antes de Sócrates, a pergunta que movia os chamados pré-socráticos era *por quê*. Por que o céu estrelado se move? Por que os viventes nascem e morrem? Por que as coisas se transformam? Etc. Livres de qualquer mitologia tradicional, eles buscavam as razões primeiras ou as causas primeiras de tudo. E até mesmo *do* todo considerado como tal.

E, agora, do ponto de vista da criança. Você diz: "O bonde está atrasado". A criança pergunta: "Por quê?". Dessa vez é mais chato responder porque existem tantos motivos que podem explicar o atraso de um bonde! E se você dá um – por exemplo, "porque tem muito tráfego hoje" –, é batata, ela retruca antes de você acabar de responder: "Por quê?" E assim por diante... Como se ela pressentisse que a própria pergunta leva ao infinito e nunca vão lhe dar a razão final!

Que é é a primeira pergunta, digamos assim, e *por quê* é a última. Mas, sobretudo, são duas perguntas "desinteressadas". Quer dizer, são perguntas que só podemos fazer para tentar compreender o mundo, assim, a troco de nada, de longe. Estamos lá, em face do mundo. Como espectadores. Dissociados. E inquirimos o mundo sem a menor utilidade imediata (onde deixei meu celular? Quando chega o bonde?), sem a intenção de satisfazer a um interesse vital (qual o número dos bombeiros?) ou uma preocupação prática (como vai a sua irmã?).

Ora, essas duas perguntas interrogam o mundo de duas formas opostas, porque não visam os mesmos constituintes do mundo. De um lado, interrogamos as coisas: *que é?* Buscamos um nome, uma definição, características essenciais ou não. De outro lado, interrogamos o que chamamos de eventos. Eles são o objeto final dos nossos *por quê*. Interrogamos um evento, e buscamos sua causa ou causas.

– Mas não podemos buscar também a causa de uma coisa?

Então, eu acho que não! Isso é o que poderíamos chamar um "erro de categoria". Digo, por exemplo, que 17 é um número ímpar. Perguntar se ele é pesado é um "erro de categoria". Só os corpos são leves ou pesados, os números não. E se falo de uma rosa, você tem o direito de me perguntar: "O que é uma rosa?", mas não: "Por quê?".

E por que não? Eu poderia lhe responder com uma linda frase do poeta Angelus Silesius: "A rosa não tem porquê".

– A rosa não tem uma causa, ou melhor, várias causas? Por exemplo, a roseira na qual ela floresceu, a semente da qual a roseira brotou anos atrás, o aumento da temperatura na primavera...

Sim! Mas, precisamente, tudo isso são eventos! O nascimento, o desenvolvimento, o florescimento. Todos se explicam por uma causa, ou melhor, por numerosas causas. Uma maneira de explicar essa série ordenada de eventos, de acordo com o *porquê*, é uns pelos outros. Mas a rosa, a rosa em si? As perguntas que ela suscita são muitas. O que é uma rosa? Uma flor. E o que é uma flor? Um ser vivo? Mas o que é um ser vivo? E que tipo de ser vivo ela é? E muitas outras perguntas, todas igualmente legítimas. Elas alimentaram e continuam alimentando a história das ciências: botânica, biologia, agronomia. É uma maneira de dar a razão da rosa em si. Mas, dessa vez, por ela mesma. De acordo com a lógica do *que é*.

O que parece – eu disse *parece* – dar sentido à pergunta "por que a rosa?" é que confundimos essa pergunta com duas outras, uma aparentemente banal e outra profunda. Por exemplo, à pergunta: "Por que tem uma rosa ali?", podemos responder: "Porque plantamos uma roseira e ela deu flor", ou: "Porque Maria *a colocou ali*" (subentendido: no vaso). Se temos um espírito menos prático e mais metafísico, poderíamos querer dizer algo como: "Por que há rosas?" (subentendido: no mundo). "Por que é necessário que haja a rosa?, ou então: "Por que o mundo rosa*?"). A resposta poderia ser: "Porque o desenvolvimento da vida na Terra *produziu* a reprodução sexuada e por isso há as flores, que protegem os órgãos reprodutores das plantas". Tanto num caso como noutro, a pergunta não é entendida como se o objeto fosse a rosa, ou as rosas em geral, mas o evento que constitui o "aparecimento" da rosa (na roseira ou no vaso) ou o vir à existência das rosas (no mundo). Portanto, todo *por quê* diz respeito a um evento.

* Do verbo rosar: "Tornar(-se) cor-de-rosa". (N. T.)

– Então a pergunta "por quê?" *diz respeito aos eventos e a pergunta* "o que é?" *diz respeito às coisas. Isso nos leva aos dois tipos de entidades que constituem separadamente e respectivamente cada uma das duas outras linguagens-mundo...*

Exatamente. Mas o que importa é a hibridez do mundo e, portanto, o fato de que dispomos de duas maneiras diferentes de explicá-lo.

O primeiro princípio de razão da linguagem-mundo é o princípio de identidade, segundo o qual toda coisa é distinta das outras e permanece a mesma. É o princípio que aplicamos a todas as coisas e, em primeiro lugar, quando as nomeamos. Se fosse possível, daríamos um nome próprio a cada uma, como na primeira linguagem-mundo. A razão busca compreender todas as coisas, identificando-as da melhor forma possível. Como se cada uma tivesse sua essência única. Naturalmente, essa busca está fadada ao fracasso, porque o nosso mundo não é constituído de coisas pautadas por esse princípio: elas nascem, morrem, mudam. E a nossa linguagem não é feita apenas de nomes.

O outro princípio de razão da linguagem-mundo é o princípio de causalidade: todo evento é explicado por outro, e este por outro, e assim por diante, infinitamente. É o princípio que aplicamos a todos os eventos, quando buscamos as suas causas (ou as suas razões de ser, isto é, de aparecer). Se fosse possível, recuaríamos ao infinito, porque cada evento remonta a outro, numa sucessão sem fim. A razão busca explicar o mundo, isto é, apreendê-lo em séries causais. Mas, naturalmente, de novo, essa busca está fadada ao fracasso, porque a nossa linguagem não é feita apenas de verbos, e o nosso mundo não é constituído apenas de eventos. Aliás, recuar infinitamente na série de causas é *a priori* para desencorajar qualquer um.

Devemos aplaudir ou lamentar essa dupla impossibilidade? Em um sentido, lamentar: seremos sempre animais metafísicos com poucos recursos. Em outro sentido, devemos aplaudir: somos animais falantes extraordinários. Podemos falar infinitamente do mundo e nunca esgotaremos o que podemos dizer sobre ele, o que podemos *nos* dizer, dizer uns aos outros. No entanto, esses dois princípios, que jamais poderemos satisfazer plenamente, derivam das condições da nossa linguagem. A nossa miséria metafísica é de fazer chorar! Porque as perguntas *que é* e *por quê* não são caprichos de metafísicos de laboratório. Elas são necessárias, dada a nossa linguagem-mundo. E, ao mesmo tempo, são insolúveis, dada a nossa linguagem-mundo. Elas só podem ser feitas nela e por ela; e é só nela e por ela que elas podem ser resolvidas.

Uma última observação sobre os dois princípios da razão: o princípio de identidade e o princípio de causalidade. Eles são distintos. E o melhor – ou pior, conforme o ponto de vista –, eles funcionam de maneiras opostas. Segundo o princípio de identidade, a razão de uma coisa reside nela mesma: vamos compreendê-la determinando o máximo possível e da melhor maneira possível o que ela é. Segundo o princípio de causalidade, a razão de um evento reside em outro evento, e a razão desse outro em outro, e assim por diante: vamos compreendê-lo determinando o máximo possível e da melhor maneira possível o que são esses outros eventos. O primeiro princípio nos induz a *identificar* para compreender; o segundo, ao contrário, nos induz a "alterizar", a buscar infinitamente outra coisa.

É dessa forma que apreendemos o mundo. *Nós* quem? Não nós, os cientistas, não nós, os filósofos, mas todos nós, seres humanos, capazes de nos falar e falar do mundo.

Você vai me dizer: "Ah, grande coisa"! Mas acontece que achei que, dessa descrição do mundo, eu poderia deduzir uma nova maneira de abordar as questões metafísicas mais clássicas.

– Isso vai ficar para a nossa próxima entrevista.

QUINTA ENTREVISTA

ATREVER-SE À METAFÍSICA

O grupo Mens – Por que existe alguma coisa, ao invés de nada? – Os conceitos híbridos – Deus – Tempo – A flecha e o rio – A estrutura predicativa e a estrutura indicativa – Os indicadores – "Eu" e a *parole*-mundo – "Eu" é causa dos atos – As pessoas – Uma ontologia triádica – A pergunta "quem?" – Um terceiro princípio de razão – Três entidades, nem mais nem menos – Espiritualismo ou materialismo – Um outro mundo?

– O mundo, da maneira como você o descreve, ou melhor, da maneira como, segundo você, nós o dizemos, aparece composto de dois elementos heterogêneos: as coisas, pautadas pelo princípio de identidade, e os eventos, pautados pelo princípio de causalidade. A primeira consequência que você extrai disso é uma análise original da famosa pergunta: "Por que há alguma coisa, ao invés de nada?". Essa é uma pergunta fortemente enraizada na história da filosofia (por exemplo, em Leibniz), mas tão fascinante e perturbadora quanto parece, até hoje, inevitável e insolúvel. Como você acabou se colocando essa pergunta?

Foi em 2004. Eu dirigia o departamento de filosofia da École Normale Supérieure. Desde a minha nomeação, iniciei um certo número de projetos de estudo e pesquisa. O primeiro foi o meu seminário "Segundas da filosofia", que pretendia ser o mais aberto possível ao público em geral e sobre todas as maneiras de fazer da filosofia, desde que os participantes obedecessem a algumas regras. A principal era: defender teses baseados em realidades, não em textos. Em outras palavras: ousar filosofar! (Isso não nos impedia – eu, o primeiro – de fazer história da filosofia, isto é, estudar os textos clássicos.)

No mesmo ano, tive a ideia de organizar um seminário fechado e selecionado. Batizamos esse grupo de "Mens": "Métaphysique à l'École Normale Supérieure".

– Era também uma espécie de trocadilho: mens, *em latim, significa inteligência, espírito, pensamento, razão...*

Sim, sem dúvida. Era um local de pesquisa reservado a alguns professores e pesquisadores – o que não significa que só eles têm inteligência e espírito! As circunstâncias eram as seguintes: eu via em toda a parte, e principalmente na filosofia analítica, uma renovação considerável da metafísica. Tinham aparecido muitas questões novas a partir dos desenvolvimentos da física, da lógica modal, das neurociências, ou simplesmente da releitura dos grandes textos. É claro que há sempre boas razões para não fazer metafísica e filósofos de todos os tempos nunca deixaram de elaborá-las. Muito antes do século XX, de Carnap, Popper e Heidegger, já havia ataques a essas especulações confusas e inúteis. No século XIX, Marx, Auguste Comte e Nietzsche, e mesmo os empiristas do século XVIII, já criticavam as pretensões dos metafísicos. Mas as pesquisas metafísicas desenvolvidas fora da França e da Alemanha (por exemplo, por David Lewis, David M. Armstrong, Saul Kripke e outros) não tinham nada a ver com o que era chamado tradicionalmente de "metafísica", a metafísica da qual muitos dos meus colegas consideravam que só restava escrever a história: a que falava de Deus, da imortalidade da alma, a que às vezes se perdia em doutrinas visionárias ou místicas. No trabalho da maioria desses novos metafísicos não havia transcendência! Era uma metafísica, ou melhor, uma ontologia resolutamente racional e "imanentista". Tratava apenas de "mundos possíveis", "estados de coisas", experiências de pensamento, de P → Q etc. Estava mais para ficção científica do que para catequese. E, no fundo, recuperava a *Metafísica* de Aristóteles, que é principalmente uma ontologia do mundo sensível. Eu tinha a impressão de que grande parte da prevenção contra a metafísica era injustificada. Era inevitável talvez, ou até mesmo legítimo, que parte do mundo filosófico francês continuasse a insistir que a metafísica estava morta, mas nada obrigava todo mundo a fazer a mesma coisa. Eu via essa resistência, isto é, a hermenêutica infinita dos textos, a desconstrução dos conceitos e dos sistemas, como simples desculpa para não abordar questões diretas.

Assim, ao criar o grupo Mens, o meu objetivo era mais ou menos o mesmo do meu seminário "Segundas da filosofia": ousar filosofar *diretamente*. Mas, de novo, eu queria que o grupo fosse o mais aberto possível a todas as correntes contemporâneas: havia "analíticos", é claro (em especial Frédéric Nef, que se esforçou muito para nos habituar de novo à metafísica, mas também Frédéric Ferro e Jean-Baptiste Rauzy), e "continentais" (como Quentin Meillassoux, que ainda não tinha publicado o livro que o fez conhecido, *Après la finitude* [Após a finitude], e até, como ouvinte, o jovem Tristan Garcia); mas gente também que vinha de outros horizontes: epistemológico (como David Rabouin), bergsoniano (como Frédéric Worms) e híbrido, meio analítico e meio continental (como Paul Clavier, Élie During e eu). Também passaram pelo grupo Claudine Tiercelin, Sacha Bourgeois-Gironde e outros.

No primeiro ano, como balão de ensaio, mas também pelo desafio, propus como objeto de reflexão a pergunta: "Por que há alguma coisa, ao invés de nada?". Começamos pelo estudo de um texto do filósofo americano Robert Nozick, "Why Is There Something rather than Nothing?", que me parecia um modelo de investigação metafísica racional conduzida sem preconceitos e sem pré-requisitos. A ideia era levar a questão a sério, apesar da aparente banalidade: considerar com rigor e serenidade todas as soluções, antes de eventualmente desqualificar a pergunta. Como disse no prefácio do livro que escrevi mais tarde a partir do seminário, essa pergunta resume tudo o que a palavra "metafísica" parece comportar tanto de radical como de caricatural. Pela evidente insolubilidade, ela mostra bem o caráter ridículo, ultrapassado, inútil e mesmo tolo das interrogações metafísicas. Mas, por outro lado, indica o que a metafísica tem de inevitável, necessário, fundamental ou último. De todo modo, ela parecia constituir um emaranhado de dificuldades e conceitos cujas possibilidades as doutrinas clássicas não estavam nem perto de esgotar e sobre os quais a discussão se revelava cada vez mais fértil.

Nós nos reunimos uma vez por mês durante o ano letivo. Em junho de 2005, organizamos um colóquio na École Normale Supérieure. O conjunto dos trabalhos foi publicado num volume que faz parte da história do problema. Publicado primeiro pela Éditions Rue d'Ulm, em 2007, foi republicado em 2013 pela PUF, numa coleção intitulada "MétaphysiqueS", coordenada por ex-membros do grupo Mens.

– O grupo teve outras atividades?

Houve algumas reuniões no ano seguinte. Eram sobre o que podemos chamar de segunda pergunta, a que necessariamente vem depois da seguinte pergunta: "Por que há alguma coisa, ao invés de nada?". Adivinhou! Eram sobre a pergunta: "Que há?". É claro! Quando entendemos por que há alguma coisa, temos de perguntar o quê... (Sempre as duas perguntas "por quê?" e "que é?"). Dito isso, nada garante essa mesma ordem entre as nossas duas perguntas metafísicas. Penso até que a resposta à pergunta se há alguma coisa depende da resposta à pergunta do que há! Em todo caso, o segundo ano de trabalho resultou num colóquio na primavera de 2006 que, pelo que sei, não foi publicado. A não ser que haja algum sinal dele no site da ENS.

– Vamos voltar à pergunta: "Por que há alguma coisa, ao invés de nada?". Como você a abordou?

Tudo começa com o atordoamento inicial que sentimos quando compreendemos a questão. Ei-nos diante da obrigação de escalar um paredão escarpado, sem ter onde nos agarrar. O paredão é autêntico: a pergunta parece legítima, ou pelo menos inevitável. "Sim, é verdade, poderia não haver nada!" E, no entanto, não podemos escalá-lo porque, para explicar alguma coisa, temos de nos apoiar numa razão, numa causa ou qualquer outra coisa do tipo, exterior à coisa. Foi o que denominei, no fim da nossa última entrevista, "alterizar". Ora, se não há nada, então não há nada em que podemos nos apoiar para explicar por que há alguma coisa. Permanecemos forçosamente no sopé do paredão.

Esses dados do problema não permitem dar razão a nenhuma das duas respostas dominantes da história da metafísica: nem ao criacionismo teísta nem ao necessitarismo. Há os que dizem: há alguma coisa porque Deus criou essa coisa. Mas há uma contradição aí: há alguma coisa... porque já há alguma coisa. Os necessitaristas dizem: há alguma coisa (matéria, Natureza, caos primordial) porque há necessariamente alguma coisa, não pode não existir essa coisa. Mas eles não explicam nada, a não ser a coisa por si mesma, como se ela fosse a causa de si – o que é uma maneira de dizer que ela não tem causa.

Chamo a atenção ainda para o fato de que, das duas respostas, uma vem da resposta à pergunta *por quê*: ela recorre a outra coisa (Deus) para explicar alguma outra coisa (o mundo). É o que fazemos quando dizemos que há uma coisa porque há uma *outra* coisa! O *porquê* é plenamente respeitado: "alterizamos", buscando em outra coisa o que explica uma coisa. Fazendo isso, somos obrigados a, digamos assim, eventizar o "há", exatamente como no exemplo que usei na entrevista anterior: o da rosa no vaso. Para que a pergunta "por que X?" faça sentido, o X deve ser considerado um evento. Alguém ou alguma coisa colocaram a rosa lá. Não falamos mais do ser, falamos da sua vinda ao ser. A ideia de criação do mundo vem daí, isto é, de um *evento* conduzindo o mundo do nada ao ser. Há realmente uma relação de causalidade: *Fiat*, diz o Criador, e o mundo se fez. O *porquê* foi preservado, mas o "há" foi distorcido: o sentido mudou implicitamente. Virou um: "Sucedeu que". Se há alguma coisa (a rosa, Deus ou qualquer coisa que se queira), não há motivo para *explicar* o porquê: o ser é em sua identidade, ponto-final. Ele é e permanece o mesmo.

No fundo, é um duplo embuste. Os cenários que "explicam" o ser do mundo a partir do ser de Deus não tiram o ser do nada para responder à pergunta "ao invés de nada", como dizem fazer; ao contrário, eles tiram o ser do ser, o ser imperfeito do ser perfeito. Por isso, eles são obrigados a eventizar o ser, como eu disse antes. Além disso, se a questão é colocada nesses termos ("alguma coisa, *ao invés de nada*"), é porque eles pressupõem que o nada era possível, e até mesmo "mais simples" do que o "alguma coisa", como diz Leibniz. Eles tentam explicar o evento da existência do mundo a partir da sua inexistência prévia, ou seja, já imaginam implicitamente um esquema criacionista. É uma petição de princípio: acham que deduziram o que na verdade pressupunham.

Essas são exatamente as duas armadilhas que um necessitarista como Espinosa pressente. Ele não quer pressupor o não ser *antes* do ser, nem estabelecer que a ideia do não ser seria menos do que a do ser; é como se ela fosse *mais*, digamos assim: seria o ser destruído, aniquilado, arrasado. Por outro lado, ele não quer eventizar o ser. Na verdade, ele pressente que "o mundo não tem porquê", assim como a rosa. Constata que ele é. Ponto-final. Ele leva a sério o "há". Por exemplo, se você quer saber *por que* existe essa coisa (seja o que for, o mundo, a substância, "Deus ou a Natureza", como diz Espinosa), é melhor buscar a resposta nela do que em outra coisa. E, sobretudo, não alterize! Não busque fora do que é a razão por que ele é. Busque *no* que é. É na identidade do mundo, na substância ou na Natureza, que vamos encontrar a sua razão de ser. Ele é a causa de si. Ele é necessário. Necessário significa que a coisa contém em si, no que ela é, como explicar que ela seja. Mas aqui, de novo, há uma armadilha. Muito bem: há o ser. Mas por que ele seria "necessário"? Necessário significa que ele tem em si a razão de sua existência, como se o *que é* pudesse responder, por si só, ao *por quê*. Nesse segundo esquema – e, ao contrário, do anterior –, o ser se explica por si mesmo. A identidade passou à frente da causalidade, a identificação passou à frente da alterização, o *que é* passou à frente do *por quê*.

Podemos ver, portanto, que essas duas "soluções" não são soluções. Ou melhor, elas simplesmente nos remetem aos dois princípios de razão da nossa linguagem-mundo: explicar as coisas por si mesmas, ou explicar os eventos por outros eventos.

Essa é, resumidamente, a minha análise da questão.

– Você não dá uma resposta...

É evidente que não. Mas, além de não dar razão a nenhuma das duas respostas mais evidentes, mostro que elas saíram da estrutura da nossa linguagem-mundo. Isso me leva a compreender o atordoamento que sentimos quase necessariamente quando entendemos a pergunta... se não tivermos nenhuma preocupação mais urgente! É compreensível que a pergunta nos pareça de cara legítima, sensata, evidente, apesar de eu a analisar como uma espécie de erro categorial. Ela mistura indevidamente dois princípios da razão incompatíveis. Porque ou explicamos uma coisa por ela mesma ou por outra. A questão aplica implicitamente aos objetos de um a razão do outro. O que leva o criacionismo a tomar as coisas por eventos, e o necessitarista a tomar as causas pela identidade.

Mas, na verdade, é inevitável que os dois princípios de razão se cruzem, porque, para compreender o mundo, temos incessantemente de cruzá-los. Quando tentamos explicar seja lá o que for, é impossível levar as séries causais ao infinito. Tão impossível quanto identificar todas as coisas do mundo, ou seja, diferenciá-las. No entanto, isso seria compreender perfeitamente o mundo... Não é proibido sonhar... De certa maneira, é o que as artes fazem. Sonhar o mundo, representá-lo, em outras palavras, *compreendê-lo*, em um outro sentido da palavra. Acho que vamos voltar a falar disso.

– Sim, na nossa nona entrevista. Mas vamos voltar primeiro ao que você disse sobre as três consequências do nosso mundo mediano, entre coisas e eventos. Você abordou a primeira: as duas perguntas fundamentais que é *e* por quê. *Isso levou você ao que você chamou de terceira consequência, à pergunta híbrida: "Por que há alguma coisa, ao invés de*

nada?". Mas você não falou nada a respeito da segunda, a que você chamou de "conceitos híbridos"...

Sim, os metafísicos – embora todos os seres humanos sejam um pouco metafísicos – inventaram inúmeros "conceitos híbridos". Vamos pegar um exemplo famoso: Deus. Na maioria das religiões populares, os deuses são criados a partir do modelo das pessoas. Eles são superpessoas! Mas como ainda não falamos das "pessoas", vamos deixar de lado, por enquanto, esses deuses populares e a maneira como eles foram criados pelos seres humanos a partir da maneira como os seres humanos representam a si mesmos.

Vamos falar primeiro do Deus dos metafísicos. Ou melhor, do "Deus dos filósofos e dos sábios", como dizia Pascal. O Deus da teologia racional, o Deus encarregado de fechar os sistemas metafísicos. Pois bem, me parece que, de acordo com os textos, esse Deus está sempre entre dois mundos, por assim dizer.

Há, primeiro, Deus, ser supremo, existindo absolutamente: ele é sempre e necessariamente, é eternamente o mesmo, idêntico a si mesmo etc. É imutável e tão invariável quanto uma Ideia platônica. É a ideia de um Ser absoluto, que seria mais ser do que todo ser que conhecemos, uma Coisa suprema, mais idêntica a si mesma que qualquer coisa no mundo, mais existente por si mesma que qualquer substância que se possa conceber. Cada ser deste mundo, destinado à transformação, ao nascimento e à morte, existe apenas por uma participação precária e transitória no ser desse Ser que é, ele próprio, inteiramente ser. Todos devem seu ser a ele. No entanto, esse Ser, que é apenas eterna identidade consigo mesmo, evidentemente não cria nada: seria indigno do seu ser e contrariaria a sua absoluta imutabilidade. É por imitação do seu ser que todos os seres participam do ser, ou é por emanação do seu ser que eles recebem o deles. Acredita-se que essa ideia de Deus, Realidade realmente real, seja de origem grega: Parmênides, Platão e até mesmo Epicuro, mas há indícios dela no neoplatonismo, na gnose e na cabala. Esse Ser, em último caso, não explica nada, ou, em todo caso, não explica nenhum dos *eventos* do mundo. Os eventos são parte de cadeias de causalidade próprias e o Ser absoluto não tem nada a ver com isso: ele é, ponto-final. Ele é a resposta perfeita para a pergunta: "Que é?". Que é que é? Que é ser para o que é? Que é ser para o que é o que ele é e nenhum outro? "Sou aquele que sou..." Etc.

Por isso é que há uma outra ideia de Deus: a ideia de uma "causa" suprema, de um Deus que é o primeiro elo da infinita cadeia causal dos eventos do mundo. Um Deus criador. Um Deus que explica tudo o que acontece. A resposta finalmente possível a todos os "por quê?"! "Por que aconteceu isso? – Porque Deus"! A ação divina, o *fiat*, é a Causa de tudo. E tudo não é tudo o que existe, e sim tudo o que sobrevém. Todos os eventos são explicados. Por oposição ao Deus dos filósofos gregos, acredita-se que essa ideia de Deus seja de origem hebraica. Jerusalém contra Atenas? Talvez. De todo modo, essa representação é mais próxima do Deus das religiões reveladas, porque é mais antropomórfica.

A teologia racional, por sua vez, criou um Deus tirado dos dois mundos: o do *que é* e o do *por quê*. Os atributos divinos clássicos vêm das duas formas do princípio da razão. De um lado, Deus é imutável, como se fosse uma Coisa da linguagem-mundo da identidade. Mas, de outro lado, Deus é todo-poderoso, como se fosse a causa de todas as causas da linguagem-mundo dos eventos. A história da teologia racional talvez seja uma sequência de tentativas de reconciliar essas duas ideias de Deus. Como o nosso mundo não é feito nem de coisas absolutas nem de eventos puros, ele precisava de um Deus híbrido: ao mesmo tempo idêntico a si mesmo e causa de tudo, ora necessariamente fora do mundo, ora forçosamente presente na história.

– E o tempo? Você também falou dele como um conceito híbrido...

Esse é um dos conceitos sobre os quais eu mais refleti. É apaixonante, mas também cansativo. É bom parar de vez em quando (se me permite a expressão) e pensar em outra coisa, porque, quando achamos que esclarecemos um aspecto, percebemos que o conceito se complica de novo. Publiquei alguns estudos e dei muitas aulas sobre o tema. Não perdi a esperança de um dia encontrar força para dedicar um livro a ele. Aqui só posso esboçar algumas observações.

A primeira é a seguinte. Há quase um século, e salvo exceções, os filósofos desistiram de analisar esse conceito. Eles se dividiram majoritariamente em dois grupos. Há aqueles que admitem *a priori* que esse conceito pertence exclusivamente às ciências físicas. Mas é preciso coragem para afirmar isso. Daí o segundo grupo: já que acreditam que decididamente a filosofia não tem nada a dizer sobre o "tempo real" (mas ao mesmo tempo, diga-se de passagem, o tempo "real" da teoria da relatividade não é o da mecânica quântica nem o dos astrônomos, mas isso é outro problema), a filosofia teve de se contentar com o seu último refúgio: a consciência! Vamos fugir do mundo, ele não quer saber de nós! Vamos nos recolher em nós mesmos! Ah, o que não fizemos a "consciência do tempo" dizer! E por que não? Desde que as sutis análises fenomenológicas se distingam das banalidades da "psicologia do tempo". Sabe quais? Os tais desenvolvimentos que entusiasmam as multidões quando colocamos frente a frente um eminente físico habilitado a explicar em *prime time* o que é o tempo e um filósofo do qual se esperam verdades bizarras como "quando estamos entediados, o tempo passa mais devagar", ou "como o tempo passa rápido quando estamos em boa companhia"! Bravo! Bis!

Acho que há muito ainda a dizer ao filósofo que deseja analisar esse conceito sem precisar se abrigar nas teorias físicas ou na temporalidade da consciência. Quer dizer, analisar esse conceito característico do nosso mundo, um mundo onde o Sol nasce e a relva é verde, embora não haja talvez, *em realidade,* nem Sol nem cores. Talvez, como eu disse na entrevista anterior, não haja *em realidade* tempo algum. Não obstante, no nosso mundo o antes precede o depois, irreversivelmente, e o futuro está diante de nós e o passado, atrás. Vivemos num mundo em que aquilo que chamamos de tempo possui essas características. E como esse mundo é, na minha opinião, mediano, apenas indico rapidamente aqui no que o conceito de tempo é "híbrido".

Vamos partir de novo das nossas duas linguagens-mundo fictícias. O tempo está presente tanto numa como noutra. Na verdade, elas compartilham dois modos de tempo igualmente indispensáveis e, no entanto, incompatíveis. No mundo das coisas, não há apenas permanência. E a permanência é, de fato, um modo de tempo: é o que faz que as coisas do nosso mundo se conservem, um pouco pelo menos. Inversamente, no mundo da transformação, há apenas sucessão sem permanência. E o tempo da nossa linguagem-mundo supõe ao mesmo tempo permanência (precária) das coisas e sucessão (localizável) dos eventos. Esses dois modos são opostos, mas igualmente constitutivos do nosso conceito de tempo.

Achamos que o tempo supõe necessariamente transformação. Que se tudo se conservasse sempre igual por toda a eternidade, numa espécie de "perpétuo presente", de *nunc stans*, como dizia santo Agostinho, não haveria mais o tempo. Errado! Faltaria alguma coisa ao conceito, sem dúvida, mas restaria algo. Quer a prova? Você conhece a réplica de Alain à súplica do poeta Lamartine: "Ó tempo, suspende teu voo"? "Quanto tempo o tempo deve suspender seu voo?". O poeta quer parar a transformação, mas ele não para o tempo: o tempo se conserva sob a forma da permanência. Em outras palavras, sob a forma que convém ao ser das *coisas*, pelo menos para podermos falar delas. Essa é a segunda linguagem-mundo.

Também acreditamos, inversamente, que a transformação basta ao tempo. "Como o tempo passa, tudo mudou!" Mas agora imaginamos a transformação sem a permanência. Temos um exemplo famoso na desventura do padre Bourdin, contada nas *Sétimas objeções* de Descartes: uma pessoa adormecida ouve o relógio soar 4 horas e começa a contar uma, uma, uma, uma, e então exclama: "Acho que o relógio está desregulado. Ele soou quatro vezes 1 hora". Esse texto é extraordinário. Mostra que, para podermos contar "um, dois, três...", a coisa tem de se conservar a mesma desde o "um" até o "três", senão o "três" não seria "três", mas sempre, e como todos os outros, "um": "um, um, um, um...", como o relógio supostamente desregulado. Um, um, um, sempre um, nunca dois: seria uma sucessão pura, ou transformação sem permanência. Os eventos se sucedem, se encadeiam, em ordem, mas se não houver uma coisa permanente (ainda que seja sob a forma de memória), não há ordem. Essa é a terceira linguagem-mundo.

O conceito de tempo, portanto, é feito sob medida para um mundo de coisas que acidentalmente mudam. As coisas e os eventos da nossa linguagem-mundo são no tempo, mas de maneiras opostas. De fato, não pode haver nenhuma mudança sem alguma coisa permanente subjacente à mudança. Por exemplo, digo a uma amiga: "Como você mudou!". Mas ela continua a *mesma*, senão eu não poderia nem designá-la nem reconhecê-la. Só as coisas que não mudam é que mudam! Senão elas não seriam mais as mesmas coisas. Portanto, elas não poderiam mudar. Parece um paradoxo e, no entanto, é a verdade mais verdadeira da nossa linguagem-mundo. Aristóteles até deu um nome para isso. Ele chamava essas coisas que persistem – e, portanto, que podem mudar – de "substâncias" (*ousiai*, em grego). Esse é um dos mais belos e fecundos conceitos híbridos de toda a história da metafísica!

Essas são apenas algumas observações sobre a hibridez do nosso conceito de tempo.

Mas eu gostaria de acrescentar uma última, que vai poder nos introduzir (finalmente!) numa outra maneira de dizer o mundo. Você se lembra do que eu disse diversas vezes? De acordo com a estrutura predicativa, há no mundo duas entidades heterogêneas: as coisas e os eventos. Mas, de acordo com a estrutura indicativa, podemos falar de nós mesmos ao nos indicar por um "eu" e nos dirigir aos outros por um "tu". Essa estrutura revela o mundo *onde* somos e indica a existência de um terceiro tipo de entidade: as pessoas capazes de agir.

– Essa "estrutura indicativa", que você já mencionou, você ainda não deu uma definição clara dela. Você precisa defini-la! Mas antes: qual a relação dela com o conceito de tempo?

Bem, me parece que o conceito de tempo também pode ser analisado como "híbrido", em outro sentido: ele está ligado a essas duas estruturas incompatíveis, predicativa e indicativa. Eu explico.

Como eu disse, o que chamo de linguagem-mundo pressupõe que falamos do mundo como se ele fosse exterior a nós. Como espectadores, digamos assim. Descrevemos o mundo sem nos envolver. Falamos das coisas e dos eventos em terceira pessoa.

Nós representamos o tempo de acordo com a nossa linguagem--mundo. A melhor imagem que podemos oferecer para representá-lo é o da flecha. Mas não estou me referindo à "flecha do tempo", no sentido que a expressão tem em termodinâmica para qualificar certos processos físicos como, por exemplo, a entropia crescente de um sistema. Estou me referindo, de maneira mais banal, ao esquema que, por exemplo, os paleoantropólogos usam para representar a evolução do gênero *Homo*, ou os professores de história para mostrar na lousa a sucessão dos Bourbons. Tanto um como outro desenham um eixo orientado por uma flecha que indica a assimetria constitutiva do tempo. O professor vai explicar que: "Henrique IV, depois Luís XIII, depois Luís XIV, que precedeu Luís XV e depois Luís XVI...". Da mesma forma, todos os dias pensamos ou dizemos coisas do tipo: "O arroz estava cru, joguei água fervente e, quinze minutos *depois*, ele estava cozido". O que vem "antes" precede e determina (pelo menos em parte) o que vem "depois". Todas essas histórias, pequenas ou grandes, são descritas de fora. Não são a nossa história, são a história do mundo, no caso, a do gênero *Homo*, da França ou do meu arroz. Concebemos o tempo como esse movimento do mundo, que o arrasta irreversivelmente na mesma direção: do "antes" para o "depois". O tempo é exatamente o que faz o posterior *suceder* ao anterior. Como uma flecha.

Mas também posso falar do mundo de acordo com a "estrutura indicativa". É o mundo onde estou. Posso falar sem obliterar o ponto de vista do qual eu falo. Digo "eu", "tu", "nós", "vós", e indico dessa forma aqueles com quem compartilho o mundo. Falo do mundo e do tempo, estando eu mesmo nele. O tempo aqui é tão irreversível como no caso anterior, mas não imagino essa irreversibilidade da mesma forma. A melhor imagem que eu poderia oferecer não me parece mais a da flecha desenhada na lousa, mas a de um rio no qual estou imerso. Ou melhor, no qual *nós* estamos imersos, todos nós que partilhamos este mundo comum, todos nós que estamos imersos no tempo. Existimos no mundo e, imersos no rio do tempo, dizemos que o tempo passa! "Os dias passam, eu permaneço", ou: "O amor vai embora como a água corrente", como escreveu Apollinaire. Ou, mais simplesmente, podemos dizer e pensar coisas do tipo: "E pensar que *já* estamos em 2021!", ou: "*Ainda* não são 4 horas". No nosso pensamento, o ano 2021, que antes era o futuro, hoje é o presente e em breve será o passado.

– Muito bem, há duas formas diferentes de pensar o tempo do mundo: quando nos imaginamos fora do mundo e do tempo para falar deles, e quando falamos deles imaginando a nós mesmos inseridos no mundo e submetidos ao tempo. O que tem de extraordinário nisso?

Tem o seguinte: essas duas metáforas apresentam o tempo *em sentidos contrários*. Na metáfora da flecha, o tempo parece ir *para* o futuro: por exemplo, o cru do arroz vem antes do cozido e o nascimento dos seres vem antes da sua morte (por vir). Na metáfora do rio, o tempo parece *vir* do futuro: o ano 2021 era futuro, tornou-se presente e será passado. Todo evento dado (por exemplo, o nascimento ou a morte de uma pessoa) é primeiro futuro: ele será. Quando se torna presente, ele é; até finalmente se afastar de nós e se tornar passado: ele foi. O rio e a flecha levam a imaginação em sentidos inversos. De um lado, com o tempo, as coisas parecem ir para o futuro; de outro, com o tempo, as coisas parecem ir para o passado.

São duas maneiras opostas de pensar o tempo, porque existe um abismo entre falar de acordo com a estrutura predicativa e falar de acordo com a estrutura indicativa. Essa segunda maneira depende do uso de uma palavra, uma palavra que não é nem um substantivo (ou pronome) nem um verbo (ou adjetivo), uma palavra que não tem nem a função de sujeito nem a função de predicado, uma palavra que depende do que denomino *parole*-mundo e que é um "indicador": a palavra "agora".

É essa estrutura indicativa que vamos abordar...

– Primeiro explique isso que você chama de "indicadores".

Entendo por "indicadores" o que muitos linguistas preferem chamar de indexicais: *isto, agora, aqui, eu, tu*. São palavras que empregamos espontaneamente para designar elementos individualizados do nosso ambiente. Ao contrário dos nomes comuns, que são sempre gerais, os indexicais se referem a elementos singulares. São empregados mais ou menos como nomes próprios. Mas ao contrário dos nomes, que sabemos imediatamente a que remetem quando conhecemos seu sentido ("mesa" designa qualquer tipo de mesa), não basta saber o que eles significam para compreender o que eles designam: o sentido é constante, mas a referência varia a cada ato de fala. Você precisa conhecer o contexto para compreender do que se trata. "Isto" tem sempre o mesmo sentido: significa o que é mostrado por aquele que fala; assim como "agora" significa o momento em que essa palavra é dita; "aqui" é o lugar onde ela está sendo pronunciada; "eu" é aquele que fala; "tu" é aquele a quem se fala. Mas quem não está presente no ato de fala não é capaz de compreender o que a palavra está designando. Ligo para o celular de Fanny e pergunto: "Onde você está?". Fica mais claro se ela responder "Toulouse" do que "aqui". Evidentemente, se pergunto: "Quem fala?" e ela responder: "Eu", é provável que eu reconheça a voz. Mas, enfim, é um caso à parte!

A lista de indicadores que fiz (*isto, agora, aqui, eu, tu*) compreende os cinco tipos de variáveis de todo ato de fala: aquilo de que ela trata, o momento e o lugar em que é enunciada, o locutor e o interlocutor. Portanto, como você pode ver, não se trata mais de linguagem, mas, sim, de fala.

– Em que os indicadores são importantes para saber o que há no mundo? Eles mudam nossas formas de falar, mas eles mudam o mundo em si?

Pois então, isso pressupõe ao menos um outro ponto de vista sobre o mundo. Os indicadores instituem uma relação com o mundo muito diferente daquela da predicação. Não chamo mais essa relação com o mundo de "linguagem-mundo", mas de "*parole*-mundo". Por exemplo, como eu disse há pouco, concebemos o "tempo" de forma diferente conforme nos excluímos ou nos incluímos nele. E acontece o mesmo com inúmeros conceitos e, consequentemente, com o mundo em geral.

Imagine, por exemplo, que, com um toque de varinha mágica, você se tornasse onisciente: você saberia tudo do mundo!

Mas o fato de você saber tudo ou, dito de outro modo, o fato de esse saber ser *seu* faz parte ou não do seu saber do mundo? Se você responder "não", você não se considera parte do mundo; você é semelhante a um deus que observa o mundo de fora, ou àquelas crianças que se esquecem de se incluir na conta quando estão repartindo alguma coisa. Portanto, falta ao mundo alguma coisa ou alguém: você. E falta ao seu saber uma informação essencial, que só pode ser dita por indicadores: *esse* saber do mundo é *presentemente meu*. (São três numa tacada só.) No entanto, é difícil dizer que essa informação simplesmente se soma às anteriores, ela parece ser radicalmente de uma ordem diferente.

Ela só é acessível a você, mas de uma maneira diferente das informações que você tem sobre o mundo. Ela pressupõe uma aptidão diferente daquela que consiste em falar do mundo: a capacidade de dizer e pensar "eu". Aptidão complexa, é óbvio: enquanto o "apontamento" (isto é, a capacidade de mostrar as coisas apontando) é uma característica humana adquirida desde cedo, as crianças custam a dominar o emprego dos indicadores: elas se designam por seu próprio nome, antes de conseguir dizer "eu". É que o uso do "eu" ou do "agora" supõe a reflexividade do ato de linguagem sobre ele mesmo. A fala tem de se reportar ao próprio ato no qual ela consiste. Por exemplo: na palavra "agora", além da indicação de um instante preciso, há a indicação de que aquele instante não é nada mais do que o instante em que a própria palavra foi pronunciada. E isso é ainda mais fundamental no caso do "eu".

Dizer "eu" não é apenas pronunciar um nome, como quando nomeamos "Sócrates" ou uma mesa. Também não é se nomear, como se eu dissesse "Francis Wolff". É um pouco menos e muito mais. É um pouco menos porque utilizo a mesma palavra "eu" que você ou qualquer outra pessoa quando designa a si mesmo. Mas é também muito mais e por vários motivos. De um lado, porque "eu" remete a "tu": para mim, eu sou "eu" e você é "tu", porque, reciprocamente, para você eu sou "tu" e você é "eu". E, sobretudo, porque dizer "eu" é um ato reflexivo. Ele remete ao sujeito que diz "eu". Remete a qualquer um, em certo sentido, já que toda pessoa diz "eu". Mas sempre ao mesmo, a um ser singular, único: "Eu". De todos os que dizem "eu", só tenho acesso imediato a um: eu mesmo. Por isso, a proposição "eu penso, eu sou" de Descartes não precisa se apoiar num argumento. No "eu" do "eu penso" já está contido o "eu sou": o dizer apenas o explicita.

Esse sujeito singular, eu mesmo, é sempre o mesmo cada vez que eu o digo, já que é pelo mesmo ato que eu o digo: é claro que eu mudo, mas sou sempre eu, eu que digo "eu", eu que sou o mesmo como substrato idêntico de todas as minhas transformações. Mais idêntico a si mesmo que todas as coisas da nossa linguagem-mundo! Mais distinto de todos os que dizem "eu" do que são das outras coisas todas as coisas da nossa linguagem-mundo. Posso confundir as coisas, mas jamais a mim mesmo. Quer dizer, posso confundir as *coisas*, fazer um erro de identificação, falar de neve quando se trata de relva, achar que um altar é uma mesa, mas não posso errar quando digo "eu". Eu não me confundo com você ou com ela.

Dizendo "eu", portanto, eu me coloco numa relação com o mundo completamente diferente daquela da predicação. Na predicação, falo de coisas que estão num mundo em que eu não estou. Mas, na indicação, eu estou no mundo, um mundo muito diferente daquele do qual eu me excluo quando falo dele. É o mundo *a priori* comum a todos que podem falar dele: o mundo falado. Ou como eu digo: a *parole*-mundo.

– Estou entendendo em que indicação e predicação *se diferenciam. Mas em que o "eu" muda o mundo? Se o mundo for descrito a partir de dentro ou a partir de fora, o resultado não é o mesmo?*

A meu ver, não. Porque a *parole*-mundo muda a maneira como você sente que age. Por exemplo, você anda na rua sem pensar no que está fazendo. Mas suponha que esteja andando depois de um longo período de cama. Você se levanta e pensa: "Que maravilha! Estou andando!". Você não pensa nisso que está acontecendo como um evento que acontece no mundo, um evento que tem uma causa em outro evento, como se cada passo acarretasse mecanicamente outro passo. Você pensa nisso como um ato que você está realizando. Um evento cuja única causa é você mesmo. E isso você só pode pensar em primeira pessoa.

Suponha agora que você não possa pensar e nunca tenha pensado "eu". Suponha que tudo o que você faz: andar, dirigir, comer, ouvir música, visitar seu filho, escrever uma carta a um amigo, suponha que você assista a todas essas ações de fora, do mesmo modo como você fala do mundo. Sujeito-predicado. Substantivo-verbo. André anda, André escreve uma carta etc.

– *Me parece que é o que acontece em certas patologias mentais.*

Exato. Existem doenças mentais graves em que os pacientes perdem esse sentido do "eu". Ou apresentam um "transtorno de agentividade", como dizem alguns. É como se fosse uma encenação. Eles não agem. Eles perdem a noção do sujeito dos seus atos, o sujeito que, normalmente, só consegue se pensar e se dizer em primeira pessoa. Portanto, é porque podemos dizer e pensar "eu" que podemos pensar e dizer que agimos e nem tudo acontece no mundo como em "chove" ou "o Sol nasce".

E acrescento o principal: é porque podemos dizer e pensar "eu" que reconhecemos que há outros seres que também têm acesso direito a essa reflexividade do "eu" que lhes permite enxergar o mundo em primeira pessoa e, portanto, agir nele. Chamo de "pessoas" esses seres que podem se pensar em primeira pessoa. É necessário ser uma pessoa para conceber que há pessoas no mundo. E apenas as pessoas agem, porque somente elas são causa de certos eventos, aqueles que denominamos atos.

– *Mas quem é pessoa? E como se diferencia um* ato *de um* evento?

A resposta a essa questão nunca é clara. Em todo caso, é eminentemente controvertida. Tão controvertida quanto saber se o que acontece no mundo é um ato ou um evento. Por exemplo: chove. É um evento. O tempo está chuvoso, eu pego meu guarda-chuva. Mas, para outros, é um ato: o ato de uma divindade benevolente que atendeu às preces e irrigou as plantações. Estamos passando por uma epidemia de coronavírus. Evento que os cientistas tentam reconstituir em suas múltiplas cadeias de causalidade. Mas, para outros, é um ato: do governo chinês, da CIA, de Bill Gates, dos judeus etc. Outro exemplo: o centroavante cai na grande área. É um evento que temos de explicar apenas por suas causas? Grama molhada, escorregão... Ou é um ato? E, nesse caso, de quem? Do centroavante? Ele pode levar cartão amarelo por simulação. Ou da defesa adversária? Nesse caso, ele pode cavar um pênalti. O resultado do jogo depende disso. Em outras situações, o caso pode ser mais grave. Uma mulher despenca da janela de um apartamento. Evento ou ato? E se for ato, de quem? Dela ou do companheiro dela? Às vezes o destino de um povo depende dessa distinção. Incêndio do Reichstag, atentado contra o presidente de Ruanda, Juvénal Habyarimana etc.

De todo modo, para começar a responder à sua pergunta, acho que podemos avançar duas teses. Primeira tese: apenas as pessoas *podem* agir. Pelo menos no sentido pleno do termo. Podemos dizer, sem dúvida, que o mosquito pica ou que o cachorro morde: eles não são pessoas, mas fazem alguma coisa! Eles são agentes de seus atos, em um sentido que deve ser especificado em cada caso. Mas eles não agem no sentido em que as pessoas conscientes de si mesmas materializam cientemente suas intenções. (Vamos ter de falar de tudo isso quando formos discutir as diferenças entre animais e entre animais e humanos.) Segunda tese: somente os seres que podem dizer e pensar "eu" são pessoas. Mas, evidentemente, não basta pensar ou falar em primeira pessoa para agir. Nem todo "eu" designa o agente de uma ação. Quando digo "sinto dor", "meço 1,76 m", "estou quente", isso não significa que me considero a causa da minha dor, da minha altura ou da minha temperatura.

Essas duas teses me parecem incontestáveis, porque, para todo mundo, há pessoas e atos no mundo. As pessoas não são simples coisas e os atos não são simples eventos. Não muda nada o fato de eu acreditar ou não no espírito da floresta ou num complô mundial de judeus. O que muda são as convicções de cada um em resposta à pergunta: "Quem é uma pessoa?". Pois podemos personificar quase tudo: a floresta, o rio, o artífice do mundo. Inventamos espíritos, santos, virgens, deuses que se revelam capazes de agir e provocar eventos. A criança personifica seu brinquedo, o devoto personifica a imagem, quase todos os donos de animais de estimação personificam seus bichos, o economista personifica o mercado, e os grandes campeões de xadrez sentem necessidade de personificar a máquina contra a qual estão jogando: "Ah, ela fez aquilo para me pegar, mas eu percebi qual era a dela". Personificar é atribuir espírito, isto é, muito mais do que uma consciência. O espírito é a capacidade de pensar e dizer "eu" e, portanto, agir. Atribuir espírito às coisas sem espírito é irracional, evidentemente, mas corresponde a uma necessidade natural do espírito e nem sempre é uma estratégia irracional: o enxadrista não tem nenhuma chance de vencer o computador, se não lhe atribuir um espírito, ainda que saiba que, na realidade, ele não passa de um monte de ferro.

– Acho que não me fiz entender. Quando perguntei o que é uma pessoa, a pergunta era para você. Claro, podemos personificar tudo e mais alguma coisa. Mas é a sua resposta que interessa. Você disse: "É uma pessoa capaz de dizer eu". Que seja. Mas toda pessoa é capaz de dizer "eu"? Por exemplo, a criança de colo, o surdo que não aprendeu nenhum tipo de linguagem, o indivíduo que tem uma deficiência mental severa, o chimpanzé? Em suma, quem é uma pessoa, a seu ver?

Sim, você está certo, a minha resposta foi muito insuficiente. Talvez tenha sido para adiar as questões mais difíceis e, sobretudo, muito sensíveis, que estão no limite da metafísica com a moral.

Para começar sem vacilos, vou responder primeiro à questão que não é alvo de controvérsias. As pessoas surdas dizem e pensam "eu" e "tu". As diferentes línguas de "sinais" (é assim que se diz) permitem a expressão dos pronomes pessoais e de todos os indicadores de forma extremamente precisa. De acordo com certos especialistas, essas línguas são muitas vezes mais sutis, desse ponto de vista, do que as línguas "faladas". Além do mais, crianças surdas que não aprenderam nenhum tipo de linguagem, como você disse, inventam espontaneamente línguas de sinais para se comunicar entre si. Essa é a história frequentemente contada da língua de sinais nicaraguense – em espanhol: *idioma de signos nicaragüense* (ISN) –, que serviu de laboratório natural de estudos sobre o nascimento de línguas para muitos linguistas. E quando duas comunidades de surdos que não usam o mesmo sistema de sinais precisam se comunicar entre si, elas inventam uma língua de contato seguindo a mesma dinâmica das línguas faladas: primeiro pídgins, depois crioulos. O "eu" é de fato uma das características do espírito humano ligadas às exigências da interlocução. E não tem nenhuma relação com a audição ou o aparelho fonador.

Saber se os grandes primatas têm acesso ou não à consciência permanente de si e ao que os cognitivistas chamam de "teoria do espírito" é uma questão extremamente controvertida, embora os primatologistas mais midiatizados da atualidade afirmem que a questão está resolvida: com o antiespecismo, virou moda dizer que "nada nos diferencia dos bichos", "não há nada característico do homem" etc. Ao contrário do que a expressão sugere, a "teoria do espírito" não é uma teoria. É a capacidade natural de atribuir intenções, desejos, crenças e, portanto, um espírito, uma interioridade a outrem. Parece que, em certas situações experimentais, alguns chimpanzés agem levando em consideração o saber que atribuem a um congênere. Mas a "teoria" termina aí. Por exemplo, eles não podem atribuir crenças falsas ao outro, ao contrário do jogo extremamente sutil – imposto pela reflexividade de si mesmo e pela atribuição ao outro dessa mesma reflexividade – que a criança adquire desde muito cedo: você acredita que eu acredito que você acredita etc. Além disso, no filhote de homem, há uma espécie de protolinguagem que aparece desde os primeiros meses de vida e é totalmente ausente nos primatas: o jogo do olhar dirigido alternadamente para o objeto (a bola) e para o olhar do outro, naquilo que se chama "atenção conjunta". Esse triângulo está pronto para receber o triângulo do "eu", do "tu" e do "isto". Para responder à sua pergunta sobre esse ponto, eu diria simplesmente que as crianças pequenas, antes de adquirir a linguagem, são pessoas em devir. E tudo aquilo que chamamos de educação, em todas as culturas, sem exceção, tem como finalidade fazer das crianças pessoas plenas. Voltaremos a falar disso na entrevista dedicada à antropologia.

Acabo de aludir ao fato de que se tornou muito difícil falar com tranquilidade sobre essas questões, de tão sensíveis que elas se tornaram no plano moral. Se você diz que os animais não são pessoas no sentido que entendo, você é acusado de reduzi-las a coisas e, portanto, de justificar a criação industrial ou os maus-tratos dos animais. Mas a questão é mais sensível ainda no que diz respeito às pessoas com "deficiência mental severa". Negar a elas o qualificativo de "pessoa" seria intolerável, evidentemente, e aumentaria o sofrimento já grande dos familiares. Portanto, é imperativo não comparar o sentido "moral" de pessoa com o sentido metafísico que tento extrair daí. Digo com toda a clareza: no sentido moral, todos os seres humanos e somente os seres humanos são pessoas, e elas formam entre si uma comunidade moral. Quando digo que o ser humano se define *essencialmente* pela linguagem e, portanto, pela predicação e pela indicação, eu não excluo da humanidade as pessoas cuja deficiência impede que elas tenham acesso às formas mais elaboradas da comunicação e da expressão. Do mesmo modo que se definíssemos o homem como um "animal bípede", como antigamente, não negaríamos a humanidade às pessoas que têm apenas uma perna. Elas são simplesmente privadas de uma capacidade naturalmente humana. Quanto às pessoas com "deficiência mental severa" que precisam de assistência constante, elas sem dúvida têm acesso a uma consciência de si reflexiva e, evidentemente, a uma "teoria do espírito" sobre as pessoas do seu círculo. E, de todo modo, elas são "pessoas" no sentido moral, por dois motivos. Elas vivem num mundo humano, onde são acolhidas com o cuidado e a preocupação que se devem às pessoas. E, por outro lado, você e eu podemos nos dizer, em primeira pessoa: "Eu poderia ser essa pessoa". Isso eu não poderia jamais dizer dos chimpanzés, mesmo que eu admire os seus feitos. Como diz o biólogo Alain Prochiantz: "Esse macaco não é meu irmão".

– Vamos deixar a moral de lado (voltaremos a falar sobre ela nas próximas entrevistas) e voltar à metafísica. Que prova você tem de que há atos *que não são* eventos *e que aquilo que você chama de* pessoas *não são* coisas? *Talvez seja uma ilusão...*

Talvez. Mas não é nem mais nem menos – na verdade, é menos – do que "a neve é branca". No mundo onde a neve é branca e a relva é verde, e onde já são 17 horas, há pessoas que agem. Talvez, repito *talvez*, no nível microfísico, em que as mesas não passam de átomos em movimento, ou no nível macrofísico, em que o presente varia de acordo com a velocidade do observador, talvez nesses níveis as pessoas e os atos sejam ilusão. Talvez, *em realidade*, as pessoas não existam, assim como as mesas, o Sol e, portanto, o que convencionamos chamar de coisas. Mas as pessoas e os atos existem ao menos tanto quanto as coisas e os eventos.

Vou me contentar com uma única prova: eu existo. Tenho a prova absoluta da existência dessa pessoa única: eu! É o velho Descartes: "Eu penso, eu sou"! Ele disse tudo que havia para se dizer sobre essa questão. Em relação ao resto, tenho apenas indícios, indícios mais ou menos seguros. Uma certeza que tenho é, por exemplo, que *você* existe, já que eu *lhe* falo e você me responde dizendo "eu". Posso ampliar essa certeza a todos aqueles com quem eu poderia falar e que poderiam me responder. Deduzo disso que todos os seres falantes são pessoas. Eles estão todos no mundo, do mesmo modo que eu. Pela fala, o mundo é comum a todos nós – de maneira diferente do que é pela linguagem. Você deve se lembrar que, na entrevista anterior, eu disse que o mundo nos era comum como espaço das coisas e dos eventos sobre os quais podemos nos falar. Ele nos é comum agora como espaço da interlocução. Ele não é mais só tudo do que podemos falar ou tudo o que podemos dizer. Ele é todos aqueles que podem se falar.

Não há outras pessoas no mundo além daquelas que resultam dessa comunidade de interlocução. E todas as outras invenções de pessoas, as personificações que mencionei há pouco, são ilusões. Ilusões explicáveis, derivadas do nosso uso da palavra. Ilusões úteis às vezes. Mas ilusões estranhas à razão.

Pois com as pessoas dispomos de um terceiro princípio de razão. Tínhamos dois princípios de razão da linguagem-mundo: o princípio de identidade e o princípio de causalidade. O primeiro nos obrigava a responder racionalmente à pergunta: "Que é?". O segundo nos obrigava a responder racionalmente à pergunta: "Por quê?". Agora podemos acrescentar um princípio de razão da *parole*-mundo: o princípio de imputação. Ele nos obriga a responder racionalmente à pergunta: "Quem?". E à pergunta completa:

"Quem age?", existe apenas uma resposta racional: "Eu". Não eu, Francis Wolff, mas qualquer um que, agindo, pense que está agindo.

– A ação só é pensável em primeira pessoa? Não posso dizer "tu ages" ou "ela age"?

Sim, podemos dizer isso, sem dúvida. E está certo dizê-lo. Mas não temos as *mesmas* razões para dizer "eu ajo", para dizer "tu ages" ou para dizer "ela age". Por definição, tenho acesso apenas ao eu, ao meu eu. Portanto, só tenho acesso imediato a certas ações: as minhas. Para explicar o "eu", Kant recorre ao que chama de "apercepção transcendental". Ele a enuncia mais ou menos nos seguintes termos: "O 'eu penso' tem de poder acompanhar todos os meus pensamentos". Isso quer dizer que toda experiência vivida, todo pensamento são sempre referidos à unidade do sujeito pensante: eu. Sou sempre eu que pensa. Por analogia com esse conceito, criei o conceito de "alocução transcendental": "O 'eu ajo' tem de poder acompanhar todos os meus atos". Tomo dois exemplos concretos. Um ato banal: "Estou com muito calor, vou abrir a janela". Do início do ato, ou seja, a percepção do meu incômodo, até a providência para fazê-lo cessar, o mesmo "eu" sustenta o ato. Ou, pelo menos, ele poderia sustentá-lo do início ao fim de forma consciente. Acontece o mesmo com os atos mais importantes da minha vida: a escolha dos estudos ou de um emprego, o rompimento de uma relação afetiva, o compromisso com a ação militante etc. A série de percepções, escolhas, pequenas e grandes decisões que toda ação desse gênero pressupõe é acompanhada da consciência de que *eu* ajo: "fico indeciso", "procuro conselho", "me decido", ou então "me arrependo" etc. Toda essa série constitui a minha ação. Ela é, e nunca deixa de ser, em primeira pessoa.

Não acontece o mesmo quando atribuo uma ação àquele a quem me dirijo. Para eu pensar que você está agindo neste momento, preciso primeiro supor que, *como eu*, você pensa, age, decide, realiza. Se eu não tivesse acesso ao meu "eu", eu não poderia nem sequer conceber que você também tem um "eu". No entanto, seus gestos, seus atos, são em parte obscuros para mim: "Por que você está se levantando? Para abrir a janela? Você está com calor?". Cada gesto seu faz parte de uma série que vai da percepção da situação até a realização dela. Essa sucessão de gestos tem um sentido para você, porque são acompanhados da sua própria consciência do "eu ajo". E ela está necessariamente fora do meu alcance. Mas você e eu podemos dialogar. Já é alguma coisa. Se eu digo "tu", eu "te" indico, eu te convoco para a interlocução, transformo você em interlocutor, faço você agir ou, pelo menos, reagir. Posso até mesmo lhe perguntar: "Por que você está suspirando? Por que você está se levantando?". E, dessa forma, posso explicar para mim mesmo a ação que você está realizando. Posso me dizer como ela se inscreve numa série de reflexões, tergiversações e decisões suas que lhe dão sentido. Você torna concreto para mim o "eu", o seu "eu", que sustenta a sua ação do começo até o fim. É você que diz "eu ajo" – ou, conforme o caso, "eu agi". Esse "eu ajo" está aí, mesmo que seja dito por você. E se você se recusar a me explicar o que é, eu sei que, fazendo isso, ficando em silêncio, você age. Você desencadeia alguma coisa em mim.

É diferente quando se trata de uma terceira pessoa. Sim, sem dúvida, posso dizer "ela ou ele faz isso ou aquilo". Mas, primeiro, isso nem sempre está claro. É realmente um ato que ele ou ela está realizando, ou é um evento que se explica por suas causas? É impossível dizer. Não esquadrinho o pênalti: só o centroavante pode dizer se ele escorregou ou simulou um tombo. Em primeira pessoa, portanto.

No entanto, algumas vezes, não há dúvida de que "alguém" age. Não se trata de um simples gesto, como "cair" de propósito ou não. Essa série de gestos que "ele" realiza constitui realmente uma ação coordenada na qual percebo uma intenção. Mas o que ele está fazendo? Com frequência, o que vemos não nos permite dizer o que os seres humanos estão fazendo. Você se lembra do que dissemos na terceira entrevista? Qual a melhor descrição do que um *gendarme* está fazendo quando prende pessoas no meio da madrugada? Está fazendo o trabalho dele? Está obedecendo ordens? Está prendendo inocentes? Está livrando a França de estrangeiros em situação irregular? Qual é *a* descrição correta? Em terceira pessoa, não existe descrição correta. Em primeira pessoa, tudo muda: "Estou livrando a França dos vermes que a estão destruindo". É só em primeira pessoa que agimos, porque agir é não somente fazer um gesto, mas também se engajar numa série de atos que vão da intenção inicial à realização, e cuja unidade e sentido estão na unidade de um "eu ajo" em primeira pessoa.

Logo, é apenas na primeira pessoa que a ação adquire sentido. Na segunda pessoa, ela pode ser esclarecida. Na terceira pessoa, ela permanece opaca na maioria das vezes. Um linguista como Benveniste não estava errado quando afirmava que a terceira pessoa não era uma pessoa de verdade. Ele estava se referindo, obviamente, à pessoa gramatical. Mas será que é tão diferente assim?

– Enfim, sua ontologia é triádica. O ser é dito em três sentidos, e apenas três: como coisas, como eventos e como pessoas.

Sim, porque evidentemente pessoa e ato não constituem duas entidades distintas. Há pessoas exatamente na mesma medida em que há atos. Os atos são imputados a pessoas, e não a coisas. Façamos um resumo dessa ontologia triádica. Em três frases. As coisas possuem identidade. Os eventos possuem causas. As pessoas possuem identidade, da mesma forma que as coisas, mas elas podem causar eventos, que, por sua vez, são atos, atos das pessoas.

– Você pode ser mais específico?

Cada um desses três tipos de ser tem um modo de existência diferente. As coisas existem de forma estável. São e permanecem o que são. Elas são localizáveis no mundo. Podemos explicá-las perguntando: "Que é?". Elas obedecem ao princípio de identidade: A é A. Uma coisa é ela mesma.

Os eventos existem de forma diferente: eles sobrevêm. Dizemos que eles acontecem. Nem sempre são localizáveis, mas são sempre datáveis. Podemos explicá-los perguntado: "Por quê?".

Eles obedecem ao princípio de causalidade: A porque B, B porque C, C porque D etc. Ao contrário da coisa, que é explicada por ela mesma porque ela é (sua essência), um evento é explicado por outro evento, e este por outro.

As pessoas existem de uma terceira forma. Ao contrário dos dois tipos precedentes, elas não são apenas localizáveis *no* mundo, mas, em primeira pessoa, elas estão *no* mundo: são seres para os quais há um mundo e fazem mundo por sua comunidade de interlocução. A maneira como as pessoas são explicadas parece ter um pouco das duas anteriores: pela pergunta "quem?". Mas "quem?" é ambíguo. Em certo sentido, significa "*Quem* é ele?" (ou: "*Quem* é ela?"). O que implica que as pessoas se definem por sua identidade, como as coisas. Mais ou menos como as coisas da segunda linguagem-mundo. Mas, como os eventos, elas são capazes de provocar certos eventos: os atos. Podemos explicá-las perguntando: "Quem?", dessa vez no sentido de: "Quem faz?" (ou: "Quem fez?"). Eles são explicados por sua causa única: a pessoa que diz e pensa "eu".

A imputação é sempre instável, precária. E isso traz problemas morais consideráveis, sobre os quais vamos falar depois. A aplicação do princípio de imputação está sempre dividida entre a *identidade* da pessoa e a *causalidade* dos atos. Quanto mais o ato é explicado pela identidade da pessoa, menos é um ato. Quanto mais dizemos: "Ele age assim porque ele *é* assim" (ele mentiu porque é mentiroso, ele roubou porque é ladrão, ele estuprou porque é estuprador etc.), menos consideramos a *causa* do ato como tal. Quanto mais o ato é da pessoa, menos é um ato. Inversamente, quanto mais o ato é explicado como um evento, em sua singularidade e unicidade, a partir da multiplicidade de suas causas particulares, menos ele pode ser referido à "personalidade" da pessoa. Quanto mais é ato, menos é da pessoa. Essa é a necessária tensão interna da imputação, que, no entanto, é a aplicação do princípio de razão no mundo das pessoas.

Não existe uma "boa solução" para essa tensão. Tudo o que podemos concluir é que é quase impossível *julgar* as pessoas e os atos. E, no entanto, é racionalmente necessário imputar os atos às pessoas.

No mínimo para saber se foi pênalti!

– *Ontologia "minimalista", como você disse certa vez num dos seus seminários. Não é uma crítica que poderia se aplicar a você? Descartes, Espinosa e Leibniz tinham mais ambição!*

Toda ontologia é minimalista, não no sentido qualitativo, mas no sentido quantitativo. Limitar ao máximo o número de entidades de base. Espinosa é monístico, sua ontologia tem apenas uma substância. Em Descartes, há apenas duas substâncias: a substância pensante (a alma) e a substância extensa (o corpo); e o homem é a união estreita de uma com a outra. A minha ontologia é mais "ambiciosa": ela tem três essências! A função de uma ontologia é dizer quais são os constituintes últimos do mundo. À maneira de um químico que estabelece uma "tabela periódica": ela relaciona os átomos e somente eles; não abrange as moléculas complexas e muito menos os organismos.

Vamos voltar à minha "tabela ontológica". No mundo, há três tipos de entidades de base: as coisas, os eventos e as pessoas. Temos aqui um esquema que mostra como vejo as coisas:

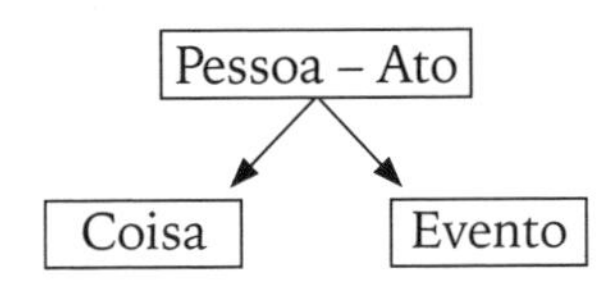

Há dois polos opostos: coisa e evento. Eles obedecem a dois princípios incompatíveis: identificação e alterização. Uma coisa não pode ser um evento nem um evento pode ser uma coisa. Por isso não há um traço embaixo para completar o triângulo.

O terceiro polo, o da "pessoa agente", parece ocupar uma posição intermediária: a pessoa se define por sua identidade, à semelhança da coisa, mas mostra-se capaz de causar eventos, à semelhança do evento. De modo que nada nos impede de encontrar uma infinidade de intermediários entre o ato e o evento, quer dizer, entre o ato "puro" e o evento "puro". Imputamos atos a pessoas, mas qualificamos esses atos de acordo com uma série contínua de graus: desde o gesto mecânico até a ação maduramente refletida. Há também uma infinidade de graus na capacidade de agir das pessoas, e essa capacidade é diferente nas crianças, nos toxicômanos e nas pessoas com deficiência mental severa. É impossível saber, em relação a todo ato, quanto de evento ele comporta: o gramado estava escorregadio, mas o centroavante não fez muito esforço para se equilibrar! Também é impossível saber, em relação a toda pessoa, quanto de coisa ela tem, pois cada um de nós tem acesso direto apenas a uma pessoa, a que denomino "eu", e apenas a certos atos, os dele.

Nada disso pertence ao terreno da ontologia. Assim como o químico não tem o dever de enumerar todas as moléculas possíveis, o ontologista não tem o dever de listar todos os seres concretos do mundo. Isso cabe à antropologia ou à moral. Voltaremos a esse ponto mais adiante. Como toda ontologia, a minha classifica: são esses os constituintes necessários e suficientes do mundo. E eu acrescento a essa lista uma espécie de receita para fazer um mundo. São necessários substantivos, verbos e pronomes pessoais.

– Você também qualifica a sua ontologia de "descritiva", e não de "reformadora": você tem mais tendência a analisar quais são os elementos mínimos da realidade tal como ela se impõe a nós na nossa experiência ordinária do que a dizer o que há por trás *das aparências. Mas, ao mesmo tempo, você faz uma espécie de ontologia neutra, que não toma partido em relação a várias grandes questões que tradicionalmente opõem os metafísicos: materialismo ou espiritualismo, teísmo ou ateísmo, mortalidade ou imortalidade... Às vezes me pergunto se você não faz uma metaontologia (que oferece os elementos de toda ontologia possível), em vez de uma ontologia no sentido ordinário da palavra. Muitos leitores em busca de respostas a essas grandes questões podem se decepcionar. O fato de haver coisas, eventos e pessoas é esclarecedor, mas é suficiente? Kant, mesmo colocando-se numa posição crítica como você (mas falando menos sobre o ser do que sobre o que se pode pensar sobre ele), nunca deixou de se perguntar: "O que me é permitido esperar?" e responder à pergunta...*

Sim, a minha ontologia é descritiva. Ela se contenta em dizer o que há no mundo, não se arriscando a decretar o que há realmente, por isso pode parecer decepcionante. No entanto, vou defender a sua causa, isto é, a minha. Em primeiro lugar, ela não é só descritiva: ela também é crítica. Põe em evidência erros categoriais, conceitos híbridos e ilusões sobre as quais se ergueram alguns castelos de areia metafísicos. Por outro lado, ela é solidária de uma antropologia. Eu diria até que a minha ontologia não é nada mais do que a minha antropologia. E isso possibilita uma ética sobre a qual falaremos em breve. Em outras palavras, é uma ontologia "de rosto humano", para empregarmos uma fórmula meio fora de moda.

Mas quero responder às suas perguntas para não tirar dos nossos leitores a esperança de uma metafísica mais ambiciosa.

Em poucas palavras. Materialismo ou espiritualismo?, você me perguntou. Os dois. Sou espiritualista em primeira pessoa e materialista em terceira pessoa. E não se trata de malabarismo. Não posso pensar que sou apenas o meu corpo, já que penso nele. E acontece o mesmo com você e qualquer um com quem eu posso falar e a quem atribuo essa mesma capacidade. A não ser que eu pense em mim em terceira pessoa e como falamos das coisas do mundo. E, nesse caso, como qualquer outra coisa, sou apenas um monte de pó. A alternativa entre indicação (eu e tu) e predicação (sujeito e predicado) é também uma alternativa metafísica.

– Talvez não seja malabarismo, mas em termos filosóficos é um abismo! Como esses dois pontos de vista (em primeira e em terceira pessoa) podem ser ambos verdadeiros? A não ser que se pense que um é a verdade do outro (o que significa que você é materialista, se escolhe a terceira pessoa, ou espiritualista, se escolhe a primeira), não vejo como é possível mantê-los juntos sem contradição...

Você está certo, não estou sendo preciso. Em sentido estrito, não sou nem materialista, nem espiritualista, nem dualista. Em primeiro lugar, porque não acredito na "matéria". Esse é um conceito metafísico no mau sentido do termo, isto é, vem de uma metafísica reformadora que pretendia nos dizer, em abstrato, o que há na realidade, considerada uma ordem total e além das aparências. A "minha" metafísica não pretende revelar o que há em *realidade*, mas descrever o que há no *mundo*. Deixo a "realidade" para as ciências e já disse diversas vezes que nenhuma é capaz de tratá-la a fundo. Uma teoria que pretendesse explicar *toda* a realidade não seria científica.

Você talvez me diga: as ciências são "materialistas"! Provavelmente em sentido negativo: elas não supõem nenhum outro tipo de seres, a não ser aqueles dos quais elas podem ter naturalmente a experiência – portanto, não do espírito, se entendemos por isso uma realidade fora do espaço e do tempo.

Além do mais, toda teoria explica o superior pelo inferior, como se costuma dizer. Nesse sentido, bastante frouxo, é que digo que sou "materialista em terceira pessoa", isto é, considerando as coisas de fora, objetivamente, como deve ser o olhar científico que se esforça para ver o mundo de parte nenhuma. O problema é que esse "inferior" nunca é o mesmo: a "matéria" de uma teoria física (isto é, os constituintes de base cuja existência ela deve reconhecer) nunca é a mesma de outra, a "matéria" do biólogo não é a mesma do físico, por exemplo. Portanto, não há "matéria", mas níveis de realidade – variáveis, aliás – ou constituintes de base distintos, segundo os tipos de explicação.

Quando digo que sou "espiritualista em primeira pessoa", quero dizer que, *no mundo* tal como o descrevo, há necessariamente o espírito. Porque eu tenho a experiência do espírito, como disse diversas vezes: sou eu! E, indiretamente, é você, é o espírito que lhe atribuo quando falo com você, e, mais em geral, é o de todos os que povoam o mundo comum. É *verdade* que sou, e que você é; é verdade que há espíritos no mundo, tão verdade quanto a neve é branca. E essas verdades têm consequências morais importantes. Vamos voltar a elas mais adiante.

Há contradição entre os dois pontos de vista? Penso diferente: penso que a redução de um ponto de vista ao outro levaria a absurdos. Por exemplo: nenhuma teoria científica é capaz de explicar o espírito no sentido em que tenho a experiência de mim mesmo; ela deixaria de ser científica. Seus constituintes de base – "neurônios", "impulsos nervosos", "sinapses" – a impediriam; eles são incompatíveis com as impressões que experimentamos aqui, agora, pelo espírito. Esse é o muro que as neurociências, por exemplo, jamais conseguirão ultrapassar. Podemos "reduzir" quanto quisermos a dor ou o prazer a uma excitação cerebral localizável, nunca conseguiremos explicar o que é *sentir* prazer ou dor em primeira pessoa. Existe um fosso. Não porque existam duas "substâncias" de natureza diferente, como diz certo dualismo metafísico clássico, mas porque existe uma incompatibilidade entre os dois pontos de vista: é impossível experimentar as coisas em primeira e em terceira pessoa. A frase: "sou um corpo" é uma contradição em termos, na minha opinião. É preciso escolher: ou o *mundo* do qual temos subjetivamente a experiência, ou a realidade, ou melhor dizendo, *as* realidades que nos esforçamos para conhecer objetivamente.

Enfim, última precisão. Usei a palavra "substância". Emprego esse conceito da metafísica reformadora na minha metafísica descritiva sem nenhum problema. As coisas e as pessoas são duas substâncias no sentido clássico do termo. São seres que podem mudar, porque, por outro lado, permanecem os mesmos. Em outras palavras, eles têm uma "essência" constante e atributos variáveis. É provável que se tivéssemos em primeira pessoa a noção de pessoa, não disporíamos desse conceito metafísico de substância, que é derivado dela. Portanto, nesse sentido, sou dualista, porque as coisas não são pessoas e não se explicam como elas. E as pessoas não são coisas e, sobretudo, não se tratam como coisas. Esse dualismo é puramente conceitual, já que não deduzo nada dele sobre a diferença real entre pessoas e coisas. Mas, repito, também há eventos no mundo: eles não são substâncias, já que não mudam nem persistem. Minha metafísica seria "trinitarista" por causa disso? Conceitualmente, por que não?

– Mortalidade ou imortalidade?

Todos os seres vivos são mortais, logo os seres humanos também. Mas devemos agir de maneira que a humanidade seja imortal. Na primeira pessoa, o desejo de imortalidade é uma ilusão perigosa; na terceira pessoa, é um ideal justo e uma esperança que nos mobiliza. É o que nos permite ter esperança.

– *Teísmo ou ateísmo?*

De certo modo já respondi a essa pergunta. Você se lembra da nossa primeira entrevista? Mencionei uma conversa com o rabino Gourévitch, a última que tive com ele. Ele disse que eu nunca seria completamente ateu. No entanto, não acredito em nenhum dogma de nenhuma religião revelada. Não acredito na existência de um Deus pessoal, criador do mundo e juiz das nossas ações. Me parece que usei alguns argumentos não para mostrar sua inexistência ou sua inconsistência, mas para evidenciar a fonte dessa crença universal na existência de espíritos fora do mundo. Me perguntei muitas vezes quanto de não ateísmo ainda me resta, além da fidelidade ao nome "judeu". A esperança messiânica de uma libertação política da humanidade. Em outras palavras, a feliz continuação de sua imortalidade. É o que permitiu a *mim* ter esperança.

Suas três grandes perguntas se resumem, na verdade, a uma só: "Você falou tanto deste mundo e não disse se, para você, existe outro". Você tem razão. Então eu digo: não existe outro. É verdade que, em todo canto, quase sempre, os homens não conseguem viver neste mundo sem imaginar outro, futuro ou ideal, que dê sentido a este. Essa constante antropológica é denominada por uma palavra bastante ambígua: religião. Da minha parte, respondo com uma frase de Paul Éluard: "Há outro mundo, mas está neste". Talvez ele tivesse em mente um mundo melhor, não um mundo após a morte, mas um mundo após a revolução, segundo um messianismo político comum no século passado. Meu outro mundo, ou melhor, meus outros mundos, sem os quais eu dificilmente conseguiria viver, são diferentes. Eles procedem de outra constante antropológica, que também é denominada por um termo igualmente ambíguo: artes. Esses outros mundos, eu não diria que eu os imagino, porque na verdade eu os percebo. Num rosto pintado por Vermeer, ouvindo o *Magnificat* de Bach, ou assistindo a *Bérénice* no teatro. Precisamos falar desses mundos.

SEXTA ENTREVISTA

ATREVER-SE AO HUMANISMO

A pergunta: "O que é o homem?" – Próprio e essência – Nem razão nem linguagem, mas razão dialógica – A refutação do idealismo – O realismo dos antigos – Os raros solipsistas – Que igualdade moral para os seres humanos? – Um diálogo com Deus? – Igualdade de direitos – Igualdade moral *a priori* e desigualdade do valor das pessoas – O infortúnio da virtude e a prosperidade do vício – Humanismo? Você disse humanismo? – O anti-humanismo do século XX, e em especial de Foucault – Os três princípios de uma ética humanista – O valor da Natureza

– Kant dizia que a pergunta: "O que é o homem?" é a pergunta principal da filosofia, à qual todas as outras se resumem. Não estou certo de que isso seja verdade para toda a filosofia, mas seguramente é para a sua. Aliás, você mesmo disse, na quarta entrevista, que a antropologia era o "núcleo central" do seu pensamento, a tal ponto que a sua metafísica é apenas a sua antropologia. Essa é uma afirmação surpreendente, que, obviamente, se explica pela importância que você dá à linguagem (ontologia, antropologia: o logos *é comum a ambas e as une), mas também faz uma transição perfeita para a entrevista que estamos iniciando. Vamos*

falar então desse "núcleo central". À pergunta: "O que é o homem?", o que você, Francis, responde?

De fato, para mim, essa é uma questão fundamental. Aliás, quando apresentei a minha "árvore" de raízes ontológicas e tronco antropológico, avisei que a minha resposta à pergunta sobre o que há no mundo dependia também, reciprocamente, da maneira como eu definia o ser humano. Mas, para dizer a verdade, quando concluí a nossa última entrevista com a frase: "A minha ontologia não é nada mais do que a minha antropologia", eu estava pensando em Descartes (ele de novo!), que escreveu: "Toda a minha física nada mais é do que geometria". Isso não o impediu de fazer física por ela mesma, como sabemos. Mas ele queria dizer que, estudando o universo físico, ele abstrai da natureza material dos corpos e de suas qualidades e as considera simples objetos tridimensionais em movimento no espaço. Eu diria, à sua semelhança, que levo muito a sério a "ciência do ser", ou seja, a ontologia, mas como, a meu ver, a pergunta: "O que há *em realidade*?" não é da esfera da ontologia, mas das diferentes ciências positivas, sou obrigado a fazer abstração dela. Portanto, a questão ontológica é: o que é preciso que o mundo seja para que apareça a nós como uma ordem total e comum? "A nós", os seres humanos. A pergunta: "Que há?" remete, portanto, à pergunta: "Que é o homem?". Em outras palavras: qual é o animal cujo mundo é uma ordem total e comum? Resposta: é um ser cuja razão é dialógica. Os seres humanos são animais dialógicos.

– Para você, isso é próprio do homem?

Sim, mas não gosto muito do termo "próprio" nesse contexto. Na lógica clássica, "próprio" não é um atributo essencial. Tecnicamente, ele tem a mesma extensão do sujeito, mas não permite defini-lo. O exemplo típico, que aprendemos na escola, é aquele que Rabelais cita no começo de *Gargântua*: "O riso é próprio do homem". Em outras palavras, todos os homens, e (suponhamos) apenas os homens, podem rir. Contudo, seria tolice definir o homem por esse próprio – ou por qualquer outro: ele não daria uma resposta interessante à pergunta: "Que é o homem?". Não se pode deduzir grande coisa sobre a natureza do homem a partir da sua capacidade de rir. Na verdade, há tantos próprios do homem quantos você quiser. O *Homo sapiens* é o único animal que tem queixo, cozinha seus alimentos, é capaz de jogar xadrez, falar chinês e se comunicar com amigos pelo Facebook. Mais a sério: é um mamífero em cuja sexualidade não existe cio e foi o único primata a colonizar todos os espaços do planeta (ao contrário dos seus primos mais próximos, os chimpanzés, que nunca saíram do seu ambiente silvestre). Mais classicamente: é o animal que fabrica ferramentas de pedra (*Homo faber*), cria imagens (*Homo pictor*), conta histórias (*Homo fabulator*), orienta seu comportamento por regras simbólicas (alimentares, sexuais), presta culto aos defuntos, acredita nos espíritos etc. Essa lista infinita de próprios é pouco esclarecedora. Porque o problema da definição do homem não é encontrar o "seu" próprio, mas encontrar o bom! Isto é, aquele que explica os outros.

Os filósofos e os antropólogos procuraram a ou as propriedades humanas das quais todas as outras poderiam ser deduzidas. Esse atributo essencial permitiria explicar a especificidade do ser humano. O bipedismo permanente foi considerado durante muito tempo um bom candidato ao título. Porque dele decorrem inúmeras propriedades especificamente humanas: possibilita uma melhor regulação da temperatura do corpo e acelera o desenvolvimento do cérebro; eleva o campo de visão, o que possibilita a vigilância de territórios maiores e o crescimento de comunidades humanas; libera a mão para transportar ferramentas, armas etc. O que temos aqui é uma boa definição materialista do ser humano, porque as propriedades espirituais decorrem de uma alteração do corpo: a postura. Essa é, sem dúvida, uma das melhores definições do *Homo sapiens* do ponto de vista da antropologia física. Durante muito tempo fui um entusiasta da magnífica teoria de Yves Coppens, ironicamente batizada de *East Side Story*. Ela permitia ser ainda mais "materialista", porque recuava a causalidade em um grau. Explicava o surgimento do próprio bipedismo por uma mudança ecológica: a necessidade de certas famílias de hominídeos de se adaptar à redução da floresta, invadida pela savana na época da formação do rifte na África Oriental. Ela foi abandonada depois, quando houve novas descobertas paleoantropológicas.

Essas explicações evolucionárias sobre a pré-história do *Homo sapiens* são fundamentais. Mas não acho que o filósofo possa se contentar com elas. Ele deve tentar definir o conceito de humanidade, não a gênese da espécie *homo*. Em outras palavras, ele deve determinar o atributo intelectual do ser humano que permite compreender melhor suas outras aptidões intelectuais, espirituais e simbólicas – mesmo que a base material delas seja forçosamente o cérebro, cujo tamanho é resultado da evolução.

– Então por que a razão dialógica? O que você entende por isso? Tradicionalmente, o homem foi definido mais pela razão ou pela linguagem do que pelo diálogo...

É verdade. Mas, justamente, dizer "razão dialógica" é dizer ao mesmo tempo razão e linguagem, de acordo com a palavra grega *logos*, que significa as duas coisas. A definição do homem como um "animal racional" é a tradução latina de uma concepção comum entre os filósofos gregos. Acima dos homens, há os seres animados (*zôa*) imortais e dotados de razão: os deuses. Abaixo deles, os seres animados mortais e sem razão: os animais. Os humanos estão entre essas duas naturezas: mortais e racionais. Daí decorre toda uma visão do mundo e, em particular, das virtudes humanas: se conformar à sua natureza, não sair dos seus limites naturais. Está claro que não podemos mais nos contentar com essa definição.

Aliás, nem com o conceito clássico de "razão". Primeiro, porque com frequência ela é confundida com inteligência. Como todo mundo sabe, há primatas muito inteligentes. Eles são capazes de adaptar seu comportamento a novas situações. E, sobretudo, conhecemos seres não vivos que são mais inteligentes do que eles ou nós: as máquinas. Me lembro da cara do campeão de xadrez Kasparov quando foi derrotado por Deep Blue, o supercomputador da IBM. Devia ser meados da década de 1990. No olhar dele estava toda a humilhação da humanidade, e todo o peso de milhares de anos de evolução do gênero *Homo*! Obviamente, a máquina foi concebida e fabricada pelo homem, e os programadores exultavam nos bastidores. Mesmo assim, se nos limitarmos à capacidade de raciocinar, isto é, de deduzir logicamente e comparar as consequências mais remotas de uma situação, a inteligência artificial ultrapassa largamente a inteligência natural. Você vai dizer: ela faz tudo isso sem consciência do que faz. Evidentemente essa é a inferioridade da máquina. Mas isso também pode ser uma grande vantagem, por exemplo, nas partidas de xadrez ou de go, ou mesmo no caso de um veículo autônomo. Se não há consciência, não há emoção. Se não há emoção, não há o medo de perder, não há o estresse inibidor que coloca o passageiro em perigo etc.

Dito isso, podemos entender a diferença entre a inteligência artificial (a famosa IA) e a inteligência humana ou, mais exatamente, a diferença entre inteligência e razão. A razão humana não se contenta em raciocinar, isto é, induzir e deduzir de modo lógico. O ser humano raciocina conscientemente. "Na cabeça dele", como se diz. Ele reflete. O termo é excelente e remete à reflexividade do espírito humano: poder pensar que se pensa. E não podemos refletir sem linguagem.

– Mas hoje, e ao contrário do que se imaginava na época de Descartes, todo mundo sabe que existem linguagens animais, em geral muito eficientes...

Sem dúvida. Muitas espécies – das abelhas às baleias, passando pelos macacos-vervets – possuem sistemas de comunicação de informações ou expressão de emoções. Mas quando falo de linguagem no sentido humano, não estou me referindo a um código de sinais para transmitir informações úteis sobre fontes de alimento ou presença de predadores. Também não estou me referindo à capacidade do aparelho fonador que, como já se observou, não é necessário à linguagem humana. Nem às façanhas dos famosos chimpanzés capazes de aprender certos rudimentos sintáticos da língua de sinais, porque todos esses códigos são ensinados em laboratório, não fazem parte da aparelhagem natural da espécie. Costumo dizer que essas experiências são um sinal indiscutível da inteligência dos primatas e da paixão cognitiva dos seres humanos. E, sobretudo, uma amostra da paciência dos homens e dos chimpanzés!

A ingenuidade nos dias de hoje, que consiste em exaltar o desempenho dos animais para diminuir as pretensões do homem, às vezes me faz rir. Uma espécie tem X gritos diferentes, uma outra utiliza Y sinais. Incrível! Mas a linguagem humana não tem nem X nem Y. Aliás, ela não utiliza sinais e por isso tem uma potência infinita. Quantos fonemas? Algumas dezenas, seja qual for a língua. Quantas palavras? Alguns milhares. Quantas frases? A pergunta é ridícula. Quanto livros são possíveis nas línguas da humanidade? Pergunta absurda. Digo sempre aos meus alunos: "Vocês provavelmente nunca ouviram a frase que estou pronunciando agora e conseguem compreendê-la sem dificuldade. Todos vocês, e até uma criança de 5 anos. E essa criança pronuncia continuamente frases novas que ela nunca ouviu e muito menos aprendeu". Então de onde vem essa potência infinita? De onde vem esse poder criativo dos tesouros inesgotáveis das literaturas universais? De onde a linguagem tira essa capacidade de dizer o mundo, um mundo que nunca estará dito e estará sempre por dizer? Da sintaxe, respondem os linguistas. Eu diria, como você já sabe (tenho até medo de ser repetitivo), da estrutura predicativa. Você fala coisas, não importa o quê, a alguém, não importa quem, para dizer qualquer coisa a fim de que ele possa lhe dizer, sobre a mesma coisa, qualquer outra coisa. E a reflexividade própria do espírito humano se manifesta na estrutura indicativa: dizemos "eu" de nós mesmos quando nos dirigimos por um "tu" a alguém, que por sua vez etc. – em resumo, tudo aquilo que definimos na entrevista anterior. A linguagem tem uma capacidade infinita porque foi feita para o diálogo. Com o outro ou com nós mesmos, quando refletimos, afirmamos, negamos, respondemos...

Acho que podemos perceber a potência da linguagem sem precisar recorrer às obras-primas da poesia e da literatura, aos debates nas assembleias ou debaixo da árvore das palavras nas aldeias africanas. E sabe quando tenho a impressão de perceber que a linguagem realiza a humanidade do homem? Quando ouço gente faladeira. Penso comigo mesmo: como tagarelar é humano! E como o ser humano é tagarela! É inesgotável. É um animal que tem sempre alguma coisa a dizer a alguém. Mesmo quando não tem nada a dizer. Observe as crianças no recreio: "Você é a minha melhor amiga". Ouça os idosos nos bancos da praça: "O tempo vai mudar...".

Então que torna o ser humano humano? A "razão" talvez, mas não a faculdade lógica de raciocinar, que as máquinas também têm. A linguagem talvez, mas não a faculdade de comunicar informações, que os animais sociais também têm. É o *logos*: a aptidão para raciocinar com o outro, seja externamente a si, seja em si. É o que denomino a razão dialógica.

– Isso é suficiente para "definir o conceito de humanidade", para usar as suas palavras? Não é fazer pouco caso do corpo, da biologia, da espécie (e, portanto, da filiação)? Um extraterrestre dotado de razão, que tivesse uma linguagem parecida com a nossa (em sua dupla dimensão de objetividade e interlocução, portanto "dialógica"), ou mesmo que aprendesse uma das nossas línguas naturais e dialogasse conosco, ele seria um ser humano?

É claro que não! É por isso que não defino o homem pela razão dialógica, mas digo que, por definição, "o ser humano é um *animal* dialógico". Nessa fórmula, o "gênero" *animal* ao qual ele pertence é tão importante quanto a sua "diferença específica", para usar o palavreado dos lógicos da Idade Média. Sustento, e já disse diversas vezes, que a "racionalidade dialógica" do homem é uma consequência natural da sua animalidade. Ela é resultado da seleção adaptativa ao meio ambiente. É por isso que não posso conceber um extraterrestre falando uma língua humana, salvo pelo prazer da ficção científica. Para falar a língua dos animais humanos, você tem de viver como um *Homo sapiens*. E o *Homo sapiens* apareceu necessariamente neste planeta, num meio ambiente onde coexistiam outras espécies de *Homo*. Ele se adaptou a diversos ecossistemas, formou diferentes tipos de comunidades, nas quais esse modo de linguagem se impôs progressivamente e se revelou o melhor meio de sobrevivência do grupo ou, pelo menos, uma vantagem adaptativa decisiva em relação às outras espécies.

Mas, voltando à animalidade do homem e para responder mais precisamente à sua pergunta, eu diria o seguinte. Sim, somos organismos vivos e, como todos os outros organismos vivos, nós realizamos processos metabólicos e nos reproduzimos. Sim, somos animais e, como todos os outros animais, nós nos alimentamos de outros organismos. Somos mamíferos e, como tais, nossos filhotes se desenvolvem na barriga da mãe e são amamentados por ela depois que nascem – e esse modo de filiação e cuidado materno explica em parte o amor filial. E eu poderia continuar: somos primatas e, como todos os outros primatas, temos um polegar oponível muito útil, mas, ao contrário dos outros primatas, temos esse polegar apenas nas mãos, e não nos pés. Somos hominídeos e, como tais, temos ombros que nos permitem rotações completas, mas, ao contrário de outros hominídeos, nossas fêmeas não apresentam sinais externos quando estão em período fértil – o que não deixa de ser inconveniente do ponto de vista da nossa sexualidade – e nossos machos não possuem osso peniano – o que, em certas circunstâncias, é uma pena.

Minha disposição a negar a animalidade do homem é mínima, na medida em que a razão dialógica não é uma aptidão autônoma do espírito que vem de fora para se juntar a uma "matéria" animal. O homem não é um animal *mais* a razão. Muito menos um corpo *mais* a alma. A razão dialógica, para mim, é simplesmente a maneira humana de ser animal. Logo de viver.

– Que consequências você tira dessa especificidade que, para nós, humanos, é essa razão dialógica?

São de dois tipos: moral e metafísico.

Vou começar pela consequência metafísica, porque a moral é mais controvertida e nos levaria longe demais. Ou melhor, nos levará longe. Espero.

A consequência metafísica é a seguinte. No fim da entrevista anterior, de certa forma você criticou a minha ontologia por não responder às perguntas clássicas. Pois bem, temos aqui uma oposição que ela arbitra sem nenhuma dificuldade: idealismo ou realismo? É claro que emprego esses termos no sentido metafísico:

temos acesso direto ao "real" (o que denomino mundo), ou estamos presos em nossas representações (no que a idade clássica denominava "ideias")? Minha posição não apenas é realista, como também me permite refutar o idealismo, uma tarefa que às vezes é considerada impossível.

– Kant também pretendia refutar o idealismo! Você quer rivalizar com ele?

Sim, mas não só com ele. Me considero respaldado pelos filósofos da Antiguidade. Vou me permitir um desvio histórico. O que diferencia os homens dos outros animais, como eu disse, é o *logos*, que significa tanto razão como linguagem. É uma ambiguidade conhecida do grego e traz problemas de tradução para os helenistas principiantes. Essa equivocidade é acertada, a meu ver. Se a nossa faculdade de comunicação não fosse ao mesmo tempo racional, ela seria semelhante ao código de sinais de certos animais. Inversamente, se não se dirigisse ao outro, a nossa faculdade racional se reduziria aos algoritmos de uma máquina. Portanto, é precisamente o *logos*, a união íntima da palavra e da razão, que caracteriza o ser humano. Acrescentei que faltava a essa aptidão lógica das máquinas a relação com o outro, porque as máquinas não possuem consciência. E, na minha opinião, estamos ainda muito longe de ver nascer uma máquina consciente. Quer dizer, *realmente* consciente: se pisassem nela, ela não diria apenas "ai", como faria um robô, mas realmente sentiria dor! Bom, vamos esquecer esse sonho do ciborgue...

Mas suponhamos um ser dotado de consciência e razão exclusivamente lógica e, consequentemente, desprovido de qualquer dimensão dialógica. O que ele seria? Um homem? Sim, com certeza. E nós o conhecemos bem. É "o homem clássico". É o ser humano tal como é concebido por quase todos os filósofos clássicos, pelo menos de Descartes a Kant (inclusive). E talvez até mesmo por alguns filósofos do século XX, certos fenomenólogos dentro da linha de Husserl. Esse ser é completamente interioridade. Quer dizer, ele é consciente do mundo e de si mesmo. Mas o mundo e ele próprio são representações que estão em seu espírito. Esse homem pode falar? Sim, com certeza. Quando se dirige a outrem, ele *exprime* o que pensa. Como nós? Melhor dizendo, como os meus seres humanos, os seres humanos tal como eu os concebo? Não, porque os meus seres humanos fazem o inverso. Quando eles pensam, isto é, quando refletem, eles falam como se se dirigissem a um outro. No caso deles, a relação com o outro se torna relação consigo mesmo. É o que chamamos de "reflexão", no sentido do espelho que reenvia a luz a quem a enviou.

Em outros termos, existem dois modelos possíveis da relação pensamento/linguagem. Para simplificar: um é antigo (Sócrates, Platão, Aristóteles e companhia), o outro é moderno (Descartes, Kant, Husserl e companhia). No primeiro, o pensamento é linguagem interiorizada: pensar é falar a si mesmo como a um outro. No segundo, a linguagem é pensamento exteriorizado: é dizer a outrem o que se pensa. *A priori*, não há nenhum motivo para escolher um modelo em vez do outro. Afinal de contas, o filósofo antigo reconhece forçosamente que, quando alguém exprime sua opinião, é porque ele a tinha em seu espírito. Inversamente, o filósofo moderno sabe muito bem que, quando raciocinamos para nós mesmos, pesamos os prós e os contras e apresentamos objeções a nós mesmos como se fôssemos um outro. Mas a questão não é essa. A questão é a dependência lógica entre pensamento e linguagem. Ou, mais exatamente, é saber se a racionalidade do ser humano é uma dimensão necessária da sua faculdade de diálogo (essa é a minha tese, apesar de eu a derivar da leitura que faço do *logos* dos antigos). Ou, ao contrário, se a racionalidade própria do ser humano independe da sua faculdade de linguagem – tese que, acredito, está implícita em todos os modernos e que chamo de "razão monológica", por oposição ao *logos*, que é "dialógico".

Vou abrir um parêntese aqui. Você sabe quanto me nutro dos textos antigos. Admiro a clareza da visão e a exaustão das questões que eles colocam. É impressionante. Aliás, concordo cada vez mais com a observação de Whitehead, que durante muito tempo considerei uma frase de efeito sem grande interesse: ele diz que a filosofia ocidental inteira são apenas notas de rodapé nas páginas de Platão. Mas deixemos isso de lado. Pois bem, apesar de tudo, há um problema recorrente nos filósofos modernos, quase insistente, que não encontramos explicitamente formulado em nenhum filósofo antigo: o problema da realidade do mundo exterior. Tudo começa com Descartes e o *cogito*. "Eu sou" é a primeira certeza absoluta, aquela que resiste a toda dúvida possível. Nós a alcançamos pelo "eu penso". O *cogito* é muito bom desde que você consiga sair dele! E é aí que começam as dificuldades. Descartes só consegue sair dele por intermédio de Deus. Esse Deus é aquele que, na minha adolescência atormentada, eu imaginava como um projecionista (lembra? Falei dele na nossa primeira entrevista): tudo o que me rodeia talvez seja apenas um cenário, uma espécie de projeção em três dimensões do qual tomo conhecimento pelos meus cinco sentidos... Mas, pelo menos, existe alguém que não sou eu: o Deus projecionista! Pois bem, esse ponto de partida explícito nas *Meditações* de Descartes, a consciência, é o fundamento implícito de toda a filosofia clássica. A partir daí, o grande problema, como eu disse, é: como sair dela? É possível? Se o mundo me é dado primeiro pelas representações conscientes que se encontram no meu espírito (minhas "ideias"), a questão é saber que prova tenho de que elas "representam" alguma coisa fora de mim. O espectro do idealismo está sempre nos rondando. A filosofia moderna é *primeiramente* idealista, ainda que esteja sempre em busca de um remédio para se curar.

É evidente que não fui o primeiro a perceber que nenhum dos filósofos antigos se coloca esse problema. Mas em geral esse silêncio é ignorado como se não fosse nada demais e fala-se do "realismo ingênuo" dos antigos. Não, não existe absolutamente nada de ingênuo no realismo dos antigos. Ele tem fundamento. É a outra face do conceito de *logos*.

Por quê? Porque o homem não é primeiramente um ser consciente, mas um ser falante. E, a meu ver, falante segundo o triângulo da estrutura predicativa. Um *locutor* fala a *outro* da mesma *coisa*: "Sócrates é jovem", "Sócrates é velho", "a mesa está limpa", "a mesa está suja" etc. Chamo essa relação entre locutores de relação de interlocução, e a relação com a coisa sobre a qual eles falam é a relação de objetividade. O que faz meu interlocutor e eu existirmos *no* mundo e no *mesmo* mundo é que a *coisa* da qual falamos (qualquer coisa do mundo) nos é comum. Ao contrário das coisas que nos aparecem em sonho, que em geral são contraditórias ("meu vizinho vivo *é* o meu primo morto"), as coisas das quais falamos existem forçosamente fora do meu espírito ou do meu interlocutor. Elas são nossas. Melhor dizendo, elas existem no nosso mundo comum, senão (vou me repetir, mas prometo que é a última vez!) não poderíamos falar um com o outro sobre ela. Falando com outrem sobre *alguma coisa*, já existo no mundo, no mundo onde há essas coisas. E falando de alguma coisa a *outrem*, não existo sozinho no mundo, existo no mundo com ele (ou ela). Essa é a consequência do *logos*. Na verdade, eu não deveria nem mesmo dizer "consequência", como se fosse deduzida dele. Não! A objetividade do mundo é um dado imediato da interlocução. Nós, seres falantes, existimos juntos no mundo. Não se trata de um fantasma onírico nem de uma representação do nosso espírito. Não afirmo que isso *prove* o realismo. Para os antigos, ele não precisa ser provado: o idealismo é impossível. É coisa dos nossos sonhos solitários.

Assim considerado, não há nada de legítimo na questão moderna do idealismo: é um falso problema que nasceu daquela razão que chamo de "monológica", porque foi amputada da sua dimensão dialogada.

– No entanto, muitos filósofos antigos são chamados de "idealistas", e Platão é o primeiro deles!

Sem dúvida. Ele afirma, como outros, que *este* mundo do qual nos falamos quando nos referimos a "Sócrates" ou à "mesa" é simples aparência; que as verdadeiras realidades são as Ideias e as Formas, e que estas são acessíveis apenas pelo espírito. É um "realismo das Ideias", não um idealismo. Um idealista diria que tudo o que parece existir em si, isto é, fora do espírito, só existe pelo espírito e para o espírito. Platão afirma que só o espírito tem acesso ao que existe em si. Nesse sentido, sou menos "realista" do que ele, ou do que qualquer antigo. Esse "em que" somos necessariamente é precisamente *este* mundo e não há outro. Mas – e não vou falar mais disso – diferencio o mundo da "realidade". O mundo é a maneira como a realidade nos aparece, dados o nosso aparelho perceptivo e a nossa linguagem.

– Para os antigos, como você disse, o realismo não precisa ser provado. Concordo com você, e com eles! Mas ainda tenho convicção de que esse realismo, no qual me reconheço, continua indemonstrável. Ora, como "refutar o idealismo" sem provar o realismo? O logos talvez *explique porque os antigos não se colocavam esse problema e eram diretamente realistas. Isso é suficiente para justificar nossa escolha pela razão dialógica, contra a razão monológica? Você mesmo diz: saber se a linguagem exprime o pensamento ou se o pensamento é a interiorização da linguagem é indecidível (me parece, aliás, que é possível que ambas as alternativas sejam verdadeiras e complementares). Isso não prova em absoluto que o idealismo, que persegue todo o pensamento moderno, seja um falso problema!*

Sim, é verdade. O fato de o pensamento dialógico não poder ser idealista não prova nada. E o fato de os antigos não sentirem necessidade de refutar o idealismo não implica que ele seja um falso problema. Mas eu me sinto na obrigação de demonstrar que é um falso problema.

Há ao menos duas maneiras de demonstrar que uma questão é um falso problema: em princípio e em consequência. A primeira consiste em mostrar que a questão contém em princípio uma contradição não percebida. A segunda consiste em mostrar que ela tem consequências contraditórias. Apliquei o primeiro método na questão: "Por que há alguma coisa, ao invés de nada?". Lembra? A contradição não percebida está na formulação: "ao invés de nada". Tentamos explicar o ser e o interrogamos com um evento, uma passagem do nada para o ser. A contradição é a seguinte: ou você explica uma coisa por ela mesma ou por outra coisa, você tem de escolher, porque os dois ao mesmo tempo não dá.

Vejamos agora a pergunta: "O mundo existe fora do espírito?". Podemos tentar amenizá-la e colocá-la em termos kantianos: "O mundo existe fora do conhecimento que temos dele?". Se a questão é posta nesses termos, a resposta é evidente. Eu nunca vou poder saber, já que, por hipótese, somente o mundo cognoscível pode ser conhecido! Se formulo a pergunta dessa forma, não apenas eu não encontro a mínima contradição, como encontro um truísmo: só o que pode ser conhecido pode ser conhecido. Minha pergunta, portanto, é mais do que legítima.

Trata-se de um problema verdadeiro, o próprio problema do conhecimento.

E se formulo *in petto* a questão: "O mundo existe fora do espírito?", eu encontro uma contradição? Também não. Em princípio, não há nenhuma contradição. Melhor... ou pior, dependendo da maneira como você vê as coisas... é que, posta dessa forma, a questão parece insolúvel. Quanto mais tento me convencer de que as coisas existem, sim, fora da minha consciência, mais percebo com assombro que não tenho nenhuma prova disso, além das informações que chegam à minha consciência. Esta mesa, eu posso tocá-la. Mas essa impressão que *ela* produz nos meus sentidos, ou pelo menos que acredito que ela produz, não é no fundo uma impressão que *eu* sinto? E assim sucessivamente. Atribuo a existência a tudo o que é percebido por mim, mas isso não prova em absoluto que essas coisas existem: isso só reforça a prova de que eu existo. Quem tem razão é o bispo Berkeley, do qual é de bom-tom caçoar: "Existir é ser percebido ou perceber" (*esse est percipi aut percipere*). Quanto mais eu me esforço para sair do meu espírito, mais esses mesmos esforços me convencem de que estou preso nele. Não que o idealismo encontre uma contradição que o refute; ao contrário, todos os esforços que fazemos para refutá-lo o confirmam!

Consequentemente, a questão da existência do mundo fora do espírito se torna a questão do mundo fora do *meu* espírito. O idealismo (a tese de que não existe nada fora da ideia) me leva necessariamente a uma posição "solipsista": nada existe fora de mim. Nem o mundo nem você. Sim, mas ela dificilmente se sustenta. Mas não é contraditória, você dirá. Ao contrário, parece perfeitamente lógica, e aí é que ela começa a ser assustadora. Porque eu não diria que há idealistas dando sopa, mas digamos que a posição dos idealistas é bastante bem vista na filosofia. E os solipsistas? Eles existem? Mas eles não estão dando sopa. E se estão, nunca saberemos.

– Isso me fez lembrar daquela piada do Russell, se não me engano. Uma de suas leitoras estava explicando por que achava que os solipsistas tinham razão. E acrescentou: "Me admira que sejam tão poucos!".

Muito boa! Eu não conhecia essa história. Explico a mesma coisa em outros termos. Suponha que eu seja solipsista. Estou convencido de que estou sozinho no mundo e que todos os outros espíritos são apenas representações no meu espírito. Primeiro, será que eu viria defender a minha metafísica diante de você, todo orgulhoso? "Sabe, André, eu descobri uma coisa de doido: você não existe!". Eu estaria muito próximo da contradição. Seria no mínimo o que alguns chamam de "contradição pragmática": o fato de eu dizer isso a você contradiz imediatamente o que eu digo. Em seguida: se estou realmente, intimamente convencido de que sou o único que existe num mundo vazio, há boas chances de que eu, de fato, não dê sopa por aí e que, para o meu azar, eu esteja trancafiado não só no meu espírito, mas também num hospital psiquiátrico.

E se eu prolongasse esse raciocínio, perfeitamente lógico e totalmente irrefutável, minha posição seria ainda mais indefensável. Pois, afinal de contas, como eu sei que existo? Todas essas impressões – que esta mesa existe fora de mim, ou que eu mesmo existo –, eu as recebo em mim, mas eu as recebo no presente. Afirmo, é claro, com toda a certeza, que tive essas mesmas impressões ontem, ou no ano passado. Mas eu tenho hoje a impressão de que tive essas impressões ontem. E acontece o mesmo com todas as minhas lembranças. Tudo o que posso dizer, portanto, não é que "existo sozinho num mundo vazio", mas sim que existo agora, e ponto-final. O espaço ao meu redor é apenas uma representação em mim e acontece o mesmo com o tempo antes de agora! Não tenho nenhuma prova de que eu existia no ano passado, ou ontem, ou mesmo há um minuto. Meu espírito, eu mesmo, "eu", tudo isso existe apenas no clarão do instante em que penso nele. E essa é a verdadeira contradição. A evidência do *cogito* se tornou inevidência. Não posso sequer pensar que "eu pelo menos existo", porque essa ilha de certeza se torna incerta no mesmo instante em que eu a alcanço. A certeza da minha *existência* se torna a certeza da *minha* inexistência. Pois posso pensar instantaneamente "eu penso", mas não que sou "eu" que pensa: essa reflexividade remeteria a um "eu" que existe fora do clarão do instante em que penso isso e que seria como uma coisa a que eu poderia me agarrar. Quanto mais eu penso que esse *eu* existe, mais eu penso que ele não é meu e, portanto, que ele não existe!

Provavelmente há pessoas que pensam assim. Quer dizer, que duvidam realmente da existência do mundo e de seu próprio pensamento. Que conseguem pensar, ou melhor, que não conseguem se impedir de pensar (coitadas!) que este mundo é apenas uma representação da cabeça delas; que os outros são elas e que elas mesmas são outros que não são elas; e que, quando elas pensam, elas não pensam, não são elas que pensam. Mas isso não é uma posição metafísica que se defenda bebendo chá no salão de Madame Verdurin: é um sofrimento imenso que nos exclui (temporariamente) da humanidade ordinária e que ainda é chamada algumas vezes de "loucura". Penso que não penso, não penso que penso é a própria contradição. Vivida intimamente, sentida na própria carne do espírito, se ouso dizer assim.

Veja onde leva o idealismo. Ele começa como uma evidência irrefutável e acaba em autocontradição. Veja onde leva logicamente a razão pura (pura porque é sem mundo, sem outrem e sem passado): à loucura. Veja onde leva, a meu ver, a razão monológica. Privada da sua face linguageira, leva apenas à contradição. Ao contrário da pergunta: "Por que há alguma coisa, ao invés de nada?", que contém uma contradição em princípio, a pergunta: "O mundo existe fora do espírito?" leva a consequências contraditórias. Essa razão desarrazoa.

Mas vamos colocá-la de volta nos trilhos. Vamos restabelecê-la em sua completude e supor que a razão é apenas um outro nome da linguagem humana. Ser si mesmo é poder dizer "eu" e "tu". Falar é falar a alguém sobre alguma coisa. Raciocinar é argumentar ou demonstrar. Argumentar é primeiro convencer o outro ou se justificar diante ele. Etc. Essa razão dialógica não conhece o espectro do idealismo, do solipsismo ou do presentismo.

Me parece que agora eu mostrei que o idealismo é um falso problema. E indiretamente defendi a causa da razão dialógica. Ou, pelo menos, mostrei que o realismo dos antigos não era ingênuo. Dissipei a suspeita que pairava sobre eles. Para mim é o essencial.

– Nesse aspecto, concordo plenamente com você! Mas vamos ao outro. Você disse que o seu conceito de "razão dialógica" tinha uma consequência metafísica (a rejeição do idealismo), mas também uma consequência moral.

Sim, e acho que você vai considerá-la mais problemática e discutível. Ser humano implica poder falar não importa a quem (e eu disse também sobre não importa o quê) de acordo com a estrutura predicativa. Ora, o outro a quem me dirijo dessa forma é necessariamente igual a mim. Além disso, de acordo com a estrutura que chamei de "indicativa", eu me dirijo a seja quem for por um "tu", que pode se dirigir a mim da mesma maneira. E essa relação interlocutiva é forçosamente recíproca. Do ser do homem pode-se deduzir o seu bem. E também o fundamento de uma moral da igualdade e da reciprocidade...

– Vou interromper você. Em que a reciprocidade prova a igualdade? Todas as relações entre locutores estão longe de ser relações de igualdade. Por exemplo...

Sem dúvida, as relações linguageiras estão longe de ser relações de igualdade. Podemos empregar a linguagem (predicativa ou indicativa) para dar ordens, por exemplo, numa relação vertical de cima para baixo, numa relação de autoridade: "Vá já para o seu quarto!", ou então: "Em frente, marche!". Inversamente, podemos exprimir um sentimento ou uma demanda, numa relação vertical de baixo para cima, uma súplica, um pedido de desculpas, uma solicitação: "Meus Deus, faça que...", ou então: "Por favor...". Também podemos transmitir informações de maneira unilateral: por exemplo, o professor para o aluno, o pai para o filho etc. E até podemos usar uma relação unilateral para criar uma bilateral, na paquera ou no cumprimento: "E aí, garoto? Passeando?", ou então: "Alô?". Jakobson chamava isso de função fática da linguagem. Mas, no fundo, todos esses usos, todas essas funções da comunicação linguística estão nos modos de expressão e comunicação "naturais": os dos animais. Um macaco-vervet informa que há perigo à vista com um grito. Diz alguma coisa como: "Leopardo!". O que os membros do grupo fazem? Você acha que eles respondem: "Ah, não, eu acho que é um guepardo"? Não, eles "respondem" trepando numa árvore. E se ele tivesse gritado alguma coisa como: "Cobra!", eles teriam tido outro tipo de comportamento adaptado: eles teriam ficado parados, de pé sobre duas patas. Reduzir a linguagem humana a relações unilaterais, como a de autoridade ou outras, sempre em sentido único (demanda, transmissão, sedução etc.), é reduzi-la a um código animal. Não nego que a linguagem humana também tem esses usos, e de forma bem mais refinada do que os dos animais. Mas quem disse que não somos animais? Só que não é isso que a linguagem humana tem de específico.

Seu único uso bilateral e igualitário é aquele que implica argumentação, ou seja, aquele que depende da razão dialógica. Porque é o único que dá ao outro a possibilidade da negação. E a negação supõe um uso simétrico da fala. O que afirmo o outro pode negar. E é porque sei que o que afirmo pode ser negado pelo outro que preciso argumentar. Defender o que digo, justificar o que afirmo, para eventualmente convencer o meu interlocutor. E se valorizo a aprovação do meu interlocutor, é porque reconheço nele o poder de me desaprovar. Imagine um mundo de pura autoridade. Aliás, nem precisa imaginá-lo, basta ler o testemunho de Primo Levi sobre os campos de concentração. A resposta ao prisioneiro que pergunta a razão de uma ordem ou de um ato absurdo de um guarda é uma verdadeira chicotada: "Hier ist kein warum" ("Aqui não tem porquê"). Apresentar suas razões, argumentar, se oferecer à resposta do interlocutor, ao seu acordo ou desacordo, é sinal de que deixamos o domínio das relações assimétricas, seja da violência, da autoridade ou mesmo da sedução e da ascendência. A discussão se torna possível. Ou, em todo caso, os prós e os contras, o sim e o não, o eu e o tu. E isso é propriamente humano. É por isso, repito, que do ser dialógico do homem é possível deduzir o seu bem.

– Se Deus (supondo que ele exista) consentisse em dialogar com você, isso tornaria você igual a ele?

Gosto muito dessa ideia de diálogo com Deus. Me lembra o livro de Jó. O pobre coitado é esmagado por todos os males da terra e se dirige a Deus para pedir satisfação. É o que eu faria se Sua Excelência me concedesse a graça de uma simples explicação. Perguntaria por que ele é considerado bom e todo-poderoso, mas criou um mundo onde há tantos massacres, os justos são perseguidos e os infames prosperam. Olharia bem nos olhos dele e diria: se você é tão bom, podia querer um mundo diferente; e se é tão poderoso, podia criá-lo. Receio que você não seja nem uma coisa nem outra. Portanto, você não é Deus. Você é apenas um ser como eu, como todo ser humano, nem todo-poderoso, nem soberanamente bom, e por isso é que você se rebaixa a falar comigo. Nós somos iguais: eu, que busco razões, e você, que é incapaz de as dar; eu, que procuro canhestramente explicar este mundo e, assim, tento me igualar a um deus onisciente, e você, que banca ser o que não é, onipotente e bondoso, um *superman hipermaneiro*, mas é incapaz de concluir um trabalho de maneira decente.

Veja, André, eu disse que não acreditava em um deus pessoal. Se é um Deus, não posso dialogar com ele. Se é uma pessoa, não há problema nenhum: nós podemos conversar. Nós somos iguais.

– *Mas não é essa igualdade que me incomoda, muito pelo contrário! Assim como você e a maioria dos nossos concidadãos, tenho plena convicção de que todos os seres humanos são iguais* em direitos e em dignidade. *No entanto, não estou certo de que seja necessário um* fundamento *para isso (a vontade de cada um ou o voto, no caso de uma assembleia, são suficientes, mais do que lógica). Por outro lado, e sobretudo, estou convencido de que eles não se equivalem, portanto não são todos iguais* em fato e em valor. *Por quê? Primeiro, porque aqueles que acreditam que todos os seres humanos são iguais em direitos e em dignidade me parecem, pelo menos desse ponto de vista, superiores em fatos e em valor àqueles que acreditam no contrário! Segundo, porque se tudo se equivale, nada tem valor. Para ser humanista, devo pensar que Hitler e Mussolini são iguais a Churchill ou De Gaulle em fato e em valor? Que Eichmann ou Klaus Barbie valem tanto quanto Cavaillès ou Etty Hillesum? É evidente que não! Isso não me impede de dialogar com um nazista, se for o caso (apesar de você e eu termos certeza de que dialogar não é suficiente para convencê-los), mas esse diálogo estabelece no máximo uma "igualdade* a priori", *como você mesmo diz (e essa noção sempre me faz pensar: a igualdade em direitos e em dignidade, a meu ver, é mais uma conquista histórica do que um* a priori*), nunca uma igualdade de fato e, sobretudo, nunca uma igualdade moral! Em resumo, você concorda com a seguinte formulação, que para mim é normal: "Igualdade em direitos e em dignidade, desigualdade em fato e em valor"? E será que isso não limita o alcance da "razão dialógica", pelo menos em parte? Quando dialogo com alguém, reconheço o direito dele de argumentar, do mesmo modo que eu (é o que eu chamaria sem nenhuma dificuldade de igualdade diante de uma verdade possível). Mas isso não me impede de pensar: "Que cretino!", ou então (especialmente quando estou dialogando como você): "Esse cara sabe demais!".*

Puxa! São muitas objeções! Vejo pelo menos três. Em ordem, da mais fácil para a mais difícil. A primeira: que igualdade existe entre todos os seres humanos? A segunda: devemos ou não fazer um esforço para "fundamentar" a moral? Sei que você acha inútil e impossível; eu acho que é inevitável e possível. A terceira: por que a igualdade de todos os interlocutores nos permitiria fundamentar uma moral da igualdade universal? Em outras palavras, como passamos da realidade de uma comunidade de interlocução para a idealidade de uma comunidade moral?

Vou começar pelo mais simples, que, aliás, me parece ser um ponto de acordo entre nós. Talvez com algumas nuances. Quando falo de igualdade moral *a priori*, evidentemente não estou falando de comparar o valor moral das pessoas, de colocar no mesmo saco heróis e bandidos, resistentes e colaboracionistas: esse valor é medido *a posteriori*, pelas ações. E talvez também pelas "virtudes" e pelos "vícios" que podem ser atribuídos às pessoas em função das suas ações. Também não estou falando do valor intelectual das pessoas, porque, como todo mundo sabe, ele não tem nenhuma relação com o valor da conduta de cada um. Felizes os simples de espírito! E não existe nada pior do que canalhas inteligentes: esses são os mais perigosos. Por outro lado, quando vejo nas redes sociais o uso que aqueles que você chama de "cretinos" fazem da faculdade humana de argumentação e negação, fico feliz de não fazer parte dessa comunidade de interlocução! O que vejo é sobretudo que ela não é uma comunidade humana universal. Muito pelo contrário, é uma comunidade de exclusão. Concordo com você em tudo isso.

Mas quando falo de igualdade moral *a priori* dos seres humanos, também não estou me referindo, pelo menos não diretamente, à igualdade jurídica de todos os homens proclamada pelas declarações dos direitos humanos: a da Revolução Francesa (os homens "nascem e permanecem livres e iguais em direitos") e da ONU, de 1948, que fala de "dignidade inerente a todos os membros da família humana", bem como "de seus direitos iguais e inalienáveis". Elas são realmente conquistas históricas, como você disse. E devem muito às circunstâncias: a Revolução Francesa, a Revolução Americana antes dela ou, mais tarde, a vontade dos países fundadores da ONU de acabar com a ideologia que levou o mundo à "barbárie" etc. Estou pronto a concordar que essas declarações estão intimamente relacionadas ao contexto ocidental de sua redação. Enfim, talvez nem tanto, se pensarmos no trabalho admirável de Amartya Sen, economista e filósofo indiano que mostrou que elas tiveram antecedentes em várias partes do mundo. Provavelmente ele tem razão: os princípios que inspiraram os "direitos humanos" não são atributo do Ocidente ou da Modernidade, como afirma o argumento relativista dos que são contrários a eles.

Seja como for, essas declarações marcam um progresso fundamental. Elas introduziram no vocabulário dos "direitos" princípios que, em si, eram essencialmente morais. A formulação jurídica dos textos tem uma implicação penal: existem tribunais para isso, ainda que sejam falhos. Essas declarações têm uma forma "performativa". Quando proclamam que: "Todos os homens são iguais em direitos", é evidente que elas são estão fazendo uma constatação. A igualdade dos direitos advém quando é proclamada. Por exemplo, quando o juiz de paz diz: "Eu vos declaro casados". Ele não descreve uma situação, ele a cria. Ele não diz o que é, ele faz ser o que ele diz. Acontece a mesma coisa com os direitos humanos. A igualdade é resultado da proclamação jurídica desses direitos. Mas o que me interessa é a pergunta: "Por que queremos que eles advenham?". Ora, porque pressupomos a igualdade moral dos homens no sentido que me interessa. E isso é verdade tanto para os direitos formais, os "direitos de", isto é, as liberdades fundamentais, como para os "direitos a" (à educação, à saúde, ao trabalho), isto é, os "direitos-crédito". A igualdade de todos esses direitos humanos se *fundamenta* na ideia *a priori* de uma igualdade moral *a priori* de todos os seres humanos.

É a essa igualdade moral que eu me referia. E é sobre ela que repousa aquela "dignidade" igual a que você se referia. Em relação a essa noção de dignidade, acho que você e eu estamos de acordo. A noção jurídica me parece um pouco nebulosa, mas a noção moral é clara, ainda que tenha diversos usos. Me refiro, por exemplo, à reivindicação de "morte digna", que você defende.

– Defendo a luta pela legalização da eutanásia e do suicídio assistido. Mas sempre achei inadequado invocar a dignidade nesses casos. Se a dignidade é igual em todas as pessoas, como acredito, ela não pode depender das condições de vida ou morte! Eu prefiro falar de direito de morrer por livre escolha e com o mínimo possível de sofrimento. Dignidade é outra coisa! Entendo a palavra no mesmo sentido de Kant: dignidade é o valor daquilo que não tem preço, aquilo a que se deve respeito.

Também prefiro a definição de Kant. É a ideia de que não se deve tratar um ser humano *somente* como um meio, mas também sempre como uma pessoa de pleno direito. (Kant diz "como um fim", mas a expressão é típica dele.) Por exemplo, você pode querer testar num doente um medicamento que será útil apenas para outros doentes (ele é usado, portanto, como um meio), mas só se ele tiver dado o seu consentimento "esclarecido", tanto sobre as circunstâncias como sobre os riscos que ele está correndo: a expressão de sua vontade demonstra sua autonomia moral, sua "dignidade". Ele é uma pessoa. Do mesmo modo, posso ter relações sexuais com uma parceira para o meu prazer (eu a uso como um meio), mas desde que o ato seja consentido: dou valor ao que ela é como pessoa e, portanto, à sua vontade claramente expressa. Nesse sentido, todos os humanos são iguais em dignidade. Concordo com você. Mas a minha ideia de igualdade moral vai além dessa noção de dignidade.

Quando falo de igualdade moral "*a priori*", penso em exemplos simples. Quando vejo um homem se afogando, não me pergunto *primeiro* se é um sujeitinho reles ou um cara decente, nem se passa o dia retuitando creticines conspiracionistas – isso a gente vê depois, quando ele estiver fora da água! Antes de tudo, tento salvá-lo, se eu puder. Considero iguais *a priori* todos os seres humanos em perigo. O que não tem nada a ver com a igualdade de suas qualidades morais ou intelectuais nem com a igualdade de seus direitos ou dignidade. Outro exemplo: a ideia de um dever de hospitalidade incondicional em relação ao estrangeiro, venha ele de onde vier, é comum na maioria das culturas. *Primeiro* você abre a porta, depois você pede a carteira de identidade. Penso também na nossa indignação diante das enormes desigualdades de acesso a recursos básicos, perto de nós ou no mundo. De onde vem essa indignação, senão da ideia subjacente de que, *a priori*, esse acesso *deveria* ser igual a todos? Evidentemente, todos não "merecem" igualmente acesso aos recursos básicos, há heróis e canalhas, mas isso é outra história. Aliás, o fato de ser *outra* história é que nos deixa indignados. Ficamos indignados que as desigualdades reais não tenham nada a ver com os "méritos" ou com o que você chama de "valor moral das pessoas". É o "mal de escândalo", segundo Kant. Quando assistimos impotentes ao "infortúnio da virtude" ou à "prosperidade do vício", exclamamos: "É injusto!". Não são as desigualdades em si que nos chocam, mas a maneira como elas são distribuídas. O que seria justo é que essas desigualdades de condição tivessem relação com as desigualdades do valor moral dos homens. Mas por que temos esse sentimento de injustiça ou esse pressentimento da justiça? Exatamente porque postulamos que todos os homens possuem *a priori* um valor igual e *deveriam* ser tratados de maneira igual pela sociedade, pela Natureza ou pelo destino. Portanto, deveriam receber partes iguais de bens e de males, ou partes proporcionais ao seu valor pessoal, isto é, ao seu comportamento bom ou mal.

Nossa indignação é fruto da história? Talvez em parte: os relativistas estão certos. Mas a ideia moral subjacente está em todas as épocas. Ela gira em torno do seguinte princípio: a humanidade não é apenas uma espécie natural (*Homo sapiens*), mas uma comunidade moral de obrigações recíprocas; consequentemente, todos os seus membros são considerados *a priori* iguais. Encontramos essa ideia em textos de origens muito variadas. É a chamada "regra de ouro". Ela tem duas faces: a negativa ("Não faça com o outro o que você não quer que façam com você") e a positiva (segundo o Evangelho: "O que você quer que os outros façam por você faça você por eles"). Mateus remete à lei de Moisés. Alguns citam o Talmude, Confúcio ou o Mahabharata, que aparentemente têm preceitos equivalentes. Hoje, os textos jurídicos dizem: "Sem distinção de nascimento, origem, sexo etc.". Muito bem. Isso significa: *primeiro* a gente ignora quem é o outro quando é um outro; *depois* a gente vê, ou melhor, julga. O próprio fato de que o canalha deva ser julgado equitativamente, isto é, como qualquer outro ser humano, e não abatido como um animal nocivo, mostra a diferença entre o princípio do valor *a priori* igual de todos os seres humanos e o julgamento *a posteriori* que se faz sobre o valor – necessariamente desigual – das pessoas.

Acho que você e eu estamos de acordo com essas distinções. Mas quero enfatizá-las porque as formulações que você usa poderiam, a meu ver, causar certa confusão entre os dois pontos de vista: a igualdade moral *a priori*, que depende do pertencimento à comunidade humana, e a desigualdade do valor moral das pessoas, que depende do julgamento *a posteriori* que se pode fazer sobre os atos delas. E esse julgamento não é evidente. Quer dizer: os canalhas e os heróis não andam por aí com um *post-it* na testa dizendo, como no jogo, "quem sou eu?". Mesmo seus atos não são transparentes. Recordo aqui o *gendarme* francês que, numa madrugada, num apartamento de Ivry, disse: "Não, só uma mala pequena...". Herói? Com certeza não. Canalha? Não sei. Na verdade, desconfio dessas categorizações. A maioria dos homens não se encaixa nesses modelos grandes demais para eles. Eles não são nem Pétain nem De Gaulle, e geralmente oscilam entre um e outro. O que julgamos depois de ocorrido o fato, o que deve ser julgado infalivelmente, não são os heróis ou os canalhas, nem as virtudes ou os vícios, mas os atos. Se não dou muito crédito às virtudes e aos vícios, é porque penso no mau uso deles: "a essencialização" das pessoas. "Ele fez isso *porque é* sovina, ou covarde, ou hipócrita etc. Enfim, ele é um canalha." E, como todo mundo sabe, os canalhas fazem canalhices. É como a "virtude dormitiva" do ópio: o ópio faz dormir porque tem o poder de fazer dormir. O que é covarde é a conduta ou o ato, não o ser humano. Os atos do ser humano não são determinados de uma vez por todas por seu caráter, ou assentados *a priori* na sua natureza. Eles dependem das escolhas de cada um e das circunstâncias. E sublinho: atos. Atos completos, desde a sua intenção até a sua realização.

Mas estou fugindo do assunto. Decididamente, as suas observações são muito fecundas. Vamos voltar à confusão entre o valor moral *a priori* de todos os seres humanos e o valor moral *a posteriori* das pessoas em função de seus atos. Você dá ênfase ao segundo, eu dou ênfase ao primeiro. Em todo caso, insisto na distinção, porque a confusão entre os dois me parece catastrófica. Se ficamos com o primeiro ponto de vista e obliteramos o segundo, a conclusão é: "Tudo se equivale: o bem, o mal. No fundo, tudo é humano, demasiado humano!". E não há mais julgamento moral. Se, ao contrário, ficamos com o segundo ponto de vista e obliteramos o primeiro, o julgamento moral desaparece, mas as consequências são piores: certos indivíduos são *a priori* excluídos da nossa comunidade moral, porque, por natureza, eles não são como nós. Eles são nocivos. São negros, judeus, ciganos, árabes, *kulaks*, gays, que mais? Todos seres nocivos. E talvez contagiosos. Eles são nocivos não por aquilo que eles fazem, como todos os seres humanos, mas por aquilo que eles são. Eles são menos humanos que os outros. São inumanos. Não vale a pena julgá-los, temos de eliminá-los.

– Nesse sentido, concordo com você. Mas vamos voltar ao seu princípio de igualdade moral. Ele pertence àquilo que você chama de ética humanista. Essa última palavra merece algumas explicações.

Sim, reconheço: para os filósofos da minha geração e da minha formação, e também da sua, já que é a mesma, existe alguma coisa tremendamente iconoclasta na minha defesa do humanismo, ou mesmo no simples recurso à palavra. Você deve se lembrar que, na nossa juventude, dizer "humanismo" era se expor à crítica e ao sarcasmo. A palavra era considerada ridícula. Estava associada a "moralismos piegas", incenso e imagens religiosas. Cheirava a mofo e conformismo. A coisa toda era meio condenável.

Althusser tinha associado a palavra a uma leitura equivocada de Marx: vocês procuravam a verdade do marxismo nos *Manuscritos de 1844*. Pfft! Vocês só conseguiram se perder em conceitos inadequados. "Alienação", por exemplo: conceito humanista, não autenticamente marxista. De origem hegeliana ou feuerbachiana. Vocês não entenderam nada da "ruptura epistemológica" da *Ideologia alemã*. Politicamente, vocês são desviacionistas ou revisionistas etc.

Mas, obviamente, não bebíamos apenas da verdade do Livro I do *Capital*. Também bebíamos, e à vista de todos, da *Carta sobre o humanismo*, de Heidegger. E, nela também, o humanismo leva uma bela coça. É desdenhosamente dispensado e confinado na "filosofia para o último ano de ensino médio": a filosofia de Camus ou Sartre em *O existencialismo é um humanismo*! O humanismo era "o esquecimento do ser", a linguagem submetida à "ditadura da propaganda" (ainda me lembro da expressão, apesar de não ler esse texto há muito tempo); era o domínio da "metafísica moderna da subjetividade" (dessa vez o inimigo não era Hegel e Feuerbach, mas Descartes); era a vitória da *techné* e do domínio racional sobre a Natureza. Recordando todos esses sinistros temas reacionários datados do romantismo alemão, a tese de que o Mal teria se insinuado na Modernidade disfarçado de Descartes, percebo a que ponto essas ideias voltaram à moda pelas boas graças do pensamento ambientalista. A arte de pintar de verde as velhas ideias sombrias. Quantas vezes ouvi filósofos militantes da causa, em si mesma absolutamente legítima, atacar Descartes, que queria fazer do homem o mestre faustiano de uma natureza inocente. Esse "humanismo", identificado com o antropocentrismo, teria nos levado à beira do abismo, ao domínio da Técnica sobre o planeta. Alguns filósofos chegam a tirar conclusões "antiespecistas" dessas premissas! Quando penso em Heidegger, tenho vontade de rir: ele deve se revirar na tumba.

– Mas eles têm razão ao menos num ponto: ser humanista, no sentido que você e eu somos (mesmo que não da mesma forma), é ser "especista"...

Confesso sem nenhuma vergonha! É defender que, sejam quais forem os deveres que temos em relação às outras espécies, os deveres que temos em relação à humanidade são primeiros e absolutos. Sim, proclamo com muito orgulho: sou especista! Admito que não se dá o mesmo tratamento ao próximo e ao cachorro, ao cachorro e às pulgas etc. Sim, considero que devemos "discriminar", segundo as espécies. Não segundo as raças, porque raças não existem. As espécies, sim, essas existem. E a espécie humana não é apenas uma espécie, a minha; ela é a comunidade moral que nos liga e une.

Esses filósofos da Natureza, ou da causa animal, não costumam invocar Heidegger, ou o invocam muito raramente. Eles invocam as sabedorias orientais – quando não apelam para a pretensa metafísica dos "bons selvagens" ameríndios. Mas a verdade é que a Natureza, que foi "de direita" durante mais de dois séculos, passou recentemente para "a esquerda". Cada época com as suas lutas. E o seu anti-humanismo...

– *Posso dizer sobre o tempo curto da história, quer dizer, sobre a minha história: você, assim como o meu saudoso amigo Tzvetan Todorov, estão entre aqueles que me reconciliaram com o humanismo. Dito isso, mesmo na minha juventude althusseriana, e hoje ainda, sempre tentei conciliar uma forma de* anti-humanismo teórico, *que é da ordem do conhecimento, ao* humanismo prático, *que é da ordem da moral.*

Com certeza, o anti-humanismo de todos esses pensadores era "teórico", não prático, mesmo que a diferença nem sempre fosse tão clara nem tão inequívoca. Em alguns, ele se afinava com a defesa dos regimes totalitários, dos quais o mínimo que se pode dizer é que *praticavam* imperturbavelmente um anti-humanismo sistemático.

Mas quero voltar ao anti-humanismo da minha formação. Depois de Althusser e Heidegger, veio Foucault, que foi um verdadeiro mestre para mim, como expliquei na nossa terceira entrevista. Nele também o humanismo era malvisto. Dizer "o homem" era acreditar na consciência, no Sujeito, ou até mesmo num sujeito que é mestre do que pensa e do que faz. Todo o pensamento estruturalista e desconstrucionista era contra essa ideia: os althusserianos, os derridianos, os freudianos, os lacanianos, os nietzschianos etc. – todos aqueles que, à semelhança de Lacan, barravam o sujeito ($) para mostrar que ele não existia, que era uma invenção "metafísica" para engabelar os tolos ou proteger a ordem social. Mas para os foucaultianos, como eu, era pior: não só essa concepção do homem estava errada, como a própria existência do homem era ilusória.

Ainda me lembro das frases peremptórias do prefácio de *As palavras e as coisas*: "Estranhamente, o homem – cujo conhecimento é considerado, sob olhos ingênuos, a mais antiga busca desde Sócrates – sem dúvida não é mais do que uma fenda na ordem das coisas [...]. Daí nasceram todas as quimeras dos novos humanismos, todas as facilidades de uma 'antropologia' entendida como reflexão geral, meio positiva, meio filosófica, sobre o homem". Li essas frases como uma série maravilhosa de decretos: está proibido para sempre! Obviamente, para Foucault, tratava-se acima de tudo do homem como "figura do saber": apesar do programa devastador desse prefácio, o objetivo dele era mostrar, mais pacificamente, como nasceu, a partir do século XIX, o homem das ciências humanas: o homem da economia, da psicologia, da etnologia, da linguística. E, evidentemente, tudo que nasce morre. Mas as frases do prefácio e das últimas páginas permanecem.

– Ainda mais que a prosa é maravilhosa! "O homem é uma invenção da qual a arqueologia do nosso pensamento mostra facilmente o nascimento recente. E talvez o fim próximo. Se essas disposições viessem a desaparecer como apareceram [...], poderíamos apostar que o homem desapareceria, como um rosto de areia à beira-mar".

Exatamente! Morte do homem, condenação do humanismo. Entende por que, quase quarenta anos depois, ainda tenho a impressão de cometer um parricídio fazendo o que chamo de minha trilogia sobre o homem, cujo subtítulo do último volume é "Para fundar o humanismo"? Depois de ressuscitar a metafísica, me atrevi a tirar o homem da sua tumba e o humanismo da lixeira da história! E, no primeiro volume, *Nossa humanidade: de Aristóteles às neurociências*, ainda que o meu método pareça quase uma cópia do método de Foucault (como algumas pessoas apontaram), tentei mostrar, a contrapelo de *As palavras e as coisas*, que a ideia do homem, desde a Antiguidade grega até hoje, foi *constantemente* uma "figura central do saber" – e, de novo, peguei essa noção de "figura" de Foucault. Sim, central: entre as revoluções científicas que a defendiam e as normas morais ou políticas que ela defendia. Ou vice-versa. Quanto ao humanismo, esbocei na conclusão do primeiro livro da trilogia como essa ética poderia se libertar da relatividade histórica dos saberes e dos valores. Depois, em *Três utopias contemporâneas*, tentei avaliar os riscos que a ética humanista corre com as novas ideologias que hoje a contestam: o transumanismo e o animalismo. A partir daí, eu podia pegar o touro do humanismo pelos cornos (já vejo você sorrindo com essa imagem) e, no terceiro livro, tentar fundamentar esse humanismo em certa ideia "universal" do homem. A despeito da aparência vagamente foucaultiana, não existe programa mais antifoucaultiano...

– Não é a primeira vez, nem a última, que alguém usa o método de um autor contra ele próprio, ou contra uma de suas teses... No caso em questão, achei que Nossa humanidade *era no mínimo tão impressionante quanto* As palavras e as coisas, *mas muito mais esclarecedor e convincente! Mas infelizmente, e apesar das excelentes críticas, a moda não estava a seu favor. Talvez porque seja difícil associar você a uma corrente (como o estruturalismo, cinquenta anos atrás, com Foucault). Você pode recordar aos nossos leitores, em poucas palavras, as teses que você defendeu em* Nossa humanidade *sobre a figura central da ideia de homem na história dos saberes e das práticas?*

Usei como ponto de partida o ponto de chegada de Foucault. O ponto de chegada dele é o paradigma estruturalista das ciências humanas, que na verdade dominou a segunda metade do século XX. Já o meu ponto de partida foi o desaparecimento progressivo desse paradigma e o surgimento, a partir da virada do século XXI, de um novo modelo e de novos métodos no estudo científico do homem: o paradigma cognitivista, que é marcado pelo desenvolvimento das neurociências. Aliás, assistimos todos os dias ao conflito entre "o homem neuronal" (como diz o título de uma obra marcante de Jean-Pierre Changeux) e "o homem estrutural". Ora, essa oposição se baseia em duas definições rivais do homem: de um lado, um "sujeito sujeitado, iludido"; de outro, "um animal como os outros".

Para ser honesto, não parti exatamente dessa alternativa filosófica abstrata nem das rupturas epistemológicas no conhecimento do homem, mas de certos resultados práticos verificáveis. Por exemplo, nossa concepção de autismo. Você deve se lembrar, como eu, da tese geralmente aceita, pelo menos na França, nos anos 1960-1980. Nesse período, época do "homem estrutural", o autismo era da competência da psicanálise: era uma "doença mental", classificada como "psicose". Era entendido como uma "carência de simbolização primária", uma "ausência de relação com a mãe". Falava-se até em "mães-geladeira"! Tenho uma amiga que nunca superou esse diagnóstico que deram do filho e, por consequência, dela... Vinte anos depois, na era do "homem neuronal", a Alta Autoridade de Saúde e a Federação Francesa de Psiquiatria recomendavam que o autismo fosse considerado um distúrbio do neurodesenvolvimento infantil (acho que foi em 2005). Não foi uma simples mudança nosológica. Foi uma virada "ética", segundo um parecer posterior do Comitê Consultivo Nacional de Ética. Outro exemplo: a homossexualidade. É uma "inversão da escolha de objeto" que precisa ser tratada ou é uma orientação sexual tão natural quanto qualquer outra? Era realmente necessário "interpretar" a homossexualidade, como faziam os psicanalistas? E por acaso a heterossexualidade é "interpretada"? Estou citando apenas alguns exemplos e poderia citar muitos mais. Porque a maneira como a nossa sociedade cuida dos anoréxicos, educa as crianças, pune os criminosos, trata os animais ou considera as máquinas depende da definição do homem que ela reconhece implicitamente. Aliás, os conceitos não evoluem necessariamente na mesma direção do progresso moral. Depende muito. Evidentemente, quando se trata de normatividade sanitária, é preferível "o homem neuronal". É melhor ser considerado deficiente congênito do que pervertido, neurótico ou psicótico: a sociedade vai me propor ajuda, em vez de tentar me curar custe o que custar, eu e a minha família. Mas quando se trata de normatividade social, é o contrário. É melhor ser delinquente na era do homem estrutural do que na era do homem neuronal. Porque, pensando bem, é preferível ser "pervertido" a "perigoso". O pervertido pode eventualmente se curar, porque o que o meio fez de mim esse mesmo meio pode desfazer. Em compensação, se sou considerado congenitamente "violento", "estuprador", ou "pedófilo", é pouco provável que eu possa ser mudado: é a minha natureza, sou essencialmente o que ela fez de mim, sou irreversivelmente "perigoso".

– São duas figuras do homem em oposição...

Com dois conceitos filosóficos no centro. Cada um tem duas faces: uma virada para os saberes e outra para as normas morais ou sociais. Essa é a ideia que orienta *Nossa humanidade*: voltar até a Antiguidade para buscar as definições mais determinantes do homem. Ou, mais exatamente, as figuras estratégicas que presenciaram ou defenderam as revoluções científicas e as grandes transformações morais. O que me orienta é a convicção de que não há conhecimento possível se não houver certa representação do homem, e que esta, por sua vez, tem consequências políticas e morais importantes. Parto, portanto, das duas figuras atuais opostas, ambas relacionadas ao conhecimento científico do homem. Voltando no curso da história, encontro duas outras, relacionadas ao conhecimento científico da Natureza: Aristóteles e Descartes. O homem de Aristóteles, o "vivente dotado de razão", deu origem à história natural. O homem de Descartes, "a estreita união de uma alma e de um corpo", é inseparável do seu projeto de fundar a física moderna. A física matemática foi possível graças à união no homem das duas substâncias separáveis na Natureza. A alma pode ser o sujeito do conhecimento, desde que seja completamente separável do corpo: é o homem reduzido à sua razão. O corpo pode ser o objeto de uma ciência (a física), desde que seja completamente separável da alma e reduzido a um objeto geométrico. Para cada uma dessas minhas quatro figuras do homem, mostro sua riqueza teórica e seus resultados práticos, sempre no fio da navalha: nem melhor nem pior do que a anterior ou a posterior. Mostro também como essas quatro figuras se correspondem historicamente e formam um sistema dentro de uma mesma configuração: foi a minha maneira de homenagear o estruturalismo. (Um amigo meu, o filósofo Tristan Garcia, disse que era o meu "adeus ao século XX".) A configuração, no fim das contas, é uma tabela de dupla entrada. O homem é concebido como simples ou duplo? No primeiro caso, o que temos é o naturalismo de Aristóteles ou o neonaturalismo contemporâneo; no segundo, o que temos é o dualismo alma/corpo da idade clássica ou o dualismo Natureza/cultura do século XX. O homem é concebido com uma essência única, universal e constante? Se a resposta é sim, temos as duas figuras, a antiga e a moderna, relacionadas ao conhecimento científico da Natureza; se a resposta é não, temos a posição antimetafísica necessária a todo conhecimento do homem, consequentemente as nossas duas figuras contemporâneas. É assim que resumo o conteúdo dessas quase quatrocentas páginas. Elas são, para mim, uma última homenagem ao meu mestre Foucault, sob a forma obrigatória – e clássica – do parricídio!

– Mas você comete esse parricídio mais na conclusão do que no desenvolvimento da obra. À primeira vista, parece que os desenvolvimentos históricos vão levar você a uma conclusão relativista do tipo: "A concepção do homem é variável e mudou constantemente em função dos imperativos científicos ou políticos", e um foucaltiano poderia concordar com isso. Mas você surpreende o leitor com uma conclusão "humanista", delineando um conceito do homem que transcende as épocas e as implicações científicas e morais!

É verdade, e vou lhe contar uma história engraçada a esse respeito. O departamento de filosofia de uma universidade brasileira, a Universidade Federal de Uberlândia, em Minas Gerais, me convidou em 2017 para fazer a palestra inaugural de um colóquio organizado em cima do meu livro *Nossa humanidade*, que tinha sido traduzido para o português. Um grupo de professores e alunos de pós-graduação tinha dedicado um semestre de estudo a esse livro, capítulo por capítulo. O livro tem dez capítulos, mais a introdução e a conclusão, o que dava as doze aulas do curso. Infelizmente, não sei por que motivo, o curso teve apenas onze aulas. E eu não sabia disso. Eu sabia que a minha conferência era esperada com grande ansiedade no anfiteatro da universidade, mas me senti um pouco na corda bamba. Minha palestra seria uma continuação do livro, sem pressupor que todos conheciam seu conteúdo, porque, evidentemente, nem todos os ouvintes tinham feito o curso. Então resolvi abordar uma questão do tipo: "Da variabilidade das definições do homem na questão do humanismo" (não me recordo mais do título exato). Na minha cabeça, essas considerações prolongavam as minhas conclusões, sem repeti-las. No dia seguinte, houve um encontro com os estudantes para discutir as teses que eu tinha defendido na palestra. Um deles se arriscou a manifestar publicamente a sua perplexidade. Nesse momento, eu me dei conta de que a minha palestra tinha desconcertado os que fizeram o curso: eles tinham realmente estudado, analisado e entendido todo o livro, mas não tinham tido tempo de ler a conclusão! Para mim, essa conclusão encerrava o livro e era indispensável. Senão eu ficava reduzido a um relativismo pós-foucaultiano que eu estava tentando exterminar sem muito estardalhaço, precisamente com aquele livro. A exterminação gorou! E o estardalhaço foi o da gargalhada que demos: eu, quando entendi a leitura que eles tinham feito, e eles, reconsiderando o livro inteiro. Parecia que estávamos num Feydeau, sabe? No momento em que todos os mal-entendidos se resolvem: "Ah, então era isso!".

– Relembre aos nossos leitores o que dizia essa conclusão.

Em si mesma, ela não é muito interessante. Quer dizer, é apenas o esboço da ética universalista que desenvolvi na sequência. Ou, mais exatamente, falo menos da ética em si do que da estrutura da consciência humana que é a condição dessa ética. Por isso, em vez de retornar a essa conclusão, seria melhor eu lembrar os três princípios da ética que defendi posteriormente.

Já enunciei dois desses princípios: a humanidade é uma comunidade moral; todos os seres humanos são iguais. Esses dois princípios me parecem implícitos na "regra de ouro". Mas, a meu ver, existe um terceiro princípio, e ele faz toda a diferença entre a regra e o que chamo de ética humanista. É o seguinte: a humanidade é a única fonte de valores. E isso não tem nenhuma relação com a "regra de ouro", pois esta última se apoia quase sempre numa autoridade acima da humanidade. Por exemplo, se todos os homens têm valor igual, é porque são todos igualmente criaturas de Deus: um Pai não faz diferença entre seus filhos. Ou então é porque Deus fez os homens à sua imagem e semelhança: eles são *a priori* iguais e serão julgados *a posteriori* no momento do Juízo Final, em função de sua conduta. Ou ainda: existem textos sagrados que ordenam incondicionalmente o respeito ao outro, o amor ao próximo, a hospitalidade universal, a caridade, o auxílio aos indigentes, ou sei lá o quê! Ora, como fica a ética humanista sem uma fonte transcendente? Ela pode naufragar. É o risco que o meu terceiro princípio faz os dois outros correr: se *somente* a humanidade é fonte de valores, então não vejo em que se sustenta a ideia de que todos os homens são iguais, ou que a humanidade é uma comunidade moral. A meu ver, é a Modernidade que impõe esse risco aos dois primeiros princípios. Estou me referindo a uma Modernidade que, como se costuma dizer, "se desvinculou da religião", ou pelo menos está na iminência de se desvincular das religiões reveladas. Se não há nada acima da humanidade, não vejo como ela poderia não ser uma espécie natural como outra qualquer, tentando viver como pode, sem fé nem lei moral, isto é, sem outras leis além da lei da sobrevivência, do império dos mais fortes ou de convenções que mudam ao sabor dos regimes e dos costumes. Ou seja, nada. Regras variáveis que, na melhor das hipóteses, protege as comunidades e, na pior, perpetua o poder de alguns: os poderosos, as classes dominantes etc.

Aliás, durante muito tempo eu mesmo acreditei nisso. O Bem, o Mal, tudo isso é bobagem! Existem classes sociais em luta, exploradores e explorados, escolha o seu campo! Isso quando eu era marxista-leninista. Mais tarde, passei por uma fase mais ou menos espinosista. O Bem, o Mal? Seres da nossa imaginação! Ação, consciência, liberdade, intenção de prejudicar, vícios e virtudes, crime e castigo, educação e os seus "não faça isso, não faça aquilo"? Tolices! Como todos os seres naturais, não podemos fazer nada diferente do que aquilo que de fato fazemos. É uma questão de genes, de inconsciente, ou do que você quiser: determinismo histórico, sociológico, genético, psíquico. O resto é invenção de padres e rabinos, ou dos poderosos a quem eles servem. Todos querem nos fazer acreditar num além para ficarmos de bico calado. Presos ao temor do Juízo Final, no Ocidente, ou de uma reencarnação desastrosa, no Oriente. (É claro que estou simplificando.) Era nisso que eu acreditava. Nada me impedia de pôr um pouco de Nietzsche, misturado a Deleuze, no meu Espinosa para apimentar o meu ceticismo. Não há o Bem, não há o Mal, há somente os fortes e os fracos. O Mal é uma invenção dos fracos, que dizem que "é maldade" o que os fortes fazem etc. Bom, não faltam filósofos que pensam assim: é o "se Deus está morto, tudo é permitido". Aliás, existe coisa melhor do que bancar o rebelde? Me esbaldei durante muito tempo com esse sentimento aristocrático. Você se sente o libertino de Pascal ou o Dom Juan de Molière: não respeita nem Deus, nem Diabo, nem lobisomem, nem cólera divina. Tudo é falso, como o Inferno ao qual Dom Juan é piedosamente destinado pela fábula. Hoje (como pude observar por certas perguntas de alunos no fim de um curso ou seminário), a tendência dominante não é mais Freud, Marx ou Nietzsche, mas as explicações evolucionistas. Pouco tempo atrás, um aluno me disse no fim de um seminário: a crença no Bem, no Mal ou na liberdade tem a mesma fonte no homem que a crença nos espíritos. São tendências inatas, implantadas no cérebro do *Homo sapiens*: são fruto da evolução dessa espécie naturalmente social, e foram selecionadas para proteger as comunidades humanas dos impulsos egoístas e antissociais dos seus membros e assim assegurar a sua sobrevivência. Por que não? Essa explicação biológica é tão válida quanto qualquer outra. Não é nem mais verdadeira nem mais falsa do que elas. Mas não explica o que há de moral na moral. Se é que há alguma coisa. E o problema é esse!

Em outras palavras, acrescentando esse terceiro princípio humanista (o homem é a única fonte de valores) aos outros dois (a humanidade é uma comunidade moral e todos os homens têm valor igual), acabo complicando o meu trabalho. Ao passo que os que acreditam em alguma coisa só precisam completar esses dois princípios com alguma coisa como: todo valor vem de Deus. Note bem: em tempos pouco propícios a Deus nas nossas bandas, procuramos um substituto para ele. Dizemos: "Não, os valores não vêm do Céu, vêm da Terra. Da Natureza. Aliás, o homem não passa de um ser natural igual aos outros; ele tem de substituir seu antropocentrismo dominador e fatal por um naturocentrismo modesto e duradouro". Mas essa substituição ordinária, por sua vez, ameaça diretamente os outros dois princípios. Caímos forçosamente numa ética anti-humanista.

– Por quê?

Se os valores não vêm do homem, mas da Natureza, meus dois primeiros princípios vão para o brejo. Pela régua da Natureza, a espécie humana vale tanto quanto qualquer espécie de insetos: por exemplo, as abelhas. E, sem os seres humanos, a Natureza não se sairia pior; não digo que se sairia "melhor", porque isso não teria sentido nenhum. Digamos o seguinte: os ecossistemas se reorganizariam de forma diferente, assim como as cadeias alimentares. E a biosfera sairia ganhando. Por que não? Mas, por esse raciocínio, a humanidade não forma uma comunidade moral, porque a verdadeira comunidade moral é aquela de todos os seres naturais, ou de todos os seres vivos (a biosfera), ou o conjunto das espécies animais, ou de todos os seres suscetíveis ao sofrimento. E o outro princípio, o da igualdade dos seres humanos, não tem mais sentido: os seres moralmente iguais são, por exemplo, como defendem os teóricos das éticas animalistas, todos os seres que possuem *igual* interesse em viver (tese de Tom Regan), ou todos os seres que tentam *igualmente* não sofrer (tese utilitarista de Peter Singer). Ou então...

– Mas você não acredita que a Natureza seja fonte de valores.

A Natureza tem um valor, sem dúvida, mas é um valor "extrínseco". Quer dizer, ela não tem valor em si mesma. A Natureza *é*, ponto-final. O valor que ela tem é o valor que é atribuído a ela pelos seres que vivem nela. Porque ela é o "ambiente" necessário à sobrevivência deles. E, antes de tudo, do homem.

Me fico tentado até mesmo a dizer: o valor da Natureza vem exclusivamente do homem. Um texto de Kant me marcou muito tempos atrás. Muito antes de todas essas discussões sobre a Natureza. Me lembro de uma discussão, em São Paulo, com o meu amigo Gérard Lebrun. Já falei dele: é o grande mestre em filosofia alemã graças a quem fui para o Brasil em 1980. Ele tinha escrito um livro marcante sobre *Kant e o fim da metafísica*. Eu estava na cozinha da casa dele, na rua Monte Alegre, em São Paulo, a dois passos da minha casa. Estávamos falando da *Crítica da faculdade de julgar*, de Kant. Mais precisamente, não sei por quê, de uns parágrafos bastante profundos sobre o que ele chama de "prova moral da existência de Deus". Talvez porque o texto "tinha caído na *agrégation*": foi com ele que os candidatos à *agrégation* de filosofia tiveram de se atracar durante seis horas. Nele, Kant apresenta a hipótese de um mundo sem homens. Após diversas considerações, ele conclui: "Esse mundo existiria em vão, seria um deserto inútil e sem finalidade". Eu estava com o texto na mão e tentava compreender o argumento. Ainda vejo Lebrun na minha frente, o cigarro na boca e uma coca na beirada da pia. Ele me disse: "Está vendo, Wolff! Kant chega muito perto do niilismo nesse texto. É como se ele pressentisse todo o niilismo da Modernidade". Essa observação me impactou.

Penso com frequência nesse texto, especialmente quando ouço todo esse discurso contemporâneo sobre o "valor intrínseco da Natureza". Recentemente, depois de uma palestra que dei em Nantes sobre esse tema, um estudante me fez a seguinte objeção: "Mas a Natureza já tinha valor muito antes do homem, porque ela já existia antes dele; e, aliás, é o caso de muitas espécies de animais!". E por mais que eu explicasse que a existência de uma coisa não pode ser confundida com o seu valor, a prioridade com a preexcelência; por mais que eu retomasse o argumento de Kant, que em resumo diz o seguinte: o valor de uma coisa só pode vir de um ser que possui o conceito de valor, o que só pode ser o caso de um ser racional; portanto, sem quem avalie a Natureza, a Natureza não tem valor etc., percebi que nada demovia o estudante ambientalista. Então disse a ele: "Está certo, você tem razão. Há duas maneiras de avaliar: uma pelo conceito e a outra pela própria vida.

Só o homem tem acesso ao conceito e pode avaliar a Natureza: ela é o ambiente em que ele vive. Ele deve preservar ao máximo a biosfera, lutar contra o esgotamento do solo e dos recursos naturais, contra o desflorestamento e a diminuição da biodiversidade para que a vida humana, a da humanidade presente e de toda a humanidade futura, seja garantida nas melhores condições. Mas também é verdade que as outras espécies de animais, à maneira delas, 'avaliam' o ambiente em que elas vivem" – foi o que chamei, numa das entrevistas anteriores, de "meio". "Vivendo, e pela própria vida, elas avaliam o ambiente em que elas vivem como bom ou mau: bom é o que as alimenta e contribui para o seu bem-estar; mau é o que as prejudica e contribui para o seu sofrimento ou morte. Porque a vida é valor para o vivente. O problema é que esses meios não se somam. Não há nada que tenha valor positivo para uma determinada espécie que não tenha *ipso facto* valor negativo para outra. O que é bom para uma espécie é ruim para outra. Pior: a vida dos indivíduos de uma espécie só é possível graças à morte dos indivíduos de outra espécie. Não há nada mais amoral! Mas é a vida. E ela não tem nada de moral. Num mesmo 'ambiente', ou o que *para nós* é um único ecossistema, convivem dezenas de 'meios' contrários uns aos outros. Conclusão: a Natureza como um todo só existe para uma única espécie: a humana".

A Natureza inteira é o ambiente do homem e, como tal, ele a valoriza. E por duas razões: só a espécie humana foi capaz de se adaptar a praticamente todos os ecossistemas do planeta – toda a biosfera é o meio do homem; e, sobretudo, só o homem é capaz de conceber o conjunto dos espaços naturais não como simples meios locais, mas globalmente, do ponto de vista do equilíbrio geral: é o que chamamos de ecologia.

– Por isso a humanidade, por mais "predadora" que seja, é a única espécie ambientalista. Aliás, é a única espécie que se preocupa com os interesses ou "direitos" das outras espécies...

Exatamente. E, por isso, ser ambientalista é ser humanista e não antiespecista. Inversamente, ser humanista é defender a razão científica, portanto a ecologia, pela qual podemos avaliar o valor da Natureza como um todo. O valor da Natureza, portanto, só pode vir de nós, seres humanos. E concluí a minha resposta ao estudante mais ou menos nos seguintes termos: "Fique tranquilo. Isso não diminui em nada as nossas obrigações em relação à Natureza; ao contrário, lhes dá um sentido: se a humanidade possui um valor absoluto, a Natureza possui um valor relativo à humanidade. Portanto, temos o dever de defender os equilíbrios ambientais, salvaguardar o planeta e preservar a biosfera, para que toda a humanidade futura seja duradouramente possível. E esse dever humanista é absoluto. Se e somente se a humanidade vale absolutamente".

– Conseguiu convencê-lo?

Não diminuí o militantismo ambientalista dele. Felizmente! Mas acho que abalei as frágeis convicções naturocentristas em que ele se apoiava. Para mim, era o essencial. Porque a luta ambientalista, hoje, me parece legítima e necessária, desde que não se esqueça de que é uma luta humanista. Como outras, aliás: a luta contra as desigualdades sociais ou globais, por exemplo.

Voltando a Lebrun e ao niilismo moderno. A observação de Lebrun me incomodou durante muito tempo. Eu nunca tinha lido Kant daquela forma. Em outras palavras, nunca tinha pensado como a ética humanista de Kant se sustentaria na Modernidade sem a crença numa Providência. Ele mesmo pressentia que ela era o último baluarte contra o niilismo moral. Lebrun tinha razão. Hoje, a crença numa Natureza, fonte transcendente de todo valor, uma natureza sagrada, que deve ser respeitada, senão ela se vinga, é um avatar do Deus ausente. Ela também é ilusória, mas, no fundo, é mais simpática do que outras fabulações. Tudo depende da causa à qual ela serve. Na verdade, o que me preocupa não são esses substitutos, mas "esse deserto inútil e sem finalidade" a que Kant se referia. A porta estava aberta para todos os massacres típicos da Modernidade...

– A crença em Deus nunca impediu os massacres, o genocídio dos indígenas, a escravidão! Muitas vezes ela até serviu de justificação para o pior!

Concordo plenamente! E é por isso que, apesar do que afirmam alguns amigos cristãos, penso que a fé num Deus bom e todo-poderoso, o Deus de amor dos Evangelhos, e até mesmo a adesão à pregação de são Paulo em defesa de uma espécie de universalismo moral, essa fé, ou qualquer outra, nunca foi um pilar suficientemente sólido para os dois princípios da ética que defendo: a humanidade como comunidade moral e a igualdade de todos os homens. Costumo dizer que Deus tem costas largas. Para alguns, ele é a prova de que todos os homens devem *a priori* ser tratados de forma igual, já que todos são igualmente criaturas de Deus. Para outros, ele é a prova de que apenas os que o reconhecem e respeitam seus mandamentos devem ser considerados iguais. Para uns, Deus garante que a humanidade forma realmente uma comunidade moral. Para outros, ele garante que apenas os seguidores de uma religião formam uma comunidade de obrigações recíprocas. Fora dessa comunidade, não existem obrigações absolutas. E às vezes... até do mesmo bairro! Acontece o mesmo com quem afirma, na ausência de Deus, que está na Natureza o fundamento de uma moral humanista.

A Natureza também tem costas largas: ela fez todos os homens iguais ou desiguais? Já se afirmou algum dia que os "homens são *naturalmente* iguais". Mas não precisamos ler o discurso de Cálicles em *Górgias*, de Platão, nem Hobbes, nem passar noites em claro brigando com Nietzsche para saber que a natureza "fez" fortes e fracos e que, portanto, os homens são *naturalmente* desiguais. Nesse caso, "obedecer" ou "respeitar" a Natureza é, como fazem os aristocratas libertinos ou os heróis de Sade, insultar o Céu e defender o "direito" dos fortes de dominar os fracos.

Nem Deus nem Natureza. Nada. A ética humanista não repousa mais sobre nada. Ou, pelo menos, nada acima dos homens. Não é essa a tragédia da Modernidade? Em todo caso, foi contra esse niilismo que construí a minha árvore filosófica, com raízes ontológicas e um tronco antropológico. A ética é um dos frutos que eu esperava dela.

É sobre ela, então, que precisamos conversar.

SÉTIMA ENTREVISTA

A OBJETIVIDADE DO BEM

Por que fundamentar a moral? – Uma ética à altura da humanidade – Não existe o mal, existe apenas o bem, um excesso de bens – A tragédia dos valores – A piedade, a empatia e a consciência moral são suficientes? – Sócrates ou César Bórgia? – Razão ou barbárie na história? – Os discutentes imparciais – O fracasso da Razão diante do problema moral – A solução dialógica – Além do altruísmo e do egoísmo – Além da utilidade, do dever e das virtudes – Uma última dúvida

– No fim da nossa entrevista anterior, você disse que a ética humanista não repousa nem sobre Deus nem sobre a Natureza. Ao mesmo tempo, você falou da necessidade de combatermos o niilismo. Concordo com você. Mas é necessário fundamentar a moral para isso?

Sim, porque, sem isso, damos espaço para o relativismo da Modernidade e para todas as suas invenções além e aquém do homem. Começando por aquelas que estão na base dos dois grandes totalitarismos do século passado. Para eles, a comunidade humana não existe. Após a morte de Deus, e sobre as ruínas do homem, foram erguidos dois tipos de comunidades, mais fortes do que todos os outros: a comunidade do "ter" e a comunidade do "ser". Para o primeiro, ninguém deve possuir nada que pertença a todos. Para o segundo, ninguém deve ser estrangeiro à nossa identidade. Comunismo e nazismo. O comum que temos e o comum que somos.

Para o "comunismo", a humanidade não forma uma comunidade. É o anti-humanismo teórico. A humanidade é o lugar do confronto imemorial entre exploradores e explorados. A única verdadeira comunidade moral é a dos explorados, logo do proletariado. Até aqui, por que não? Mas acontece que as coisas se complicam. É preciso um regime que extirpe o Mal custe o que custar: a propriedade privada e todos os inimigos de classe, reais e imaginários, que a defendam. O anti-humanismo deve virar prática. Indefinidamente. Porque há e sempre haverá propriedade e privado. Portanto, a expropriação, a despossessão, a comunização, nunca podem parar. Daí as deportações em massa (deskulakização) e a realização sistemática de grandes fomes (*holomodor*). Não é imoral. É a própria moral, a moral da comunidade das vítimas da exploração.

Para o "fascismo" ou "nazismo", nem preciso dizer que a humanidade não forma uma comunidade moral. A humanidade é o lugar do confronto imemorial entre as raças. A nossa (os arianos, os sérvios, os árabes, os brancos, os indianos etc.) e a dos nossos inimigos (os judeus e os ciganos, os bósnios e os croatas, os negros, os muçulmanos etc.). A pureza do nosso ser precisa ser protegida. Ela está sob ameaça. A única verdadeira comunidade moral é a nossa, a das vítimas: porque os indivíduos estranhos ao nosso sangue e ao nosso solo invadiram o nosso solo e estão sugando o nosso sangue. De novo, os que massacram se julgam vítimas dos massacrados, e isso justifica os massacres. Foi o que aconteceu em todos os genocídios que vimos: o dos armênios, o dos judeus, o dos tútsis ou mesmo a dos bósnios. Para os carrascos, esses massacres aparecem como trabalho sujo: eles aceitam realizá-lo, de bom grado ou não, porque é um dever moral. Repito, moral. É para proteger a verdadeira comunidade. A deles. Esses delírios relacionados à pureza do ser povoam o imaginário moderno. E não só na forma de totalitarismos e limpezas étnicas. Às vezes é sob formas mais insidiosas: a xenofobia corriqueira e a demagogia do "nós, o povo".

É por isso que me parece que essa ética humanista precisa ser fundamentada. Porque comunidades morais dadas como primordiais são inventadas a todo instante, seja aquém da humanidade (a raça, a nação), seja além (os seres vivos, os animais). O niilismo moderno se manifesta também pelo relativismo. "Ah, qual é! Não existem normas universais: o que é certo aqui ou agora é errado lá ou em outros momentos." Velha lenga-lenga que data de Protágoras e atravessa os séculos. Ela pegou o nosso de jeito! E, infelizmente, ele tem todos os motivos para acreditar nela. E é por isso que hoje, mais do que nunca, seria conveniente opormos a ela uma ética universalista.

Eu diria que está mais do que na hora! Entramos na era da humanidade. O *Homo erectus* saiu andando pelo planeta para descobri-lo; o *Homo sapiens* fez a proeza de povoar todos os continentes. Mas, hoje, assistimos a um fenômeno inédito na história: a humanidade inteira tem consciência de si mesma.

– Sobre esse ponto, concordo plenamente com você. Mas muitos vão nos criticar, dizendo que somos muito otimistas. Vão objetar, em parte com razão, que os particularismos, os nacionalismos, estão longe de acabar...

São talvez ainda mais poderosos porque são uma reação à chamada globalização econômica e à globalização cultural. As pessoas estão se sentindo ameaçadas pelo global, por isso se refugiam no local. Daí a multiplicação de "identidades" (de gênero, de "raça", de "origem", de nação, de religião) como abrigos imaginários contra essa globalização ameaçadora. Isso acontece porque elas confundem o universal com o uniforme. Mas o universalismo que defendo não é a negação da diversidade: ao contrário, é a sua condição. As diferenças só podem existir se forem garantidas por um universal de segundo nível: por exemplo, a laicidade possibilita a coexistência das crenças e das não crenças; a tolerância, a das opiniões opostas; a cidadania, a dos diferentes sentimentos de pertencimento comunitários; e a igualdade dos direitos humanos é a condição da diversidade cultural. O verdadeiro humanismo repousa ao mesmo tempo sobre uma ética da igualdade e sobre uma política das diferenças.

Mas não sou pessimista. Para mim, a Internet e as redes sociais fazem parte do que chamei de "cosmopolitização do mundo" – para fazer distinção da "globalização". A Web 2.0 coloca os indivíduos de todo o mundo em contato horizontal uns com os outros, ainda que esse contato seja apenas virtual. É óbvio que não desconheço que essas comunidades virtuais aproximam os semelhantes. Mas elas se expandem. Todo mundo pode dizer, e aliás diz: "Por mais que fulana se afirme como indiana, nigeriana ou venezuelana, que sicrano se diga muçulmano, budista ou ateu, eles são iguais a mim, sentem as coisas do mesmo jeito que eu, têm valores que posso entender, que eu poderia adotar para mim ou que seriam os meus próprios valores se eu tivesse nascido lá". É evidente que essa cosmopolitização tem muitas outras fontes, a televisão, o celular, a Copa do Mundo de futebol, ou sei lá o quê!

E, de todo modo, estamos todos nós sabendo que estamos expostos aos mesmos riscos: as mudanças climáticas, o esgotamento dos recursos naturais, os acidentes e as guerras nucleares, as crises econômicas sistêmicas e, é claro, as pandemias. A novidade não é que os riscos são globais, porque, no fundo, eles sempre foram mais ou menos globais. A novidade é que a humanidade, globalmente, tem consciência disso. Veja as consequências da atual pandemia: não é impressionante ver pela televisão mais da metade da humanidade lutando ao mesmo tempo, e mais ou menos do mesmo jeito, contra uma mesma ameaça natural? E, sobretudo, ver que a humanidade se vê assim. Essa imagem da humanidade consciente de si mesma me parece particularmente significativa da nossa Modernidade ao mesmo tempo globalizada e individualista. Uma comunidade humana dispersada, fragmentada e, no entanto, unida pelo mesmo medo: não apenas do vírus, mas da decadência social e da pobreza. Um medo que, ao mesmo tempo, inverte os valores veiculados pelos populismos à Le Pen e Trump. Porque nos iguala aos estrangeiros e nos distancia dos nossos próximos. Principalmente agora, no meio de um isolamento. Nunca nos sentimos tão próximos dos seres mais distantes de nós, porque sabemos que estamos todos sob a ameaça do mesmo mal. E nunca nos sentimos tão distantes dos nossos parentes ou dos nossos amigos, que não podemos mais ver nem abraçar porque talvez eles estejam infectados. Nunca sentimos tão intensamente que formamos uma única humanidade, mas uma humanidade ultraindividualista: é cada um por si, cada um na sua casa, na sua jaula, como se todo laço social tivesse desaparecido.

É claro que seria preferível, e acho que você pensa assim também, que essa consciência de si da humanidade global tivesse acontecido pela esperança de um bem, e não pelo temor de um mal. Ou então que tivesse acontecido pela consciência dos males que atingem parte dela: o paludismo ou a desnutrição. Mas não podemos querer demais...

Tudo isso me faz dizer: é o momento de defender uma ética à altura dessa consciência global da humanidade unida. É o momento, sobretudo, de tentar fundá-la sobre o que é a própria humanidade. Sem se iludir. Mas com a esperança de que, pelo menos no plano das ideias, a *tese* da universalidade ética se imponha contra a tese da relatividade dos valores e das normas, que é pura bajulação do refúgio nos comunitarismos e nos nacionalismos.

– Vamos supor que fundamentar a moral tenha a sua utilidade. Mas como? Muitos tentaram, mas com êxito limitado. A prova é que você está tentando de novo! Em que seu fundamento é superior ao dos outros?

Você acha que é impossível fundamentar a moral. Talvez. Eu, da minha parte, acho que é uma necessidade para o filósofo. A menos, repito, que ele banque o rebelde: "Não existe moral, o que existe são relações de força". Mas o filósofo pode se contentar em pregar a virtude e condenar o vício? Seria bancar o moralista ou o educador. Seria abdicar da profissão de filósofo. Kant dizia que a questão moral é a pergunta: "Que devo fazer?". Concordo. Mas eu me coloco uma segunda pergunta, que Kant não se colocava, mas à qual eu respondo como ele teria respondido: "Diante da questão moral 'que devo fazer?', o que eu, como filósofo, devo fazer?". Não vejo alternativa para ele, filósofo, a não ser se armar com a única arma que ele tem, a razão, e com a sua melhor pergunta: *que é?* "O que é o Bem?"

Porque essa, no fundo, é a verdadeira questão. A que me persegue há anos. Eu disse que os heróis e os canalhas não passeiam por aí com um *post-it* colado na testa. Acontece a mesma coisa, receio, com o Bem e o Mal. Os valores não pairam no Céu das Ideias com etiquetas de "bem" e "mal" penduradas neles. Porque esse Céu não existe. E se falo de valores é porque não há ação humana, quer dizer, ação refletida, que não se realize em nome de um valor. Estou me referindo aos valores que podem dar sentido a uma vida humana, os que podemos justificar por outra coisa que não seja um desejo imediato ou um interesse pessoal. Agir é agir em nome de um valor, isto é, de um bem: o prazer, o consolo, o amor de João e Maria, a família, a nação, o bem-estar animal, o socialismo, a libertação do proletariado, o espaço vital, o respeito pelos textos sagrados, a laicidade, a pureza da raça, a derrota dos infiéis, a grandeza de Deus etc. Valores é o que não falta! O que falta é um critério para avaliá-los. (É o que chamo de tragédia dos valores.) O que falta é um conceito robusto de Bem.

Veja, por exemplo, para citar o seu exemplo, ser colaboracionista ou resistente. Você acha que o colaboracionista... não estou me referindo a quem vendia no mercado negro ou traficava armas, mas quem se envolveu com a milícia por ideal, e olha que foram muitos! Você acha que ele justificava seu envolvimento dizendo: "Vou fazer o mal"? Não, ele invocava o bem: o trabalho, a família, a pátria, a luta contra o bolchevismo, ou sei lá o quê!

– Digo sempre: nós nos autorizamos mais a fazer o mal em nome do Bem do que em nome dos interesses egoístas. Mas que diferença faria um fundamento?

Ele simplesmente nos permitiria dizer o que é o bem! O que não é pouca coisa. É uma tarefa filosoficamente primordial e não vejo como fugir dela. Vou pegar outro exemplo: os que se explodem no meio de uma multidão, causando centenas de mortos, e os que salvam centenas de imigrantes, arriscando a própria vida;

eles fazem isso em nome do Bem. Eles agem visando o Bem, um fim dado como bom, como todo mundo – do contrário, eles não agiriam. Eles não estão assassinando centenas de inocentes. Essa é a nossa maneira de descrever os tiroteios aleatórios. Eles estão "vingando os irmãos perseguidos" ou "combatendo os infiéis". São outras maneiras de descrever o mesmo massacre. A descrição deles é mentirosa? "Prove!" É isso que digo a mim mesmo. Fundamentar a moral é isso. É dizer o que é *o* Bem, o bem real no meio de tudo isso que se apresenta com esse nome. Fundamentar é oferecer um critério *objetivo* do Bem e do Mal num mundo sem Deus. Repito: "objetivo", isto é, além das justificações desses ou daqueles. Porque, no nível das justificações, existe somente o Bem, *os* bens e, forçosamente, bens demais.

Esse problema, volto a dizer, me persegue há anos. Ou melhor, me apavora. Se não fosse ele, provavelmente eu seria até hoje um historiador da filosofia ou um plácido metafísico. Se não fosse ele, eu teria sido um relativista calmo e sossegado: não existe nem Bem nem Mal, só existem coisas boas e ruins, boas para uns, ruins para outros. Não foi com muito entusiasmo que me debrucei sobre esse problema moral, em vez de questões muito mais excitantes para o espírito como: "Por que há alguma coisa, ao invés de nada?". O problema do bem começou a me perseguir tardiamente. Me lembro de uma das etapas dessa minha conscientização. Uma amiga minha, Isabelle Delpla, tinha escrito um livro muito bom, *Le Mal en procès*, em que ela retomava a questão do genocídio e do famoso processo de Eichmann a partir da própria experiência dela com a guerra na Bósnia. Escrevi um longo e-mail, parabenizando-a pelo livro. Ele tinha me convencido de que a tese de Hannah Arendt sobre Eichmann, o "homenzinho" incapaz de pensar, era falsa. Mas fiz duas objeções filosóficas na minha mensagem. A primeira era a seguinte. Ninguém nunca diz: "Puxa! Se o genocídio é um mal, eu era bem capaz de virar um genocida". Mas alguns dizem: "Temos de salvar o povo alemão". Outros, mais precisamente Heidegger, escrevem: "Para todo povo, a primeira garantia de sua grandeza e autenticidade é o seu sangue, o seu solo e o seu desenvolvimento físico". E acrescentam: "A comunidade judaica tem uma predestinação especial para a criminalidade mundial". E, *portanto*, seria um *bem* que eles desaparecessem da face da terra. Onde está o mal nisso? Só há o bem... (Tirei essas citações – e há muitas outras do mesmo calibre – do número especial da *Revue d'Histoire de la Shoah* dedicado aos filósofos e a Shoah.)*

A segunda objeção, se bem me recordo, era a seguinte. Não adianta nada responder ao problema com uma falsa evidência de tipo utilitarista: o Bem e o Mal são medidos *objetivamente* pela quantidade de bens e de males que eles causam. Porque a questão persiste: mais males para quem? Se você me responder: "Mais males para mais pessoas", posso retrucar: "Mas quem é pessoa?". E se você me responder que um embrião é uma pessoa, posso concluir que o aborto é um crime e a legalização do aborto é comparável a um genocídio. Aliás, é o que muita gente diz aí pelo mundo. Se você me responder: "Mais males a mais seres humanos", pressuponho o que está em questão, isto é, saber que a comunidade moral é a comunidade humana e que os seres humanos têm todos o mesmo valor. Essas são justamente as teses que estou tentando fundamentar. Porque não faltam filósofos, em especial filósofos utilitaristas como Peter Singer, que afirmam que "o Bem ou o Mal do maior número" deve se estender a todos os viventes susceptíveis de sentir prazer e dor, portanto teríamos o direito de eliminar vidas humanas que começam a falhar para salvar um cão em boa saúde etc. Ou pior! A pergunta crucial, a do filósofo nazista: por que levar em consideração a comunidade humana e não a verdadeira comunidade, a do *Volk*? Ou outra qualquer...

Me parece que o dever do filósofo é confrontar a tragédia dos valores.

Mas me pareceu sobretudo que eu, neto de Ferdinand Wolff, Hugo Czech e Sophie Lévy, tinha o dever de tentar resolver, com a única arma que tenho, a razão, um problema tão espinhoso quanto o famoso: "Por que há alguma coisa, ao invés de nada?". Esse problema é o seguinte: "Há um bem objetivo além da guerra dos valores?". Essa pergunta me apareceu como um paredão

---

* "Des philosophes face à la Shoah", *Revue d'Histoire de la Shoah*, n. 207, 2017. (N. T.)

escarpado, sem onde se agarrar, isto é, sem pontos de apoio. Um ponto de apoio seria, por exemplo, um Deus de bondade ou um texto sagrado. Mas nós precisamos de um ponto de apoio, isto é, de um fundamento, e ele só pode vir de nós.

Portanto, não se trata de fundamentar a moral em geral, mas apenas a ética humanista, uma moral da igualdade e da reciprocidade entre humanos. Por que *esse* bem é *o* Bem?

– Mas para explicar esse bem, do qual compartilho, existem outras soluções possíveis. Concordo: a razão é uma delas (é o que chamo de "a moral segundo Kant"). Mas por que só ela? Pode ser que o que move as nossas condutas morais – as que você chamou de "regra de ouro": não fazer mal ao outro, tentar tratar o outro como gostaríamos que nos tratassem – venha de uma espécie de sentido moral inato, como imaginavam certos filósofos do século XVIII, ou então da evolução das espécies (o que eu chamaria de "a moral segundo Darwin"), ou ainda da história (a moral segundo Marx), ou da sociedade (a moral segundo Durkheim), ou da educação (a moral segundo Freud: o superego), ou simplesmente – como certos psicólogos confirmam – de um sentimento de compaixão (a moral segundo Buda, Rousseau ou Schopenhauer), amor (a moral segundo Jesus ou Simone Weil) ou empatia pelo outro (a moral segundo Hume ou Adam Smith). Mas todas essas origens, *mesmo somadas, não são um* fundamento!

Sim, certos filósofos gabam a piedade ou a empatia que sentimos por nossos semelhantes. Outros, como os estoicos, defendiam a ideia de uma "empatia universal". A ideia mais popular é a de uma "consciência moral" presente em cada um de nós. Ela possibilitaria a intuição imediata do Bem e do Mal. Quando eu era criança, tinha certeza de que ela existia. Eu a imaginava como nas histórias do Tintim. Imaginava que havia em nós uma espécie de conflito entre o anjo branco do bem e o demônio vermelho do mal. Sabe aqueles balões na cabeça do capitão Haddock ou do Milu diante de uma garrafa de whisky? Então... Hoje duvido que exista essa "consciência moral". Aliás, ela não seria um "fundamento" no sentido estrito, porque fundamentar é fundar sobre a razão. Seria quando muito a origem natural de certas condutas nossas, e não o fundamento racional do Bem e do Mal.

– E você? O que você acha?

Bom, é claro que gosto das pessoas que têm empatia! Aliás, tento conviver só com elas. Todos os meus amigos têm empatia. A prova é que são meus amigos! Como todo mundo, ou quase todo mundo, estimo, admiro, amo pessoas generosas, bondosas, caridosas, que têm todas as virtudes do caráter. Acredito que se todo mundo fosse assim, o mundo seria muito melhor! Não haveria necessidade de moral. Ou de princípios. Ou de "regra de ouro". Não pensaríamos na questão ética. Seria mais ou menos como se não existissem bens raros no planeta: não haveria economia nem problemas econômicos. Só que não! Nós não vivemos no Jardim do Éden: precisamos da economia para distribuir os bens raros. E precisamos da ética porque não vivemos no país das fadas. Os seres humanos não são todos naturalmente altruístas: alguns têm humanidade, outros são apenas humanos, demasiado humanos.

Bom, mas suponhamos que, ainda assim, haja em cada um de nós uma espécie de senso moral mais ou menos desenvolvido. Isso não poderia servir de fonte para uma ética universalista. Porque os sentimentos, como a compaixão ou o amor ao próximo, por exemplo, são maus conselheiros em geral. Ninguém sente amor ou empatia por *todos* os seres humanos. Ainda bem! Existem pessoas que nos parecem antipáticas ou desprezíveis. Isso muda nosso comportamento em relação a elas, mas não pode mudar os princípios *a priori* da nossa ética. Uma ética não pode dizer: salve somente as pessoas legais! Você pode dizer: "Ame as pessoas que merecem ser amadas!" – aliás, é o que fazemos! –, mas isso não pode ser o alfa e o ômega da moral. No fundo, esse é o motivo que os racistas invocam para se justificar: temos empatia por nossos semelhantes, e apenas por nossos semelhantes, não por aqueles que são um pouco menos semelhantes a nós!

Em relação à piedade, ela só aparece quando vemos o sofrimento diante de nós, por isso é forçosamente desigual. Ela faz pouco caso da ideia de justiça ou equidade: somos mais propensos a nos comover com um passarinho que cai do ninho sob os nossos olhos do que com uma epidemia de cólera que está acontecendo do outro lado do mundo. Os publicitários que fazem as campanhas das ações humanitárias entenderam direitinho: eles arrancam lágrimas de todo mundo – principalmente de mim – com imagens de crianças. E, no entanto, mostrar estatísticas seria mais justo, nos dois sentidos da palavra: seria mais conforme com a justiça e com a exatidão. A emoção pode motivar a nossa conduta, mas não pode ser o fundamento de uma moral.

E como não podemos contar nem com um deus transcendente, nem com a Natureza, nem com os nossos sentimentos, resta apenas uma opção: tentar fundamentar a ética na razão humana. Ou desistir...

– Mas você não desiste!

Digamos que tento fazer o meu trabalho.

E de cara já constato um erro. Eu disse há pouco que "Deus tem costas largas", "a Natureza tem costas largas". Eles aguentam tudo e qualquer coisa. À primeira vista, me parece que acontece o mesmo com a razão.

Vejamos, por exemplo, a literatura universal. Qual é a imagem moral da razão na literatura? Dividida em dois campos contrários. De um lado, o homem da razão é o Sábio, é aquele em algum ponto entre o Santo e o Herói: ele define sua vida a partir de um ideal muito bem refletido e imutável, não cede aos desejos passageiros, não se deixa levar pelas paixões. Muito bem! Esse homem é a própria moral. Porque o Sábio só quer o bem do outro e nunca lhe faria mal. Esse homem é Sócrates, Epicuro, Buda, Confúcio e companhia.

Vamos dar uma olhada do outro lado. Aqui, o homem da razão, o que obedece apenas a ela, é o melhor calculista, o mais frio, o mais insensível, o que não se desvia por nada dos seus sinistros propósitos. Esse homem é César Bórgia, o frio criminoso de Estado que Maquiavel apresenta como o perfeito tirano; é dom Juan, "um nobre tão mau"; é a marquesa de Merteuil, uma admirável manipuladora; é a Juliette de Sade; é Tartufo etc.

E a razão? Quem é ela, moralmente falando? A grande heroína que vence as paixões egoístas ou sua serva mais fiel? Como eu disse, ela tem as costas largas.

Para concluir, vamos fechar os livros e olhar para a história. O século das Luzes não foi o século do triunfo da Razão e da Ciência sobre as superstições e os preconceitos? Não foi ele que produziu o texto admirável da Declaração dos Direitos do Homem e do Cidadão, as liberdades fundamentais e, mais tarde, a laicidade? Ele não é o melhor exemplo do valor moral da Razão? Ele derrubou o obscurantismo!

Vejamos agora o século XX. Que a imagem da Razão ele transmite? Uma imagem triste. A racionalidade industrial é o taylorismo. A racionalidade administrativa é a burocracia tentacular. A racionalidade econômica são os desastres da planificação sistemática. E o pior é a racionalidade política: a submissão racional da sociedade à onipotência do Estado e a unificação simultânea das racionalidades industrial, administrativa e econômica. Em outras palavras, o totalitarismo.

Onde está a Razão na História? Nas Luzes ou na barbárie?

Vamos esquecer um pouco a história e considerar a filosofia. Ela não é a guardiã da razão? Decepção de novo. Mais uma gigantomaquia. Hume contra Kant.

Para Hume, a razão não pode determinar o bem. Ela não tem nada a dizer no campo da moral. Não responde à pergunta: "O que fazer de bem?", mas no máximo: "Como fazer o melhor possível?". Se damos um objetivo à razão, qualquer um, ela nos propõe os meios mais eficazes para alcançá-lo. Por exemplo: como salvar o máximo de pessoas que se afogam no Mediterrâneo todos os anos, sem colocar em risco as sociedades europeias? Há uma resposta racional. Mas também podemos perguntar: como exterminar de forma econômica, rápida e discreta o máximo de pessoas espalhadas por toda a Europa? A razão faz o cálculo, tal qual um computador, e dá a resposta. Logo, se a razão não é capaz de fixar o objetivo da ação, quem o fixa? As emoções, as paixões, os desejos. Vence o mais forte. Hume resume isso numa frase: "Não é contrário à razão preferir a destruição do mundo inteiro a um arranhão no meu dedo". Em outras palavras, essa preferência é contrária à moral, mas não tem nada de irracional. Aliás, para não desagradar o cliente, ele acrescenta: "Não é contrário à razão eu escolher a minha ruína total para impedir o mínimo desconforto a um indiano ou a uma pessoa completamente desconhecida para mim".

Contra Hume, Kant. Ele se pergunta: a razão é realmente tão impotente no campo da moral? Ela pode enunciar normas? Sim. Porque é racional o que é universalizável. O que vale sempre, em toda parte e para todos. Na ordem do conhecimento, é o que ultrapassa os pontos de vista particulares, as impressões, as sensações, as percepções. Acontece a mesma coisa na ordem da ação. Uma conduta racional, inteiramente racional, é aquela que não é guiada por desejos particulares, que não é influenciada por emoções individuais, que não obedece a paixões pessoais. Logo, ela pode determinar o que é agir bem. É agir fazendo abstração de todos os motivos, inclinações ou interesses pessoais. Mais precisamente, eu ajo bem se ajo como todos deveriam agir, se ajo como eu mesmo deveria agir sempre. Portanto, agir moralmente é agir racionalmente.

Já falamos um pouco sobre isso. Não vou repetir aqui "a moral de Kant", a lei moral, o imperativo categórico etc. O que gostaria de sublinhar é que a filosofia, como tal, não parece mais em condições de propor a imagem moral da razão do que a literatura ou a história. Ora Sócrates, ora Maquiavel. Para alguns, a filosofia encarna o Bem; para outros, ela é simplesmente incapaz de dizê-lo. No melhor dos casos, ela é amoral.

– A razão parecia ser a sua última cartada! Se a própria razão fracassa, em que você vai fundamentar a sua ética humanista? Você disse que nem em Deus nem na Natureza. E ainda acrescentou: nem nas emoções nem nos sentimentos. E, no fim, nem na razão. Sua ética não repousa sobre nada? Imagino que você não vá cruzar os braços, derrotado pela tragédia dos valores...

O fracasso dessas tentativas para *fundar* na razão a ética humanista e os seus três princípios é consequência do fato de que a razão é considerada uma faculdade individual. Quer dizer, uma faculdade presente em cada um de nós. Foi o que chamei de "razão monológica". Essa razão raciocina, calcula, deduz, demonstra como um computador. Ora, você pode programar um computador de duas maneiras diferentes – e até mesmo incompatíveis. Ele é, digamos, "humiano". Você fornece todos os parâmetros de uma situação e o objetivo que um sujeito A deseja alcançar e ele lhe dá a melhor maneira de A alcançar esse objetivo. Ou então ele é "kantiano". Você fornece todos os parâmetros de uma situação e todos os desejos e interesses de um sujeito A e pede ao computador que determine a regra que *todo sujeito X*, seja quem for, deve querer – ou seja, não levando em consideração os interesses e os desejos pessoais do sujeito A (eles não podem fazer parte dos dados). O computador vai fornecer a regra em conformidade com a lei moral, assim como o ato que depende dela naquela situação específica: dizer a verdade, dar ao outro o que lhe é devido, acolher o hóspede etc.

Em outras palavras, a razão monológica se divide necessariamente entre egoísmo e altruísmo. Quem é mais racional: César Bórgia ou Sócrates? É impossível dizer. Portanto, a ética humanista, a ética da igualdade e da reciprocidade, não pode se fundar na razão, isto é, nessa razão que chamo de "monológica".

– Mas ela pode se fundar na razão que você chama de dialógica...

Exato! Porque a razão dialógica não é uma faculdade intelectual presente em cada um de nós, mas uma aptidão social para a relação com o outro. E a ética não diz respeito à ação de cada um, mas às regras comuns a todos. Apresentar uma questão moral à razão monológica (a de Hume, Kant e todos os filósofos clássicos) é bater na porta errada. Porque ela só permite calcular e deduzir. Ela não permite discutir. Portanto, não tem sentido perguntar a ela o que é "recomendável" fazer em determinada situação, ela não é capaz de responder. O máximo que ela pode dizer é: "Depende: você é Sócrates ou Bórgia?". Em compensação, a razão no sentido que dou a ela, a que nos diferencia tanto dos computadores quanto dos animais, a que está ligada indissociavelmente à linguagem, é uma capacidade social. Ela nos permite argumentar para defender nossas crenças ou valores, e justificá-los aos outros. Essa razão, na ética, é como um peixe dentro da água. Porque, em ética, o que se quer é determinar as boas relações que devemos ter com o outro, e responder a questões do tipo: como os seres humanos podem justificar os princípios mais gerais de suas ações dentro da comunidade humana?

– Você explica isso no livro Em defesa do universal, *tomando emprestada de John Rawls uma experiência de pensamento que ele utiliza na famosa* Teoria da justiça. *Ele se pergunta que princípios de justiça seriam adotados por seres racionais que estivessem "sob o véu da ignorância", ou seja, sem saber nada sobre a situação pessoal que teriam no mundo real onde viverão e, consequentemente, sem saber quais seriam suas necessidades singulares, seus desejos e emoções ocasionais, suas paixões dominantes...*

Sim, mas talvez seja mais tradução do que empréstimo. Por definição, a noção de justiça envolve *relações* entre seres humanos. Relendo as primeiras páginas de *Teoria da justiça*, o que me impressionou foi que a razão que Rawls atribui espontaneamente aos seres humanos que ele imagina nessa experiência de pensamento é precisamente a razão que chamo de "dialógica". Reconheço nesse exercício a noção de razão que defendo desde os meus trabalhos sobre a deliberação no pensamento grego. Para chegar aos seus princípios de justiça, os homens conversam, negociam, buscam a melhor forma de viver juntos. Chamo isso "raciocinar dialogicamente". Ora, enxergo a ética como enxergamos em geral a justiça. Quer dizer, devemos considerar que os princípios "da" moral são as regras de vida da comunidade humana. Por isso devemos deixar para a faculdade pela qual a humanidade forma naturalmente uma comunidade – o *logos* – o cuidado de fundar a moral.

– E como a sua razão dialógica faz esse milagre?

Vamos lá. Compare o poder moral da razão dialógica com o da razão monológica. Imagine uma comunidade humana de seres dotados de razão monológica. Reduzidos exclusivamente à racionalidade, eles não sabem nada de sua própria personalidade. São "homens sem qualidade", para citar o título de um romance famoso. Eles não têm paixões. Nem caráter. Logo não têm nem vícios nem virtudes. Eles não têm sentimentos: nem empáticos nem antipáticos, nem filantrópicos nem misantrópicos. Logo não são nem egoístas nem altruístas. Eles ignoram suas aptidões físicas e intelectuais e suas condições sociais. Logo ignoram seus desejos e necessidades. Você pede a esses "animais racionais" – ou melhor, a esses seres exclusivamente racionais, e nada animais! – que determinem o bem humano. Não o bem deles no momento presente: em relação a esse bem, não há problema nenhum. Me refiro ao bem das pessoas de carne e osso no mundo real onde elas vivem.

Primeiro você imagina que eles façam um raciocínio semelhante ao de Hume. Dizem: como a minha razão não me permite calcular a melhor maneira de satisfazer meus eventuais desejos, minhas aspirações, minhas necessidades, a única regra racional que devo aplicar é sempre agir em benefício dos meus próprios interesses. E como todos raciocinam da mesma forma, eles chegam à seguinte máxima: "Cada um deve maximizar suas vantagens e minimizar suas desvantagens". Regra absolutamente racional. Note que, segundo os economistas clássicos, essa regra define o comportamento racional do *homo economicus*. Ética autocentrada. É o que chamo de moral da primeira pessoa. Boa ou má? Boa, necessariamente.

Mas você também pode imaginar que eles façam um raciocínio semelhante ao de Kant. Dizem: como não posso saber quais serão meus desejos, minhas aspirações, minhas necessidades, a única regra racional é a que é válida para todos. E como todos raciocinam da mesma forma, eles chegam à seguinte máxima: "Cada um agirá sempre de maneira que a regra de sua ação possa ser uma lei universal". Ética alocentrada. É o que chamo de moral da segunda pessoa. Boa ou má? Boa, necessariamente, mas totalmente incompatível com a regra anterior.

A razão monológica se revela incapaz de fundamentar a ética. Ela se divide contra si mesma.

Vou usar o mesmo raciocínio, mas agora admitindo que os seres humanos são dotados de razão dialógica. Você pede a eles que determinem o bem humano. Eles dialogam, discutem, argumentam. Contrapõem prós e contras e se opõem uns aos outros. Fazendo isso, colaboram entre si para encontrar um terreno de entendimento. Discutindo, tomam consciência de que a comunidade de interlocução que há entre eles é também uma comunidade moral (primeiro princípio). Percebem que, na situação em que se encontram, todos são iguais (segundo princípio). Mas o problema é que eles sabem que no mundo real onde eles vão conviver as coisas não serão bem assim. Eles serão necessariamente desiguais no plano físico, moral, intelectual etc. Aí é que começa o problema ético... Que princípios eles devem aceitar e respeitar?

Eles se dão conta de que não podem concordar com um princípio moral autocentrado do tipo: "Que cada um procure exclusivamente o seu bem!". Porque esse princípio pode ser vantajoso para os ricos, poderosos e saudáveis, mas é fatal na hipótese contrária. "O que aconteceria comigo se eu estivesse em condição de miséria, aflição ou doença?", constata um. "Eu ajudaria você", responde o outro. Os demais concordam: "Eu também!". Avaliando que todos são suscetíveis a situações de vulnerabilidade, eles propõem um princípio moral alocentrado: "Cada um deve agir sempre pensando nos outros e abstraindo da sua situação pessoal". Mas imediatamente compreendem que esse princípio não é realista. Porque seria facilmente aplicado por aqueles que são naturalmente generosos e altruístas, mas não pelos outros. Além do mais, alguém adverte: "Os humanos de carne e osso que seremos no mundo real seriam realmente capazes de abstrair de seus desejos, aspirações e necessidades?". Boa pergunta! Os seres humanos não são apenas racionais: eles são *também* seres vivos. E, em todo caso, não são santos.

É nesse ponto que eles compreendem que devem abandonar tanto os princípios morais centrados no êxito e na felicidade pessoal quanto os princípios centrados na dedicação exclusiva aos outros. Somente um princípio neutro é adequado à futura comunidade e permite que eles superem as limitações da primeira pessoa (primeiro eu!) e da segunda pessoa (primeiro você!). Eles precisam de um princípio na terceira pessoa do plural. Esse princípio permite que eles vejam o mundo de todas as partes.

Somente um princípio contratual dá conta do recado. E o único conteúdo do contrato é a sua forma, ou seja, um comprometimento mútuo e recíproco. Para se proteger, todos se comprometem a não agredir os outros, desde que todos façam o mesmo. E eles acrescentam uma regra positiva a essa regra negativa. Para eventualmente receber assistência em caso de dificuldade estrutural (deficiência, fragilidade, vulnerabilidade) ou passageira (doença, acidente, dependência), eles se comprometem a ajudar os outros, na medida do possível, desde que todos façam o mesmo. Portanto, todos concordam com uma *ética da reciprocidade*. Que pode ser enunciada de diversas maneiras, por exemplo: "Cada um tentará tratar todo outro como ele próprio gostaria de ser tratado". Essa ética pode ser derivada em várias regras, por exemplo: negativamente, "ninguém causará dano a ninguém"; e positivamente, "cada um tentará prestar auxílio a todo outro". Eis a ética humanista fundamentada na razão.

– O que você quer dizer é que os seus "discutentes imparciais", que é como você os chama, chegariam a princípios éticos semelhantes à "regra de ouro".

Exatamente. Mas você tem razão em usar o adjetivo "semelhante". Porque há duas diferenças fundamentais entre a "regra de ouro" e a ética humanista definida pelos meus três princípios (a humanidade é uma comunidade moral; todos os homens são iguais; a humanidade é a única fonte de valor) e a regra de reciprocidade que se deduz dela. A primeira – mas eu já disse isso – é que essa ética não tem nenhum fundamento transcendente. Ela se apoia exclusivamente na essência do homem, animal social e falante. A segunda diferença é que a ética humanista não é formada por injunções, do tipo: "Faça isso, não faça aquilo". Ou então: "Obedeça, senão você vai ser só!". A ética humanista é fundamentalmente contratual. Ela se situa aquém da questão do valor moral das pessoas, de seus vícios e virtudes. Ela está aquém também da distinção entre dois sentidos do "bem": o bem para si ("ser bom"), o *agathon*; e o bem de outrem ("fazer o bem"), o *kalon*; portanto aquém da divisão entre as "morais da felicidade" (de primeira pessoa), como são a maioria das morais antigas, e as "morais do dever" (de segunda pessoa), mais comuns entre os modernos.

E é isso que interessa. Quem diz "eu" e quem é tratado por "tu" sempre podem dizer: "Eu poderia ser *ele*, eu poderia ter sido *ela*. Fui vulnerável como essa criança, serei vulnerável como esse idoso". É egoísmo, já que penso nos outros pensando em mim? Ou é altruísmo, já que penso nos outros como eles próprios se pensam, em primeira pessoa? As duas coisas. É por causa desse ponto de vista duplo que defino a ética como sendo o mundo visto de todas as partes.

Essa ética não depende de nenhum pressuposto sobre aquilo que você chamou de valor das pessoas. Sobre seu caráter, sentimentos, vícios, virtudes etc. Digamos simplesmente que: de um lado, os egoístas respeitam a regra de reciprocidade porque é *bom* para eles: é do interesse deles que os outros não lhes causem dano e os ajudem em caso de necessidade; de outro lado, os altruístas respeitam a regra de reciprocidade para praticar a dedicação que têm pelos outros e o amor que sentem pelo próximo. É *belo* para ambos. Nos dois casos, a regra de reciprocidade é a mesma. É um contrato ganha-ganha, como se diz nos cartórios.

E me parece que isso é o mais importante nessa ética. Ela não toma partido na famosa pergunta: o homem é bom? O homem é mau? Se é bom, ele deseja tratar os outros como trata a si mesmo. Se é mau, deseja ser tratado pelos outros como trata a si mesmo. Eu disse que precisamos de ética porque não vivemos no país das fadas. Há seres humanos naturalmente egoístas e outros naturalmente altruístas. Não obstante, tanto os egoístas como os altruístas podem viver sob as mesmas regras.

Essa ética também reconcilia as morais utilitaristas, as morais deontológicas e as morais da virtude, isto é, os três tipos de moral que distinguimos normalmente. Porque podemos interpretar o contrato de humanidade como a regra de conduta que mais beneficia a todos em termos coletivos e individuais. Ele é utilitarista, portanto. Também podemos interpretá-lo como um dever absoluto que se impõe a cada um de nós; aliás, é dessa forma que a "regra de ouro" ou suas variantes são entendidas em geral, como uma espécie de mandamento: "Ama o próximo como a ti mesmo". A regra é deontológica, formula um princípio irrefutável. Também podemos entender que ela concilia as virtudes autocentradas (prudência, temperança, simplicidade etc.) e as virtudes alocentradas (amor, justiça, generosidade etc.). Mas não quero começar uma discussão sobre esse ponto com o autor do admirável *Pequeno tratado das grandes virtudes*!

Por outro lado, você se lembra quando apareceu no vocabulário político francês, alguns anos atrás, a noção do *care*? Não se sabia muito bem como traduzir esse anglicismo: cuidado? Solicitude? O *care* saiu dos trabalhos de psicologia do desenvolvimento comparado entre meninos e meninas. Alguns psicólogos afirmavam que os meninos tinham mais tendência a privilegiar as noções abstratas do bem (como a de justiça, por exemplo) e as meninas as de um bem concreto e individualizado (como a solicitude). Ou é uma divisão objetiva e cega do que compete a cada um; ou é um cuidado subjetivo dos outros, um a um, conforme as suas necessidades. Pois bem, não sei se a ética da igualdade e da reciprocidade concilia meninos e meninas, mas me parece que concilia justiça e *care*.

É evidente que isso não resolve nenhuma das questões concretas que a moral coloca no dia a dia. Essa ética da humanidade não diz nada sobre os deveres que nos vinculam às outras comunidades, seja intra-humanas (casal, família, nação), seja extra-humanas (animais, seres vivos). Não diz nada também sobre os eventuais conflitos que podem surgir daí. Mas, apesar disso, me parece que essa ética é capaz de resolver o que chamei de tragédia dos valores. Há um *bem* objetivo acima de todos os valores subjetivos, e ele permite medir o valor desses valores. Enquanto os valores (como os deuses) dividem os homens, o bem acima dos valores os une. Ele permite decidir entre o ideal do resistente (liberdades individuais e fraternidade humana) e o ideal do colaboracionista (trabalho, família, pátria). Permite responder ao filósofo da "libertação animal": as obrigações que nos vinculam à humanidade são absolutas porque são recíprocas, enquanto as obrigações que nos vinculam aos outros animais são subordinadas a elas, porque são de mão única. Permite responder ao filósofo nazista: as obrigações que nos vinculam ao *Volk* são em grande parte contingentes e estão subordinadas às que nos vinculam à humanidade. Etc.

E, para voltar ao começo da nossa discussão, essa ética dá um fundamento moral à igualdade dos direitos humanos invocada pelas declarações. Esse fundamento não é divino nem natural:

os seres humanos não nascem naturalmente com direitos, assim como não são as cegonhas que trazem os bebês. Esses direitos são privilégios que todo ser humano reconhece a todos os outros seres humanos pelo simples fato de que eles compartilham a mesma humanidade. Essa ética também justifica a nossa indignação diante do infortúnio da virtude ou da prosperidade do vício: "Não devia ser assim!". Pressentimos que os seres humanos deveriam *a priori* ser tratados de maneira igual e, portanto, julgados de forma equitativa.

Eu disse também, no fim da nossa quinta entrevista, que só guardei do judaísmo a fidelidade a uma memória e a esperança de uma era messiânica. Acabo de desenhar os contornos dessa era. Imagino uma política baseada nessa ética humanista: seria uma cosmopolítica. É assim que concilio duas questões kantianas: "o que devo fazer?" e "o que posso esperar?".

Me pareceu que dessa forma eu estava fazendo o meu trabalho de filósofo. Me pareceu que, se não tinha escalado o paredão do Bem, pelo menos tinha me dado conta de uma espécie de falha na parede escarpada. Avistei uma agarra, um ponto de apoio: a razão dialógica, que define o ser humano.

– Muito bem! Mas por que você usa "parecer" e, ainda por cima, no passado? Significa que hoje você não acredita mais nisso?

Preciso confessar uma coisa. Era nisso que eu acreditava depois que escrevi *Em defesa do universal*. Aliás, era o único aspecto do livro que me dava orgulho. Digo isso sem nenhuma presunção, porque nenhum dos meus leitores se deu conta! Alguns ressaltaram a minha defesa do humanismo, que consideraram original; outros, a minha oposição ao naturocentrismo, que consideraram ousada, ou então a minha crítica sistemática ao relativismo moral e político etc. Mas, sinceramente, para mim não tinha nada de muito emocionante nisso. Eu estava fazendo o meu trabalho, como disse antes: uma boa síntese de argumentos sobre os quais eu vinha refletindo havia muito tempo e que nem sempre são originais. Mas quando achei que tinha conseguido fundamentar a ética na razão, ou pelo menos a ética que acredito universal na razão dialógica que, para mim, é a única particularidade que nos diferencia dos animais e das máquinas, fiquei entusiasmado. Parece um pouco ingênuo da minha parte, mas você sabe como a gente trabalha. Depois de muitas horas dedicadas a refletir, eliminar, ler e reler, ficamos mais satisfeitos ou menos satisfeitos com o resultado: uma questão parece mais bem colocada ou menos bem colocada, uma ideia parece mais inédita ou menos inédita, um conceito parece mais bem definido ou menos bem definido, um argumento parece mais claro e convincente ou menos claro e convincente... Esse é o nosso pão de cada dia. E às vezes temos a impressão, ou a ilusão, de que ali tem alguma coisa a mais: tudo se encaixa perfeitamente, perguntas, ideias, conceitos, argumentos. Em geral isso acontece de madrugada... Desconfie! Releia tudo com muito cuidado no dia seguinte. Em geral estamos lúcidos o suficiente para eliminar três quartos do texto. Mas nesse caso específico, em relação ao fundamento da ética, por mais que eu refletisse, relesse, revirasse o problema de todos os lados, tinha a impressão de ter descoberto alguma coisa. Ou melhor, ter escalado o paredão. E com certeza não era uma parede escarpada. Eu estava enganado, é claro, porque nenhum leitor de *Em defesa do universal* se deu conta. A ponto de eu me dizer: o cliente e o leitor têm sempre razão. E pensando no que você disse há pouco, com afetuosa ironia, sobre a minha refutação do idealismo: "Você tem a intenção de se comparar a Kant, que também pretendia fundamentar a moral na razão?". E eu respondi: "Hã... bom... sssim...". Existe necessariamente uma fragilidade. Qual? Argumentos precários? Tese banal? Talvez as duas coisas. Não sei.

– Eu diria: fragilidade da filosofia, que nem os maiores filósofos conseguem evitar, e que para mim só a torna mais admirável, mais digna de ser amada! Se fosse uma ciência, absolutamente segura de suas provas e refutações, nós nos entusiasmaríamos tanto?

De todo modo, eu quis recuperar a minha demonstração quase inteira nesta entrevista para dar uma segunda chance a ela, colocá-la à prova de um ouvinte emérito, você, e de novos leitores. Vamos ver se desta vez alguém se dá conta.

OITAVA ENTREVISTA

A LIBERDADE

Distinguindo de novo coisas, eventos e atos – Não há liberdade no universo determinista nem no universo indeterminista – Causalidade eventiva e causalidade agentiva – Os animais dialógicos podem ser alcoólatras? – A vontade como desejo de desejo – A emergência dos níveis de causalidade – De novo a distinção entre mundo e realidade – É impossível acreditar que não somos livres – E quem vai beber esse excelente borgonha?

– Vamos deixar a questão do fundamento de lado. Vamos falar da ação e do que ela supõe. A noção de pessoa e, portanto, de ato implica a noção de liberdade ou livre-arbítrio? Você faz diferença entre essas duas últimas noções?

Eu faço certa diferença entre essas duas noções, sim. A noção de vontade tem certas conotações psicológicas, enquanto a noção de liberdade é considerada mais filosófica. Às vezes eu falo de livre-arbítrio, mas é evidente que não dou nenhuma conotação religiosa ao termo. "Livre-arbítrio" era entendido tradicionalmente como um poder dado por Deus a todos os homens, que assim podiam escolher entre o Bem, isto é, o reto caminho da obediência aos mandamentos divinos, e o Mal, isto é, o pecado. Dessa forma, todo ser humano podia ser julgado após a morte pelo que havia feito em vida – e ao mesmo tempo Deus era eximido de qualquer responsabilidade pelo mal que existe na terra. Uma invenção genial dos Pais da Igreja que, evidentemente, me é totalmente estranha. Durante toda a Antiguidade clássica, a questão da liberdade foi discutida de um ponto de vista lógico e epistemológico, sem referência a esse conceito de origem transcendente. No uso que faço do termo, "livre-arbítrio" é simplesmente sinônimo de "liberdade".

Essa noção não tem nenhum mistério para mim, e acho cada vez mais difícil entender a posição dos que negam que certas ações nossas são livres. Vou até mais longe: defendo que toda ação real, toda ação que desejamos realmente, nós a realizamos livremente. Isso envolve problemas metafísicos difíceis, e eu poderia citar vários. Aliás, já falamos de alguns: a relação entre ser e devir, o realismo, o modo de ser dos eventos, a existência do passado, do futuro, do possível etc. Mas, para mim, a liberdade não entra nesse quebra-cabeça.

O problema que ela coloca não é nada trivial, mas fica mais fácil quando eliminamos todo o resíduo espiritualista que ainda incide sobre ele. Vamos partir da seguinte banalidade: uma pessoa é livre quando pode fazer o que quer. Logo um prisioneiro não é livre. Um doente preso a uma cama não é livre para sair e passear. Um alcoólatra não é livre para não beber, um toxicômano não é livre para não usar drogas. Aliás, eles se consideram dependentes. Continuando: uma pessoa obsessiva que sente necessidade de lavar as mãos trinta vezes por hora, mesmo sabendo que elas estão limpas, não é livre. É por isso, aliás, que ela procura um psiquiatra de determinada especialidade para livrá-la desse desejo alienante. Etc. Eu poderia continuar a lista. Mas não entendo como é possível defender que, quando faço o que realmente quero, sem me sentir coagido por quem quer que seja fora de mim ou pelo que quer que seja dentro de mim, eu não sou livre. Realmente, não entendo.

Assim, se me permite, eu substituiria a banalidade da qual partimos – e que, no entanto, me parece indiscutível – pela seguinte fórmula, mais apropriada à minha ontologia: uma pessoa é livre quando é a causa última dos seus atos. Como observei na nossa terceira entrevista, e depois expliquei na quinta, os eventos dos quais ela é a causa tornam-se, exatamente por isso, atos, seus atos. Se eu tivesse de refinar a fórmula, diria que existem graus de liberdade. Uma pessoa é livre se tem *razões* para fazer o que faz, e mais livre ainda se tem excelentes razões para isso.

Onde está o mistério? Qual a dificuldade?

– Concordo com a sua definição de liberdade ("ser livre é poder fazer o que se quer") e com a constatação de que a liberdade, por conseguinte, é uma espécie de obviedade. Se quero falar com você, eu falo, sem que nada me impeça: eu falo livremente com você. É o que chamamos de liberdade de ação. Isso vale também para a liberdade da vontade: eu quero o que quero, portanto sou livre para querê-lo. Mas na noção de livre-arbítrio, no sentido estrito que os filósofos lhe dão em geral, há mais do que isso: há a ideia de que essa vontade é indeterminada, irredutível a uma causalidade natural ou histórica, qualquer que seja ela (em Kant, o "caráter inteligível"), ou supõe em cada um de nós o poder absoluto de nós mesmos escolhermos (como em Sartre e, em parte, em Platão, no mito de Er). Você disse que "uma pessoa é livre quando é a causa última dos seus atos". Mas essa pessoa não é ela própria submetida a um jogo sem fim de causas que a precedem e, portanto, a todos os tipos de determinismos, sejam físicos ou psíquicos, naturais ou sociais, conscientes ou inconscientes?

Pois é, eu já desconfiava que acabaríamos nesse ponto. A noção de livre-arbítrio supõe, segundo você, que "a vontade seja indeterminada, irredutível a uma causalidade natural ou histórica, qualquer que seja ela". Eu faço distinção entre as duas noções: determinação e causalidade. Não empreguei a primeira, que não me parece clara; empreguei a segunda e tenho o dever de esclarecê-la. Acho que o problema da liberdade é parcialmente toldado pela confusão entre a chamada questão do "determinismo" e a da causalidade. A questão do determinismo me parece um falso problema; a da causalidade, um verdadeiro.

– Falso problema o determinismo? Por quê?

Me parece que é menos o determinismo em si que é um falso problema e mais a alternativa "determinismo ou liberdade" que é uma falsa alternativa.

O conceito de determinismo se impôs desde o fim do século XVIII, com a concepção globalmente mecanicista do universo. A ideia geral era que todo ser está submetido às leis da Natureza. Construiu-se uma oposição – bastante artificial, na minha opinião – entre os filósofos da consciência, para os quais o homem tem o poder de escapar dessas leis naturais por seu "livre-arbítrio", e os filósofos das ciências, para os quais o homem, sendo um ser natural como qualquer outro, não é exceção às leis universais. A exposição mais clara da concepção determinista do universo é a do famoso "demônio de Laplace" (do início do século XIX). Expliquei várias vezes esse texto para os meus alunos de último ano de ensino médio. Ele diz mais ou menos o seguinte (cito de memória): "Uma inteligência que, em dado momento, conhecesse todas as forças que movem a Natureza e a situação respectiva dos seres que a compõem abrangeria numa mesma fórmula os movimentos dos maiores corpos do universo e os do átomo mais diminuto; nada seria incerto para ela, e o futuro, assim como o passado, seria presente para os seus olhos". Em outras palavras, o universo seria como um imenso relógio.

Depois que áreas inteiras da física, e especialmente a física das partículas, parecem não obedecer mais a esse determinismo, em particular desde a formulação do "princípio de indeterminação" por Heisenberg (eu disse "indeterminação", do alemão *Unbestimmtheit*, e não "incerteza"), saber se o universo físico como um todo é ou não determinista divide os filósofos da física. Essa questão me parece largamente especulativa, na medida em que não temos nenhuma teoria geral do "universo como um todo".

Mas o fato é que o espírito racional, *a fortiori* científico, possui uma tendência irresistível a pensar que o universo é determinista. Parece irracional pensar que, no instante t1, dado o conjunto de leis e dados da Natureza, seu devenir possa ser indeterminado. É como se ocorresse um milagre que transgredisse as leis da Natureza, como se Deus jogasse dados, como Einstein disse engenhosamente. Alguma coisa se produz *sem nenhuma razão*, o que, por hipótese, é contrário ao princípio de razão. Por outro lado, temos convicção de que *poderíamos* não fazer o que fazemos. Mas se o devenir do universo é totalmente determinado, só há um estado no instante t1 compatível com o seu estado no instante t2. Logo, no momento em que ajo, não posso não fazer o que faço. É assim que o problema é comumente colocado.

Em certo sentido, a razão se depara necessariamente com esse problema. Toda teoria científica necessita de um postulado determinista, ao menos em sentido mínimo: ela admite que deveria poder explicar tudo o que pertence ao seu campo, sob pena de se negar como ciência. Esse postulado é o motor de todo o conhecimento, uma simples aplicação do princípio de razão: ir sempre mais fundo na investigação dos *porquês*. Em especial, toda teoria que pretenda explicar o comportamento humano deve *postular* o determinismo, sob pena de negar a si mesma. Não se trata de uma verdade científica, mas da condição de exercício de toda busca de explicação: buscar a razão de ser das coisas é admitir que existe uma razão. Evidentemente esse é um postulado não demonstrável, porque nenhuma ciência pode demonstrar a tese que lhe serve de princípio, nenhuma experiência pode atestar ou confirmar essa exigência da razão. Sem ela, o mundo pareceria caótico ou povoado de espíritos.

E mais, dessa vez em relação à hipótese geral de que o universo inteiro é determinista: nós não sabemos se teremos algum dia uma teoria *física* única (que unifique teoria da relatividade e mecânica quântica). No entanto, nós temos uma certeza: nunca teremos uma teoria científica geral de *toda a realidade* como tal, uma teoria transversal única de todos os seres, quaisquer que sejam. Disse e repeti na nossa quarta entrevista: uma ciência *do todo* não seria nunca uma *ciência*. Uma teoria geral e completa do real é um mito, um devaneio ou uma mentira. Os campos próprios de todas as teorias – mesmo que localmente deterministas – não se encaixam milagrosamente formando um todo determinista; as realidades cognoscíveis não se combinam harmoniosamente num quadro unificado da realidade. Isso é o ideal da ciência acabada. Nessa ciência ideal, poderíamos conhecer o resultado das eleições norte-americanas pelas equações de Maxwell. Poderíamos explicar a minha decisão de votar em determinado partido político pelos bósons e pelos quarks. Essa ciência do todo, concebida dessa forma, parece absurda. Mas a ideia de um universo determinista, à maneira de Laplace, parece racional. Na verdade, como eu disse na nossa quarta entrevista, está em conformidade com o espírito humano – e com a nossa razão dialógica – conceber o conjunto da realidade como um *mundo*, isto é, um todo coerente, unificado e fechado em si mesmo. Porque esse mundo é onde nós estamos, um mundo que nos permite nos localizar, nos comunicar e conviver. Por isso, mesmo quando a realidade como um todo permanece inacessível, nós a imaginamos como um mundo, sem buracos internos e sem janelas externas: uma linda totalidade.

A conclusão que tiro disso é que a questão do determinismo é um problema epistemológico próprio de cada teoria científica. Em compensação, a questão do determinismo global é uma questão para a metafísica especulativa. Ela só pode continuar sem resposta. Mas temos irresistivelmente tendência a colocá-la.

Aí está o verdadeiro problema colocado pelo determinismo.

– O determinismo particular ou local seria um verdadeiro problema epistemológico para as ciências, assim como o eventual determinismo global seria um verdadeiro problema – só que especulativo e insolúvel – para a filosofia. Muito bem. Mas isso não explica por que você acha que o problema da alternativa determinismo ou liberdade está mal colocado. E, no entanto, você observou, de maneira bastante clássica, que se a minha ação é inteiramente explicável por suas condições anteriores, não posso agir diferente do modo como ajo, apesar de não ser essa a impressão que tenho. O que me incomoda é a noção de anterioridade. *Se apenas o presente existe, como acredito, não entendo como o passado, que não existe mais, poderia causar o que quer que seja. Mas isso não muda fundamentalmente o nosso problema: se a minha ação é inteiramente explicável por suas condições anteriores ou presentes, como eu poderia agir diferente do modo como ajo?*

Sim, essa é uma dificuldade de toda explicação da ação por suas causas, mas repito que não acho que a noção de determinismo a capte corretamente. Por duas razões.

Num sistema determinista, como o de Laplace, há apenas um estado e2 no instante t2 compatível com o estado e1 no instante t1. Isso permite que uma inteligência que conheça o estado do mundo e as leis naturais preveja tudo o que vai acontecer. Mas essa proposição é reversível, como a maioria das leis naturais. Portanto, a inteligência em questão não só poderia prever o futuro, como também poderia conhecer todo o passado, como, aliás, o próprio Laplace observa. É perfeitamente equivalente, logicamente, dizer que o meu ato é inteiramente determinado por aquilo que o precede e dizer que tudo que o precede é inteiramente determinado pelo meu ato. Está claro, portanto, o inconveniente de recorrer às noções de determinações e à tese do determinismo, e não à noção de causalidade, que é de sentido único: da causa para a consequência, do passado para o futuro.

Além disso, se voltarmos à liberdade, e à famosa questão sobre ela ser compatível com o determinismo, costumo responder: "Das duas uma: o determinismo ou é verdadeiro ou é falso. Se é verdadeiro, o meu ato é inteiramente determinado por suas condições. Nesse caso, minha liberdade é ilusória, ao contrário da experiência que tenho dela: em realidade, eu não podia agir diferente. Se o determinismo é falso, o meu ato não é determinado e não há nada em suas condições que possa explicá-lo: ele é contingente, irracional, aleatório, absurdo – o que, de novo, é contrário à experiência que tenho dele, já que escolhi fazer o que faço; portanto, considero ter agido de modo sensato, racional, refletido. Portanto, a experiência do ato livre não corresponde nem a um universo determinista nem a um universo indeterminista".

Você percebe que o problema da liberdade não tem relação com a questão do determinismo ou do indeterminismo, seja do universo, seja de um aspecto qualquer da realidade cientificamente cognoscível? O que interessa, para entender o ato livre, não é o que é da ordem da "realidade", cognoscível ou não, mas do nosso mundo. Você tem de poder distinguir dois tipos de causalidade internos ao nosso mundo: a causalidade dos atos e a causalidade dos eventos, ou seja, você tem de poder explicar, racionalmente, duas experiências que vivemos e que se impõem a nós com a mesma evidência: que todos os eventos dependem necessariamente de suas causas e, portanto, não poderiam não ter se produzido; que parte dos nossos atos depende exclusivamente de nós, da nossa decisão, e, portanto, poderíamos não tê-los realizado. Você sabe que, desde o início das nossas entrevistas, eu defendo uma única ontologia. Distingo as coisas (que é?), os eventos (por quê?) e as pessoas (quem?). E você se recorda das minhas definições. A razão das coisas é o que elas são; a razão dos eventos é a causa deles; a razão das pessoas é o que elas fazem. As pessoas existem como coisas que permanecem o que são, apesar das mudanças que sofrem; e, no entanto, assim como os eventos, elas são a causa de certos eventos. Esses eventos, dos quais elas são a causa, são denominados atos, os atos delas. Me parece falso e perigoso misturar pessoas e coisas; assim como é igualmente falso e perigoso misturar eventos e atos. Eles não dependem do mesmo tipo de causalidade.

– Muito bem. Então vamos falar em termos de causalidade, em vez de determinismo. O que isso muda na base do problema? Freud, por exemplo, postula o "determinismo psíquico". Reconheço que ele usa um vocabulário de físico, que não é o que você e eu usamos. Mas se ele falasse em termos de causalidade, daria no mesmo. Por exemplo, com frequência nos vêm, aparentemente sem nenhum motivo, representações ou desejos. Segundo a psicanálise, essas representações e esses desejos têm muitas vezes causas inconscientes que podem ser reveladas pela análise. Além disso, normalmente explicamos nossos atos por nossas razões de agir. Mas você poderia objetar que essas razões podem ser simples justificações a posteriori, *porque em realidade nossas decisões se explicam – ou, se você preferir, são "causadas" – por desejos, sendo eles conscientes ou não.*

Sim, você tem razão. E o que você disse da psicanálise é verdadeiro para todo modo de explicação científico do comportamento humano, seja histórico, sociológico ou econômico: ele tenta evidenciar as causas não percebidas dos próprios agentes. É mais ou menos o que as neurociências fazem, embora sejam o oposto da psicanálise. Dou um exemplo. Você me viu suar agora há pouco, levantar e abrir a janela. Com certeza você deduziu mentalmente: "Ele estava com calor, sentiu o desejo de refrescar o ambiente, considerou que o ar estava mais fresco do lado de fora e, por isso, abriu a janela". Você tem razão, foi o que pensei e foi o que fiz. Perfeito. Esse é o mundo em que vivemos: tenho desejos, os que você me atribui, e ajo em função dos meus desejos e das minhas crenças. Agora vamos supor que haja um neurocientista aqui conosco. Ele diria: *em realidade*, os seus desejos, as suas crenças são "epifenômenos", isto é, ilusões. Eles não têm nada a ver com a ação que você realiza. A única função deles é fazer você acreditar que age. A mesma coisa é verdadeira para o seu espírito, para a sua vontade, para você mesmo. Tudo o que acontece são mecanismos elétricos no seu cérebro. Você sente seus desejos e suas crenças não antes, mas imediatamente depois que o mecanismo cerebral que provoca a ação a desencadeia. Nem mais nem menos do que faria o cérebro de um inseto ou o motor de um carro autônomo.

– Isso é pensar o espírito mais como consequência do que como causa, ou seja, é explicá-lo por outra coisa que não ele próprio. Mas o que você acha dessas explicações, seja dos psicanalistas, seja dos neurocientistas?

Não nego que alguns dos nossos atos são maquinais, comandados diretamente pelo nosso cérebro, sem nenhuma intervenção nossa. A questão é saber se todos os atos são assim. Abri a janela de maneira mais ou menos automática quando senti calor. É verdade. Da mesma forma, se vou *voluntariamente* à padaria da esquina, não preciso que cada passo meu seja pensado. Agimos como carros autônomos na maior parte dos nossos atos e isso é ótimo: detector perceptivo, reação motriz automática. É mais adaptado e mais prudente do que se cada gesto nosso tivesse de ser controlado pela nossa consciência.

É a mesma coisa com as explicações psicanalíticas. Alguns atos se explicam por desejos inconscientes: é o caso óbvio das compulsões do neurótico obsessivo. Talvez seja o caso também de certas condutas estranhas que tentamos justificar retrospectivamente, apresentando razões para elas. Mas nego que seja o caso de *todas* as nossas condutas voluntárias. Isso, aliás, seria uma posição fatal para a própria psicanálise: pois de onde viria a vontade de nos consultar se nenhuma das nossas condutas depende de nós? Como observei numa conferência que fiz num congresso da Associação Francesa de Psiquiatria, o paradoxo fundador da psiquiatria, e mais ainda da psicanálise, é o seguinte: o psiquiatra, como psiquiatra, se dirige a um paciente que exige sua intervenção, porque, como indica a palavra "paciente", ele sente que sua ação e seu pensamento estão bloqueados, portanto escapam da sua vontade; mas o mesmo psiquiatra, como pessoa, se dirige a uma pessoa que ele considera plenamente uma pessoa, portanto um agente livre, que descreve seus sintomas, seus sofrimentos, e com quem ele pode falar, conversar, dialogar. Esse paciente, mesmo sendo "alienado" (sei que o termo não é mais usado, sem dúvida por boas razões), é também, parcialmente, considerado livre.

Na verdade, vou ainda mais longe que os psiquiatras: *todas* as minhas ações, quaisquer que sejam, são causadas por desejos conscientes ou inconscientes. Agir é ser motivado por um desejo. E acrescento: *todos* esses desejos, sem exceção, são eventos. Eles ocorrem. No meu cérebro, no meu espírito, em mim. Para usar uma frase de Nietzsche que critiquei na nossa terceira entrevista: "O pensamento só vem quando *ele* quer, e não quando sou *eu* que o quero". Isso é verdade para certos pensamentos: por exemplo, os desejos. Eles me vêm, sem depender de mim. Eles dependem *todos* de cadeias causais infinitas (cerebrais, psíquicas, genéticas, mas também históricas, sociológicas, culturais etc.) e, portanto, do que chamo de causalidade eventiva: uma causa que é ela própria causada por outras causas, e assim sucessivamente, ao infinito.

– Nesse ponto estamos de acordo!

Todavia, algumas das nossas ações são livres e dependem exclusivamente das nossas escolhas racionais. Não posso agir sem desejar, mas posso escolher realizar ou não esses desejos. Posso ter boas razões para isso – por exemplo, consultar um psiquiatra! O que faço depende de mim. Não é mais da ordem da "causalidade eventiva", mas daquilo que chamo de "causalidade agentiva". E, nesses casos, no momento de agir, sinto que poderia não agir como ajo.

– Isso me parece muito misterioso! Como você diferencia estas duas causalidades: a dos eventos e a dos atos? Na sua primeira resposta, você disse que a pessoa era a "causa última" dos seus atos. O que significa "última" nesse caso? Causa final no tempo, portanto que precede imediatamente o ato, ou que é até simultânea a ele? Ou uma causa que não tem causa? Não é exatamente a mesma coisa!

De fato, eu disse "causa última" para diferenciar a causalidade agentiva da causalidade eventiva. Exemplo: o vaso está quebrado. Evento ou ato? Se é um evento, tenho de recuar infinitamente nas séries causais (desequilíbrio, fragilidade, material, mas também vento forte, janela aberta etc.); se é um ato, tento imputá-lo a um agente responsável, ou seja, pergunto: "Quem?". Resposta: "Foi *ele*!". É a causa última, questão resolvida. Reconheço que a expressão é obscura e insatisfatória: de fato, a partir do momento que sei *quem* fez (ele é a causa última), posso me perguntar *por que* ele fez. Procuro, portanto, as razões que o fizeram agir. Mas razões não são causas! O indivíduo determina a si mesmo por razões, mas é determinado por causas. E se ele determina a *si mesmo*, é porque reconhece ser a causa última do evento. É claro que se ele não fez de propósito, ele pode invocar uma série causal eventiva ("enrosquei o pé no tapete, a mesa cambaleou" etc.), ou seja, pode afirmar que não *fez* nada, propriamente dizendo. Mas se agiu de propósito, ele pode explicar as *suas* razões para agir e, portanto, reconhecer que ele, e apenas ele, é a causa do evento "vaso quebrado". É evidente que sempre tem pessoas – talvez até você – que reduzem as razões invocadas a causas (por exemplo, inconscientes). Elas negam a existência da causalidade agentiva. Pensam: "Ele acredita que agiu, mas não agiu. Foram as causas que agiram nele".

– Com certeza não seria isso que eu diria! É realmente o indivíduo que age. Mas nenhuma razão é suficiente sem a intervenção de um desejo (aliás, consciente na maioria das vezes), que por sua vez também tem causas... Mas não é o meu pensamento que está em questão aqui: explique aos nossos leitores o seu pensamento!

Em vez de dizer "causa agentiva", eu deveria ter dito "imputação". Talvez tivesse evitado confusões. Não obstante, prefiro manter o termo "causa" para os dois tipos de explicação: a das causas do evento e a da causa pessoal do ato. Na verdade, é possível que o sentido original da noção de causa seja justamente a imputação a alguém da responsabilidade de um evento. Segundo diversos filósofos e psicólogos do desenvolvimento, seria uma tendência geral e espontânea do espírito humano: veja as crianças ("não fui eu, foi ela"), os mitos (em que as forças da Natureza são personalizadas ou deificadas), as religiões populares, os boatos ou o tal "complotismo". Os eventos são interpretados como atos e o ocorrido é atribuído a pessoas ou espíritos: os deuses, o diabo, Bill Gates etc. A noção de causalidade eventiva é mais abstrata: é, digamos assim, uma conquista da racionalidade. Além disso, é mais inquietante, porque, de acordo com a estrutura do *por quê*, da qual já falamos, toda causa remete a outra. Nunca chegamos a uma causa última, ou seja, a uma causa! Isso quando não é a "vontade de Deus", que é, como diz Espinosa, "o asilo da ignorância". Em todo caso, ainda é uma vontade e, portanto, um espírito. A causalidade agentiva é evidentemente mais simples e imediata. Ela é finita. Quem fez isso? Ele! Ela! Eles: as bruxas, os tútsis, os judeus! Evidentemente é uma mão na roda.

Essa, aliás, é a razão por que os espíritos mais racionais (ou seja, os filósofos e os cientistas) tendem frequentemente a negar a existência da causalidade agentiva; supõem que uma visão absolutamente racional do mundo deveria ser capaz de explicar tudo o que acontece apenas pela noção de causalidade eventiva. Essa tendência "natural" da racionalidade, se me atrevo a dizer, se explica, entre outras coisas, pela necessidade de apontar a ilusão obscurantista inversa: imaginar intenções e, portanto, ações em absolutamente tudo. Assim, para um espírito racionalista, não há ação, somente eventos: ele nega a existência de pessoas agentes, critica a ilusão que elas próprias têm de que agem livremente, interpreta a vontade dessas pessoas em termos de eventos que ocorrem ao espírito delas. O filósofo que sustenta de forma genial essa posição reducionista, como você sabe tão bem quanto eu, é Espinosa. Essa racionalidade também tem uma vertente científica: está em todas as ciências humanas e sociais; e, em particular, nas "ciências do espírito", seja do tipo psicanalítico, seja neurocientífico. Esse é o postulado totalmente legítimo que invoquei agora há pouco.

– Um cachorro que morde é também, em certo sentido, causa última da mordida. Mas duvido que você atribua vontade ao cachorro, muito menos livre-arbítrio...

Tem toda a razão. Mas o cachorro se sai melhor do que o carro autônomo. Porque o cachorro é consciente e morde conscientemente, ainda que seja em geral de modo impulsivo. Em certo sentido, ele também é a causa última dos seus atos. A consciência é apenas uma condição da liberdade, mas não é suficiente. Somente os seres humanos podem agir livremente.

– Mas então o que lhe permite dizer que todas as nossas ações são causadas por desejos que não dependem de nós e ao mesmo tempo que certas ações dependem de nós e, portanto, são livres? Parece contraditório.

O que diferencia realmente a causalidade agentiva não é nem a consciência nem o desejo (ambos presentes em muitas espécies animais), mas o fato de que uma ação, uma ação verdadeira é explicada por razões. E para agir de acordo com razões, é necessário ser um animal dotado de razão.

– Suponho que você queira dizer "dotado de razão dialógica"!

Exatamente. Dou um exemplo. Estou na sua casa uma noite e sinto o desejo de beber uma última taça de vinho antes de pegar o volante. (Situação absolutamente imaginária, porque, como você sabe, não tenho carro e nunca dirijo em Paris.) Bom. Se sou alcoólatra, não sou livre para não beber. Meu desejo de beber é, portanto, a causa do fato de eu beber. Sem pensar duas vezes, e pelo simples prazer da boa companhia, também posso me deixar levar a beber essa última taça. Mais uma vez, bebo porque desejo beber. Problema nenhum. Qualquer animal faria o mesmo.

Mas porque sou um animal dialógico, dotado da função "indicativa", ou seja, capaz do "eu" e do "tu", também posso pensar sobre esse desejo *em mim* na primeira pessoa e atribuí-lo a *mim*: "Esse desejo de beber que *eu* sinto". Penso nesse desejo reflexivamente, como sendo meu. E porque, graças ao *logos*, sou dotado da função predicativa, posso pensá-lo na terceira pessoa, objetivamente, como sendo um objeto possível de aprovação ou reprovação. Pergunta: quem deve aprovar ou reprovar, isto é, julgar esse desejo meu, isto é, sentido em primeira pessoa? Ninguém mais senão *eu*! Mas em sentido diferente daquele indivíduo que sente um desejo do qual ele não é a causa. Esse "eu" é racional: não porque me aconselha a não beber ("Cuidado! Você vai dirigir, você pode trombar com a polícia, provocar um acidente" etc.), mas porque é resultado da razão dialógica, do "eu" interlocutivo e da predicação objetiva. Sou eu que ajo e não um desejo em mim.

Vamos voltar ao alcoólatra. Ele deseja beber e não consegue se impedir de beber. Mas ele é um animal dialógico, portanto pode pensar como eu: "Não, eu não *quero* beber". A diferença entre ele (que não é livre) e mim (que sou livre) não é nem a diferença dos nossos desejos nem a diferença da nossa razão, mas o fato de que posso beber ou não e ele não. Suponhamos que eu vá passar a noite na sua casa: eu bebo aquela última taça, ao passo que *poderia* não bebê-la. Ajo livremente, conforme o meu desejo. Agora suponhamos que eu vá voltar para a minha casa: eu me abstenho de beber, ao passo que *poderia* beber uma última taça desse excelente borgonha. Ajo livremente contra o meu desejo. Nos dois casos, eu poderia fazer o contrário, portanto ajo livremente.

– Isso significa que você concede à vontade apenas um simples poder de recusa?

Toda ação é causada por um desejo. Mas eu, sendo livre ou não (preso, coagido, alcoólatra, toxicômano, neurótico), posso *sempre*, como pessoa, *querer* realizar esse desejo ou não. A vontade é um poder de abstenção. Se sou livre, posso agir em função do que quero e não apenas em função do que desejo. Assim, liberdade não é somente o poder de me abster, mas também o de escolher. Às vezes também posso arbitrar livremente entre diferentes desejos. A vontade permite que eu me abstenha, a liberdade permite que eu escolha.

– Então você pensa como Descartes que todos os homens são dotados de uma faculdade própria, a vontade?

De jeito nenhum. A vontade não é uma faculdade misteriosa, uma espécie de dom divino que é dado aos homens para que eles possam se determinar por si mesmos. E a prova é que, *sem desejo*, a vontade não é capaz de causar nenhuma ação. Acontece que somos animais dialógicos – decididamente, estou me repetindo. O *logos* apenas dá à consciência humana uma estrutura particular que permite a cada um de nós representar a si mesmo ("eu") e objetivar seu desejo – portanto julgá-lo. Não há dois eus em mim: o sujeito do desejo e o sujeito da vontade. Há, de um lado, o que eu sinto e não depende de mim. Não sou livre para sentir o que sinto: necessidades, impulsos, apetites etc. Chamo esses desejos de desejos de primeira ordem: "Estou com tanta vontade de beber esse borgonha!". Mas há também o que depende de mim, os desejos de segunda ordem: desejos que incidem sobre os meus desejos de primeira ordem. Eu desejo esse borgonha. Mas será que *eu* desejo *desejá-lo*? Não tenho o poder de desejar o que desejo, mas, dada a estrutura dialógica da consciência humana, tenho *sempre* o poder de desejar ou não desejar o que desejo. Veja, eu disse *desejar*. Não disse que tenho sempre a possibilidade de *agir* em conformidade com esse desejo de desejo, isto é, com essa vontade. Se não posso, é justamente porque não sou livre. Inversamente, quando posso fazer o que quero, isto é, agir livremente, também posso agir de maneira diferente. De fato, a vontade (o "desejo de desejo") tem a estrutura alternativa do sim e do não, exatamente como a razão dialógica.

– O que prova que esse desejo de desejo, *ou seja, o que você chama de "desejo de segunda ordem", é causa última e depende de você? Poderia ser alguma coisa que ocorre a você, a despeito de você ou independentemente de você, como o desejo de primeira ordem... Afinal, se não sou dono dos meus*

desejos, por que eu seria dono dos desejos que incidem sobre os meus desejos? Eles podem muito bem ser causados em mim pelo meu DNA, pelos meus desejos reprimidos, pela minha educação (Freud diria pelo superego), pelo funcionamento do meu cérebro, em resumo, por tudo o que constitui os diferentes determinismos que me atravessam ou me constituem...

Uma pessoa se define pela sua capacidade de dialogar com os outros e, consequentemente, com ela própria. Portanto, ela nunca é redutível aos seus genes, ao seu cérebro ou ao seu inconsciente. E em relação à distinção entre os "desejos de primeira ordem" e os desejos que incidem sobre eles, eu responderia o seguinte.

Primeiro me parece que precisamos diferenciar esses dois níveis. Nenhuma teoria da ação, ou até mesmo da consciência, é aceitável se não for capaz de explicar o fosso que separa o meu desejo de lavar as mãos quando elas estão sujas do desejo compulsivo do coitado do neurótico obsessivo que não consegue se impedir de lavar as mãos mesmo sabendo que elas não estão sujas. Quem capta melhor esse fosso é precisamente quem tem vícios ou neurose obsessiva: ele deseja muito agir em função do que ele não deseja desejar, ao invés de obedecer ao que ele deseja! Portanto, toda teoria que afirma, simplesmente, que todos os desejos (de primeira e de segunda ordem) têm uma única origem não explica a experiência universal e peca pelo reducionismo.

Por outro lado, há níveis de causalidade que correspondem a níveis de complexidade do mundo. É o que chamo de emergência. Ela é resumida em geral da seguinte maneira: o todo é mais do que a soma das suas partes. Um organismo pode produzir efeitos que seus órgãos sozinhos não conseguem produzir, e esses órgãos, por sua vez, podem produzir mais do que as suas células, e essas células mais do que os seus átomos etc. Cada nível tem a sua causalidade própria. No caso dos seres vivos, alguns são imóveis, outros são móveis, mas sem consciência, outros são conscientes, mas sem linguagem. Acontece a mesma coisa conosco, seres humanos. Alguns atos são causados pelo cérebro: movimentos reflexos, impulsivos, automáticos. Vou voluntariamente andando a algum lugar, mas cada passo meu é automático. Posso ter consciência dos meus passos, mas a minha consciência não é responsável por eles (pelo menos se tenho mais do que um ano de idade!). Alguns atos, em compensação, têm causas das quais tenho consciência: desejo beber, comer, me aquecer etc. Essas causas são desejos de primeira ordem, que todos experimentamos. E há uma terceira experiência, irredutível à anterior. Existem atos que têm causas que não estão somente em mim (tenho consciência delas), mas que são *eu*, e em geral essas causas se opõem às precedentes: tenho minhas razões para agir.

Eu diria, então: outro tipo de experiência, outro nível de causalidade. Não vejo o que nos obriga a reduzir uma causalidade a outra. Seria uma traição à experiência. Ora, você se lembra das minhas primeiras observações sobre a filosofia: ser o mais fiel possível à razão e à experiência? Me parece que há, em certa obstinação moderna em negar esse ou aquele nível de causalidade, uma traição à experiência. Em particular à experiência que temos do "eu".

Mas eu poderia continuar. Pois a minha vontade não é o nível mais elevado de causalidade das minhas ações. A razão dialógica permite que eu seja mais livre ainda: não somente para fazer o que quero, mas para ter boas razões para fazê-lo.

– *Me parece que, aqui, você apela implicitamente para um ponto importante da sua teoria das ações e das crenças, que você delineou na conclusão da* Nossa humanidade *e desenvolveu longamente no* Em defesa do universal. *É o que você chama de "estrutura em dobras" da consciência. É uma metáfora curiosa para alguém que não gosta de metáforas, sempre suspeita de obscurecer o conceito! Você pode dizer algumas palavras sobre ela?*

Sim, é uma tese muito importante para mim, mas não vou desenvolvê-la de novo aqui. Em relação à metáfora, você está certo. Por mais que tenha procurado, não encontrei um conceito. Se você vir algum, me avise. Eu queria evitar o conceito de "reflexividade", que seria facilmente confundido com o que entendo por dobra. Usei "dobra" por falta de palavra melhor, porque a consciência dialógica me aparece como uma sobreposição de camadas que se dobram umas sobre as ouras. E isso acontece tanto num aspecto como no outro: no dos desejos, que são os motores da ação; e no das crenças, que são os modos de conhecimento. Posso desejar (ou não) desejar o que desejo; da mesma forma, posso julgar falsa a crença que se impõe a mim, a despeito de mim: ela não passa de sonho ou ilusão.

Mas vamos voltar à estrutura "em dobras" do desejo. Quando faço o que quero, não me contento em fazer o que desejo: eu assumo que desejo desejar. Após refletir, decido agir em conformidade com essa razão. Esse é o primeiro grau, o grau mais básico da minha liberdade. Mas porque sou um ser dialógico, também posso tentar expor minhas razões para você, ou seja, posso tentar justificar minha ação para você, para as pessoas próximas de mim ou para todos cuja aprovação eu considero importante para mim. Essa razão é mais forte que a anterior: não desejo somente desejar o que desejo, eu desejo o que desejo porque ele é *desejável*. Não só para mim, mas para você, para nós. Esse é o segundo grau de liberdade, que evidentemente é superior ao anterior, já que as minhas razões são mais e mais bem fundamentadas. Para justificar a minha ação, eu me apoio em *valores* que compartilhamos: saúde, riqueza, glória, pátria, liberdade, proletariado, raça, Deus, ou sei lá o quê. Quando agimos em nome de valores, temos mais e melhores razões para fazer o que fazemos. E sei que depende de mim e de mais ninguém fazê-los meus.

– Você não leva em consideração a educação, o peso da infância, a influência do meio, os preconceitos, a mídia, a propaganda, a ideologia, os interesses e nem mesmo as paixões! Será que depende só do nazista e de mais ninguém ser nacionalista? Será que depende só de mim e de mais ninguém ser comunista (como fui) ou liberal de esquerda (como sou)?

Não nego o peso considerável dessas determinações. Nego que sejam *suficientes* para causar *todas* as minhas ações, como coloca *a priori* o postulado do determinismo. Mas também não digo que *todas* as minhas escolhas são *igualmente* livres. Em relação aos valores, sei que eles não se apresentam como pratos num cardápio que só temos de escolher, pesando os prós e os contras! Se não tenho a mínima educação judaica, é pouco provável que eu me comporte de acordo com os imperativos do judaísmo. E se nunca ouvir falar deles, é impossível torná-los meus. Acontece a mesma coisa com a ideologia comunista ou fascista. Quanto às minhas paixões, não sou responsável por elas. Preciso repetir? Minhas paixões e meus desejos não dependem de mim.

Quando digo que depende de mim tornar meus certos valores, quero dizer o seguinte: não sou uma marionete e minhas condutas mais elevadas, as que estou disposto a defender, não são automáticas. Quando justifico minha ação para outrem, invocando meus motivos (saúde, reputação, sossego, riqueza, família, pátria, religião etc.), reconheço que ela não é causada *somente* pelos meus desejos e paixões, nem pelos meus pais, pelo meu rabino ou pelos meus amigos comunistas, mas afirmo ter razão de realizá-la. Portanto, defendo o *valor* do meu motivo. Afirmo que meu objetivo não é só *desejado* por mim, mas que ele é *desejável* por qualquer outra pessoa, porque a "reputação" que invoco (ou qualquer outra coisa: saúde, sossego, riqueza, família, pátria, religião, raça, proletariado etc.) é um *valor*. Afirmo que a razão da minha ação é um valor, *porque eu a faço minha*. É essa afirmação que a transforma num valor. Sou eu e apenas eu que a coloca como tal. Os "valores" não teriam nenhum valor, ou seja, não seriam valores, se fossem impostos a mim contra a minha vontade. Prova disso é que eles podem ser discutidos! São objeto de afirmação ou negação. Olha! Me parece que essa é até uma boa definição de valor.

Repito: não depende de mim sentir determinado desejo, mas depende de mim desejar (ou não) desejar satisfazê-lo; e depende ainda mais de mim afirmar que o que eu desejo é desejável. Em outras palavras, não depende de mim ter tido tal educação, ter sofrido tais influências, ter vivido tal infância ou tal ideologia, mas o que depende em maior ou menor grau de mim é fazer minha a razão de agir, estabelecendo *seu* valor.

Disse "maior ou menor grau", porque convém manter o máximo possível as nuances. É evidente que não afirmo que somos sempre igualmente responsáveis por todas as nossas ações e decisões. A liberdade absoluta é tão indefensável quanto o determinismo absoluto. Uma ação simplesmente voluntária é mais livre que uma ação involuntária ("desculpe, não fiz de propósito") – e há uma infinidade de graus no voluntário. Uma ação que se escolhe realizar é mais livre que uma ação simplesmente voluntária – e certas escolhas são mais livres, outras são mais forçadas. Uma ação longamente premeditada, friamente planejada, é mais livre que uma ação simplesmente escolhida etc. Daí a extrema dificuldade do julgamento penal, por exemplo, e qualquer ex-jurado pode confirmar isso. Mas seria tão absurdo e contraintuitivo defender que tudo que sou dependeu de mim (cairíamos na ideologia libertariana: os pobres são responsáveis por sua pobreza, eles poderiam ser ricos) quanto afirmar que nada do que faço depende de mim. Cairíamos numa ideologia tão perigosa quanto a primeira: ninguém é responsável por nada, portanto não há nenhuma razão para desejar que os heróis tenham um destino melhor do que os canalhas ou desejar o mal a estes últimos.

– Nossas posições são semelhantes nesse aspecto. Poder fazer o que se deseja nem sempre é ser livre; mas poder fazer o que se quer, isto é, o que se considera bom, é ser livre. Concordo. Você também disse que poder agir de acordo com razões que podem ser justificadas é ser mais livre ainda. Concordo também. Em resumo, a liberdade é tão incapaz de anular as determinações que a tornam possível quanto essas determinações de reduzi-la a nada. Ou como você mesmo disse: "A liberdade absoluta é tão indefensável quanto o determinismo absoluto". Fica aqui registrado. Mas isso leva a outra pergunta: acima do desejo, do desejo de desejo e do desejo de desejo do desejável, há um grau superior de liberdade?

Essa pergunta é o mesmo que querer saber se há valores universais para os seres humanos. É alcançar um nível superior da razão dialógica, onde estão situados os nossos "discutentes imparciais", que, como você se lembra, se reduzem à sua própria razão. Eles podem decidir agir de acordo com o Bem, isto é, de acordo com o valor dos valores, o valor universal do qual todos os outros tiram o seu próprio valor. Mas será que eles podem realmente fazer isso no mundo? Nada garante. Justamente porque, no mundo, os "eus" diferem: as ações livres de uns não estão em harmonia com as ações livres dos outros. Ou seja, nós somos diferentes uns dos outros. Por isso os valores, os que dão sentido às nossas vidas, nos separam, em vez de nos unir.

– Vamos admitir os seus níveis de emergência. Digamos que a sua hierarquia explique as diferentes experiências que temos quando agimos. Mas ainda me pergunto: e se tudo isso não passar de ilusão? O que prova que em realidade, isto é, além da experiência que temos da realidade, nós somos livres?

Você me ouve quando falo com você?

– Sim, claro. O que você quer dizer?

Quero dizer que as minhas palavras ou mesmo os sons que saem da minha boca são ilusões. Como a relva verde. Porque, em realidade, como você se lembra, não há nem relva nem cor verde. Você ouve sons, mas há duas ilusões nisso: uma em relação aos sons e a outra em relação a você. Em realidade – e estou me referindo à realidade, não ao mundo – não existem sons nem nada que seja sonoro. O que existe são propagações de perturbações mecânicas num meio elástico, sob a forma de ondas de 20 Hz a 20 kHz, que fazem o seu tímpano vibrar, de modo que essa energia mecânica é transformada em energia elétrica e analisada no seu córtex cerebral. Resultado: você ouve. Mas não há sons em nenhuma parte da "realidade", muito menos palavras! Ilusão? Talvez do ponto de vista eletroacústico... Mas nós não vivemos num mundo de ondas eletroacústicas, e sim num mundo sonoro. E, nesse mundo, não é menos verdade, absolutamente verdade, que você me ouve e me entende: os sons, as palavras, as ideias que trocamos um com o outro existem de fato. Tanto quanto a nossa liberdade. Tanto quanto você e eu! Vivemos num mundo em que há sons, que não são nada ilusórios, e onde a sua existência, quer dizer, a existência daquilo que você chama de "eu", é certeza. Enfim, não sei você, mas eu existo!

E, no entanto, *em realidade*, e na melhor das hipóteses, você é apenas um corpo, isto é, alguns bilhões de células, ou um monte de aminoácidos, e o que você acha que é o seu espírito é apenas o resultado ilusório da combinação de alguns bilhões de sinapses dentro do seu cérebro.

A liberdade que você e eu experimentamos cada vez que temos boas razões para agir no mundo existe tanto quanto o mundo onde nós agimos. Tanto quanto a neve branca, a relva verde, a mesa plana, os sons, as palavras, as ideias, a música, que não têm nada de ilusórios! Essas entidades existem de fato, ainda que, *em realidade*, sejam fisicamente redutíveis a outras entidades.

– *Em outras palavras, você voltou à distinção inicial entre* mundo *e* realidade *que você introduziu na nossa quarta entrevista.*

Exato. No mundo, nós somos livres. Na realidade? É impossível saber. Tudo depende de que realidade estamos falando. Me parece que boa parte do difícil problema da liberdade vem da confusão entre o mundo e o real. O mundo é o nosso e não tem nada de ilusório. Temos acesso direto a ele, vivendo nele e falando uns com os outros sobre ele. E agimos nesse mundo – às vezes livremente. Quanto às realidades, elas são múltiplas e temos acesso indireto a elas pelas teorias científicas que repousam sobre conceitos e teorias próprias. Todas pressupõem o determinismo, em maior ou menor grau, e todas se baseiam necessariamente na causalidade eventiva. Pois não há nenhum lugar para pessoas em nenhuma das realidades construídas pelas ciências, sejam elas naturais ou humanas.

Mas nesse mundo, o nosso mundo, "eu" não sou uma ilusão, nem você. Simplesmente porque, sem a ideia do "eu" e do "nós", não haveria ideia do mundo, isto é, de uma ordem que seria total e ao mesmo tempo comum a todos nós. E nesse mundo, o nosso mundo, você existe, assim como eu, e às vezes acontece de agirmos voluntariamente.

– *Não sou eu que vou contestar! Briguei muito, filosoficamente falando, para recuperar o direito de cidadania da vontade. Resta saber como devemos pensá-la... Sua concepção do ato livre e da causalidade agentiva não pressupõe da sua parte um retorno à ideia – tão criticada desde ao menos Marx, Nietzsche, Freud e todo o estruturalismo – de um sujeito no centro dele mesmo, senhor de si etc.?*

Eu não iria tão longe. Ou pelo menos não iria até a ideia de uma alma individual, substancial e imortal! O "eu" ao qual me reduzo não é independente do corpo. Ele tem uma história. Está sempre em evolução. É resultado da linguagem e das relações interlocutivas e sociais. O "nós" precede o "eu". E, não obstante, no nosso mundo, cada vez que me refiro a mim, eu me refiro a um ser que é e permanece sempre o mesmo, e sem isso eu não poderia nem pensar nem agir.

E acho até que é impossível acreditar no contrário. É claro que você pode defendê-lo pelo prazer da contradição, ou para bancar o rebelde, como Aristóteles dizia dos que negam o princípio de contradição: não somos obrigados a acreditar em tudo que defendemos. No caso em questão, isso me parece impossível.

Mas suponhamos o contrário: vamos pensar num mundo onde realmente tudo o que é dito a respeito da vontade, da liberdade ou do "eu" é uma fábula. Como o mundo me apareceria? É como se eu pudesse vê-lo em terceira pessoa, sem nenhum ponto de vista em primeira pessoa. É muito difícil imaginar um mundo onde "eu" não estou, mas ele seria análogo à realidade ideal descrita pelas teorias da física. No entanto, a partir do momento que vejo o mundo de onde "eu" estou, isso significa que estou num mundo onde esse "eu" pode agir. Mas continuemos: eu poderia não ver nem conceber nenhuma diferença entre o comportamento animal e o comportamento humano. Os animais começariam a ser processados ou não haveria mais processos contra os seres humanos? Como poderíamos acusar alguém de um crime que sabemos que ele não poderia não ter cometido, como um cachorro raivoso quando morde uma pessoa? O direito penal desmoronaria. Disse isso aos meus alunos. Eles me retrucaram: "Qual o problema? Não seria tão mau!". Respondi: "Ao contrário, seria péssimo! Sem um sistema de direito penal racional, os seres não são punidos pelo que eles *fizeram*, tampouco na proporção da sua *vontade* de causar dano, mas simplesmente pelo que eles são. Por exemplo, se são impuros ou venenosos... eles são eliminados sem nenhuma outra forma de processo!". De todo modo, a moral também desmoronaria. Tanto a polícia de costumes como a própria ideia de fazer mal a alguém. Se ninguém *faz* nada, posso me indignar com um erro, uma omissão, uma traição? Essas palavras perderiam sentido, se o que uma pessoa faz "ela" não faz: alguma coisa nela causou aquilo, necessariamente, sem que ela pudesse intervir. Que diferença haveria entre um estupro e uma relação sexual, isto é, entre o mal e o bem? Nenhuma, se um e outro são causados unicamente pelo desejo. Todos os atos se tornam eventos. Nada é bom ou mau, tudo é. Mas não seria apenas o Direito, a moral, o Mal e, portanto, o Bem que desabariam (o que não é pouco!). A própria vida cotidiana ruiria: o que significaria "me desculpe", ou "sinto muito, não fiz de propósito", ou então "você é repulsivo", se nada é imputável a pessoas que podem pensar a si mesmas como tais? E o que seria da ideia de educação? Repreender, incentivar, aconselhar uma criança não é adestrá-la como um animal doméstico, é dirigir-se a uma pessoa em devir e, portanto, a um ser capaz de pensar a si mesmo como a causa dos seus atos. Ao mesmo tempo, é fazer de modo que, progressivamente, ela crie consciência de si, de sua liberdade, para que se torne uma pessoa responsável. O que seria do mundo se "eu" não tenho constantemente essa relação reflexiva com essa interioridade que chamo de "eu", ou se não pressuponho sempre que me dirijo a um "tu" que, como "eu", possui interioridade e consciência de si – e, portanto, pode agir livremente e fazer o que faz?

Mas insisto: você seria capaz de acreditar que o seu "eu" não existe? Ao menos como fonte idêntica, permanente e focal de todos os seus pensamentos? Seria capaz de acreditar que o que você faz *você* não faz? Acreditaria que no fundo nada diferencia o que você quer do que você não quer? Acreditaria que o que você *pensa* não é *você* que pensa? Que você não é o sujeito dos seus atos, mas age por desejos que não dependem de você? É capaz de acreditar que você não passa de um sujeito barrado ($), como dizia Lacan? Isso não é justamente o que chamamos de *loucura*? Sim, é possível que as pessoas pensem assim. E até vivam assim. Já cruzamos com essas pobres coitadas. É de dar pena. Eu, felizmente, não penso como um sujeito barrado. Não consigo nem imaginar como é pensar assim.

– Pode ficar tranquilo, não sou louco! Não contesto nem a minha existência (como corpo, ou como eu substancial) nem a minha capacidade de desejar, querer e agir (portanto de pensar: o pensamento é um ato)! Sou simplesmente como Epicuro, Montaigne, Espinosa, Hume, Nietzsche e Buda: não tenho nenhuma experiência de um "eu" (self, selbst) *que permanece sempre um e mesmo! Você se lembra do que Hume escreveu contra os cartesianos naquele capítulo genial sobre "a identidade pessoal"? "Eu, quando penetro mais intimamente no que chamo de eu mesmo, caio sempre numa percepção ou noutra, de calor ou frio, de claro ou escuro, de amor ou ódio, de dor ou prazer. Não consigo nunca, em nenhum momento, captar a mim mesmo sem alguma percepção, e não posso jamais observar nada, senão a percepção". Em outras palavras: vocês dizem que todos têm acesso a esse eu, um eu único, indivisível e singular, mas tentem pensá-lo, vocês não conseguirão. Ou melhor (como bom cético, Hume não obriga ninguém a pensar como ele): "A única concessão que posso fazer é que vocês podem estar certos, assim como eu, e que nesse ponto nós diferimos essencialmente".*

Esse é um texto que durante muitos anos me fez vacilar. Hoje ele me diverte. Quanto mais o leio, mais me convenço da verdade da tese que ele pretende refutar.

À primeira vista, Hume está coberto de razão: quando "olhamos para nós mesmos", o que vemos (sentimos, percebemos) é sempre nada mais do que sensações particulares: calor, frio, claro, escuro, amor, ódio, dor, prazer. Não vemos *eu* em parte alguma. E isso, necessariamente, já que o eu é *o que vê* e não *o que é visto*. E precisamente porque é *o que vê*, ele não pode ser visto em lugar nenhum. Mas essa metáfora é enganosa. Corrigindo-a, eu diria que exatamente aquele que fala e diz "eu" contradiz o enunciado que diz que esse eu permanente não existe. Portanto, Hume se contradiz necessariamente. Aliás, ele escreveu: "quando *eu* penetro mais intimamente no que *eu* chamo de eu mesmo..." e "*eu* não consigo nunca captar a mim mesmo... e *eu* não posso jamais observar nada". Esse "eu" que fala é, por hipótese, sempre o mesmo, um e idêntico, senão Hume não conseguiria ir até o fim da argumentação, ou melhor, da sua auto-observação, da sua introspecção. O fato de dizer "eu", isto é, de se referir a um sujeito de discurso pressuposto permanente pelo próprio ato do discurso, contradiz o discurso que o nega.

– *Isso não é a "crença na gramática" que Nietzsche identifica no* cogito? *Que a linguagem funcionar* como se *o sujeito fosse "permanente, um e idêntico" não prova que ele seja de fato "permanente, um e idêntico"!*

Isso não é simples consequência da língua, é uma exigência da razão dialógica. Todas as impressões, crenças, representações não seriam pensamentos se não fossem focadas, unificadas, centralizadas num único e mesmo espírito, que digo que é *meu* porque é o único a que tenho acesso.

E, a meu ver, acontece a mesma coisa quando digo que tomar ou não mais uma taça desse excelente borgonha que você serviu depende de mim, da minha decisão, e não do intenso desejo que sinto de bebê-lo.

NONA ENTREVISTA

A MÚSICA E AS OUTRAS ARTES

Clássico e jazz – Uma recordação de infância: *Sonata para arpeggione* – O número ideal de escutas (N) – O choque de Juan-les-Pins – A singularidade do jazz – Uma recordação de infância: Carmen Amaya – Purismo e vanguarda – Filoneísmo e construcionismo na história da música – Os universais da música – Amar o que amamos: uma difícil decisão – Uma descoberta inacreditável: um contemporâneo acessível – Os três constituintes do mundo e os três gêneros de representação do mundo – Representar coisas em imagens – Representar a relação entre os eventos na música – Quando a imagem desaparece do quadro – Quando a causalidade desaparece da música – Fotografia e fonografia – Quando a arte e a filosofia se retiram do mundo – A representação das pessoas agentes nas narrativas – A música desfuncionaliza e a poesia refuncionaliza os sons – Dizer o singular, defender o universal

– No nosso internato na Rue d'Ulm, nós mais nos esbarramos do que convivemos realmente. Não estávamos no mesmo ano (portanto não assistíamos às mesmas aulas), não éramos da mesma organização política e não tínhamos amigos em comum, salvo exceção. Às vezes acontecia de

sentarmos por acaso na mesma mesa no almoço ou no jantar na cantina, mas isso nunca levou à amizade... A primeira conversa de verdade de que me lembro entre nós foi sobre música: ficamos surpresos de descobrir que era uma paixão em comum: por exemplo, ter o mesmo carinho pela sonata "Arpeggione" (hoje quase sempre tocada na versão para violoncelo), de Schubert. Nesse mesmo dia, se me lembro bem, você me falou de Haroldo na Itália, *de Berlioz, que eu não conhecia nem de título (comprei o disco logo depois, e quase cinquenta anos depois, não consigo ouvir ou cantarolar o tema principal, de uma nostalgia tão nobre, sem pensar em você). Mas o que mais me impressionou, naquele dia, foi o seu duplo pertencimento, como se diz dos políticos, ou da sua dupla filiação: o fato, para mim absolutamente espantoso, de você gostar de jazz (que eu conhecia muito pouco e ainda me parece estranho) tanto quanto de música clássica, que naquela época eu explorava maravilhado. Fale um pouco dessa paixão geral pela música e desses seus dois gostos particulares... Como nasceu essa paixão? Como esse gosto se formou, se desenvolveu, se diferenciou?*

Você citou uma lembrança da qual não me recordo. E, no entanto, me recordo de muitas conversas sobre música com colegas da Rue d'Ulm. Existe um motivo para isso: eu era o responsável pelo "jazz", o que significava que eu organizava apresentações periódicas de jazz. Nos anos 1970, o jazz tinha um caráter marginal, e até contestador. Duplamente: em relação à música clássica (não se ouvia jazz na France Musique) e em relação ao próprio jazz. Era o auge do *free jazz*. E o *free jazz* era muito político. Um livro de Philippe Carles e Jean-Louis Comolli que fez muito sucesso se intitulava *Free Jazz/Black Power*. E as duas revistas francesas rivais, a *Jazz Hot* e a *Jazz Mag*, brigavam pelo trono do radicalismo revolucionário e se acusavam mutuamente de terem sido cooptadas pela harmonia burguesa. Foi também nessa época que voltei a tocar piano: devidamente paramentado com um cabelo afro, eu fazia a minha rebelião solitária. Enjoado das velharias escritas em caderno pautado, fazia improvisações capengas e nervosas num estilo *jazzy* que lembravam mais Mal Waldron (um pianista de estilo obsessivo que as boates do Quartier Latin tocavam muito na época) do que o lirismo de McCoy Tyner, "o" pianista de Coltrane, aquele que eu mais admirava. Querendo fazer alguma coisa com as minhas elucubrações pianísticas tediosas e primitivas, decidi consultar um especialista. A conselho de um colega de classe, procurei um músico de carreira e gosto muito eclético, professor de piano nas horas vagas: Jacques Lasry, coinventor das "estruturas sonoras Lasry-Baschet", que eram instrumentos construídos com hastes de vidro *float*. Ele pediu para eu tocar e improvisei uns cinco minutos. Ele me disse: "Nada mal, mas até onde você pretende ir?". Era uma boa pergunta. Cuja resposta eu esperava dele, mas senti, com essa observação, que ele não tinha respostas. Algumas semanas depois fui pegar minhas partituras na casa dos meus pais. O retorno à sensatez, ou pelo menos o súbito ataque de lucidez, me levou às fugas e prelúdios do *Cravo bem temperado*, de Bach, e fui iluminado pelas sábias análises harmônicas do professor Lasry. A partir dali, poupei os outros das minhas improvisações revoltadas e comecei a tocá-las na surdina, com a esperança de desenferrujar os dedos. Mas nunca abandonei completamente a minha paixão pelo jazz, apesar dos altos e baixos. Ainda mais que o status do jazz mudou. Ele passou para o outro lado, para o lado da música erudita, estabelecida, respeitável. Os grandes jazzistas agora são *clean*: não são alcoólatras, nem viciados em heroína, nem revolucionários. Apenas convenientemente noturnos.

Mas o que nunca me abandonou, mesmo no meu período *free jazz* – mais *free* do que *jazz* – foi a minha paixão pela música clássica. Você falou do meu "duplo pertencimento"... Acho que na verdade ele é múltiplo. Também sou apaixonado pelas músicas que estão na interseção do erudito com o popular, como o flamenco (principalmente o canto), o fado, a bossa, o blues (e suas derivações) etc. Também amo ópera, que para mim é diferente de música clássica. A ópera também é um gênero híbrido, mais popular e menos burguês do que aquilo que o consumismo cultural fez dela. As emoções que sentimos numa ópera são mais diretas, mais violentas, mais exageradas que num concerto. As paixões são histéricas. Por isso também é mais frequente você ficar decepcionado, contrariado e até indignado. "Uh! Uh! Horrível! Nunca mais." "Está maluco? Foi maravilhoso!" Descobri a ópera nos meus anos de École Normale Supérieure. Ou melhor, foi nessa época que a minha bolsa de normalista me permitiu frequentar o Palais Garnier e o Théâtre des Champs-Elysées, na Avenue Montaigne. Eu tinha de subir os degraus das escadas de dois em dois, assim que as portas se abriam, para não ficar nos assentos não numerados do último andar e ter alguma chance de ver os músicos e os cantores. Nos anos 1970, a ópera virou uma paixão. Minha, de Paris e de toda uma geração. Rolf Liebermann, que também era um músico eclético (acho que foi saxofonista de jazz e cantor de cabaré antes de virar maestro), assumiu a direção da Ópera Garnier e a transformou no maior palco do mundo. Com os meus vinte e poucos anos, e do meu quinto camarote lateral, vi (mal) e ouvi (perfeitamente) obras marcantes (como a estreia mundial de *Lulu*, de Berg, dirigida por Chéreau e Boulez em 1979), maestros prestigiosos (era a época de Georg Solti, Seiji Ozawa, Karl Bohm etc.) e grandes estrelas internacionais: Montserrat Caballé, Margaret Price, Luciano Pavarotti, Kiri Te Kanawa, Piero Cappuccilli, Jon Vickers, Mirella Freni, Teresa Berganza, Plácido Domingo, Birgit Nilsson etc. Aliás, não fui o único a aplaudi-los freneticamente. (Só na ópera e nas touradas você pode viver essas loucuras. Pobres profanos que nunca experimentaram esse arrebatamento dos sentidos. Tenho pena de vocês...)

Volto às duas obras que você citou e sobre as quais você se lembra de termos conversado. Gosto muito das duas. Descobri *Haroldo na Itália*, de Berlioz (uma sinfonia para viola), quase no fim da adolescência. Acho que foi estudando (sem muito empenho, confesso) para a prova optativa de música do *bac*, cujo programa incluía a *Sinfonia fantástica*. Eu era frequentador assíduo das lojas de disco, cujos donos eram melômanos em geral, e alguns também grandes conhecedores. (É incalculável o que a sociabilidade e a transmissão musical perderam com o fim das lojas de discos.) Um deles me sugeriu ouvir também *Haroldo na Itália*, que durante muito tempo foi uma das minhas obras concertantes favoritas, apesar de ignorar completamente do que ela falava, e até se falava de alguma coisa. Em todo caso, não é nem de Haroldo nem da Itália.

E a *Sonata "Arpeggione"*, de Schubert, está ligada a uma curiosa lembrança de infância. Eu devia ter uns dez anos. Estava de férias com os meus pais nas montanhas austríacas e passamos por Salzburgo. É lá que fica "a casa onde Mozart nasceu". (Salzburgo resgatou e explorou sem um pingo de vergonha o mito mozartiano, justo ele, que detestava a cidade e o destino que ela e o arcebispo Colloredo reservaram para ele... mas isso é outra história.) Nas tardes de verão, dão concertos de câmara lá. Pelo menos naquela época. Fui com os meus pais. Era o meu primeiro concerto (descontando as "apresentações" de fim de ano da minha professora de piano, *mademoiselle* Laroussie). Ouvi um duo de piano e violoncelo de Schubert que me emocionou profundamente. Tanto que, no dia seguinte, supliquei aos meus pais para ir de novo. Eles não faziam a mínima questão: tinham cumprido o dever do turista e assistido ao concerto sem grande atenção. Mas acabaram cedendo. Compraram um ingresso para mim e me esperaram na saída. Era o mesmo programa do dia anterior. A emoção foi mais forte ainda. Alguns anos depois, com a minha primeira mesada, comecei a procurar, de loja em loja, o famoso duo de piano e violoncelo. Até que uma vendedora, perto do Palais-Royal, teve uma luz: "Ah, você está falando da *Sonata 'Arpeggione'*?". Eu não sabia que era dela que eu estava falando, porque, como você disse, o arpeggione é um instrumento que desapareceu das salas de concerto e hoje a sonata é tocada no violoncelo. Mas era exatamente ela! Eu tinha encontrado a minha sonata de Vinteuil. Como já a ouvi demais, hoje deixo para ouvi-la apenas nas salas de concerto.

– O que você quer dizer com "já ouvi demais"?

Acho que toda música aguenta uma espécie de número ideal de escutas (N), abaixo do qual ela não atinge toda a sua riqueza expressiva e acima do qual sua capacidade de emocionar tende a cair. E por um motivo muito simples. O prazer musical está ligado a um equilíbrio entre a previsibilidade e a imprevisibilidade do discurso. Quando é totalmente previsível, ele parece oco; quando é totalmente imprevisível, é incompreensível. O número N depende de cada pessoa: da sua sensibilidade, da sua educação musical, da idade, das preferências etc. Mas depende também, para cada pessoa, da música: quanto melhor a música, maior o

N! (Acho até que depende mais da música do que da pessoa, o que nos permitiria deduzir daí um critério objetivo do valor da música.) Há casos em que, infelizmente, o N é sempre igual a 1. É culpa nossa? É culpa da música? Em todo caso, salvo aquelas músicas feitas para consumir na hora e que agradam de cara, se cumprem corretamente a sua função (fazer dançar, por exemplo, ou cantar com amigos), uma música feita somente para ser tocada ou escutada não transmite todo o seu sentido na primeira audição: ela pode prender a nossa atenção se não parecer obscura, porque a linguagem, as modulações, as repetições internas, o ritmo mais ou menos regular parecem familiares, mas ela ainda é um pouco estranha, porque é imprevisível. *Frère Jacques*, por exemplo. Gostei dela enquanto não me pareceu apenas um ritornelo. Mas depois que fiz 4 anos, ela começou a me irritar! Ouvi demais. Gastou. Ficou desagradável. Em compensação, a primeira vez que escutei o terceiro movimento da Sinfonia n. 1 de Mahler e reconheci na marcha fúnebre uma versão em modo menor do *Frère Jacques* da minha infância, redescobri essa melopeia transfigurada com uma emoção nostálgica. Ela me fez simpatizar com esse movimento sinfônico logo na primeira audição. Mas, ao mesmo tempo, ela encobriu a força harmônica, a inventividade melódica, a riqueza instrumental do movimento, que só fui perceber na segunda, na terceira, na enésima vez que o ouvi. Acontece a mesma coisa com todas as músicas das quais gostamos. Elevar o N tanto quanto possível. E quando começamos a sentir que a música está se esgotando, que ficou mecânica, que não ouvimos nada de novo nela (ou seja, nada), ela precisa descansar. Manter um regime estrito: não ouvi-la durante um tempo T! (Quanto maior o N, maior tem de ser o T.) Ou, pelo menos, não ouvi-la com o ouvido distraído, de um jeito que a música fica previsível, sem a emoção que ela tem nela. Esse é o regime que me imponho para algumas dezenas ou centenas de músicas ou óperas que adoro. Aliás, já mencionei a promessa que fiz aos 21 anos, na época em que não me cansava de ouvir um disco do *Don Giovanni*, regido por Joseph Krips. De repente senti um pavor: e se amanhã ou depois essa música acabar me parecendo trivial, de tanto que a ouvi? Naquele momento tomei a firme decisão de só voltar a ouvi-la de novo ao vivo. Alívio! Agora, sempre que a ouço, a emoção continua intacta e a genialidade de Mozart está lá. Outro exemplo, mais recente. Depois de um regime de alguns anos, redescobri em 2005, num concerto magnífico de Grigory Sokolov, uma sonata para piano de Beethoven que está entre as minhas favoritas, a "Waldstein". Foi na igreja de Lourmarin. O pianista estava de fraque, debaixo de um calor de 38°C, à meia-luz. O suor do nosso rosto se misturava às nossas lágrimas. "Fiz bem em não ouvi-la tanto tempo", disse comigo mesmo. E decidi manter a promessa nos anos seguintes: quando ouvia no rádio: "Agora vamos ouvir a sonata 'Waldstein' tocada por X", eu mudava de estação. Em 2019, no festival de Verbier, num concerto matinal, ouvi a mesma sonata tocada por um jovem pianista americano que eu não conhecia: George Li. Fiquei tão emocionado que depois tive um acesso de choro e soluço que tive de disfarçar para não me sentir ridículo como Madame Verdurin representando suas emoções musicais. Há em especial no trecho que vai do movimento lento, introspectivo – de uma plenitude, digamos assim, metaempírica – para o rondó final – que dá o ar da sua graça sorridente, simplicíssimo, num dó maior tão evidente quanto uma cantiga de roda –, há nesse trecho, que dura alguns segundos, mas segundos intensamente longos, a imagem de um advento absoluto, uma espécie de eclosão. Agora me passou pela cabeça se não foi por causa desse trecho que essa sonata foi apelidada de "Aurora". Enfim, voltando ao *Arpeggione* da minha infância, acho que deu para entender que deixo para ouvi-la nos concertos porque ela quase completou o seu capital de afeto, quase chegou ao ápice da sua curva emocional. Espero pacientemente o próximo encontro amoroso. Mas preciso economizá-la, para ter certeza de que ela não vai faltar ao encontro.

– O seu ou os seus músicos preferidos?

Ah, que pergunta difícil! Minha vontade é perguntar: quando? De manhã, preciso imperiosamente de Bach. Ao meio-dia, me delicio com Bartók, Stravinsky ou Shostakovitch. À tarde, música clássica, sinfônica ou concertante, ou seja, de preferência Mozart ou Beethoven. No chá, música francesa: Debussy,

Ravel ou Franck. Ou então Schubert: "Impromptus" ou *Lieder*. Depois, duas horas de silêncio antes de ir à Ópera de Paris escutar Mozart, Verdi ou Puccini (precisa ter cantoria). Na saída, nada de música no jantar, mas depois eu beberia com prazer um *long drink* num bar para escutar jazz *main stream* (alguma coisa entre Charlie Parker e John Coltrane) ou uma cantora como Ella Fitzgerald ou Billie Holiday. E terminaria lá pelas 3 horas da madrugada com um *cante jondo*... E não me venha bancar a mãe judia, dizendo: "Ah! Eu sabia! Você não gosta de Vivaldi, Schumann, Liszt, Berlioz, Britten, Strauss, Mahler, Janacek, Bernstein! – Gosto, mas depende do dia".

– Nesse caso específico, o que espanta é sobretudo a ausência de Chopin...

É óbvio! Imagine, me esquecer de Chopin! Logo eu, que durante tanto tempo sonhei assistir ao concurso Chopin de Varsóvia. Mas esclareço: não os dois concertos. Esses já ultrapassaram a minha quota N (e o concerto de Schumann, que também ouvi demais). Mas o resto: *Prelúdios, Estudos, Scherzos, Baladas, Noturnos*, as três *Sonatas*... Lá pelas 16 horas, podem ser indispensáveis. E as *Valsas* e as *Mazurcas* a qualquer hora e como fundo musical (que vergonha!)...

– Admiro a amplitude e a diversidade do seu gosto! Mas voltando ao jazz: o que ele tem de singular ou insubstituível, para você?

Eu separaria a pergunta em duas: em que ele me parece singular e em que ele é insubstituível para mim. Vou começar pela última.

Sartre diz em algum lugar, com certa condescendência: "O jazz é igual às bananas, é feito para ser consumido na hora". Já eu diria: "É igual ao beijo, é feito para ser consumido naquele instante, porque acontece naquele instante". Eu precisei de um lugar: o Parque do Pinheiral de Antibes-Juan-les-Pins, e de um momento: julho de 1969. Quinteto de Miles Davis: Wayne Shorter no sax, Chick Corea no piano, Dave Holland no baixo e Jack DeJohnette na bateria. Foi um choque.

– Foi o seu primeiro contato com o jazz?

Não, eu já escutava jazz desde o ensino médio. Talvez porque na época o "clássico" me parecia tão afetado quanto as apresentações de fim de ano da minha professora de piano? Talvez porque eu estava fascinado pelo filme *Ascensor para o cadafalso*, de Louis Malle, cujas cenas estavam necessariamente associadas às geniais improvisações de Miles Davis no trompete? O fato é que eu ouvia deitado na cama, o rádio sintonizado na Europa 1, um programa de Frank Ténot e Daniel Filipacchi chamado "Pour ceux qui aiment le jazz", cuja vinheta estrondosa era o famoso *Blues March*, com Art Blakey e o Jazz Messengers. Ou seja, o jazz estava à minha disposição, mas ainda não era meu. Ainda era dispensável. Sua hora e seu lugar não tinham chegado.

– Você pode falar um pouco mais desse "choque" que você teve no seu primeiro concerto de jazz?

Foi em Juan-les-Pins. Ainda me lembro de imaginar, algumas horas antes, como seria. Conhecia alguns dos discos de Miles Davis, como *Sketches of Spain* e *Filles de Kilimanjaro*. Pensava: "Será que ele vai tocar tal música? Será que tal outra?". A noite chegou. E não aconteceu nada do que eu tinha imaginado. Uma voz em *off* apresentou os músicos. Eu não conhecia nenhum, exceto Miles Davis, é claro. Eles subiram ao palco. Miles não. Começaram a tocar. Ou talvez já estivessem tocando e eu não tivesse me dado conta. Sérios, vibrantes, barulhentos, cada um por si. Uma música estranha, diferente de tudo, um som elétrico (o piano) e, de jazz, eu não identificava nada conhecido, ou reconhecível, nenhuma melodia, nenhum "padrão". Eu estava sem referências. Procurei o *swing*. Meu corpo acabou encontrando. Ou pelo menos alguma coisa parecida. Felizmente tinha o baixo para me tranquilizar. E o Miles? Cadê? Ele entrou finalmente, meio ausente, mas com certeza já estava lá, comandando de longe aquela mecânica paroxística. Jaqueta branca. De perfil. Sem um olhar. Nem para os músicos nem para nós. O maestro lançou uns agudos lancinantes no trompete, melodias quebradas. Para quem? Mas era ele. O fraseado fragmentado, a sonoridade desmedida. A deambulação altiva, a descontração elegante, o vaguear. Pouco depois, ele saiu. A música continuou, levada pela bateria. E não parou mais. Miles voltou. Dessa vez, as notas jorraram, se impuseram. O sax respondeu no mesmo tom. Furioso. Miles saiu. Quando voltou, eu já estava na dele. Entrei no jogo. Comecei a entender. A música se acalmou, dava para perceber a melodia subindo, o duelo com o sax virou um dueto. O sax estava mais soprano, mais feminino, mais traiçoeiro também. E aí, de repente, o trompete desabou. Como se tivesse sido derrotado. Sons desesperados. Parecia que a música ia acabar. Mas ela continuou, borrascas, bonanças, e o trompete, ora introvertido, ora extrovertido. E Miles sonâmbulo, sempre acompanhado e sempre sozinho, dessa vez triunfante, entrando e saindo quando queria. Uma hora e quinze assim. Ou mais, sei lá. Saí de lá atordoado, desconcertado. E convertido. Será que o jazz podia ser *aquilo*? Mais do que música, uma travessia. Uma comoção. Naquela noite de julho de 1969, algumas semanas antes de completar 19 anos, eu me vi, na verdade eu era o Holden Caulfield de *O apanhador no campo de centeio* que conquistou os meus primeiros anos de adolescência, o anti-herói das megalópoles modernas, o eterno desajustado, perdido na selva das convenções sociais e musicais. Naquela noite, eu abracei o jazz no mesmo momento que, na minha frente, a genialidade de Miles Davis tentava desconstruí-lo, dizer adeus a ele sem conseguir abandoná-lo.

– O que você quer dizer?

Quero dizer que era um jazz que não era mais totalmente jazz. Soube depois, lendo os críticos e, anos depois, os historiadores, que aquele concerto marcou a transição para o que seria batizado de *fusion*. Mas o que soube logo de cara é que eu seria do jazz. Afirmaria, como outros afirmavam em relação à filosofia, que era preciso ir até o fundo do jazz para matá-lo, ou melhor, para ver o que vinha depois. Mas não tinha nada depois. Acho que abracei o jazz no momento que ele se autodestruída sob os meus olhos. Com Ornette Coleman e Archie Shepp, e, mais tarde, em outros festivais (Amougies, por exemplo, o festival belga que hoje está esquecido), Sun Ra, Don Cherry, o Art Ensemble de Chicago, descobri outras maneiras de anunciar que o jazz tinha de acabar. Acho até que entrei no jazz para viver a experiência dos seus limites e do seu fim. Aliás, quem eu convidava para os meus concertos na ENS eram *free jazzmen*, e ao mesmo tempo, naquele fim da história, eu estava descobrindo o que o tinha precedido e quem era o seu grande momento: John Coltrane. E ainda penso assim. Não o Coltrane do fim, o que aderiu ao *free*, mas o do auge, do início dos anos 1960, da obra-prima (uma das grandes criações musicais do século XX: *A Love Supreme*). Mas quando abracei o jazz, Coltrane já tinha morrido (ele morreu em 1967) e, sem saber, eu estava de luto por ele. Aliás, acho que posso dizer que o jazz estará sempre de luto por Coltrane. Tanto quanto pude acompanhar, os melhores *jazzmen* do passado e do presente tocam como Coltrane em sua melhor fase. Mas o período de 1969 até o fim dos anos 1970 era de desconstrução da filosofia pelos filósofos e do jazz pelo próprio jazz. Eu era a *favor* de desconstruir. Mas a época pós-68 era *contra*. Socialmente, politicamente, musicalmente. Contra o jazz. Assim como o jazz. Ela era pós-adolescente. Assim como eu. Por gosto? Sobretudo por sistema. Porque o meu gosto musical me conduz para o antes do fim, para o Coltrane clássico, como eu disse antes: o do quarteto inesquecível com McCoy Tyner no piano, Jimmy Garrison no baixo e Elvin Jones na bateria. Mas o meu superego (marxista? revolucionário? adorniano? historicista?) era mais forte do que o meu gosto: você *tem* de defender, você *precisa* gostar do *free*. A época, o marxismo-leninismo, a luta de classes exigia isso. Da mesma forma que, alguns anos depois, tentei gostar das vanguardas "contemporâneas", pregar o fim da tonalidade burguesa, defender Luciano Berio, Pierre Boulez, John Cage, Hans Werner Henze, Luigi Nono, Karlheinz Stockhausen, Iánnis Xenákis e outros, contra o meu próprio prazer, e apesar do meu tédio e até mesmo da minha aversão, e chamar de "reacionário" quem negava a *necessidade* histórica da "nova música" ou se deleitava com as facilidades "comerciais" de Bernstein (o imperialismo americano) ou Shostakovitch (stalinista colaboracionista) – que hoje eu amo sinceramente – ou, no jazz, quem aderia ao jazz "branco", todo certinho, de Gerry Mulligan, Stan Getz ou até Oscar Peterson. (Porque todo mundo sabe que "branco" não é uma cor, mas uma tendência política, o mesmo que "colonialista", ou seja, a lixeira da história. Aliás, é esse sentido que o adjetivo está ganhando, por influência da militância indigenista dos *campi* americanos.) Mas é claro que, se em voz alta eu defendia o *free*, eu escutava *todo* jazz (porque todo jazz era indispensável para mim) e apreciava sobretudo o período que perdi por pouco. Foi a esse período que me mantive fiel. Hoje ainda, quando estou a fim, ouço *A Love Supreme* (1965) ou *Kind of Blue* (de Miles Davis, 1959) com a mesma emoção de sempre. Essas obras não chegaram ainda ao número ideal N.

– Agora entendo melhor a sua relação com o jazz e o que ele representou para você. Invejo você! Dez anos atrás, depois de um jantar na sua casa, você me falou desses dois discos que acabou de citar: o de Coltrane e o de Miles Davis. Comprei e ouvi os dois várias vezes, no mínimo com prazer, mas sem muita emoção, como uma beleza que eu podia admirar de longe, mas continuava estranha para mim, apesar de tudo. Isso nos leva à segunda parte da minha pergunta, que você ainda não respondeu: em que o jazz parecia singular para você?

A singularidade do jazz se deve a três aspectos, a meu ver.

Apesar da evolução histórica permanente e da enorme variedade de estilos, o jazz é, em primeiro lugar, uma atmosfera única. Tentei caracterizá-la de maneira mais precisa em *Pourquoi la musique?* Percebe-se que o jazz tem algo de um esforço obstinado, e inútil, de desenquadrar o que está enquadrado e, ao mesmo tempo, reenquadrar o que está fora do quadro. Essa atmosfera contrasta com a rigidez da norma, considerada uma obrigação constante (que é o que faz a gente bater o pé), e a liberdade individual oferecida como possibilidade permanente. Percebe-se que o jazz tem um processo musical implacável (tempo, compasso, tempos fortes), mas sempre oferece uma chance de fazer "diferente" (tempo fraco, síncope, improvisação). Em resumo, existe uma tensão entre o movimento implacável das coisas e a liberdade do espírito.

O jazz também é o equilíbrio entre a acessibilidade imediata e a riqueza da expressividade. Esse equilíbrio foi quase perfeito durante uns trinta anos, de 1940 a 1970: além dos que já citei, estou falando de Charlie Parker, Charles Mingus, Thelonious Monk, Dizzy Gillespie e, é claro, "Duke" Ellington, que domina toda a história. Em outras palavras, havia uma consonância entre o popular e o erudito. No clássico, só vejo um equilíbrio semelhante na época da "primeira escola de Viena" (Mozart, Beethoven, Schubert). Porque o que marca a história da música do século XX, em especial a partir do fim da Segunda Guerra Mundial, é a separação desastrosa entre erudito e popular, os desvios comerciais da chamada música popular alimentando simetricamente as experimentações da "música erudita" – a "pesquisa musical", como se dizia (a expressão é absurda, mas significativa). O gueto em que uma se fechou agravou a demagogia mercantil da outra; e a pobreza harmônica e melódica desta última estimulou a hipersofisticação sem alma daquela primeira. No jazz, ao contrário, houve uma espécie de era de ouro exatamente na mesma época, nas décadas pós-guerra: o prazer imediatamente físico não se separou da inventividade modal, do sentido agudo do desenvolvimento e da complexidade do ritmo.

O terceiro aspecto que me impressiona no jazz é a extrema rapidez da sua história. A impressão que tenho é que ele completou todo o seu ciclo histórico em menos de três quartos de século: New Orleans, *swing, middo jazz, be-bop, cool, hard-bop* e *free*, isto é, a negação assumida das suas características universais fundadoras: o *swing*, a síncope, a alternância modal/tonal, o *standard* e os *chorus*, o virtuosismo instrumental etc. (Poderíamos chamar isso de "desdefinição" do jazz, para usar o conceito que Harold Rosenberg usou para definir a arte contemporânea como a "desdefinição da arte".) Porque depois do *free* vem o quê? O *revival*, forçosamente. E não enveredando pelo mais popular (boogie-woogie, rock e *fusions* diversos) ou flertando com os limites do jazz (bossa nova, jazz-rock, jazz-rap etc.), hoje é possível compor ou tocar jazz em todos os estilos da sua breve história, mais ou menos da mesma forma como nos concertos clássicos é possível interpretar compositores de todas as épocas da sua longa história de dois séculos e meio (pelo menos de Bach até Shostakovitch).

– E o flamenco?

De novo é uma questão de vivência: nos festivais que acontecem nos confins da Andaluzia, nas *peñas* (clubes locais), que atraem os apaixonados, os semiamadores, os semiprofissionais. Não vou bancar o esnobe e dizer que só se ouve o "verdadeiro flamenco" em lugares improváveis, nunca nos concertos oficiais. Já ouvi um excelente flamenco em Paris. Aliás, existe em Paris uma *peña* muito simpática, a *Flamenco en France*, onde às vezes se apresentam excelentes *cantaores* ("cantores"). Algumas décadas atrás, graças à dança, o flamenco conquistou um público mais amplo, no mundo inteiro, mas não encontro nesses espetáculos a mesma emoção que o canto me proporciona.

– Você não gosta da dança?

É um pouco mais complicado do que isso. A verdade é que, em geral, sou mais sensível à música do que à dança. Mas já me aconteceu de me emocionar com uma dança flamenca. Numa *peña*, ou mais raramente num *tablao* (cabaré dedicado aos shows de flamenco), uma dançarina ou um dançarino se levanta de repente, num trecho mais pungente do canto, para mostrar diante do mundo o orgulho que tem da sua origem ou do seu sexo: com um gesto infinitamente gracioso das mãos e uma postura meio vulgar dos quadris, lentamente ele ou ela representa figuras estilizadas, poses elegantes e provocantes, quase sempre as mesmas, entremeadas de longas passagens cheias de brio e virtuosismo no *tacaneo* (sapateado). Veja, eu disse: um dançarino ou uma dançarina; não um casal, muito menos uma trupe.

E me veio de novo uma lembrança de infância. Uma lembrança absolutamente paradoxal, pensando bem, porque o arrebatamento mais antigo que senti, graças ao flamenco, e talvez mais amplamente graças à cultura espanhola, foi por causa da dança! Eu tinha 8 anos, estava de férias em Sitges, na Costa Brava, e vi dançar uma *bailaora* que depois se tornou um mito: Carmen Amaya. (Quando conto a um *aficionado*, ou a uma *aficionada*, que vi, com meus próprios olhos, Carmen Amaya, os olhos deles se enchem de admiração e inveja.) Me recordo muito bem. A propaganda que anunciava o evento dizia, se não me engano: "Seus olhos são labaredas". E à noite o pequeno Francis achou realmente ter visto labaredas meio assustadoras saindo dos olhos dela. Imagino o menino sentado numa cadeira dobrável, paralisado de êxtase e terror, fascinado por aquela imagem ardente de feminilidade e mergulhado num caudal de hispanidade. Até hoje não acredito no que vi. Mas, exceto por esses raros momentos, posso dizer que não me emociono muito com a dança flamenca, e tudo que é produzido no mundo com o título de "Companhia X ou Y de balé flamenco" me causa um tédio profundo. Gosto mais ou menos de balé, gosto muito de flamenco, mas a união de um com o outro me parece uma contradição em termos, ou no mínimo uma aberração. O flamenco exprime em geral a solidão, como o blues, às vezes festas rituais ou de família; exige espontaneidade, inspiração, cumplicidade, exatamente o contrário da ideia de um balé ensaiado. Acrescento um ponto. Os melhores dançarinos e dançarinas de flamenco acabam não fazendo mais flamenco, sob pressão do mercado internacional (que quer balé), da exigência de originalidade que vem com o mercado (não tem nada menos flamenco do que o desejo de ser original) e, às vezes, da crítica: "fusão" com o balé *contemporâneo* e os esperados imperativos da "desdefinição" do balé e do flamenco. Estou me referindo em particular, mas não só, a Israel Galvan. Essa pressão tripla às vezes é visível nos *cantaores* profissionais. Os melhores fazem em geral discos medíocres, em que não existe nem sinal da emoção que um concerto pode provocar.

– *Vamos falar do canto, então, ou o* cante, *como eles dizem...*

Às vezes ele me proporciona emoções fortes. O *cantaor* (ou a *cantaora*) fica sentado (ou sentada) a alguns metros de mim, numa cadeira de palha bastante desconfortável, com a cabeça ligeiramente inclinada para trás, os olhos semicerrados, as mãos juntas em ângulo reto, ligeiramente dobradas, a postos para se abrir e bater palmas; o violonista (que nunca é uma mulher) fica sentado ao lado dele (ou dela) e olha para ele (ou ela). Ele toca os primeiros arpejos de uma *solea* ou *seguiriya*. O *cantaor* responde com uns *ayeos* de introdução. (É assim que eles chamam as vogais salmodiadas – por exemplo, *Ayyy* – que servem para criar o clima próprio do gênero que vai ser cantado.) O canto começa com versos muito simples (a vida cotidiana, o trabalho duro, a solidão etc.) e longos melismas ornamentais, que são a assinatura da personalidade do cantor – e personalidade no flamenco é o inverso de originalidade: é a maneira única como um canto conhecido, com harmonias já previstas, é interpretado por uma voz singular, com um toque particular. E eu, nesse momento, já sei se vou ou não me emocionar: pelo timbre, pela precisão melódica ou rítmica, pela interpretação, pela introspecção, pela potência. Meus olhos já ficam marejados. Alguns nomes, alguns momentos únicos: El Chocolate na *feria* de Huelva; José Menese num concerto em Madrid; *El Pele* no festival de La Union; Carmen Linares na Cité de la Musique; Rocio Marquez Limon, quando ganhou o concurso de *mineras* na Union etc. Não é frequente. Às vezes, é tarde da noite, quer dizer, quando a apresentação está chegando ao fim, as pessoas e os cantos parecem cansados, é nesse momento, como reza o clichê, que vêm a emoção e o famoso *duende*.

– Você contrapôs "personalidade" e "originalidade". Essa distinção me parece esclarecedora. Você pode defini-la melhor?

Acho que existe uma oposição importante entre duas formas de valorizar as criações ou interpretações artísticas. Nas artes europeias de tradição erudita, que são marcadas pela consciência de sua própria história como uma evolução contínua, ou como uma libertação progressiva em relação a uma estrutura imposta, os artistas são submetidos à necessidade do novo e os intérpretes ao dever de originalidade. De uma boa criação contemporânea o que se diz é: "Ah! É original"; e do intérprete, com admiração: "Ele é único!". No caso de inúmeras artes populares de tradição oral marcadas pela ideia de transmissão, acontece o contrário:

o valor dos artistas é medido pela capacidade de se inserir não numa história, mas numa linhagem, numa tradição reconhecida como uma autoridade (como acontece no flamenco, no fado e, num gênero um pouco diferente, no *kabuki*). A pressão é em sentido contrário: o que tem valor no presente não é o futuro (sempre radiante), mas o passado (necessariamente autêntico). Ocorrem então os fenômenos de *purismo* – que são o equivalente oposto dos fenômenos de "vanguardismo" nas artes historicizadas. Periodicamente, artistas ou teóricos arregalam os olhos, se proclamam defensores de uma verdade ameaçada e reinterpretam toda a história da sua arte em termos de *identidade* – ou seja, de pureza. Protestam contra uma apropriação comercial, uma invenção reprovável, uma novidade ameaçadora, um estilo abrandado ou recente demais para ser adequado, e proclamam que os verdadeiros "cantos" (primitivos) exigem uma voz rouca e "suja" *(affillá)*, ou que o flamenco autêntico é aquele da genealogia andaluza X ou das linhagens ciganas Y ou Z (de Jerez, se possível). É o caso – notório, aliás – de Manuel de Falla e Federico Garcia Lorca quando criaram em Granada, em 1922, o "Concurso de Cante Jondo" (concurso de "canto profundo"), ou, no fim dos anos 1960, de Antonio Mairena, um grande *cantaor* e, ao mesmo tempo, um teórico que fez escola, a ponto de dar nome a um conservadorismo estrito (o *mairenismo*). Evidentemente, as teses desses puristas são falsas, os arquivos mostram que a "tradição" supostamente autêntica está sempre se reinventando, e a história do flamenco sempre teve aspectos impuros e misturados. Da mesma forma que, segundo certos historiadores, a ideia de "nação" é uma invenção do nacionalismo, eu diria que o "flamenco puro" é uma invenção do purismo flamenco. Mas, ainda que o templo seja imaginário, eu defendo seus guardiães. Me parece que, sem os equívocos históricos, sem a busca ingênua pela origem perdida, sem a ideologia que às vezes beira o essencialismo identitário, o flamenco, como toda arte popular tradicional, evoluiria no sentido da tendência predominante do mercado. Ou ficaria a reboque das chamadas artes "contemporâneas", como mostra o exemplo da dança. Mas tenho um motivo pessoal para defender o "purismo". Por trás de toda essa mitologia do "retorno", existe uma defesa ferrenha da emoção singular, bruta, única, que às vezes sinto quando olho para aquela cadeira austera e encaro o enigma: como formas de expressão tão simples podem produzir expressões tão violentas? Em outras palavras, como um grito pode ser tão belo?

– Vamos aprofundar a comparação que você fez agora há pouco entre as artes eruditas e as artes populares. Em que sentido essa ideologia purista, falsa, mas fecunda, é semelhante ou simétrica ao que acontece na história da música clássica?

Bom, acho que, ao contrário do culto ao original e da resistência às mudanças, as artes eruditas (e institucionais) são impulsionadas, há séculos, pela necessidade de inovar e pelo culto à originalidade. É o que podemos chamar de "filoneísmo", ou amor à novidade. Não é uma característica própria das artes, mas de toda a nossa civilização. Alguns diriam do capitalismo. (E por que não?) Obviamente, Mozart não é um progresso em relação a Bach; e Beethoven não é melhor que Mozart. Mas essa ideia é fecunda. É a ela que devemos a ideia de Bach de aplicar o "temperamento igual" (ou seja, a divisão da oitava em doze semitons iguais, portanto muito ligeiramente desafinados) para multiplicar e enriquecer as possibilidades de modulação de uma tonalidade para outra: a demonstração disso é o *Cravo bem temperado*. Foi ela que permitiu as ousadias dramáticas de Mozart no fim do segundo ato das *Bodas de Fígaro*: ele apresentou pela primeira vez no teatro uma sequência ininterrupta de vinte minutos de canto, isto é, sem entreatos recitativos, marcada por uma série extraordinária de duetos, trios e quartetos. É a esse desejo imperioso da novidade que devemos as inovações dos últimos quartetos ou a desintegração da sonata por Beethoven (*Opus* 111, que Thomas Mann apelidou de "adeus à sonata"). Novidades, sempre novidades! A "melodia infinita" de Wagner, as ousadias harmônicas de Debussy, as superposições rítmicas de Stravinsky... E a lista não para. Em resumo, se a história da música clássica europeia é tão rica, variada, marcada por tantas obras geniais que não pertencem apenas à sua época (ao contrário da música de variedades), mas a todas as épocas e ao patrimônio universal, é graças a esse motor implícito que é a consciência da historicidade dos compositores e a preocupação que eles têm com a originalidade.

– Mas é também o que fez a música clássica se fechar no que você chamou com toda a razão de "gueto da música contemporânea"...

A preocupação com a originalidade a qualquer preço levou a esse gueto, é verdade, mas não era uma consequência necessária. A tendência irresistível à novidade que move todas as artes eruditas não exigia fatalmente o esoterismo das "vanguardas" europeias. Não ignoro que é assim que a história da música do século passado é contada. Dizem que a teorização da atonalidade por Schönberg era inevitável, porque a "tonalidade tinha esgotado todas as suas possibilidades" (o que o próprio Schönberg negou, aliás). E acrescentam que, a partir daí, toda música deveria ser "atonal", ou seria "reacionária". (O adjetivo "atonal" deve ser entendido aqui em sentido muito estrito; aliás, eu deveria dizer "antitonal", porque as regras são extremamente negativas.) Na verdade, quando olhamos para a riqueza extraordinária de músicas do século XX, percebemos que essa narrativa não leva em consideração inúmeros movimentos musicais que não obedecem a esse suposto determinismo histórico. A excelente história da música de Alex Ross, *O resto é ruído: escutando o século XX*, propõe outros caminhos além daqueles que passam por Nono e Berio. E não estou me referindo apenas a Armstrong e Ellington. Estou me referindo, por exemplo, a compositores cuja obra vai além da Segunda Guerra Mundial e está dentro dos limites temporais da "música contemporânea": Prokofiev, Honegger, Sibelius, Hindemith, Poulenc, Stravinsky, Milhaud, Shostakovitch, Britten, Bernstein. Você diria que eles fizeram "música contemporânea"? Não, porque nenhum achava que estava condenado à alternativa: ou se submeter às leis da harmonia clássica, ou fazer música "antitonal". Todos souberam inovar, fazer evoluir o estilo e a maneira de compor, sem baixar a cabeça para os preceitos negativos das vanguardas, ou seja, para as suas interdições. Isso prova que era possível (sempre é) criar novidades e continuar acessível. Portanto, não acredito que o "filoneísmo" que caracteriza as artes ocidentais há mais de três séculos conduzia necessariamente à antitonalidade – apesar de ser o dogma da maioria das tendências reunidas sob a rubrica "música contemporânea": serialismo integral, música aleatória, música espectral, música concreta, *noise music*, música complexa, *Klang Komposition* etc. Não. Não é aí que estão os motivos do dogma.

Entre eles, existia, em todas as vanguardas políticas e estéticas do século passado, uma crença que reforçava o filoneísmo tradicional: a crença no "sentido da história". A arte deve ser revolucionária, e seu primeiro ato deve ser a desconstrução.

Houve também, e já fiz alusão a ela, uma reação à onda sociológica que estourou nessa mesma época (anos 1960): a produção e a difusão maciça de música popular estandardizada pelas rádios periféricas e pelo vinil; a explosão do consumo imediato, o twist, o ieiê etc.

– Mas também foi a época dos Beatles, de talento evidente...

Sim, claro! Não quero dar a impressão de ser um chato que despreza a música popular. Eu gostava dos Beatles e, alguns anos depois, mais ainda dos Stones. Fui ouvi-los – e *vê-los* principalmente, por causa do espetáculo incrível de Mick Jagger – no Palais des Sports em Paris. Cheguei a ir ao Festival da Ilha de Wight em 1970, e aproveitei para rever Miles Davis, que na época era claramente um "jazz-rock", e também ouvir Jimi Hendrix, The Who, The Doors, Leonard Cohen, Ten Years After... Me lembro de ter ficado 24 horas numa fila, sem incidentes particulares, para pegar o barco de volta. Dez anos depois, no Brasil, descobri outra grande música popular, a "bossa nova", a da geração dos cantores de resistência: Chico Buarque, João Gilberto, Caetano Veloso e, sobretudo, uma intérprete extraordinária, de uma precisão rítmica e harmônica absurda: Gal Costa, infelizmente menos conhecida no exterior que os seus colegas baianos... Mas, para mim, a "canção", qualquer que seja a qualidade, não pertence ao mesmo gênero da "música". Ela não é nem superior nem inferior. É como comparar Flaubert e Tintim, só porque eles contam uma história.

Posso comparar Elis Regina a Sylvie Vartan, ou Mozart a Clementi. (Nem preciso dizer quais prefiro.) Existe música pop boa e música clássica ruim, isso é mais do que óbvio! Existe até Mozart ruim, ou pelo menos um Mozart que você ouve com que olha a chuva cair. Os *Divertimento* que ele escrevia de batelada para sair do sufoco e servir de fundo musical nas recepções paroquiais... Às vezes obrigam a gente a ouvi-los em concerto! A plateia finge ouvir com toda a atenção do mundo! Na verdade, as pessoas dormem, e com toda a razão. Nessas ocasiões, prefiro o pop, ou melhor, o *soul*! Tenho vontade de gritar: "Chega de musiquinha bonitinha! Manda aí música para entorpecer o corpo!". Não: quando falei de música popular estandardizada e usei o twist e ieiê como exemplo, eu estava me referindo não à nobre tradição da canção nem à criação das primeiras grandes bandas de "rock", mas a um fenômeno sociológico: a produção quase industrial de canções destinadas aos novos consumidores (os adolescentes) e, sobretudo, aos novos canais de distribuição (programas de rádio do tipo "Salut les Copains", Europe 1, o disco de 45 rotações) que vieram fazer concorrência aos que eram usados para difundir a música erudita. (Esse papel é desempenhado hoje pelas *playlists* criadas pelos algoritmos das plataformas internacionais de *streaming*, que reduzem o nosso gosto musical a uma tendência dominante e nos obriga a ouvir o que os outros estão ouvindo.)

Justamente porque (e aqui retomo o meu raciocínio), por oposição a esse pop invasivo, a música erudita se pretendia séria e, portanto, difícil. ("Acessível" era considerado sinônimo de "comercial".) Ela era obrigada a ser *a*tonal porque a tonalidade se impunha, e ainda se impõe, como a linguagem da música de variedades internacional; e *anti*-hedonista porque o "prazer" é identificado com a satisfação funcional das músicas de consumo imediato. Portanto, a "música contemporânea" é "distinta" em todos os sentidos do termo.

– E, em primeiro lugar, no sentido de Bourdieu: o gosto como marcador social, que manifesta seu pertencimento a um determinado meio (nesse caso, uma certa elite, ou suposta como tal), distinguindo-se *dos outros...*

Sim, esse é um dos sentidos em que tomo a palavra "distinta". Mas a razão principal do que chamo de "desdefinição da música", ou "desconstrução", não é o filoneísmo ou a reação à música pop. É uma ideologia positiva, a adesão implícita ao "construcionismo": a ideia de que nada é natural, tudo é construído. (Esse é o pressuposto de boa parte das ciências sociais e de todo o militantismo que vem com elas.) A ideia de que não existem universais antropológicos ou estéticos. Mais precisamente, supõe-se que tudo é *socialmente* construído, convencionado: as regras da harmonia, os hábitos acústicos e todo o resto. Portanto é lícito fazer tudo, desfazer tudo e refazer tudo. (E conhecemos muito bem os desastres políticos que essa ideologia do "pode-se fazer tudo do homem" produziu no século XX.) O compositor, ou melhor, o "criador" todo-poderoso, tem não apenas o direito, mas sobretudo o dever de *experimentar* tudo. Porque *a priori* tudo é possível e tudo se equivale. Acredita-se que o espírito humano e, portanto, o ouvido humano são uma tábua rasa que está ali pedindo para mergulhar em qualquer ambiente sonoro. Afirma-se que se as pessoas preferem Mozart ou Shostakovitch a Stockhausen ou Xenákis, é porque seus ouvidos estão acostumados àqueles e não a estes. Mas acontece que todas as experiências de psicologia musical contradizem essa afirmação: é impossível "acostumar o ouvido" a qualquer coisa. O ouvido pode ser educado para os ragas indianos mais refinados, para a música árabe clássica, para o canto gregoriano, para os polirritmos pigmeus, para qualquer música que não obedeça às regras da harmonia tonal ocidental, desde que respeitem os *mesmos universais* musicais de Mozart e Shostakovitch – ou de Charlie Parker e John Coltrane –, aqueles mesmos universais que os "reconstrutores de sons *ex nihilo*" negam que existam. Em resumo, as vanguardas europeias, rejeitando globalmente o que chamavam de "tonalidade", jogavam o bebê (os universais da música) com a água do banho (as regras da harmonia tonal). Elas misturavam na ideia de "tonalidade" o que era historicamente e culturalmente *variável* (e era inevitável que elas quisessem "superar") e o que era acusticamente, harmonicamente, melodicamente e ritmicamente *constante* (e não podia ser descartado sem "desdefinir" a própria música). É esse "construcionismo" integral o principal motivo da desconstrução infinita. Foi ele que impediu que as vanguardas e seus sucessores reconstruíssem a música sobre as fundações universais sem as quais ela perde as suas raízes antropológicas.

– Aplaudo de pé! E noto que você fez, de novo, uma "defesa do universal".

Sim, o universal é a ideia que conduz o meu livro sobre a música – no fundo, como em todos os meus outros livros. Onde quer que haja seres humanos, em todas as culturas, em todos os povos, e até na humanidade incoativa da infância, existe música, ou uma vontade de música.

– Mas o fato de que a música seja universal e esteja presente em todas as sociedades não implica necessariamente que haja universais na música. Existem músicas tão diferentes, segundo a época, a cultura, o país!

Sem dúvida, mas repito o que disse na entrevista anterior sobre o universalismo humanista. Os universais não são um obstáculo à diversidade. Ao contrário, eles são a sua condição. Como Chomsky mostrou em outro campo, são os mesmos universais linguísticos que possibilitam a extrema variabilidade das línguas. Ainda me divirto quando me lembro das declarações espalhafatosas de certos teóricos da "música nova", nos anos 1970, que diziam que o universo dos ruídos é muito mais rico do que a meia dúzia de notas da escala musical. Infinitamente mais diverso talvez, mas, por consequência, infinitamente mais pobre! Porque, da mesma forma que a diferença perceptível entre os fonemas permite por combinatória toda a riqueza do léxico, o contraste entre as alturas e os timbres das notas permite a extraordinária riqueza e a imensa variedade dos sistemas musicais.

– Declarações espalhafatosas e muito estúpidas! É o mesmo que dizer que a multiplicidade infinita de gritos é mais rica que a multiplicidade sempre finita das palavras – quando é justamente essa finitude (pelo jogo regrado das diferenças contidas nela) que nos permite falar infinitamente! Mas o que determina esses "universais" musicais? O corpo humano, logo a

Natureza? As leis imanentes da acústica ou da harmonia (logo a Natureza de novo, mas não especificamente humana)?

É sabido desde sempre, ou quase sempre, que existem leis acústicas naturais. Por exemplo, os intervalos de oitava, de quinta (dó-sol) e, complementarmente, de quarta (sol-dó) são "naturais". Eles são reconhecidos em quase todos os sistemas musicais. Foram estudados empiricamente e matematicamente pelos gregos e, provavelmente, pelos chineses no período confuciano. A novidade é o trabalho dos "biomusicólogos", dos neurocientistas e dos pesquisadores da área da psicologia cognitiva, que tentam identificar as exigências e as apetências do ouvido humano e do cérebro do músico: por exemplo, as *expectativas* do espírito diante do desenvolvimento do fluxo sonoro. Sem menosprezar essas contribuições, afirmo, munido da minha convicção inalterável, que nós, seres humanos, temos uma maneira comum de "dizer o mundo" que compartilhamos, independentemente das diferenças dos nossos idiomas. Por consequência, temos também maneiras análogas de imaginar outros mundos – aqueles que chamamos de "artes". (Uma palavra ambígua e cheia de armadilhas, mas não importa.) Também afirmo, munido dos meus dois instrumentos, que temos de colocar o máximo de racionalidade a serviço da máxima diversidade da experiência. Logo, o maior número possível de músicas.

– Você pode dar exemplos desses universais musicais?

Vou começar pelo mais formidável de todos, que é, ao mesmo tempo, uma das mais lindas invenções da humanidade: as notas! Sim, eu sei: o fogo, a roda... tudo isso é muito bom. E as figuras da arte rupestre são sensacionais. Mas não temos noção da revolução que a invenção das notas representou na história humana! Foi o nascimento da música. A invenção das notas é contemporânea dos primeiros instrumentos (flauta e percussão) e provavelmente do surgimento da arte paleolítica. As notas não existem em estado natural, em que há somente um *continuum* sonoro. Mas onde quer que os homens tenham feito ou façam música, ou seja, *em toda a parte*, eles inventaram uma escala descontínua de alturas para dividir o intervalo natural que chamamos de oitava. Eles inventaram as notas. Bravo! Sem uma escala, o espírito não poderia reconhecer as alturas sonoras e, portanto, a "mesma" nota repetida. Ora, como a música se desenvolve no tempo, a repetição é a condição para o prazer e a emoção musical. É evidente que não existe uma escala universal, mas a ideia de escala é um universal musical.

E mais. Dentro dessa escala de intervalos iguais, alguns graus separados por intervalos desiguais são selecionados para formar um modo – que, por sua vez, determina uma infinidade de músicas singulares, cantadas ou tocadas. (Por exemplo, no Ocidente, os modos maior e menor das sete notas.) Esses intervalos desiguais permitem que o ouvido humano perceba mais facilmente a relação entre as alturas das notas, da mesma forma que o olho humano se localiza melhor num espaço assimétrico. De novo faço a mesma observação: não existe um modo universal, mas a ideia de modo é um universal musical. E mais. Onde quer que haja música, ou seja, *em toda a parte*, os modos musicais obedecem a uma equação simples: "7 mais ou menos 2". Em outras palavras, todos os modos contêm de cinco graus (os modos pentatônicos são os mais comuns: chinês, japonês, blues, andaluz etc.) a nove graus – além desse número, o cérebro humano fica perdido.

E o que vale para as alturas tem um equivalente para o tempo: por exemplo, a pulsação regular, a intervalos de tempos iguais (*pom, pom, pom, pom*...), é diferente do ritmo, que é a repetição regular de uma célula formada por intervalos desiguais ("*Tous* ensemble, *tous* ensemble, *hey, hey*", "*Tous* ensemble, *tous* ensemble, *hey, hey*").*

É claro que toda música singular joga com as expectativas universais entre as alturas das notas ou os intervalos de tempo: ora para satisfazê-las, ora para frustrá-las. Mas ela só pode jogar com essas expectativas pressupondo-as, nunca negando-as. Porque essa é "a arte dos sons".

---

* "*Todos* juntos, *todos* juntos, *hei, hei*." (N. T.)

– Você está fazendo alusão a uma definição que você aprendeu na infância. Em Por que a música?*, você conta que a primeira pergunta da primeira lição do seu livro de teoria musical era: "O que é música?". E a resposta que você tinha de saber de cor era: "A música é a arte dos sons". Você acrescenta, de maneira até engraçada, que essa talvez não tenha sido a sua estreia na teoria musical, mas na filosofia...*

Sim, é verdade. Me recordo do meu espanto maravilhado quando descobri, aos 8 anos, o poder mágico das definições. Em três palavras simples, parecia que tudo sobre a música estava dito. E não só eu praticava a "prosa" quando falava, mas fazia "a arte dos sons" dedilhando *Pour Élise*! Sim, o livrinho de Donne e Gruet, com aquela pergunta direta – e socrática – e a resposta simples e incontestável, talvez tenha me inspirado um amor muito filosófico pelas definições. Um amor que temos em comum, que eu sei. Depois, a resposta "a música é a arte dos sons" me pareceu bastante vazia. Eu estava errado: ela não era assim tão vazia, como descobri mais tarde.

– O que você quer dizer?

Bem, esse truísmo enuncia realmente um daqueles "universais" da música que certos adeptos da desconstrução tentaram negar, criando uma música mais pela composição do que para ser ouvida. Dou um exemplo: o dodecafonismo. É uma das correntes da música "atonal" mais elaboradas no campo teórico. A música dodecafônica parte da série de doze sons da escala cromática e suas diferentes variações possíveis. Mas, na verdade, nenhum ouvido humano – portanto, nenhum cérebro – consegue reconhecer a série inicial sob essas variações. Ela pode ser lida sem nenhuma dificuldade na partitura, mas não é ouvida. Não é como escutar uma fuga, em que o ouvido consegue acompanhar o "tema" inicial que se desenrola por trás das variações. Aliás, essa capacidade de reconhecer o "mesmo" por trás dos "outros" é parte fundamental do prazer que sentimos ao escutar uma fuga. As músicas dodecafônicas são muito bem concebidas e pouco ouvidas. E se certas obras entraram para o repertório, foi graças à genialidade do compositor, *apesar* do dodecafonismo. De todo modo, foi o primeiro passo para a "desdefinição" da arte dos sons. E o último foi a piada (porque era uma piada, não?) de John Cage compondo uma peça para piano intitulada 4'33", que é na verdade quatro minutos e trinta e três segundos de silêncio. Impossível ir mais longe na "desdefinição" da arte dos sons.

– Então, se você não gosta da chamada "música contemporânea" (entenda-se não a música de hoje, com a sua diversidade, mas a que impõe a atonalidade), é porque ela parece romper com os imperativos universais que são a própria condição da música.

Epa! Devagar com o andor! Não é bem assim. Durante muito tempo, não confessei nem a mim mesmo que não gostava de Boulez ou Stockhausen. Porque, com a minha fé de carvoeiro, eu me ajoelhava e rezava. De tanto fingir que acreditava, acabei acreditando que gostava do que eu tinha de gostar, o que o meu superego, as minhas convicções intelectuais, políticas, históricas, e meu desprezo por Sheila e Richard Anthony me mandavam gostar. Eu ia aos concertos, escutava os discos, e achava tudo aquilo "interessante". Essa era a palavra: "interessante". Quando não era eu que a usava, era o meu interlocutor: "O que você achou? – Ah, eu achei... vamos dizer... interessante. É original. A obra anterior dele parece blá-blá-blá...". Sim, era tudo *interessante*. Nem prazeroso, nem arrebatador, nem perturbador: adjetivos inadequados, vazios, quase indecentes. E eu voltava para casa para chorar ouvindo o *Réquiem* de Mozart ou o *War Requiem* de Britten. Depois, pouco a pouco... Como foi mesmo? Não me lembro mais. Quando e como tomamos consciência de que não temos mais fé, ou melhor, que nunca tivemos? Não sei dizer. Me recordo apenas da resposta que dei a uma pergunta de um jornalista, na época em que o meu superego estético-político já tinha me passado o controle das rédeas. Acho que era a propósito de uma obra de Brian Ferneyhough: "Você não achou interessante? – Não sei. A música interessante deixou de me interessar". Tem tanta música genial para fazer a gente cantar, dançar, chorar! Então por que entupir o ouvido com músicas cujo único intuito é ilustrar sua pretensão a uma originalidade radical? Ou outro propósito conceitual *a priori*?

Decidi gostar do que eu gostava. Foi uma decisão difícil, mas libertadora. E para aliviar a culpa de ter um gosto intempestivo e responder às filípicas dos que "se consideravam a História", como Pierre Boulez, eu dizia a mim mesmo: "É verdade, não gosto de música contemporânea, mas gosto do contemporâneo da música. Vivemos numa época musicalmente extraordinária. Jamais, em lugar algum, na história da humanidade, foi possível escutar tanta música. (Até demais! É impossível almoçar em paz!) A época contemporânea pôs à nossa disposição obras contemporâneas de todas as épocas. Ela eliminou a distância temporal e espacial. É isso 'o' contemporâneo: a difusão universal da arte universal. É uma época pobre em criação, mas rica em transmissão. Podemos escutar Bach, Beethoven, Berlioz, Bruckner, Brahms, Bizet, Bartók, Britten, mais e melhor do que na própria época deles. E por que não? Flamenco, fado, bossa, nuba árabe-andaluza, raga indiano, maluf tunisiano e todas as músicas do mundo. Alegrem-se, irmãos humanos! Dancem, cantem, chorem de emoção. Vivemos o período mais exultante da história da música! Porque o contemporâneo da arte", dizia a mim mesmo, "não são as 'instalações' do Palais de Tokyo nem as criações do Ircam.* É toda a história da arte no presente, todos os mundos da arte do passado ou do estrangeiro vivos hoje para nós!". Era assim que eu pensava. E quando ainda tinha algum escrúpulo em relação à "música viva", eu me consolava escutando jazz, que ainda estava bem vivo, apesar de Coltrane já ter morrido. Era isso que eu me dizia até, digamos, o fim dos anos 1980 ou início dos anos 1990...

– O que fez você mudar de opinião?

Um evento curioso. Eu estava indo para o Brasil. Não me lembro se era meados de 1992 ou 1993. Nessa época, eu ia todos anos para dar aulas de pós ou fazer uma rodada de conferências. Peguei um voo noturno de uma companhia aérea brasileira.

* Instituto de Pesquisa e Coordenação de Acústica e Música. (N. T.)

(Esse detalhe me parece importante.) Não conseguindo dormir, comecei a zapear pelos vários programas de música: "variedade brasileira", "variedade americana", "jazz", "clássica"... E caí em "ópera". Não os costumeiros *Tosca* e *Traviata*. Ouvi uma música cantada (em inglês) muito estranha, que não se parecia com nada que eu, pelo menos, conhecesse. Não era clássica e não era contemporânea. Não era clássica porque era uma orquestra sinfônica, mas com um número grande de saxofones e instrumentos de percussão, como uma *jazz-band*. E um sintetizador. Bizarro. Mas também não soava "contemporânea". Primeiro porque tinha canto! O que nunca acontece nas composições vocais contemporâneas que eu já tinha escutado (com exceção da genial *West Side Story*, de Bernstein, que ninguém qualificaria de ópera contemporânea, pelo menos na França daquela época). E também tinha duetos, trios, coro, como numa ópera clássica. A música era surpreendente, eu diria até... Bom, vou arriscar a palavra, a tal palavra obscena pelo menos uma vez: *bonita*. Comecei a remexer o porta-revistas para saber com que objeto inusitado eu estava lidando. Sem sucesso: o catálogo com os programas musicais tinha desaparecido do assento da frente e do lado. Passei a noite ouvindo com *prazer* (sim, mais uma palavra estranha!) a tal ópera. E que música singular era aquela, que me pareceu extremamente bem escrita, até erudita, mas absolutamente acessível? Quer dizer, como toda música, feita de uma fusão criativa de imprevisibilidade permanente e previsibilidade latente. Tive de esperar até a manhã seguinte, quando estava saindo do avião, para finalmente encontrar um catálogo e descobrir o autor da música, um certo John Adams (cuja existência eu ignorava na época), e o título da ópera, simplesmente espantoso: *Nixon in China*.

A partir desse dia, comecei a me interessar pelo compositor e pela vertente musical contemporânea à qual ele pertence. (Alguns anos depois, li numa revista francesa um artigo indignado, malhando esse tipo de música "chiclete e Coca-Cola"... Ah! Os policiais do "contemporâneo" sacaram como tinham de chamar o adversário: era o bom e velho inimigo americano!) Acompanhei a carreira de Adams, suas composições, a evolução da sua música, comprei seus CDs e DVDs, em especial a magnífica ópera *The Death of Klinghoffer*, que conta a história de um sequestro num paquete italiano por terroristas palestinos. John Adams é o compositor ainda em vida mais tocado no mundo. Suas óperas são montadas em todos os tipos de palco – exceto na Ópera de Paris, que por prudência continua agarrada ao bom e velho "academismo revolucionário" e prefere ver as suas salas vazias, mas manter a sua consciência paleovanguardista tranquila. A Opéra Bastille e o Palais Garnier nunca vão ser acusados de jabaculê! Pelo menos com as "criações contemporâneas". Porque, quanto ao resto, as estrelas internacionais compradas a peso de ouro para cantar *Tosca* e *Traviata* se encarregam de lotar as salas e engordar o caixa.

Assim, desde os anos 1990, fiz as pazes com a época atual da música erudita. Enfrentei a estrada até Villeneuve-d'Ascq para assistir a uma peça de Steve Reich (*The Cave*). Vi finalmente *Nixon in China* no Théâtre du Châtelet, em Paris, em 2012. Escutei e depois vi *Einstein on the Beach*, de Philip Glass, escuto Arvo Pärt e, ultimamente, Thomas Adès e George Benjamin. Sem contar os franceses: Thierry Escaich, Guillaume Connesson, Philippe Hersant e muitos outros. E, principalmente, aquele que se tornou meu colega, e depois amigo, o compositor Karol Beffa, cujas obras e bate-papos contribuíram muito para me reconciliar com a música de hoje. (Por razões evidentes, mas no fundo meio absurdas, hesito em empregar a expressão "música contemporânea", muito conotativa.)

Finalmente, para responder à sua pergunta: a ideia de que parte da música erudita do pós-guerra chafurdou no que se convencionou chamar de atonalidade porque acreditou que estava rompendo com a tonalidade, mas na verdade estava serrando o galho em que a música estava sentada, essa ideia não me ocorreu na época em que eu tentei gostar dela. Ao contrário, ela me veio quando descobri maneiras muito diferentes de ser contemporâneo ou, se você faz questão do termo, de não ser "tonal". Porque não se pode dizer que o arrebatador *Different Trains* de Reich ou mesmo o magnífico concerto para violino de Adams sejam "tonais". A menos que tudo que não seja "atonal" seja chamado de "tonal", isto é, justamente o que respeita alguns dos universais básicos das músicas: pulsação interna, tensões e relaxamentos harmônicos e melódicos etc.

– *Outra arte arrebata você tanto quanto a música?*

Tanto quanto a música, acho que não. Exceto se você considerar a ópera uma arte à parte. Mas outras artes são capazes de me arrebatar. Eu diria o teatro, em primeiro lugar. No início da minha adolescência, quando comecei a me dar conta de que provavelmente nunca seria maestro (era péssimo em solfejo e lia as partituras muito devagar – como o hebreu...), eu quis ser ator. Minha mãe me dava um dinheirinho e eu ia sozinho, às quintas-feiras, às tardes clássicas da Comédie Française. Robert Hirsch em *Artimanhas de Scapino* ou *Anfitrião*! Teve o efeito de um terremoto. "É isso que eu quero ser, é isso que eu quero fazer!" E eu tinha um sonho secreto: interpretar Cyrano, com quem eu me identificava (estava convencido de que tinha um nariz enorme e ridículo). Acabei fazendo aulas de "arte dramática" num conservatório de bairro durante alguns anos. O que me levou, alguns anos depois, a representar o *clown* nos centros de férias, ao mesmo tempo que fazia carreira nas Juventudes Comunistas. Cheguei a pensar em transformar a atividade em profissão – hoje seria um *one man show*. (Aliás, é o que a minha filha faz.) Mas, como espectador, tenho recordação de grandes emoções no Théâtre National Populaire de Jean Vilar (*As troianas*), na Cartoucherie de Vincennes (*1789*, de Ariane Mnouchkine, que foi incrível, e *1793*), os "quatro Molière" dirigidos por Antoine Vitez no fim dos anos 1970, no Festival de Outono em Paris, *La Trilogie de la villégiature*, de Strehler, no Odéon, e Chéreau (Racine, Koltès, Duras etc.). E no Palais des Papes, em Avignon, um lugar único, tenho grandes recordações misturadas: vi, quase por acaso, *Medeia* com Isabelle Huppert. E Shakespeare, com Donnellan, todas as peças de Corneille montadas por Brigitte Jaques-Wajeman, e também um *Britannicus*. Paro aqui. É muita coisa, e vou acabar me esquecendo dos essenciais. Mas, sim, eu poderia ter dedicado minha vida ao teatro. Muitas vezes é tedioso, pode ser um dos lugares mais chatos do mundo: você fica preso ali, é difícil pensar em outra coisa. Mas quando é bom, não tem nada que se compare, exceto as touradas. A alquimia do teatro é uma coisa delicada. Mais do que da música. Quando você vai a um concerto, é só ler o programa para saber se vai ser bom, embora você possa ter más surpresas. Mas, no teatro, não tem garantia nenhuma. Grandes textos e bons atores não são condições nem necessárias nem suficientes.

O teatro, com certeza... E, necessariamente, a literatura. (Não vou dizer nada, porque tenho medo de não dizer o suficiente.) Por último, as artes visuais: a pintura, sobretudo o Renascimento italiano e o Século de Ouro dos holandeses. Eu preciso ver a humanidade representada. E para não deixar escapar nada e, sobretudo, para ser sincero, preciso confessar, mesmo correndo o risco de escandalizar alguns leitores, que, desconfio, vão atirar este livro pela janela ou me xingar (e vão aproveitar a ocasião para xingar você também; aliás, é bom ficar prevenido que, a partir de agora, sua reputação está arruinada)... Mas como eu estava dizendo, preciso confessar que, afora a música e a ópera, meus momentos de maior arrebatamento estético, daqueles que marcam a vida, os que me enlevaram a ponto de me fazer pensar: "Eu poderia morrer agora", eu senti nos poucos minutos de uma tourada. Mas a alquimia da arena é mais rara que a do palco. Porque a emoção imensa só pode vir de um touro imenso, cujo combate admirável enleva e faz perder o chão. Ele encontrar um adversário à altura é quase um milagre. Essas partituras nunca foram escritas.

– Vamos ter necessariamente de falar da sua paixão pelas touradas. Ela já lhe valeu inúmeros ataques, surpreendentemente raivosos, vindos na maioria das vezes de pessoas que não conhecem nada do assunto e, sobretudo, nunca leram seus livros. Vamos falar sobre isso na nossa última entrevista.

Vamos ficar, por enquanto, na sua classificação das artes, que me parece muito original e ao mesmo tempo muito esclarecedora. Ela parece ter saído da sua ontologia, mas sem se reduzir a ela: você diferencia "três gêneros de arte", que são "como os três vértices" do que você chama de "triângulo da representação"...

Sim, mas já vou esclarecendo que, apesar do que há de inevitável na palavra (recorro forçosamente a ela), não classifico as *artes* propriamente ditas. Desconfio um pouco da palavra "arte".

– Você disse há pouco que é uma palavra "ambígua e cheia de armadilhas"...

Ambígua, como é mais do que óbvio, mesmo que o seu uso fique restrito às "belas-artes". Cheia de armadilhas, porque serve mais para valorizar certas práticas do que para qualificá-las. Por exemplo, todos já ouvimos discussões do tipo: "Você acha que quatro minutos e trinta e três segundos de silêncio é arte? Ou uma pilha de latas de conserva? Para mim, é debochar dos outros... – Mas é claro que é arte, seu beócio! É até a própria a essência da arte!...". Ou então: "E as touradas? Você acha que é arte? É uma vergonha! Mais certo seria dizer que é um matadouro!". (Ao que seria possível responder: "Mas não existe uma arte de matar?" – o que mostra bem a ambiguidade da palavra.) Em todo caso, esse tipo de discussão é estéril. Ou melhor: apenas alimentam a máquina de desdefinir o "contemporâneo". Como você sabe, a contestação da arte faz parte da arte contestatória. Ela vive do questionamento dela própria e da dialética instituição/marginalidade/recuperação. E, quanto à definição da *palavra*, a *coisa* se confunde tanto com a sua desdefinição que é quase impossível defini-la. Mas isso é outra história...

Mesmo se limitando a um uso parcimonioso da palavra, não é fácil *classificar* as artes sem enumerá-las. Ora, a pergunta: "Quantas artes existem?" leva rapidamente a aporias. Não sabemos se devemos contar os modos de expressão, os suportes, as mídias, que estão sempre mudando; não sabemos onde ficam as fronteiras, o que pensar das fusões (a ópera deve ser contada como uma arte à parte? E a canção popular? E a mímica? E a direção?) e se temos de distinguir gêneros (poesia, romance, teatro) etc.

O que me interessa nas "artes" (vamos ficar com a palavra) não é o que as instituições "reconhecidas" "reconhecem" como tal, é a tendência universal do espírito humano. Numa das frases-chave da *Poética*, Aristóteles fala da universalidade da *mímesis*, palavra que é traduzida ora por imitação, ora por representação (as duas traduções são defensáveis). Ele escreveu: "Imitar [ou: representar] é natural aos homens e manifesta-se desde a infância... e os homens sentem prazer nas imitações [ou: nas representações]". A meu ver, essa observação antropológica deveria ser o ponto zero de toda a filosofia da arte. Em todo o caso, é o ponto de partida da minha. Já disse numa das nossas entrevistas anteriores: a minha ontologia não é nada mais do que a minha antropologia. Eu poderia dizer o mesmo da minha estética. Ela parece "ter saído da minha ontologia", como você disse antes, mas ela também se inclui na minha antropologia. A observação da qual eu parto é a seguinte: os seres humanos não se contentam em "dizer o mundo", ou seja, *apresentá-lo* pela linguagem; eles *representam* o mundo e, fazendo isso, eles criam outros mundos possíveis. Daí a questão: quais são os modos de representação universais? Vejo três. Em toda a parte onde há homens, em todas as culturas, em todos os povos e, como eu disse há pouco, até nessa humanidade incoativa que é a infância, há imagem, há música e há narrativa.

Pela imagem, nós representamos as coisas. A imagem responde à pergunta: o que é essa coisa? Ela nos faz *ver* a linguagem-mundo que concebi como pura ficção em *Dizer o mundo*, a linguagem das coisas apenas nomináveis. Talvez seja impossível dizer... mas é tão fácil ver! A segunda linguagem-mundo é bem visível, e por todos os homens.

Pela música (melodia, ritmo), nós representamos encadeamentos de eventos. A música responde à pergunta: por que esses eventos acontecem? Ela nos faz *escutar* o que chamei de terceira linguagem-mundo. É difícil conceber, mas tão fácil perceber: basta escutar o que os seres humanos vêm fazendo desde sempre.

Pela narrativa, nós representamos pessoas agentes. A narrativa responde à pergunta: quem? O que ela *conta* pressupõe uma linguagem-mundo análoga à nossa, feita de sujeitos e predicados.

E me deparo com as minhas três linguagens-mundo e a minha "ontologia", com os três constituintes do mundo: coisas, eventos e pessoas.

– Como você se deu conta dessa "coincidência"?

Foi algum tempo depois de escrever *Dizer o mundo*. Estava falando por alto do livro num ambiente universitário. Uma colega me fez uma pergunta sobre uma das minhas "linguagens--mundo". Ela disse que podia conceber uma linguagem feita apenas de nomes e, portanto, um mundo feito apenas de coisas, mas não conseguia imaginar uma linguagem feita apenas de verbos e, sobretudo, um mundo constituído apenas de eventos. Respondi sem pensar: "Mas é o mundo da música!". Me pareceu evidente, como se eu soubesse desde sempre!

Foi na mesma época... antes ou depois? Não sei mais. Os comentários simultâneos da pianista Hélène Grimaud sobre a peça de Schumann que ela estava interpretando me impactaram. Ela dizia coisas do tipo: "Aqui ela tateia, explora. Em seguida se aprofunda. Depois retorna suavemente etc.". De novo, a evidência absoluta. É claro, pensei comigo mesmo, é assim que a música "pura" deve ser *descrita*, isto é, sem palavras. Não com substantivos, que na maioria das vezes são arbitrários ("Primavera", "Sonho de amor", "Uma noite no Monte Calvo", e não sei mais o quê), mas com verbos e advérbios. As imagens são espaciais, representam coisas que também são espaciais. Mas a música é temporal, feita somente de eventos sucessivos, logo verbais.

Naturalmente, esses eventos não são apenas "sucessivos", eles seguem uma ordem. Não importa qual, desde que seja com "arte". A arte feita com os sons... voltamos sempre a ela. Escrevi meu primeiro artigo sobre música, "Musiques et événements" [Música e eventos], em 1999, para o número "À la musique" de uma excelente revista que hoje não existe mais: *L'Animal (Littératures, Arts & Philosophies)*.

– Já me perguntei se você não força um pouco a mão com os dados da experiência (nesse caso, estética) para fazê-los entrar no seu "sistema". Você disse que a pintura representa coisas por imagens. Muito bem. Mas ela não pode também representar eventos, por exemplo, uma batalha, um assassinato, um encontro (Bom dia, senhor Courbet)*, uma coroação (revi recentemente, no Louvre,* A Coroação de Napoleão*, de David),*

a queda de uma pétala, o voo de um pássaro? Por exemplo, Brueghel pintando a queda de Ícaro (nesse caso, o momento em que Ícaro cai na água), ou Poussin representando Diógenes jogando a gamela... Talvez seja possível situar essas telas, dentro do seu "triângulo des artes", em algum ponto entre as artes da imagem e as artes da narrativa. Mas, ainda assim, são imagens, e elas representam mais eventos, ou atos, do que coisas.

Essa objeção é legítima, é claro. E, se me permite, vou até desenvolvê-la: uma imagem – por exemplo, qualquer uma que a pintura nos ofereça – pode de fato representar "coisas", mas também "eventos" e "pessoas" (como a arte do retrato). Portanto, pode representar os três tipos de entidades que, a meu ver, povoam o mundo. Aliás, a fotografia, num de seus usos mais comuns, é a arte de captar, na fugacidade do instante, a plenitude de um evento. E a música, quem vai negar que ela pode representar "coisas"? Afinal de contas, "La mer" [O mar] não é um título aleatório. E não vale nem a pena falar da música vocal, que em geral parece representar o que diz a letra. E todo mundo sabe que a maioria das narrativas se refere a "eventos", e não só a ações, e com frequência contêm descrições de "coisas".

Mas a questão não é essa.

Lembro, em primeiro lugar, que todas as artes, as "belas-artes", as da ordem da Arte com A maiúsculo, ocupam um lugar instável no meu triângulo de representação. Dependendo do caso, do gênero, do artista, determinada "arte" pode se identificar com um dos vértices do triângulo ou se diferenciar em algum grau. Por exemplo, o cinema é sobretudo uma "arte da narrativa" (Hollywood), mas também lança mão, em maior ou menor grau, das "artes da imagem" (Fritz Lang, Stanley Kubrick, Andrei Tarkovski etc.). As histórias em quadrinhos são uma arte da imagem, mas também podem ser uma arte da narrativa, tudo depende do quadrinista. E a "literatura" não é forçosamente a "arte da narrativa".

Quero lembrar que a questão, para mim, não é o que essas artes – no sentido institucional do termo, o dos "grandes artistas" – podem representar, evocar, mostrar. Na verdade, a partir de um certo grau de tecnicidade, toda "arte" da ordem da Arte com A maiúsculo pode ser capaz de representar qualquer entidade, conceito ou ideia.

"Ver" a coroação do Imperador ou a queda de Ícaro numa tela pressupõe uma interpretação muito elaborada do que é dado a "ver", logo de conceitualizar a experiência. Isso exige, ainda por cima, muito conhecimento contextual. Mas a arte, no sentido que a tomo aqui, não é o que se admira, mas o que se *faz*. Quem faz? Os seres humanos. Todos os seres humanos, ou quase todos.

Vou inverter a pergunta. Por que existem imagens? Por que existe música? Narrativas? Minha resposta geral é: por causa de uma necessidade humana de compreender o mundo *presente, representando-o*. Me coloco sob um ponto de vista muito mais primitivo do que o da Arte: o de um espírito abrindo-se para o mundo. O do olhar originário da criança. Ela se sente primitivamente estranha ao que a rodeia. Para fazer desse ambiente um mundo seu, para domesticar essa estranheza, ela pergunta sobre tudo: "O que é?", "Por quê?", "Quem?". O *que é* cabe para todas as coisas: as "coisas" visíveis, as coisas mostráveis, as coisas que estão aqui, no espaço. Em geral, um nome é suficiente para satisfazer a curiosidade da criança: isso é *isso*, que é diferente *daquilo*. É uma flor, uma casa, uma árvore, um gato. É mamãe, é papai. É Francis. Esse mundo povoado de entidades desconhecidas se torna identificável.

Mas nunca satisfazemos completamente essa necessidade de saber o que são as coisas. O mundo se esquiva. As coisas não são totalmente o que são. Elas não persistem. Elas mudam, crescem, se degradam, se transformam. Tornam-se outra coisa: a flor murcha, a árvore floresce, o gato se esconde. E a mamãe não está mais aqui. O mundo não é construído sob medida por uma ordenação segura dos nomes. Por mais que os nomes sejam invariáveis, as coisas sempre variam. A imagem (desenho, escultura) supre essa fragilidade. A imagem por si só é uma metafísica. Ela substitui as coisas fugidias do mundo por representações estáveis. Como Formas platônicas. A imagem representa as coisas como essências fixas. Essa é *a* flor. Sempre idêntica a si mesma. Minha casa é *a* casa. E, no desenho, Mamãe está aqui. Sempre a mesma. Sempre presente. Ou então (me refiro às imagens parietais): esse é *o* bisão, *o* urso, *o* cavalo. O mundo das imagens é um mundo de tempo em suspensão. Por isso é que digo que a arte das imagens é a representação de um mundo de coisas autônomo, sem eventos, mas onde não faltam eventos. Aliás, essa é a razão por que as religiões precisam de imagens, de ídolos, de representações de seres que são perfeitos porque são imutáveis. Os monoteísmos muitas vezes tentam exorcizar essa tendência antropológica universal. Na maioria delas, sem sucesso.

Mas é verdade que às vezes (ainda me refiro às imagens parietais) temos uma cena de caça, portanto um evento... A imagem representa esse evento como uma coisa, uma essência imutável, estilizada, fixada para sempre pelo poder cristalizante da imaginação. Disponibilizado fora do tempo pelo presente da memória. Portanto, a imagem representa coisas, ou representa toda entidade como uma coisa. Ela transforma um ambiente confuso e heteróclito num mundo que nos transmite segurança. Ele passa de estranho a nosso. Ordenado. As coisas aparecem indistintas, mas se enfileiram judiciosamente sob nomes. Elas se apresentam diversamente, mas podem ser representadas por imagens. As imagens, mais ainda do que os nomes, contribuem para domesticar as coisas, para colocá-las em dimensões humanas. Porque, enquanto os nomes são dados, as imagens são feitas. E não existe maneira melhor de se apropriar de uma coisa, isto é, de compreendê-la, do que fazê-la. Essa foi uma das lições que aprendi nos meus três anos de "psicopedagogia"...

– Também fiz três! Mas explique aos nossos leitores do que se trata.

... nos três anos que passei como professor de psicopedagogia na escola normal de professores de Laon, depois que me formei na Rue d'Ulm, e antes de ir para o Brasil. Aprendi muito ensinando filosofia da educação, Piaget e tudo o que depois viria a ser a psicologia cognitiva. Guardei desses anos o que se tornou uma evidência para mim: para compreender, é necessário fazer. Aliás, foi por isso que nunca consegui levar a sério a alegoria da caverna de Platão.

– Você vai deixar muitos dos nossos colegas em choque, porque esse é um dos textos mais reverenciados de toda a história da filosofia! O que você quer dizer exatamente?

Como você bem se lembra, os prisioneiros contemplam imagens nas paredes da caverna sem compreender de que elas são a imagem, e sem saber nem mesmo que são imagens. (A situação é quase o oposto daquela que evoquei, mas no fundo dá no mesmo.) Eles não estão mais acorrentados. Mas eles resistem: continuam presos ao mundo eles, ao falso mundo, ao mundo das imagens. Muito bem! Mas antes de obrigá-los a sair da caverna para fazê-los contemplar o mundo verdadeiro, não seria mais realista (menos idealista) ou, em todo caso, mais eficiente que primeiro eles *fizessem* imagens lá embaixo, na caverna? Imagens semelhantes às que eles observaram desde pequenos: por exemplo, sombras chinesas nas paredes, mas com as suas próprias mãos, com o seu próprio corpo.

Volto ao que disse antes. A melhor maneira de compreender o que se *apresenta* é *representá-lo*. Inversamente, o prazer que sentimos ao *ver* uma imagem é o prazer do reconhecimento. Como Aristóteles diz no capítulo da *Poética* que citei antes: sentimos prazer ao ver imagens porque aprendemos a conhecer o representado na representação. "Ah! É isso, é exatamente isso." Por exemplo, diante de uma fotografia: "É a casa onde passei a minha infância! Estou emocionado!". E quando vemos uma imagem meio confusa, perguntamos: "O que é? Ah! É uma flor". Basta suspeitarmos que alguma coisa é uma imagem para nos perguntarmos: de quê? É até bastante frequente vermos algo representado e deduzirmos imediatamente que é uma imagem. Por exemplo, observando o céu estrelado, os homens veem formas nele. Logo deuses. É a nossa imaginação trabalhando. As formas têm necessariamente de *representar* alguma coisa: uma caçarola, uma ursa, uma flecha, um leão etc.

– Agora estou entendendo melhor. Toda imagem, mesmo quando representa um evento, tem tendência a suspender o tempo, ou dar a ilusão dessa suspensão. É o que em fotografia se chama "instantâneo": o tempo parece parar, daí a impressão, às vezes, quando contemplamos uma imagem imóvel, de uma espécie de eternidade... A música, ao contrário, em vez de pará-lo, segue, manifesta, acompanha o tempo, daí talvez essa outra eternidade, mais paradoxal (porque nasce no cerne do devenir, por exemplo, nos

trinados do Opus 111, *de Beethoven, ou no magnífico adágio do* Quinteto em dó maior, *de Schubert) e mais verdadeira... Mas, ainda assim, é possível dizer que a música representa eventos?*

Pois é, eu diria que a música não representa um evento, ou eventos, mas relações entre eventos. A música não é um som, ou vários sons!

– Mas você disse lá trás que a música é "a arte dos sons"...

Sim, e essa arte consiste justamente em transformar sons em música, mas os sons são tão música quanto as cores são pintura ou as palavras são literatura...

– O que é o som, senão o elemento mínimo da música?

Defino o som como "o signo de um evento". O que quero dizer é que, para todo ser vivo dotado de um sistema auditivo, o som possui uma função de aviso: "Atenção! Está acontecendo alguma coisa". Imagine um cachorro dormindo. De repente, passos na sala. Ele fica alerta: "O que está acontecendo?". Ou então um bebê: "O que foi? Mamãe foi embora, mamãe voltou". O som avisa ao ser vivo que alguma coisa (uma ameaça, um acidente?) interrompeu o curso ordinário, tranquilo, da existência. Em outras palavras, biologicamente falando, nós vemos as coisas, mas ouvimos os eventos.

– Então como passamos do ouvir sons para o ouvir música?

De maneira muito simples. Você ouve música quando começa a ouvir o som não mais em relação ao que o causa, mas em relação aos outros sons, os sons que vêm antes ou depois dele.

Vou pegar um exemplo que gosto de citar e que em geral as pessoas acham convincente. Estou num trem à noite. Estou cansado. Pego no sono. De repente, o trem começa a andar. O barulho me acorda: "O que aconteceu? Ah, é o barulho do vagão contra os trilhos! Estamos de partida". A audição cumpriu sua função de alerta: posso voltar a dormir tranquilo. Ou então posso começar a ouvir: *tam, tatam, tam, tatam, tam, tatam, tam, tatam...* Mas não penso mais a cada *tam*: "Ah, é o barulho do vagão contra os trilhos!... Ah, é o barulho do vagão contra os trilhos!... Ah, é o barulho do vagão contra os trilhos!...". Não ouço mais cada som isolado, ouço a relação entre eles. Não ouço mais a função biológica dos sons: eles se "desfuncionalizam", o que é a condição mesma para ouvirmos a sua musicalidade. Em outras palavras, não ouço mais cada evento sonoro em relação à sua causa real (a pancada do vagão), mas em relação aos eventos sonoros que o precedem; *como se* (e isso é obra da nossa imaginação) cada som fosse a causa da produção dos seguintes. Como se o *tam* causasse o *tatam*, e assim sucessivamente. Pelo menos é o que acredito ouvir se ouço essa série de sons como tal. Ouço um *ritmo*: ele tem autonomia. Ouço música. Ou pelo menos algo musical. A música é a autonomia do sonoro. Os sons bastam por si mesmos, ao contrário do que acontece no dia a dia, quando a função dos sons é nos indicar o que os causa: um ônibus chegando, alguém se aproximando etc.

– Então o canto de um pássaro, se eu parar para ouvi-lo, é música...

Os pássaros não fazem música, porque o canto tem um uso funcional: se identificar, chamar, seduzir etc. Mas se não formos uma fêmea atraída por um paquerador charmoso ou um ornitólogo tentando reconhecer o canto da espécie, podemos ouvi-lo *como música*. Exatamente como podemos observar a face da Lua *como uma imagem* e identificar um rosto humano nela.

– Vamos voltar ao som isolado. Uma nota musical, para você, não é música...

Exatamente! A mais linda nota do mundo só pode oferecer o que ela tem: som. No máximo, pode *sinalizar* que vem música por aí. Um dó, por exemplo, não é música. A música começa na segunda nota. Desde que seja ouvida como segunda, ou seja, que não sejam ouvidas como um dó e depois um sol, mas como o intervalo dó-sol, ou melhor, a passagem do dó para o sol. Em outras palavras, dó é o primeiro evento sonoro, dó-sol é o primeiro evento musical. Uma unidade de música. Ou, se preferir, o átomo da música. Mas ele parece incompleto. Em suspensão. Nossa vontade é perguntar: dó-sol, ok, e *o que mais?* Dó-sol-dó! E temos aí o menor trecho de música do mundo. Ele liga dois eventos musicais: dó-sol e sol-dó. Ou, se preferir: "Ele vai... e volta". E acabou. São dois eventos sucessivos. É como se o segundo evento fosse causado pelo primeiro. Retrospectivamente, a volta parece previsível, já que houve a ida. Voltamos ao ponto de partida. Valor artístico do trecho: nenhum. Mas é música. Ou melhor, o menor grau musical, nem mais nem menos do que o ritmo de um trem. Por isso é que digo que a música *representa* relações entre eventos, por exemplo, nesse caso, minimamente, um vai e vem, o menor possível. Quando ouvimos música, não precisamos de coisas. Tudo está no tempo, nada está no espaço. Digo, portanto, que toda música representa um mundo de eventos puros, isto é, sem coisas, mas onde não faltam coisas; da mesma forma que as artes da imagem representam um mundo de coisas puras, isto é, sem eventos, mas onde não faltam eventos.

É evidente que, quando passamos para a Arte com A maiúsculo, ou um B maiúsculo, de Bach, Beethoven, Berlioz, Bruckner, Brahms, Bizet, Bartók, Berg, Britten, Boulez ou Beffa, as coisas se complicam. Por isso, depois do meu primeiro artigo, "Musique et événements", em 1999, levei quinze anos para escrever *Pourquoi la musique?* Eu precisava tirar todas as consequências daquela definição minguada que aprendi na infância: a música é a arte dos sons.

– ... que ela transforma em eventos puros, mas ligados causalmente entre si na forma de ritmos, harmonias, melodias... Da mesma forma que, segundo você, a imagem representa coisas puras, isto é, sem eventos. Isso me leva à questão das pinturas não figurativas. Elas não seriam imagens mais puras ainda? Liberadas dos eventos, e até mesmo das coisas! Porque um Hartung ou um Soulages são imagens, em certo sentido, mas imagem de quê?

O francês tem uma palavra: *image*, enquanto o inglês, por exemplo, tem duas: *image* e *picture*. Eu diria que um Hartung ou um Soulages é uma *image*, mas não uma *picture* – no sentido de que não é *picture* de nada. São imagens *tout court*, mas não são imagens de absolutamente nada. Ou então: são quadros, mas não são representações.

– *Então como você explica o desaparecimento da imagem* (picture) *do quadro?*

Primeiro você precisa situar esse desaparecimento. Ele ocorreu num momento muito comovente da história das Artes com A maiúsculo. Foi nos anos que precederam a Primeira Guerra Mundial. Efervescência criativa e angústia dos artistas: duas coisas que andam sempre juntas. "Mais nada é possível, infelizmente." "Tudo é possível, felizmente." A pressão filoneísta era mais forte do que nunca. Principalmente porque a crença num progresso necessário da arte era alimentada pelos progressos bastante reais da técnica. Na verdade, a arte foi obrigada a responder ao desafio colocado por dois dispositivos que vieram fazer concorrência com as artes representativas no próprio terreno delas: o dispositivo fotográfico e o dispositivo fonográfico.

Tomemos a fotografia. Ela pode reproduzir a aparência das coisas com mais perfeição do que o melhor dos quadros. Mas é claro que reproduzir a aparência não é suficiente para a Arte: é necessário que haja um ponto de vista, um estilo, intenções estéticas ou afetivas. Nessa época, justamente, as artes recém-surgidas desse dispositivo técnico estavam tentando determinar as normas da sua própria estética: a fotografia também seria uma Arte – como o cinema, a grande Arte do século XX. A pintura teve de se reinventar. Para que reproduzir as coisas com arte, se uma outra Arte faz isso muito melhor? Muitos artistas viveram essa constatação como uma obrigação histórica, a obrigação do Novo a todo custo: "A pintura não *deve* mais tentar reproduzir". Então deve parar de representar? Sim e não. Ela deve continuar a ser pintura, mas pintura pura. De uma pureza que, para certos artistas como Kandinsky e Malevitch, virou objeto de uma busca mística. Mais pura do que nunca, a pintura tinha de se libertar da própria materialidade das coisas. O quadro, que antes era uma janela aberta para o mundo das coisas, se fechou em si mesmo.

A pintura passou a representar o que sobra da imagem quando as coisas desaparecem. Passou a representar a própria pintura, ou melhor, as condições de possibilidade da representação das coisas: as cores, as formas, a harmonia das cores e das formas. Quadrado, redondo, branco, vermelho, preto. E passou a mostrar tudo isso *como coisas*! "Isso são formas, isso são cores! Olhe para elas." Isso pode ser visto com muita clareza na evolução de Mondrian: de 1910 a 1914 é possível ver a imagem desaparecendo progressivamente do quadro. A imagem das coisas parece se diluir na imagem. Em 1912 (*Macieira em flor*), a árvore desaparece por trás das formas e, em 1914, a fachada dos prédios aparece na própria ausência: superfícies coloridas, contornos.

– Isso em relação à fotografia! Mas e o fonógrafo? Ele teve feitos semelhantes aos da fotografia?

É claro que o fonógrafo, que foi inventado e desenvolvido no fim do século XIX, na mesma época que a fotografia, é um dispositivo que tem, em relação aos sons, efeitos semelhantes aos da fotografia em relação às imagens. Ele registra mecanicamente os sons e permite que eles sejam reproduzidos *ad libitum*.

Mas veja bem! Não é minha intenção reduzir as vicissitudes da história das Artes aos efeitos da história das técnicas. Aliás, a pintura sobreviveu no século XX não só por causa da abstração. As coisas e o mundo ainda não tinham dado a sua última palavra. Muito menos hoje. Aliás, a maioria dos grandes pintores não seguiu por esse caminho. Da mesma forma que a maioria dos músicos não adotou, nem antes nem depois da guerra, o princípio da atonalidade de Schönberg e da sua escola.

– Você não respondeu à minha pergunta! Entendo por que o dispositivo fonográfico é, em relação ao som, tecnicamente análogo à fotografia. Mas não entendo por que ele teve consequências para a história da música.

Consequências direitas, talvez não. Pelo menos não de imediato. A possibilidade de gravar música em suporte físico e reproduzi-la teve consequências consideráveis para a história da composição até hoje. Houve quem afirmasse que o rock dos grandes grupos, por exemplo, era uma música essencialmente para ser gravada. E, evidentemente, toda a história da música eletrônica, desde meados do século XX, pressupõe uma enorme variedade de dispositivos técnicos, como gravação, mixagem, *sampling*, *re-recording* etc. Mas não é disso que quero falar.

Vejo a coisa de outro modo. Da mesma forma que a imagem desapareceu do quadro, o que desapareceu da música, na mesma época (entre 1910 e 1914), foi o jogo das causalidades internas que normalmente torna o fluxo musical em parte previsível, como os eventos do mundo. Digo em parte, é claro, porque a arte dos sons é justamente jogar com as nossas expectativas e frustrá-las. A previsibilidade na esfera dos eventos sonoros é a semelhança na esfera da representação imagética.

– Isso não tem nada de evidente.

Reconheço. Mas considere o que eu disse há pouco. O que faz o nosso mundo parecer ordenado é que existem *coisas* identificáveis e os *eventos* que acontecem nele não são nem totalmente previsíveis nem totalmente caóticos. Daí o papel das artes: as imagens representam as coisas por elas mesmas, a música representa relações entre eventos. Uma imagem que seja absolutamente semelhante à coisa, a ponto de se identificar com ela, é como uma música cujas notas são todas determinadas mecanicamente umas pelas outras. Inversamente, uma imagem que não representa coisa nenhuma é como uma música cujas notas não têm a mínima relação entre si.

Vamos pegar exemplos. Imagine uma imagem totalmente semelhante que reproduza perfeitamente a coisa da qual é a imagem. Como uma efígie do museu Grévin. Interesse artístico: nenhum. A pintura mais realista nunca é uma reprodução idêntica. Como eu disse, é preciso que haja um estilo, uma maneira, um olhar. A representação não é uma reprodução, e a expressividade de uma imagem não é medida pela sua semelhança. Fidelidade não é identidade. Do mesmo modo, imagine uma sequência de eventos sonoros totalmente previsíveis: uma escala em ascensão infinita, ou então uma pulsação regular e sem fim. Seria um mundo totalmente determinista. Você sabe com antecedência o que vem em seguida. Interesse musical: nenhum. A causalidade interna na música nunca é determinista. Ela é parecida com o jogo das causalidades na história humana: os eventos somente aparecem determinados pelas suas causas depois que acontecem. Depois que a guerra estourou é que ela aparece como inevitável. No fundo, ouvir música é isto: você não consegue prever as notas, mas, quando elas surgem, você entende que elas eram necessárias. Você percebe as ligações. Você não ouve mais as notas, mas uma melodia, um motivo, um tema, um desenvolvimento harmônico, um ritmo etc.

Agora vamos fazer a experiência contrária. Ou melhor, vamos repetir a experiência histórica dos artistas antes da Primeira Guerra Mundial. Na imagem presente já não resta mais nada do representado: é a chamada "arte abstrata". De modo análogo, nas relações entre as notas sucessivas do fluxo musical, não resta nada das ligações causais: é a chamada "atonalidade". Por exemplo, a música composta na época da "atonalidade livre", que corresponde exatamente à época do surgimento da abstração na pintura, o período que separa as primeiras composições atonais de Schönberg (mais precisamente o *Quarteto n.* 2, de 1910), em que ele evita qualquer relação tonal, e a invenção do rígido sistema de composição com doze sons (dodecafonismo) no pós-guerra (que prefiro chamar de sistema antitonal). É como um quadro abstrato: a imagem está lá, ela se mostra, você reconhece todos os elementos, as formas e as cores, a única coisa que falta é a coisa. Nas obras de Schönberg que datam dessa época, a música está lá, ela se mostra, você reconhece todos os elementos (é realmente o instrumental clássico) e, sobretudo, você ouve as notas da escala habitual (elas são reconhecíveis), mas faltam as relações causais que deveriam ligar as notas umas às outras. O universo musical não mudou, mas é como se faltasse alguma coisa para que ele pudesse ser reconhecido como um mundo. As notas são apresentadas por si mesmas, como cores ou formas que são cores e formas de nada. Nos primeiros quadros abstratos de Mondrian, você vê a coisa ausente "em pessoa", a coisa que desapareceu da imagem. Nas *Cinco peças para orquestra*, de Schönberg, compostas exatamente na mesma época (em 1912), você percebe concretamente, por assim dizer, as causalidades ausentes. O ouvido percebe as causalidades, procura por elas, da mesma forma que o olho procura a coisa no quadro abstrato. Mas eles só encontram os constituintes últimos da pintura e da música. Como eu disse antes, os pintores foram levados à abstração por uma espécie de ascese purificadora. Uma pintura tão pura que pinta somente aquilo que faz que ela seja uma pintura, ou seja, cores e formas, e nada além disso. E acho que foi essa mesma ascese que levou a "segunda escola de Viena" (Schönberg, Berg e Webern) à atonalidade: uma música tão pura que oferece aos ouvidos apenas sons, não as relações que os une, ou seja, as notas, e nada além disso.

– É o que você chama de virada transcendental da arte moderna.

Na verdade, a expressão é da tese de Tristan Garcia (a melhor que li na vida), *Arts anciens, arts nouveaux*, que infelizmente não foi publicada. A palavra "transcendental" poderia parecer meio pedante. Em Kant, designa as condições de possibilidade do conhecimento. Segundo ele, haveria um grande progresso no problema do conhecimento se ele desse um passo para trás. Em vez de tentar conhecer objetos que nem sequer sabemos se são cognoscíveis (por exemplo, Deus ou a alma), seria mais proveitoso investigar as condições de possibilidade do próprio conhecimento, o que o sujeito (o ser humano) pode – e não pode – conhecer, dada sua sensibilidade e sua razão. A "virada transcendental" da arte moderna seria esse retorno às condições de possibilidade à maneira de Kant: durante alguns anos, as Artes também tentaram dar um passo para trás, representando não mais as coisas ou as relações entre eventos, mas as condições da representação artística, quer espacial (cores e formas e, muito mais tarde, o próprio *ato* de pintá-las, como fez Pollock), quer temporal (eventos sonoros e, muito mais tarde, o *gesto* instrumental, como fez Lachenmann). Mas, na verdade, eu estava pensando mais em Husserl do que em Kant...

– Um autor que você cita muito pouco...

É verdade. Talvez pelo mesmo motivo por que vou muito pouco às exposições de arte abstrata. Brincadeira. Mas com um fundo de verdade. Porque não pode ser simples coincidência que em 1913, de novo, tenham aparecido as *Ideias para uma fenomenologia*, ano que, para muitos historiadores da arte, marca o nascimento do conceito de arte moderna. O objetivo era romper com o que Husserl chama de "atitude natural", a atitude que temos permanentemente, e que está no princípio das ciências, a que nos faz acreditar espontaneamente na existência do mundo fora de nós. Era necessário voltar à condição de possibilidade do mundo, aquém dele. Era menos um passo para trás do que um olhar reflexivo na nossa direção, na direção da consciência pura. Pura quer dizer, aqui, sem mundo. Portanto, sem as coisas (como na arte abstrata) e sem as expectativas razoáveis dos eventos (como na música atonal). Isso é "subjetividade transcendental". É o sujeito que tenta fazer a experiência do mundo, mas *abstraindo* do mundo. Como um quadro sem coisas. Como eventos sem relações causais.

– Agora estou entendendo por que Husserl me parece tão chato (aliás, como a pintura abstrata e a música atonal)! Mas por que houve essa virada transcendental na filosofia, na sua opinião?

Por razões análogas à virada da abstração ou da atonalidade, me parece. A filosofia se sentiu expulsa pelas ciências de todos os seus territórios tradicionais. Como se não houvesse mais nada para conhecer ou refletir, a não ser justamente os atos conscientes de conhecimento e reflexão. A consciência é a cidadela da filosofia. Pelo menos era nisso que o fundador da fenomenologia e boa parte dos seus herdeiros acreditavam. A pintura pinta a pintura, a música toca as suas notas, a filosofia descreve a consciência. Cada uma se refugia na sua "zona de conforto", como se diz hoje em dia! A filosofia achou que tinha sido expulsa do conhecimento do mundo pelas ciências, assim como as Artes acharam que tinham sido expulsas da representação do mundo pelas técnicas: a fotografia, o fonograma...

– Acho tudo isso extremamente esclarecedor. Exceto por um ponto: por que o fonógrafo? Ainda não vejo qual a relação...

Como eu disse, nesse caso ela é indireta. A fotografia *reproduz* a aparência das coisas... mais do que as representa. Do mesmo modo, o fonógrafo *reproduz* mecanicamente uma sucessão de eventos sonoros. Podemos ouvir uma música uma vez, duas vezes, n vezes (a ponto de gastá-la! Você se lembra do que dissemos do número N?). Chamei isso de repetição externa. Porque normalmente toda música sempre se repete um pouco: tem ritornelos, refrões, retomadas, temas, motivos repetidos etc. Quanto mais uma música se repete, mais acessível ela é. Ou bobinha. Porque nada é mais previsível do que aquilo que se repete sempre da mesma maneira. Aliás, a partir do século XVIII e à medida que avançamos na história da música, constatamos que, por pressão filoneísta, a música "se repete" cada vez menos: compare as sinfonias de Bruckner com as de Haydn, por exemplo. Isso era natural: até o início do século XX a maioria das audições era a "primeira vez". Na "sonata", por exemplo, os temas e os motivos tinham de ser repetidos, expostos e reexpostos para familiarizar o ouvido dos ouvintes: a segunda vez é sempre melhor do que a primeira! O surgimento de uma técnica que permitia reproduzir as músicas potencializou a tendência a evitar as repetições internas. Como se, de novo, fosse necessário romper com a representação por receio da reprodução. Me parece, em todo caso, que a possibilidade técnica da repetição externa contribuiu para acabar com toda forma de repetição interna da música. Esse foi, na minha opinião, o papel que o dispositivo técnico da reprodução sonora teve na história da música. E também, indiretamente, no surgimento da atonalidade: evitar a previsibilidade é *a fortiori* evitar toda forma de repetição interna.

– E com isso as técnicas de gravação, que fizeram tanto pela popularidade da música em geral (nunca se ouviu tanta música como hoje), tornaram a música erudita cada vez mais popular, e cada vez mais elitista... Mas qual a sua opinião sobre tudo isso, quer dizer, sobre essa "virada transcendental"? Que efeito a arte abstrata tem em você, ou as músicas da segunda escola de Viena?

Claro, você tem razão. Em vez de descrever em terceira pessoa como o mundo desapareceu da representação, vou tentar dizer o que isso fez comigo. E falar, portanto, da ausência do mundo em primeira pessoa. Pois bem, eu diria que é... como dizer...? Hum... interessante...

– Só?

Não, claro que não. Falei agora há pouco de uma época "comovente". Os quinze primeiros anos do século passado me emocionam, embora eu não consiga distinguir com clareza as diferentes causas dessa emoção. Vendo e ouvindo as obras dessa época, consigo perceber a fusão extraordinária de efervescência criativa e angústia histórica que elas contêm. Mas o mundo não precisava ser expulso da Arte nem da filosofia. Por exemplo, na mesma época em que surgiu a abstração, alguns artistas estavam inventando o cubismo e reinventando a representação do mundo. Isso me emociona. A arte, e mesmo a pintura, tem tantas maneiras de serem fiéis ao mundo! Por que querer simplesmente abandoná-lo? Quanto à abstração, desde que eu veja *na* imagem a coisa que está ausente dela e perceba a ascese da qual ela quer ser o efeito, como em Mondrian, isso me toca. Mas não me toca a suposta dimensão mística que a abstração tanto quis trazer. Se sinto por acaso a intensidade metafísica de um quadro, não é porque vejo a ausência das coisas nele, mas é, ao contrário, porque ele me impõe a presença absoluta – e misteriosa, portanto – dessas coisas, como as naturezas mortas de Chardin, das quais você mesmo falou tão bem. Em todo caso, quando a abstração se torna dogmática, sistemática, ela me deixa perplexo. As telas de Rothko às vezes me impressionam pela violência, mais confesso que as de Miro, Klee e outros me deixam indiferente.

Acontece a mesma coisa com a música. A presença do que chamo de mundo, isto é, dos universais da música, é absolutamente necessária para mim. Na época em que foi inventada uma linguagem que tentava prescindir dele, precisamente em 1913, Stravinsky descobriu com a *Sagração da primavera* o que seria depois o fio condutor de todas as músicas populares do século, apoiado numa constante universal: o ritmo. De novo, era uma maneira de ser fiel ao mundo e à sua representação. Apesar de eu já ter ouvido a *Sagração* inúmeras vezes, ela ainda não atingiu o número N no qual a minha emoção corre o risco de diminuir. E, para voltar à atonalidade, eu diria o que disse antes sobre a abstração: desde que eu ouça a causalidade ausente entre os eventos sonoros, ela me toca. Algumas peças do período que mencionei, o da "atonalidade livre", me tocam, provavelmente porque ouço nelas um eco dessa liberdade: como se o músico se libertasse do jugo das relações causais entre as notas, da mesma forma que os artistas da imagem se libertaram da coisa representada. Os eventos se enfileiram. Instigam o ouvinte a buscar a ligação entre eles, mas a expectativa é sistematicamente frustrada. Eu disse em algum lugar em *Pourquoi la musique?* que as curtíssimas peças da obra precoce de Schönberg e Webern me davam a impressão de pedaços de sonho em que os episódios se sucedem inevitavelmente e sem nenhuma razão. Elas dizem que o mundo, *este* mundo, implodiu. É isso que elas parecem dizer com a sua extrema brevidade: o mundo real, ordenado causalmente, não está ali, não está naquela fragmentação ou naquela contingência. E, sim, isso me toca. Mas quando não ouço mais a causalidade que se ausentou, quando não ouço mais a atonalidade como uma libertação, mas como um sistema de regras, aquilo não me toca mais, só me aborrece. Às vezes me irrita. "Quanto talento desperdiçado!", já cheguei a pensar a propósito desses músicos. Na virada do século, Schönberg escreveu uma das obras-primas da música para cordas, a fascinante *Noite transfigurada*, que me domina cada vez que a escuto. Já me perguntei algumas vezes que obras magistrais esse grande compositor não teria produzido se não fosse o seu espírito de sistema. Da mesma forma, pergunto a mim mesmo, e de novo corro o risco de chocar o leitor (mas talvez menos do que quando confesso a minha admiração pelos touros bravos e por quem os enfrenta), que músicas a genialidade dramática de Berg, brilhante em *Wozzeck* ou *Lulu*, não teria produzido se ele tivesse escolhido outro mestre!

No fundo, a revolução da atonalidade é como qualquer revolução, ou melhor, como a revolução real, a que estava sendo incubada na mesma época. Enquanto estava por vir (ainda não era 1917!), ela era um ideal de libertação. Quando veio, se transformou num poder, inventou um sistema rígido de regras, normas, proibições, e perdeu a alma...

– E com as narrativas?

Funciona do mesmo jeito. Volto às minhas três perguntas: "que é?", "por quê?", "quem?"... Os seres humanos se apropriam das coisas do mundo, reais ou possíveis, pela imaginação: eles as representam por imagens. Eles têm necessidade de domesticar o encadeamento dos eventos e os representam por ritmos e melodias que servem para dançar, cantar e tocar. Eles também querem compreender *quem* eles são. Esse é o terceiro vértice do triângulo da representação. Porque só existe resposta ao *quem* pela narrativa. Primeiro, porque ela é em primeira pessoa. E uma das mais curtas é, por exemplo: "Nasci em 1950, em Ivry-sur-Seine". Ou então passando da arte para a Arte, ou da realidade (como a contamos) para o imaginário (como construímos a realidade): "Jean Valjean nasceu numa família de camponeses pobres da Brie em 1769. Perdeu os pais ainda muito jovem e foi criado pela irmã, Jeanne". É o que chamamos de literatura.

Evidentemente podemos complicar as coisas... Aliás, é inevitável, quando passamos para a primeira pessoa do plural: "Quem somos?". É aí que começa o problema, porque não existe História sem narrativa. "Nossos ancestrais, os gauleses." Ou então: "Abraão, Isaac e Jacó". Todo o problema da identidade ou das identidades múltiplas reside nisso. "Eis *quem* fomos, nossas lutas, nossos sofrimentos, as vitórias que conquistamos; eis quem desejamos ser, nos tornar, tornar a ser." A guerra das narrativas está sempre à espreita. Ou pelo menos a batalha do reconhecimento. O reconhecimento é uma forma de identidade consigo mesmo que só existe se for aceita pelos outros. E, portanto, deve se impor aos outros e, muitas vezes, *contra* os outros, porque é o caminho mais curto para se definir. "E, por isso, essa é a *minha* terra prometida. É minha, é nossa, somos nós, minha família, meu clã, minha igreja, minha classe, minha tribo, meu povo, minha nação, minha raça. Esse é quem sou, quem somos, quem sempre fomos, nossos pais e nossos semelhantes. Eis por que posso viver, e morrer, sem o que não poderíamos viver, e o que devemos defender arriscando a nossa própria vida."

Felizmente, além de todas essas fabulações, necessárias e perigosas, há a magia dos contos, das lendas, dos mitos. Além de todas essas identidades ambíguas, há todas aquelas identificações que são indispensáveis para nós. As personagens magníficas, os heróis de papel, as heroínas de celuloide que povoam nossa imaginação desde a nossa infância. A minha e a de todos nós. Tudo junto: o Aquiles de pés velozes, a Castafiore, Julien Sorel, Pinóquio, Vautrin, Nana, Bergotte, Carmen, Sganarello, Leporello, Cyrano, Emma Bovary, Scarpia, Fedra. Todas as histórias que contamos uma vez, duas vezes, N vezes e até mais. Quem seríamos sem elas?

– As "artes da narrativa" incluem a epopeia, o romance, o teatro, o cinema, a ópera, os quadrinhos... Como você não falou de literatura, "por medo de não dizer o suficiente", aproveito a ocasião para voltar ao assunto, ainda que superficialmente e com o único objetivo de fazer seus leitores conhecerem melhor você. Quais são os seus escritores preferidos?

Paradoxalmente, não são os mestres da narrativa, com exceção de Maupassant, Balzac e Flaubert. Corro poucos riscos, como você pode perceber. E, ao contrário de você, não sou viciado em Victor Hugo e Alexandre Dumas. Mas não pretendo fazer uma lista aqui. Me arrependeria cada vez que a lesse. Na literatura, ao contrário do cinema, raramente é a narrativa que me atrai. Por isso, mesmo que você não me peça, e correndo o risco de me arrepender dessa ou daquela ausência imperdoável, vou lhe propor uma lista de dez filmes: *A nossos amores*, *Cantando na chuva*, *Nascido para matar*, *Jules e Jim*, *Tudo sobre a minha mãe*, *A regra do jogo*, *Cinzas no Paraíso*, *Os pássaros*, *Manhattan*, *O franco atirador*...

– Você disse que, na literatura, raramente é a narrativa que atrai você. O que é então?

Sobretudo a frase.

– Pois então vamos refletir sobre o que ela pode ter de intrinsecamente artístico. Nesse caso, o que me interessa é a imagem, dessa vez no sentido metafórico do termo, e também a poesia. O fato de que podemos nos expressar "por imagens", como os poetas fazem com tanta naturalidade, e, portanto, por comparação implícita ou explícita, o que isso nos diz sobre a linguagem e sobre nós mesmos? Por exemplo, no Prometeu acorrentado, *quando Ésquilo (não conheço evocação mais linda do Mediterrâneo) canta "o riso inumerável do mar"... Que muitos poemas têm a ver com uma narrativa é inquestionável. Mas isso não é passar por cima do que há neles de propriamente poético? Em* Pourquoi la musique? *você reconhece, numa nota de rodapé, que é quase impossível situar "a" poesia em geral no seu triângulo das artes ou da representação, "se bem que nele seja possível situar, sem grande dificuldade, tal poesia épica ou tal poesia dramática". Obviamente, nem seria cogitável situar a poesia no lado do triângulo que liga as artes da narrativa às artes musicais (à sua maneira, a poesia também canta), mas receio que o essencial fique de fora, ou seja, a própria poesia. Por exemplo, estes versos de Apollinaire, que recitei muitas vezes, olhando para as estrelas: "Voie lactée ô sœur lumineuse/ Des blancs ruisseaux de Chanaan/ Et des corps blancs des amoureuses...".* Arte da imagem? Arte da narrativa? Arte dos sons? Um pouco de tudo, me parece. Aliás, qual a sua relação com a poesia?*

Está certo, admito: meu triângulo da representação deixa escapar o essencial da arte ou, mais precisamente, da Arte com A maiúsculo. Não tem um lugar especial para a poesia, nem mais amplamente para o que há de poético em toda arte, isto é, a busca do belo. Talvez essa seja a verdadeira diferença entre as artes em sentido antropológico e as artes no sentido estético do termo. E, no entanto, aspirar à beleza também é um universal antropológico. A busca do equilíbrio, da harmonia, da medida, da unidade, da regularidade... Enfim, tudo o que impõe forma racional ao sensível. É o caso da poesia. Por exemplo, o metro. Desde que os

* "Via láctea, ó irmã luminosa/ Dos brancos riachos de Canaã/ E dos corpos brancos das apaixonadas..." (N. T.)

homens começaram a usar palavras, eles brincam com a sonoridade para que elas digam outra coisa ao mesmo tempo.

Você perguntou qual é a minha relação com a poesia. Como fiz com o jazz, eu separaria a pergunta em duas: qual meu gênero de poesia e qual gênero de arte a poesia é para mim?

Não tenho nenhuma dificuldade em dar uma resposta pessoal à primeira pergunta. É só eu me lembrar de quais poetas eu conheço mais versos de cor. Por ordem: Racine, Rimbaud, Baudelaire, Aragon... Racine, para mim, é o maior poeta francês. Não que ele seja o maior poeta entre os franceses (acho impossível atribuir um prêmio de excelência desses), mas de todos os grandes poetas ele é o mais francês: pela clareza do lirismo, pela precisão das imagens, pela desmesura cadenciada da violência verbal e sobretudo, talvez, pela economia formal – o máximo de efeitos com o mínimo de recursos. Vocabulário reduzido, variedade inesgotável de imagens, regularidade do alexandrino, desregramento das paixões.

Mas a sua pergunta me dá a chance de refletir sobre uma questão que poucas vezes ataquei de frente: o que é poesia?

Eu diria, em primeiro lugar, que existe uma infinidade de graus entre o "poético" e a poesia propriamente dita. Da mesma forma que existe uma infinidade de graus de musicalidade, desde o ritmo regular do trem até uma fuga a cinco vozes de Bach. A partir do momento que, ao me exprimir, me preocupa a maneira como as minhas frases "soam", sou sensível ao que os linguistas chamam de "função poética". E quando as frases soam bem, elas soam verdadeiras: nada melhor para autentificar a palavra divina, ou dar credibilidade aos oráculos. A Pitonisa fala em versos. Em um gênero diferente, é esse efeito que o publicitário procura com um *slogan* bem cadenciado. Mas isso não significa que ele seja Apollinaire...

A poesia satisfaz duas condições da linguagem. A primeira – é chover no molhado – é a musicalidade. Comumente, o significante desaparece por trás do significado. Digo "flor" e aquele com quem falo não ouve os sons, mas o significado. Se ouvisse os sons, não compreenderia o sentido. Aliás, é isso que acontece quando ouvimos uma língua desconhecida. Ouvimos a musicalidade vaga das palavras, mas não ouvimos a sua sonoridade poética. Isso mostra que a poesia não é um mero jogo de sonoridades: medida, ritmo, assonâncias, rimas etc. Porque, para que haja poesia, a música do significante precisa estar combinada com a potência do significado. Desse ponto de vista, a poesia é o inverso da música. A música, como eu disse antes, desfuncionaliza os sons: quando paramos de ouvir os sons em sua função (de alerta, por exemplo) podemos ouvi-los por eles mesmos e captar o seu sentido musical. Lembrei há pouco que na prosa, quando paramos de ouvir os sons por eles mesmos, podemos apreender a sua função significante. Pois bem, a poesia refuncionaliza os sons. Ela reitera a função semântica das palavras pela função expressiva da sua sonoridade. Os sons também dizem algo e, se possível, algo que concorda com as palavras que eles dizem ou que os dizem. Estou pensando, por exemplo, nos dois primeiros versos do *Cimetière marin*, de Valéry: "Ce toit tranquille, où marchent des colombes,/ Entre les pins palpite, entre les tombes".*

E como aprendi no último ano do ensino médio – e já confesso todo o meu reconhecimento e admiração pelo meu professor de francês, o senhor Primel –, o ritmo desses decassílabos (*ta-ta-ta-ta, ta-ta-ta ta-ta-ta*) é o da rebentação das ondas. Há um sentido no som, em consonância com o sentido das palavras.

A segunda condição da poesia não está ligada à expressividade do significante, mas, como você disse, à expressividade das imagens, em outras palavras, à obliquidade da fala. Da mesma forma como posso ouvir o ritmo de um trem *como música*, ou ver pontos luminosos no céu *como um escorpião*, posso ver "essa calma vastidão onde navegam os barcos a vela" *como* um "telhado tranquilo onde andam pombas". (Obrigado de novo, *monsieur* Primel!) Posso ver uma coisa como sendo *também* outra coisa. E, sobretudo, posso ser capaz de *fazê-la* visível. Esse é o poder da imaginação criativa. E, aí, só talento não basta. É preciso gênio. E admiro muito o dos poetas, porque eu mesmo não tenho nenhum talento para a poesia.

Eu disse, como você deve se lembrar, que, graças à "predicação" e à "indicação", a linguagem humana tem uma potência

* "O telhado tranquilo, onde andam pombas,/ Entre pinheiros palpita, entre tumbas." (N. T.)

infinita. Mas a poesia não estava incluída, porque a sua potência não vem da linguagem, mas da singularidade do seu pertencimento a uma língua. Por isso é que os poemas devem ser lidos em voz alta, recitados, relidos e de novo recitados. Todo poema também tem o seu número ideal N de leituras ou recitações. Às vezes é bom economizar, deixar o poema descansar um tempo para recuperar a potência juvenil da expressão.

Falei há pouco da "frase". Disse que era mais sensível a ela do que à narrativa na literatura. O poder da literatura, para mim, é a sua força de resistir ao inefável. Lendo Proust ou Flaubert, descubro a cada página que é possível certo *tour de langue* para expressar uma singularidade, um sentimento único, uma impressão fugidia. (Se não me engano, já apontei isso na nossa primeira entrevista.) A impressão é tão bem dita que acho que a vivi. Ou a sinto naquele momento em que estou lendo. Mas a poesia, para mim, é outra coisa. Não sei por que me ocorreu uma comparação estranha. Você sabe como amo a pintura holandesa – Hegel via nela a celebração profana do "domingo da vida". Eu diria, no mesmo sentido, que a poesia é a celebração do domingo da língua. Ou talvez mais: o sabá da língua. Tudo que a língua pode fazer quando está de folga do peso cotidiano.

– Para concluir: o que a arte tem que a filosofia não tem?

Ah! Uma pergunta vasta! *A priori*, a resposta é clara. Em termos clássicos, diríamos que a filosofia tenta desencavar as realidades que estão encavadas nas aparências; a arte tenta criar realidades com as aparências (cores, sons, personagens etc.). Ou então: a filosofia cria conceitos para explicar a experiência; a arte cria obras para enriquecer a nossa experiência. Por exemplo, a filosofia não pode fazer música, e esse é o menor dos seus defeitos! Mas pode ao menos perguntar: por que a música?

Contudo, para responder mais diretamente à sua pergunta, eu diria: o que a arte tem que a filosofia não tem é o individual, como sugeri há pouco. Porque a filosofia nunca vai poder dizer o individual, isto é, o que cada ser, cada coisa, cada instante, cada lugar, cada emoção tem de único. A arte não diz o individual, mas pode representá-lo, criá-lo, *mostrá-lo*. Cada obra é um *eis*! *Eis* "uma mulher lendo uma carta", captada sob a luz de um instante único, diz Vermeer. *Eis* "um amor de Swann" contado por Proust, uma história singular de um ser singular. E o gesto afirmativo, implacável, que Beethoven coloca nos primeiros compassos da *Quinta Sinfonia* também soa como um *eis*! Ou *eis* a tristeza singular do movimento lento da sonata D. 960 de Schubert, uma emoção que não se compara a nenhuma outra. Todos esses *eis* enriquecem a nossa experiência do mundo e da humanidade. Porque o maior feito de uma obra arte é conferir ao seu *eis* um alcance universal. "Eis o que pode ser o mundo humano." A arte alcança o universal pelo caminho da singularidade mais radical.

Com a filosofia é o contrário. Seu maior feito é quando ela esclarece, com a ajuda de conceitos e argumentos, ou seja, pelo universal, a experiência que cada indivíduo tem ou poderia ter do mundo. Esperamos, por exemplo, que todo amor vivido se enriqueça com os conceitos que Platão expõe no *Banquete*, com a leitura da obra de Freud, com a do seu livro *O amor, a solidão* e – por que não? – com o meu *Não existe amor perfeito*.

Claro, existem correntes artísticas que tentam dizer diretamente o universal. Por exemplo, todas aquelas obras que são apenas a ilustração do seu próprio comentário. Mas também existem correntes filosóficas que tentam dizer e, portanto, descrever a singularidade como tal. No fundo, esse era o objetivo inicial da fenomenologia: voltar às "coisas mesmas", restringir-se à experiência de uma consciência pura naquilo que ela tem de irredutível. Ela consegue? Me parece que, em realidade, ela apenas cria conceitos e mais conceitos, cada vez mais abstrusos...

– No fundo, o que você defende, tanto na arte como na filosofia, tanto pelo singular como pelo conceito, é um retorno ao universal – e, portanto, ao mundo comum – ou ao mundo comum – e, portanto, ao universal.

Exatamente! Melhor conclusão, impossível! Isso prova que você entrou completamente na minha filosofia. Oxalá os leitores também entrem!

DÉCIMA ENTREVISTA

O QUE RESTA

Política, o terceiro ramo da árvore – Justiça política, justiça processual – Democracia e deliberação – A "insociável sociabilidade" humana – As utopias "em ato" e o Mal – A União Europeia, o sonho dos filósofos – O ideal cosmopolítico e a reconciliação da moral e da política – Nacionalismos e globalização – O mistério da minha *afición* – A misteriosa "bravura" do herbívoro – Fazer arte com o medo – Um pedido de casamento – Ecologia ou animalismo? – Nossos deveres em relação aos animais – Pós-humanismo e animalismo – E o amor nisso tudo? – Não existe amor perfeito, mas amores felizes – E a filosofia hoje? – O melhor de tudo

– Não chegamos ainda ao fim do nosso percurso. É só relembrar a imagem que você emprestou de Descartes para se dar conta disso. Você disse que a sua filosofia é como uma árvore: as raízes são a sua ontologia ("O que há no mundo?" foi objeto das nossas quarta e quinta entrevistas); o tronco é a sua antropologia (você respondeu à pergunta "O que é o homem?" na nossa sexta entrevista); e os ramos são a ética ("O que é o bem?", que está na sétima e na oitava entrevista), a política ("Como podemos viver juntos?) e a estética ("O que é a arte", na nona entrevista). Tudo isso depende da sua

análise da "linguagem-mundo" e da sua definição do homem como "vivente falante" ou "animal dialógico". Essa espécie de sumário que fiz aqui mostra claramente que está faltando explorar ao menos um ramo: o da política! Imagino que você prefira falar da sua filosofia política a falar das suas opiniões políticas. No entanto, nossos leitores me puxariam as orelhas se eu não lhe perguntasse também sobre as suas opiniões políticas e a influência que elas tiveram sobre a sua filosofia, ou vice-versa. Daí a minha primeira pergunta, para começar a nossa última entrevista: talvez você possa dizer rapidamente como o seu trabalho de filósofo mudou, ou não, as suas posições como cidadão.

É evidente que a minha filosofia teve influência sobre as minhas posições políticas, embora estas não sejam simples consequência daquela. Toda filosofia comporta uma dimensão aplicada, sob pena de ser puramente especulativa; no entanto, nenhuma se limita a uma coleção de opiniões, ainda que sejam as melhores do mundo. É verdade que às vezes constatamos o inverso: a vontade política, quer dizer, a vontade militante determina a conceitualidade filosófica. Não é o meu caso.

Como todo mundo, minhas opiniões políticas são fruto do meu temperamento, do meu meio social, da minha educação, dos meus encontros ou das vicissitudes da vida. Mas posso acrescentar ingredientes pessoais. Uma parte vem da minha filosofia, é a parte antropológica. Uma parte tem a ver com a história da minha família, é a parte cosmopolítica. Uma outra está ligada à oportunidade que tive de viver mais de quatro anos em São Paulo, nos anos 1980. Esse olhar à distância foi o que terminou de estabelecer as minhas opções políticas. Elas mudaram muito pouco, ainda que a paisagem política tenha mudado, e muito. A Natureza passou recentemente para a esquerda, depois de dois séculos à direita, e não consigo me acostumar, ou mesmo acreditar; na verdade, não acredito muito. Hoje, as classes populares votam à direita, depois de dois séculos de engajamento à esquerda: e não consigo aceitar. E não falo nem da situação internacional, especialmente a do "meu" Brasil. Como eu disse na nossa terceira entrevista, foi uma virada na minha vida. Convivi no Brasil com desigualdades profundas, avaliei o que significa se virar para viver, ser incessantemente atormentado pelos imperativos da sobrevivência (porque é assim que os homens vivem, no mundo inteiro). Vi um povo lutar, apesar de tudo, pela democracia e pelas liberdades fundamentais. (Então você pode imaginar o meu desespero diante do Brasil atual, dado o que Lula representou – para mim como para muitos no Brasil e no mundo: uma espécie de modelo político de social-democracia realista, um equivalente bem-sucedido, e cauteloso, do que Salvador Allende tentou fazer no Chile no contexto da Guerra Fria.) Desde então, as minhas posições políticas se resumem ao seguinte: um regime democrático que garanta as liberdades individuais, uma sociedade aberta para o mundo e tolerante, um Estado fortemente redistribuidor, que se empenhe em garantir a igualdade de chances e reduzir ao máximo as desigualdades de condição. Essas últimas condições são consequência das minhas posições filosóficas. Os liberais "puros", ou libertários, consideram que a igual liberdade de todos é uma condição necessária e suficiente da justiça política: eu considero que ela gera necessariamente desigualdades injustas – como diz o ditado, é "a liberdade da raposa num galinheiro livre". Os sociais-liberais põe o foco na posição "meritocrática", segundo a qual são injustas somente as "desigualdades de nascimento", e se limitam a defender a "igualdade de chances" – o que já seria um grande progresso, mas insuficiente perante a justiça, pois o que eles chamam de "mérito" se mede pelos talentos, e em geral os talentos são inatos, não dependem da pessoa. A posição dos sociais-liberais corresponde ao princípio de justiça: "A cada um segundo as suas obras". Minha posição é social-democrata – a denominação caiu em desuso, mas ainda a reivindico: considero que, além das desigualdades de nascimento, as desigualdades de condição são injustas a partir do momento que não dependem da conduta das pessoas – o que justifica todos os sistemas de correção do Estado providência.

– Mas você disse, na nossa quarta entrevista, que "as exigências éticas e políticas são incompatíveis". É uma tese particularmente forte, que agora você parece contradizer. Você pode explicar essa contradição?

Talvez a ideia de incompatibilidade seja demasiado forte. O que eu queria dizer é que não é possível satisfazer os dois tipos de exigências ao mesmo tempo, porque elas obedecem a lógicas diferentes. E isso, mesmo havendo um conceito aparentemente comum entre a política e a moral, isto é, a "justiça". Mas, a meu ver, esse conceito não tem o mesmo sentido nos dois terrenos. Uma teoria política é necessariamente uma teoria da justiça, mesmo que não seja apenas isso, pois também tem de levar em consideração os imperativos do Estado de direito, as exigências da coesão social, da paz, a segurança, a prosperidade, os recursos econômicos, a estabilidade financeira etc. Mas uma filosofia política não pode se limitar a uma posição realista; ela também deve se perguntar o que é uma Cidade justa, isto é, qual é a distribuição justa dos bens ou do poder. Para responder a essa interrogação, na maior parte das vezes recorremos a um conceito moral, mas acho que é um erro. Esse conceito é o da justiça distributiva, que é definido pelo princípio de proporcionalidade: "A cada um segundo o seu X". A questão da justiça política se resume então a saber "qual X", isto é, qual é a distribuição justa do poder. E as respostas podem variar infinitamente. Alguns diriam: "A cada um segundo a sua raça" (regime de *apartheid*, pois é justo que os que têm a pele branca tenham mais direitos do que os que têm a pele preta – ou o contrário). Outros diriam: "A cada um segundo a sua ordem" (Ancien Régime, pois é justo que os que nasceram nobres etc.); ou "segundo a sua casta" (Índia), "segundo a sua patente" (Exército), "segundo o seu sexo" (patriarcado), "segundo a sua natureza" (tese platônica), "segundo a sua contribuição para a obra comum" (tese aristotélica), "segundo as suas boas e más ações" (justiça divina), "segundo as suas obras ou as suas competências" (social-liberalismo), "segundo as suas necessidades" (comunismo) etc. Todas essas fórmulas são "morais" no sentido largo do termo: elas pressupõem a eleição de um valor. Pois bem, acho que a questão da justiça política não deve ser colocada nesses termos, porque vamos sempre tropeçar na mesma aporia, apontada por Aristóteles em *Política*: os "melhores" vão querer o poder porque são os melhores (aristo-cracia), os sábios porque sabem mais (tecno-cracia), o povo porque é o mais numeroso (demo-cracia) etc. Quanto à divisão ideal dos bens, é o conflito insolúvel entre "a cada um segundo o seu trabalho", "a cada um segundo os seus méritos", "a cada um segundo as suas necessidades", porque os argumentos morais para defender cada uma dessas posições são muito robustos.

– Você vê outra solução?

Sim, e não sou o único. A solução para o problema da justiça política não é moral, mas procedimental. É dessa forma que leio a *Teoria da justiça*, de John Rawls, como expliquei na nossa terceira entrevista. Suponhamos a pergunta: que distribuição dos bens (direitos fundamentais e riquezas) é politicamente justa? A resposta não reside nas qualidades morais dos cidadãos, que primeiro teríamos de avaliar para depois fazer a distribuição dos bens e dos direitos, como se eles fossem uma recompensa. A resposta está no procedimento que empregamos: que princípios de justiça de espíritos racionais, desconhecendo tudo da condição real que ocuparão na sociedade (ou seja, sob o "véu da ignorância"), escolheriam após uma conversa franca? O que é justo politicamente são princípios necessária e livremente aceitos *a priori* por todos os cidadãos. Esses princípios devem permitir que os cidadãos vivam juntos, evitando conflitos, porque, *a priori*, eles não favorecem ninguém. Recordo aqui dois princípios básicos de Rawls, dois princípios que, a meu ver, definem o ideal social-democrata: o princípio da igual liberdade e o princípio da diferença, segundo o qual as desigualdades sociais e econômicas devem estar relacionadas a posições acessíveis a todos e organizadas de maneira que beneficiem os menos favorecidos. (Porque é possível mostrar que uma igualdade absoluta empobreceria todo mundo.) Como lembrei na nossa sétima entrevista, recorri a um procedimento semelhante para determinar uma ética universal, para além de todos os valores morais em conflito: um Estado justo não é um Estado moral em que cada um recebe a sua parte justa. Isso não significa que o princípio moral da justiça distributiva não é aplicável numa sociedade que tenderia ao ideal social-democrata. Por exemplo, o princípio do "a cada um segundo as suas obras" é aplicado – e está certo aplicá-lo – quando se trata de dar nota a candidatos de um concurso; o empenho, o progresso, as dificuldades pessoais que eles tiveram de enfrentar não são levados em conta; em contrapartida, um professor deve considerar todos esses fatores ao dar nota aos seus alunos ("a cada um segundo os seus méritos") e não avaliar às cegas o trabalho de cada um. Outro exemplo: num regime justo de social-democracia, o princípio do "a cada um segundo o seu trabalho" (ou "trabalho igual, salário igual") é considerado justo, mas também são justos todos os sistemas de auxílio do Estado providência (inclusive a "renda universal"), embora obedeçam a um princípio contrário: "A cada um segundo as suas necessidades".

– Mas não há casos na vida social em que o valor moral das pessoas deve ser levado em consideração?

Sim, sem dúvida. O princípio de justiça distributiva "a cada um segundo o valor dos seus atos" deve ser aplicado no campo da justiça penal. Mas existe um problema. Um problema tal que torna o ato de julgar quase impossível: o fato de que a pena justa deve ser proporcional à gravidade do ato, mas essa "gravidade" pode e até deve ser avaliada de maneira racional, de acordo com duas escalas independentes: a das más consequências para as vítimas e a do mau princípio do autor. O problema é que não existe relação entre uma escala e outra. Você tem de avaliar a gravidade do mal sofrido, isto é, os danos causados às pessoas e aos bens, e também a gravidade do mal cometido, isto é, a importância do delito, especialmente a existência ou não da intenção de prejudicar e o grau do prejuízo: o mal foi cometido de forma voluntária ou não? Foi deliberado ou não? Foi premeditado ou não? Etc. Indiquei na nossa entrevista sobre a liberdade por que essa proporcionalidade era justificada pela estrutura em dobras da consciência humana: nossa responsabilidade pelos nossos atos é proporcional à nossa liberdade de agir, que por sua vez é proporcional às nossas razões para agir. O problema é o mesmo: como ajustar essas duas escalas independentes, a do dano e a do delito? É um quebra-cabeça. E não existe solução pronta, infelizmente!

O cobertor é sempre muito curto quando se trata dessas duas exigências. É justo que um ato que causou trinta mortes seja punido com mais severidade do que um mesmo ato que tenha causado apenas estragos materiais; mas esse ato que causou trinta mortes deve ser punido com muito mais severidade se foi cometido com a intenção de fazer o máximo de vítimas do que se foi sem intenção de causar dano.

Tudo isso para dizer que admito diversos usos da noção moral de justiça distributiva na ordem das relações sociais, mas não na ordem política propriamente dita, isto é, na definição do que é um Estado justo.

– Mas você defende a democracia. Não é por razões morais, porque seria injusto excluir do poder ou pelo menos do sufrágio universal determinada parte da população?

Justamente! A ideia de democracia talvez seja o exemplo mais significativo da distinção entre ordem moral e ordem política. A pergunta é: por que seria bom que o povo governasse? A resposta que surge naturalmente – e você acabou de formulá-la – é que é moralmente justo. Mas por que uns podem decidir e outros não? Reconheço, ninguém deveria ser excluído. No entanto, essa resposta me parece duplamente frágil. Primeiro, o poder não é uma "recompensa" ou um "bem" que deveria ser distribuído igualmente, para não causar ciúme: o poder é tanto uma responsabilidade, ou um fardo, quanto um privilégio. E sempre se pode dizer – esse é um argumento muito forte, que remonta a Platão – que o poder deve ser dado aos que são mais capazes de exercê-lo, a pessoas competentes (conforme o caso, aos sábios, aos economistas, aos médicos, aos urbanistas, aos engenheiros, aos psicólogos e – por que não? – aos filósofos etc.), em vez de ser pautado pelo princípio moral da igualdade das vozes. Também se poderia acrescentar que, sob esse título de "democracia" (o "poder do povo"), o poder real é dado na realidade aos carismáticos, aos bons oradores, aos demagogos, aos publicitários, aos bajuladores, aos líderes populistas etc. Muito bem. Mas por causa disso devemos preferir a tecnocracia (ou "o despotismo esclarecido") à democracia? Não, porque o argumento principal a favor da democracia (e ele remonta a Aristóteles) não é que é mais justo que o povo governe e, sim, que o povo governa de maneira mais justa. Pelo menos o povo *como corpo*, reunido em assembleia, em que cada um pode ouvir, entender, compreender, responder aos argumentos dos outros e entrar progressivamente na dinâmica da deliberação coletiva. Um vê o que um outro não viu e todos veem coletivamente o que nenhum especialista, nem o mais competente de todos, talvez não tenha conseguido ver, ou mostrar e convencer. O que justifica a democracia é a deliberação coletiva. E isso eu também deduzi das minhas teses antropológicas: o homem é um animal dialógico. Mas a confirmação está nas experiências reais de democracia deliberativa: por exemplo, aquelas assembleias de cidadãos escolhidos por sorteio, cujas regras garantem o respeito do contraditório, a liberdade de expressão e o esclarecimento dado por especialistas; no fim de debates aprofundados, que não se esquivam da complexidade dos problemas, eles tentam chegar a decisões consensuais. Vimos recentemente um exemplo na França: a Convenção de Cidadãos pelo Clima, um modelo de democracia deliberativa, na minha opinião. Resta saber quais devem ser as partes respectivas da democracia deliberativa e da democracia representativa. Para remediar o que foi chamado de "crise de representação", isto é, o fato de que as pessoas têm a impressão de que não estão sendo representadas por seus representantes, e que eles tentam se "livrar" delas assim que são eleitos (estou me referindo às pessoas que vivem em países onde elas têm a chance de poder escolher livremente seus governantes), alguns propõem procedimentos mais diretos, como referendos e assembleias populares. Tanto o referendo me parece um procedimento antidemocrático (e eu estou sendo comedido nas minhas palavras) – tanto mais pernicioso porque parece ser o mais democrático de todos, mas no melhor dos casos (isto é, quando o eleitor responde à pergunta e não a quem faz a pergunta) apenas coleta opiniões volúveis, precárias, sem fundamento – quanto a deliberação entre cidadãos escolhidos por sorteio me parece um procedimento que respeita o espírito da democracia. Porque não é um regime em que todo mundo tem a sua parte justa de poder (isso é impossível), mas é um regime em que as pessoas argumentam e decidem coletivamente. Para mim, a deliberação responde aos fundamentos antropológicos da política, e não da moral.

– Entendo que a política, para você, não depende de uma noção moral de justiça. Mas o que você chama de fundamentos antropológicos da política não são os mesmos da moral? Nos dois casos o intuito não é permitir que os seres humanos convivam da melhor forma possível?

Sim, e essa é a questão. Nos dois casos trata-se de antropologia, mas os fundamentos de um e de outro são radicalmente diferentes. Eu ia dizer: infelizmente!

O fundamento da ética, e já enfatizei esse ponto, é o fato de que o homem é um animal dotado de *logos* que, podendo falar de tudo e a qualquer um, admite necessariamente a objetividade e a universalidade dos princípios de igualdade e de reciprocidade dessa comunidade de interlocução.

O fundamento antropológico da política é distinto. Aliás, se não fosse distinto, os seres humanos viveriam numa grande comunidade moral. Sabemos que não é o caso. Há uma contradição antropológica no fundamento da vida política. Kant a definiu numa expressão magistral: "sociabilidade insociável". De um lado, os homens não conseguem viver sem os outros, eles são sociáveis por natureza. De outro lado, eles não conseguem viver com os outros, eles são insociáveis por natureza. Essa é a melhor definição da política. Já a formulei algumas vezes com uma dupla experiência de pensamento. Se os homens fossem naturalmente avessos à vida política, viveriam isolados, em pares ou em bandos errantes. (É a utopia libertária.) Sabemos que nunca é assim. Para além dos indivíduos, dos grupos consanguíneos, existe sempre uma comunidade, um "nós" que os engloba e ultrapassa, uma comunidade dotada de certa permanência e de certa identidade imaginária criada nas narrativas. Inversamente, se os homens fossem naturalmente políticos, viveriam em harmonia, sem conflitos ou disputas: a comunidade se manteria por si só, sem precisar de um chefe, de um rei, de um governo, de uma polícia, de leis, proibições, punições, em resumo, eles não necessitariam de uma instância política encarregada de garantir a sobrevivência da comunidade contra ela mesma ou contra agressões externas. Enfim, não haveria necessidade de um poder. (É a utopia anarquista.) Essas duas faces opostas da natureza humana constituem a condição política: de um lado, o comunitário; de outro, o poder. Os animais dialógicos desejam viver numa comunidade na qual não seriam capazes de viver se não fossem obrigados.

– Na mesma entrevista, você disse ainda que esses dois tipos de exigência "só poderiam se conciliar sob a ideia utópica de uma cosmopolítica". Qual é o estatuto dessa utopia? Uma ilusão que temos de perder ou, ao contrário, um ideal regulador, como diria Kant, do qual não podemos prescindir?

Pelo motivo que acabo de apresentar, uma comunidade política única se confundiria com a comunidade humana, isto é, com a comunidade moral. O que é evidentemente uma utopia. É uma ilusão nefasta ou um ideal regulador? Para responder a essa pergunta, temos de distinguir dois problemas. O primeiro envolve o cosmopolitismo, o segundo é da ordem das utopias. Vou começar pelo último.

Uma utopia é dificilmente defensável, porque não sabemos o que estamos defendendo. Um ideal ou um objetivo? Se é um ideal, sonhar é grátis. Se é um objetivo, os custos foram avaliados? Estamos bem colocados, agora no século XXI, para avaliar o que custou humanamente a tentativa de realizar as duas utopias políticas mais formidáveis da história.

Ao contrário das utopias literárias tradicionais, que sonhavam com a Cidade ideal, o objetivo das utopias "em ato" era lutar contra o Mal da Cidade real. E o Mal político tem sempre dois rostos, que chamei de Impuro e Desigual. Na utopia comunista da União Soviética, da China maoista e do Camboja de Pol Pot, a Cidade deve ser uma comunidade de iguais absolutos: é a "comunidade do ter". Na utopia racial nazista, a Cidade deve ser uma comunidade absolutamente pura, todos os seus membros devem ter a mesma origem: é a "comunidade do ser". Mas o Comum e o Puro são inalcançáveis. Resultado: o meio torna-se um fim em si. Daí o combate sem fim que esses regimes de terror travam contra o Mal: o purificado nunca é suficientemente puro, porque ainda existe o estrangeiro, seja em solo próprio, seja no estrangeiro, como se fosse um micróbio poluindo a pureza do sangue. E o comum é inatingível, porque sempre haverá a propriedade e o privado. A grande esperança de emancipação que o comunismo representou durante quase um século para as classes e os povos explorados se transformou no contrário: a sociedade sem Estado se tornou uma ditadura do Estado sobre a sociedade. A utopia do Comum se espatifou contra o muro da realidade. Ela não faz mais sonhar. Acontece a mesma coisa com a utopia da pureza: a ilusão de uma Cidade homogênea (em termos biológicos ou religiosos) e o ódio ao estrangeiro continuam a alimentar ideologias políticas com seus massacres em série: genocídio dos ruandeses contra os tútsis, "limpeza" étnica contra os muçulmanos na ex-Iugoslávia (especialmente na Bósnia), "depuração" étnica contra os cristãos, os turcomanos xiitas e os yazidis no Iraque, massacre dos uigures pela China, dos curdos na Síria, dos georgianos pelos russos na Ossétia do Sul, dos ruaingas na Birmânia etc.

– Então o que impede você de condenar todas as utopias políticas?

O que me impede? Duas exceções: a democracia, que continua sendo uma utopia, porque, como acabei de lembrar, não é evidente por que nem como todos os membros de uma comunidade política podem exercer simultaneamente o poder. Ela só pode ser um ideal, que incessantemente se redefine e se aprimora. A outra utopia "boa" é a que serve de modelo para o meu cosmopolitismo: a Europa. Lembre-se que em 1945 a Europa estava dividida, depauperada, arruinada por duas guerras mundiais, trespassada pelo ódio entre os povos. A União Europeia parecia realmente a mais louca das utopias. Ela se tornou o mais vasto território de paz e prosperidade que o mundo jamais viu – pelo menos até o desmembramento da Iugoslávia. Durante quase três séculos, ela foi um simples ideal filosófico (de Voltaire, Leibniz, Kant, Herder, Benjamin Constant e outros); ela se tornou um objetivo político.

É raro eu citar Victor Hugo. Me referi a ele em *Três utopias contemporâneas* porque ele escreveu um texto profético sobre "o par franco-alemão" por volta de 1845: "O Reno". Esse texto me emociona profundamente. Ele me lembra que meus avós lutaram na Primeira Guerra Mundial ao lado dos alemães, e que meu pai lutou na Segunda ao lado dos franceses. Que nasci francês, de pais franceses, não por sangue nem por solo, mas pela papelada administrativa – acaso que me fez ser apaixonado pelo idioma de Racine, em vez do de Goethe. Eu, que me sinto tão próximo de Kant quanto de Descartes, e que me emociono tanto com Beethoven quanto por Ravel. Victor Hugo escreveu:

> O que restou de todo o velho mundo? Quem ainda permanece em pé na Europa? Duas nações somente: a França e a Alemanha. Pois então será o suficiente. A França e a Alemanha são essencialmente a Europa [...]. Para que o universo esteja em equilíbrio, a Europa precisa ter, como dupla pedra angular do continente, os dois grandes Estados do Reno, ambos fecundados e intimamente unidos por esse rio regenerador. A aliança da França e da Alemanha é a constituição da Europa. [...] Eis a solução: eliminar todo motivo de ódio entre os dois povos. [...] Essa solução constituirá a Europa, salvará a sociabilidade humana e fundará a paz definitiva. Todos os povos ganharão.

E acrescenta:

> Que seja utopia. Mas que ninguém se esqueça de que, quando se encaminham para o mesmo objetivo da humanidade, isto é, para o bom, o justo e o verdadeiro, as utopias de um século são os fatos do século seguinte. Há homens que dizem: assim será; e há outros que dizem: eis como. Os primeiros procuram, os segundos encontram.

A Europa deixou de ser um ideal político e se tornou uma "utopia em ato", ou a caminho, pelo menos. Mas a União Europeia, ao contrário dos totalitarismos, é uma utopia "boa". Como a democracia.

É evidente que a Europa, isto é, o pós-nacional, o cosmopolitismo, não é o sonho das populações! Exceto das que são vítimas da loucura das "nações" autoproclamadas e perambulam pelos continentes em busca de refúgio. Os outros, isto é, os nossos concidadãos, não aspiram a uma Europa pós-nacional. Se você diz: "Os Estados europeus se casaram e viveram felizes para sempre", eles não se empolgam mais do que se empolgariam com o fim de um conto de fadas. Enquanto o príncipe valente combatia os malvados que raptaram a princesa, todo mundo estava na torcida. Podia cantar mil cantos de guerra para exaltar os dias de glória e as bandeiras erguidas. Mas quem sonha com dias intermináveis de pasmaceira ao lado de uma lareira? Se você diz: "A Europa!", pronto, o povo europeu franze a testa, em vez sair aos pulos. E, no entanto, a Europa ainda faz o povo fora da Europa sonhar. Os do Sul que desejam viver e trabalhar na Europa. E todos os que desejam para o seu próprio país um destino semelhante ao europeu: um Estado de direito que respeita as liberdades individuais e um Estado providência que se responsabiliza pela proteção social.

O século XX teve a chance de realizar o que um poeta francês, Victor Hugo, imaginou no século XIX, graças às ideias de um filósofo alemão do século XVIII, Kant. Porque os pais da Europa a construíram a partir das teses de Kant em *A paz perpétua*, bem como da sua ideia de um "direito cosmopolítico". Mostrei isso nas minhas *Três utopias contemporâneas*.

Se, ao contrário dos totalitarismos, a Europa nos dá o melhor, é sobretudo porque ela surgiu como uma maneira de sairmos do pior! Milhões de pessoas tiveram de morrer nas duas guerras mundiais e em genocídios terríveis para que a Europa sonhada pelos filósofos fosse construída em menos de três gerações.

É como se essa utopia de uma Europa federal, portanto pós-nacional, tivesse aprendido com o fracasso da utopia comunista. A utopia comunista perdeu de vista o seu ideal quando fez da eliminação do Mal o seu único objetivo. A construção da Europa fez o contrário. É claro que ela favoreceu afrontosamente os mercados quando se recusou a fazer a harmonização fiscal: esse foi o seu pecado original. Mas pelo menos não tentou extirpar o Mal a todo custo, isto é, as tendências centrífugas, as diferenças de língua, de cultura, de religião, de tradição, de sensibilidade. Ao contrário, até tentou cultivá-las. E se apoiou no que une os povos, isto é, o universal: os direitos humanos, o Estado de direito etc. Também não tentou eliminar de cara as fronteiras: a Europa de Schengen, ou seja, a eliminação das fronteiras internas, não foi o início – como se fosse necessário erradicar o que separa –, mas o fim do processo. E o objetivo continua sendo a federação.

– Então você não sonha com o fim das fronteiras. Mas foi o que achei ter lido em Três utopias contemporâneas.

Não, embora muitos leitores tenham entendido isso. Mas não foi o que eu disse, ou pelo menos não foi o que eu quis dizer. O argumento decisivo que apresento a favor do ideal cosmopolítico é que ele é o único que pode conciliar as faces moral e política da ideia de justiça, quer esta seja definida negativamente (pelo fim das discriminações ou privilégios), quer positivamente (pela ideia de equidade na partilha de bens e males). Em outras palavras, se é injusto discriminar os seres humanos por causa do seu nascimento ("raça", "sexo" etc.), também é injusto discriminá-los pelo lugar onde eles nasceram (do lado de cá ou de lá da fronteira ou do Mediterrâneo). Mas talvez eu devesse ter esclarecido que é a desigualdade de acesso a bens e direitos entre os lugares onde os homens vivem que devemos tentar resolver, em vez da desigualdade de acesso a certos lugares, ou seja, aqueles onde nós vivemos. Seria, por assim dizer, a aplicação globalizada dos princípios da social-democracia. Isso significa não que devemos abandonar o ideal de transformar o planeta num Schengen generalizado, mas que essa condição só pode ser resultado da justiça global e não seu instrumento. E, mais imediatamente, significa também que devemos defender de todas as formas possíveis o "direito de asilo", que está quase extinto, apesar de ser reconhecido pela Declaração Universal dos Direitos Humanos e definido juridicamente pela Convenção de Genebra de 1951. A Europa que o desrespeita cotidianamente se desonra e pisa nos princípios sobre os quais ela própria se constrói.

– Entendo. Mas então de onde saiu a sua defesa do cosmopolitismo? De motivos pessoais ou de razões filosóficas?

De ambos, claro. Meu cosmopolitismo é o avesso da minha repulsa a todas as formas de nacionalismo. E essa repulsa tem duas origens facilmente identificáveis: a história da minha família e as minhas posições filosóficas.

Preciso repetir a primeira? A ideia de nação às vezes me faz rir. Li uma piada recentemente no belo relato de Daniel Mendelsohn, *Os desaparecidos*, que é a história de um sujeito que nasceu na Áustria, foi alfabetizado na Polônia, se casou na Alemanha, teve filhos na União Soviética e morreu na Ucrânia. E durante todo esse tempo, diz ele, o sujeito nunca saiu da sua cidade natal! Essa história podia ser a do meu avô materno, Hugo Czech, só que a dele é para fazer chorar: ele teve de abandonar Łańcut, na Galícia, onde nasceu sob o Império Austro-Húngaro e recebeu um nome e uma nacionalidade tchecos; frequentou uma escola polonesa, se casou na Alemanha, viveu e trabalhou na França, onde teve três filhas, duas francesas e uma não (a minha mãe), e de onde foi deportado como judeu polonês para um campo de extermínio alemão situado na Polônia.

Em relação às minhas posições filosóficas, elas são claras. Me apoiei no trabalho de historiadores e cientistas políticos para desconstruir a própria ideia de nação – uma invenção ideológica nociva que no máximo dá um osso identitário para os povos desaculturados pela globalização roerem.

Porque, ao contrário da Europa pós-nacional, a nação povoou a imaginação de todo o século XIX, e a desgraça é que está fazendo o mesmo desde o início do século XXI. Ela ressurgiu em todos os cantos do mundo, até na Europa, sob a sua forma mais negativa: o retraimento, a xenofobia, o sangue, a terra. Ela faz sonhar porque é uma quimera. Uma história para boi dormir criada a partir de pretensas tradições imemoriais que datam da semana passada, relatos constantemente reinventados sobre supostas "comunidades de destino", que na realidade são fruto de lutas sociais ou sórdidas intrigas políticas. A "pátria dos nossos pais", a "língua das nossas mães", meus deuses, minha raça, minha linhagem, minha identidade... é com essas idiotices que se leva o povo na conversa! O que são as "nações" africanas, cujas fronteiras são herança da colonização e não respeitam nem a geografia nem os sentimentos dos povos? Existe uma nação árabe (como dizia Nasser), uma nação muçulmana (como diz o Daesh), uma nação judaica? E na Europa, existe uma nação belga, suíça, britânica ou espanhola? Alguém vai dizer: sim, a França! Mas na minha infância eu aprendi que ela ia de Dunquerque a Tamanrasset. Na época diziam que a "Argélia é a França". Todo mundo sabe a guerra que resultou dessa história: o nacionalismo imperialista francês levou ao nacionalismo argelino. E o nacionalismo argelino, por sua vez, gerou a chamada "nação" argelina. O que os berberes, os judeus, os tuaregues e os franceses que nasceram na Argélia acham disso? Isso prova, mais uma vez, que os nacionalismos não são uma consequência perversa das nações e sim a única causa delas! Os identitaristas estão sempre inventando uma nação! Os nacionalistas da Liga do Norte, na Itália, inventaram a Padânia!

A ideia de nação é necessariamente feita de retalhos. Ora evoca uma comunidade de língua ou vocabulário (o basco, o tâmil); ora uma identidade de origem étnica (essa voltou com força); ora uma comunidade de culto (a Croácia dos ustashes, o Daesh); ora uma tradição política (Iugoslávia, Nigéria). Mas nenhuma dessas supostas memórias constitui uma identidade real, porque elas se contradizem. Na melhor das hipóteses, são tão miscigenadas, mutáveis e recompostas quanto qualquer outra pretensa "identidade".

Dito isso, eu ataco o Estado-nação, mas não ataco o Estado: não sou anarquista nem libertário. O poder central é sempre necessário: para realizar suas funções realengas, mas também, como eu disse, para garantir os serviços públicos e a redistribuição das riquezas contra as tendências inevitáveis dos mercados. Mas o Estado-nação não é eterno: existiram tribos sem territórios; existiram cidades-Estado sem fronteiras precisas, impérios de confins pouco claros que abrangeram culturas, línguas e religiões diversas; existem uniões, federações, confederações etc.; e existem autonomias locais, regionais etc. O futuro será pós-nacional, logo cosmopolítico.

– Isso é uma previsão ou um desejo?

Um pouco dos dois. Acho que o futuro será cosmopolítico pelos motivos que apresentei na nossa sétima entrevista. Existe o que chamei de cosmopolitização horizontal do mundo, que não deve ser confundida com a globalização vertical, quer econômica (as finanças internacionais), quer cultural (Gafam, McDonald e Disney). Além disso, hoje os problemas são cada vez mais globais: aquecimento atmosférico, catástrofes nucleares, esgotamento dos recursos naturais, extinção de espécies, crise econômica mundial e, evidentemente, pandemias. A humanidade não pode enfrentar esses problemas se não for em escala supranacional. (Escrevi alguma coisa nesse sentido no meu *Em defesa do universal*, alguns meses antes da crise sanitária da covid-19: não sabia que estava tão certo.) Mas, paradoxalmente, em face de uma crise que atingiu a humanidade inteira – e dois minutos de reflexão seriam suficientes para concluir que ela só sairia dessa solidariamente –, em quase todo o mundo houve gente que se manifestou para dizer que era o momento de fortalecer as soberanias nacionais! Enquanto os britânicos abandonavam a União Europeia e os países da Europa do Leste atacavam seus princípios fundadores, ela mesma saía da crise por cima, isto é, pelo supranacional, mutualizando as dívidas e dando um passo gigantesco na direção do federalismo.

Por outro lado, desejo, sim, que o futuro seja pós-nacional, porque uma cosmopolítica (formas de soberania regionais, federais e até algumas mundiais, como já acontece, aliás) é a melhor maneira de defender as culturas locais. E não há nenhum paradoxo nisso. Você se lembra de que eu disse (e nem por isso devem ser idealizados) que os antigos impérios eram infinitamente mais respeitosos com a diversidade de culto, crenças locais e línguas regionais do que o Estado-nação? Na realidade, financeirização global e nacionalismos identitários têm muito em comum. Alguns diriam que a globalização é boa para os ricos e o nacionalismo é bom para os pobres. Como o radicalismo religioso. Eles funcionam como uma identidade para os que são privados de cultura. Gosto de lembrar, por exemplo, que nós, franceses, devemos à Europa o reconhecimento e o renascimento das nossas línguas regionais. Mas que é ao "imperialismo centralista de Paris" que devemos o nosso desprezo pelos sotaques. E que foi contra ele que foi travada a luta em defesa das culturas populares no século XX. Me refiro, por exemplo, aos diferentes tipos de touradas que sobreviveram em alguns departamentos meridionais da França e são vistos, necessariamente, como barbárie. É claro que, hoje, a ameaça vem de uma ideologia muito diferente do nacionalismo. E uma ideologia que tem as melhores intenções do mundo.

– Obrigado por tocar no assunto! Planejamos falar nesta última entrevista da sua paixão pelas corridas. *Estou com a maioria: não sei quase nada sobre tourada. Vi duas em Madrid, cinquenta anos trás, e me deixaram uma impressão bastante ruim. Mas li o seu* Philosophie de la corrida *(Fayard, 2007), que considero uma obra-prima e que me fascinou,* Cinquante raisons de défendre la corrida *(Mille et Une Nuits, 2010),* Appel de Séville *(Au Diable Vauvert, 2011) e o seu livro de entrevistas com Pierre Vidal,* Moments de vérité *(Éditions Gascogne, 2019). Remeto a eles os leitores, já que não vamos poder retomar aqui as suas análises, que achei admiráveis, e os seus argumentos, que achei convincentes. Mas você pode me dizer o que essa emoção tauromáquica tem de especial – nos momentos raríssimos, como você mesmo disse, em que acontece a "alquimia"?*

Minha experiência é diferente da sua. Vi a minha primeira tourada em 16 de maio de 1969, em Nîmes. Nada na minha família, na minha educação, na minha cultura do "Norte" me preparou para "ser tocado pela graça" da *afición.* Não conhecia nada. Não sabia nem que havia touradas na França. Não era nem contra nem a favor. Abomino a violência e não gosto de sangue. Não suporto ver um animal sofrendo. Na minha adolescência, um amigo de família me arrastou para uma pescaria... Pois não consegui olhar para o pobre do peixe se debatendo no anzol! (Mas você notou que não milito pela proibição da pesca com vara... E parece que o peixe sofre mais no anzol do que o touro no combate! Porque o peixe não combate! Bom, mas isso é outra história.) Em resumo, fui a primeira vez a uma tourada por acaso. Eu só queria *ver.* Mas pouco a pouco fui me deixando levar pela grandeza do espetáculo e pelas sensações: a solenidade do ritual, a leveza da música, o brilho das roupas, os *olés.* E, claro, a força do animal atacando de todos os lados, a coreografia aparentemente cheia de regras, mas indecifrável dos homens vestidos de "luz". Eu não entendia nada. E não sabia que tinha sido picado por uma paixão que não me largaria mais e ia mudar a minha vida. Mas percebi de cara que era um espetáculo único, inclassificável, poderoso e singular.

Desde então me pergunto: por que vou a touradas? Faz mais de cinquenta anos que frequento as arenas e corro atrás do mistério da minha *afición*. Mas vou fazer um esforço de introspecção para responder à sua pergunta: de que é feita essa emoção tauromáquica, aqueles momentos que não a troco por nada no mundo? Em primeiro lugar, ela é provocada por outro mistério, o mistério desse animal singular que é o touro de combate. Gosto de admirar a vida selvagem que ele leva nos imensos pastos da Andaluzia e da Camarga, onde vive em liberdade quase total. Mas por que esse animal aparentemente pacífico investe contra qualquer intruso que se aproxime do seu território? E, na arena, por que ele redobra os ataques contra o picador que acabou de machucá-lo, ao contrário de outros herbívoros, que fugiriam da dor? Essa é a virtude misteriosa do touro, a sua "bravura": essa capacidade de manifestar ofensivamente a defesa do seu território. É sobre isso que se constrói a possibilidade da *corrida*. E a singularidade da minha emoção. Esse é um primeiro elemento de resposta.

– Mas me parece que essa emoção não é exclusiva da tourada. Porque você mesmo disse, para a minha surpresa, que há uns quinze anos você vai tanto quanto possível para aquelas imensas reservas da savana africana "pelo prazer da contemplação silenciosa da vida selvagem".

Sim, é verdade. Mas o que me fascina é sobretudo o combate do touro. O animal que sai do touril para a briga, ou que vai para o meio da arena para desafiar quem se aproximar, o animal que ataca impetuosamente qualquer coisa que se mexa, apesar das feridas, suscita em mim, como em todo *aficionado*, uma excitação misturada com respeito. Você fica siderado diante da força irresistível do ser vivo. É uma energia que não se esgota diante da ameaça de morte. Ou da sujeição. Como a defesa irresistível da liberdade que ele sempre teve no campo. Porque não considero a "selvageria" do touro (que é mais ou menos o que significa *bravo* em espanhol) uma força bruta. Para mim, é sobretudo valentia, resistência, determinação. Os abolicionistas veem o touro como uma vítima, eu admiro nele o combatente. Minha paixão se alimenta da recordação desses grandes touros intrépidos dos quais guardo o nome e a figura. O *Chivito* de Pablo Romero, cuja força indomável eu pude admirar em Pamplona nos anos 1980. Mais recentemente, me lembro do *Idílico* de Nuñez del Cuvillo em Barcelona, em 2008, e de *Cobradiezmos* de Victorino Martín em Sevilha, em 2016, que foram indultados. Até o meu último suspiro, e apesar dos protestos dos abolicionistas que sonham mandar todos os touros para o abatedouro para poupá-los do combate na arena, sei que vou me lembrar da luta desses touros contra a morte.

Um grande toureiro é capaz de exprimir essa bravura, de fazê-la surgir da própria animalidade. Para mim, esse é um segundo motivo de emoção. A emoção totalmente carnal da presença do touro na pista se mistura com a emoção totalmente intelectual do toureiro capaz de compreender e prever as reações do touro. Porque o toureiro tem de pensar como o touro. Deve ir até o mais fundo dele mesmo para pensar como o animal. Por sensações, sem conceitos. Os maiores toureiros põem a inteligência humana a serviço da parte animal do pensamento. Porque eles têm de enganar o touro sem mentir para ele. Evitar os ataques sem se esquivar, isto é, sempre colocando o corpo ao alcance dos chifres. A tranquilidade do toureiro apazigua o meu medo, esse mesmo medo que a coragem dele faz crescer em mim a cada instante. É admirável!

Se eu continuasse esta análise introspectiva, acrescentaria a todos esses motivos de admiração uma emoção propriamente estética. Porque o toureiro não é apenas um combatente: ele é também um artista. Ele cria beleza com o seu próprio medo. O touro é o seu adversário, mas o ataque do touro é o seu parceiro. O touro ataca porque quer liquidar quem pisa no seu território. A obra tauromáquica nasce da maneira como o toureiro vai formar, transformar, burilar esse ataque letal, despojando-o da imprevisibilidade da selvageria. Como ele vai dobrar a selvageria contra a sua própria natureza para fazê-la à vontade do homem, à sua medida e ao seu ritmo. O ataque do touro, que seria mortífero, se torna gratuito como uma brincadeira. Curvilíneo como uma poesia. Purificado de qualquer violência animal e, por assim dizer, humanizado. Imóvel ou quase, o toureiro consegue com um gesto, com quase nada, pôr ordem no movimento e criar harmonia onde só havia caos. A beleza nasce do seu contrário. É o próprio ato da arte.

– Entendo. Na nossa última entrevista você falou justamente das emoções que a arte lhe proporciona, mas você ainda não disse o que a sua emoção tauromáquica tem de especial.

Tem razão. O que a corrida de touros tem de único para mim é que nunca, em lugar algum, vou sentir ao mesmo tempo estas duas emoções contrárias: o medo e a beleza. E o que procuro perdidamente nas arenas há mais de cinquenta anos, e só posso encontrar lá, não é nem o medo nem a beleza, mas a união improvável dos dois. Ou impossível.

Só podemos sentir a beleza de um objeto ou de uma obra (uma música, uma pintura, um poema etc.) se nos sentimos sem preocupações, ou sem pressões vitais. Quando há ameaça contra a vida, a beleza não aparece. Não conseguimos vê-la ou ouvi-la, a prioridade é outra. A emoção estética necessita de "distanciamento psíquico" de todo temor. Uso com frequência o seguinte exemplo: uma tempestade em alto-mar. Não há nada mais terrível, mais assustador, do que avistar um barco à deriva debaixo de uma tempestade. Mas se você sabe que ninguém está em perigo, uma tempestade pode ser bonita, e até muito bonita. Você vê apenas os efeitos sensíveis: o jogo de formas e cores misturadas, os relâmpagos, os trovões! É por isso que a arte clássica, a arte que visa a beleza, é pura "representação". Sem nada de real. Ora, na tourada, está presente o próprio real (a lesão, a morte), e digo às vezes que as outras artes só podem sonhar com ele. Elas nos oferecem a beleza encarnada. E não foi isso que sugerimos na nossa nona entrevista: que a beleza na música, na pintura, na poesia, parece vir de outro mundo, porque foi depurada das tensões, das urgências?

Na tourada é justamente o contrário. A emoção alia o desprendimento próprio da beleza ao extremo apego à vida. Ela produz beleza num cenário de medo: o medo da morte do toureiro. Por isso é que ela é tão violenta. Ela cambaleia à beira de um abismo no qual ela pode cair a qualquer instante. Nunca está definitivamente ganha. É a isso que se devem aqueles poucos minutos de intenso arrebatamento que às vezes a tourada me proporciona, e só ela. Sei que nunca vou poder agarrar essa beleza, retê-la para finalmente poder contemplá-la. Ela parece escapar no instante mesmo em que se apresenta. É conquistada a cada instante na emoção contrária e é ameaçada por ela, o medo que sinto do desastre, da lesão, da morte do homem. Sinto as duas coisas ao mesmo tempo. A beleza pura seria indigna: não é de vida e morte que se trata? O medo sozinho seria insuportável: não é a arte e a humanidade que estão em questão? Mas na arena eu vivo as duas coisas ao mesmo tempo, uma apesar da outra, uma contra a outra, uma na outra. E, de novo, falando com você, mil lembranças de obras efêmeras me vêm à memória e me arrebatam. Obras assinadas por Paco Camino, Curro Romero, Paco Ojeda, Joselito, José Tomás, Pablo Aguado, Paco Ureña e outros.

Mas é verdade que às vezes chego muito perto de sentir essa emoção quando escuto uma ária de "bravura" (precisamente!): a soprano *coloratura* passa pelo *contra sol* mais arriscado com a mesma facilidade perturbadora com que o toureiro se desvia dos chifres que passam raspando por ele com um movimento quase imperceptível do punho. Ela me faz sentir algo muito parecido com esse medo transformado no seu contrário. Ai! Era para ser um desastre... mas não é! É por um fio, mas o fio é resistente, o fio da voz, o fio do chifre. De novo, a beleza se mistura ao medo de que ela se estilhace. Mas essa beleza, a beleza musical, vem de outro mundo. Enquanto a beleza da tourada é unicamente deste mundo. Porque é na areia da arena que o touro sempre acaba morrendo, e às vezes o homem também.

– Num filme dedicado a você, Un philosophe dans l'arène, *dirigido por dois cineastas mexicanos, Aarón Fernandez e Jesús Muñoz, você se diz convencido de que as touradas vão desaparecer. E acrescenta: "Só espero morrer antes dela...".*

Acredito sinceramente nisso. Mas eu não quero viver essa morte.

Você citou esse momento do filme, quase no fim. Fico comovido. Se você me permite, acrescento algumas passagens do texto que li em *off*, me dirigindo aos abolicionistas, que com certeza nunca vão ver o filme: "Vocês vencerão. Sei que a causa é perdida. Não pensem que não entendo vocês. Entendo infinitamente mais do que vocês me compreendem, eu e os iguais a mim. Vocês acreditam que somos maus; eu sei que vocês são bons. Compreendo a chama que brilha nos seus olhos, sei muito bem o que vocês sentem: alguma compaixão pelo touro, muita indignação contra nós. Sinto compaixão todos os dias diante do sofrimento dos homens. E também dos animais massacrados pelo comércio e pelo produtivismo contemporâneo. Conheço a raiva diante do arbítrio e da injustiça. Mas vocês acreditam em mim quando declaro a minha admiração pelo touro e pelo toureiro? Vocês compreendem que meus olhos se encham de lágrimas diante de tanta bravura animal, tanta valentia humana, tanta grandeza no combate, tanta beleza na obra de ambos? Sei que vocês não acreditam em mim.

"Sim, amanhã a tourada morrerá. Vocês vencerão, não resta dúvida. Mas e os animais? Eles vencerão? É verdade que os touros não morrerão mais na arena. Morrerão todos no abatedouro, porque serão inúteis.

"A humanidade perderá. Hoje a tourada. Amanhã a caça, a pesca e mil histórias de homens e animais. O que restará da animalidade para povoar nossos sonhos milenares? Talvez algumas raças de cães ou gatos antropizados, impedidos de caçar, refestelados no sofá da sala...".

Acrescento ainda o seguinte: se a tourada morresse de inanição, eu ainda me conformaria. É o destino de toda cultura: a tragédia grega durou três ou quatro gerações, cumpriu seu ciclo histórico. E aconteceu a mesma coisa com muitas práticas culturais. A tourada tem mais de dois séculos, poderia desaparecer naturalmente, por falta de combatentes. O azar é que ela passa muito bem: os touros são em média mais bravos e mais fortes hoje do que eram há cinquenta anos; os toureiros são mais preparados tecnicamente. E um dos maiores toureiros da história ainda está ativo: José Tomás. Não, meu receio não é a extinção natural da tourada, é o seu assassinato por uma civilização uniformizadora, alheia ao mundo dos touros selvagens.

Seja como for, quem suportaria ver morrer diante dos seus olhos uma das suas razões de viver? E as touradas estão tão intimamente ligadas à minha vida...

– *Você pode dar um exemplo?*

Há muitos. Mas talvez um dos mais significativos seja uma tourada muito antiga, que já contei diversas vezes. Foi em 14 de julho de 1973. Eu era aluno da École Normale e, no verão, era monitor em acampamentos de férias da CGT [Confédération Générale du Travail]. Eu estava em Capbreton, nas Landes, com um fim de semana livre. Liguei para uma amiga da época, Françoise, e perguntei se ela gostaria de ir comigo às festas de Pamplona. Disse a ela que o ambiente era uma loucura. Ela tinha descoberto as touradas comigo, alguns meses antes. Em Pamplona, naquele dia, os touros eram da temível raça miúra. O *matador* era Antonio José Galán, um toureiro baixinho e deselegante, que consideramos "vulgar", com aquele desprezo arrogante que nasce do dogmatismo juvenil e da intransigência dos recém-convertidos. Quando entrou o sexto touro, de uma bravura incomum, desabou uma chuva. A tourada não podia mais parar. As capas lutavam contra a lama. O público se refugiou como pôde nos balcões. Françoise e eu ficamos na arquibancada. Trovejava e relampejava. Todo mundo se perguntava de onde vinha tanta água, tanto frenesi. Entre raios e ataques, o toureiro com cara de bobo sacou a muleta e a espada. Como ele ia fazer, naquele lamaçal, para se livrar do incansável *Inoportuno*? Acontece que ele não queria se "livrar" do touro. Ele preferiu combater a viver. Já contei diversas vezes o que aconteceu depois. O homenzinho estendeu sutilmente a mão esquerda, armada do pano vermelho que naquele momento era só um farrapo. Ele estava descalço, num mar de lama onde o touro ia e vinha. O touro parou, com toda a sua grandeza, debaixo da tempestade que o atingia de todos os lados. Então, um palhaço grotesco, como o Mozart de Milos

Forman (evidentemente a comparação só me veio muito depois), começou a desenhar séries de passos "naturais" admiráveis, os mais refinados e elegantes que você possa imaginar. De que compartimento secreto ele tirou aquilo? Ainda posso vê-lo. E, à nossa volta, o espetáculo era insano. Algumas pessoas berravam, outras não acreditavam no que estavam vendo, riam, choravam. Mas ainda não tinham visto nada: o "sublime de grandeza" sucedeu ao "sublime de potência", como diria Kant. Com a espada da morte na mão, nosso Aquiles tentou um primeiro assalto, mas a espada deslizou, falhou. Então o heroico homenzinho jogou longe a muleta e o que ainda lhe restava de instinto de vida. Ele abandonou o próprio corpo, "deixou o hotel", como dizem alguns toureiros. E, sem pano e sem defesa, avançou contra os chifres com a espada na mão. Ele caiu na lama, parecia morto. Mas não! Foi o outro herói, o *Inoportuno*, que desabou. Galán se levantou num salto, estava já no paraíso, tinha voltado do além. Ele não tinha escrito um "Réquiem", mas uma "Missa da coroação". Quem disse que algum dia ele foi baixinho ou vulgar? Ele era o maior e o mais nobre dos toureiros!

Naquele dia, e em outros poucos, entendi o que Kant chama de "sublime", o sentimento estético que ele opõe à beleza. A beleza é medida, o sublime é desmedida. Depois fui atrás do texto na *Crítica da faculdade de julgar*: não há um componente do sentimento de sublime descrito ali que não tenhamos vivido naquele dia, Françoise e eu: a grandeza do homem, a potência da força animal e a Natureza furiosa unindo potência e grandeza. Não sei como saímos daquela arena. Precisamos de uma meia hora para nos recuperar do arrebatamento. Quando finalmente conseguimos falar, não foi para tentar dizer o que tínhamos vivido, éramos incapazes disso. Foi... para decidir nos casar. Mais de 45 anos depois, Françoise continua ao meu lado. Quer dizer, na arena e na vida.

– Como você reage diante da maneira como você e seus companheiros de arena são tratados, de bárbaros, torturadores, sádicos, e até de fascistas, além de outros insultos?

Varia. Mas pelo menos não acredito que estejam com a razão. Em compensação, acredito que a posição deles é natural. É a mesma que eu teria espontaneamente se não conhecesse nada de touradas e me dissessem: "Sabe, tem gente que se diverte machucando e matando publicamente um touro. Chamam de tauromaquia!". É claro que eu militaria imediatamente a favor da extinção desse espetáculo absurdo e cruel. Mas, na maioria das vezes, me abstenho de responder o que quer que seja. Já fiz demais, já falei demais. Cansei. E, sobretudo, me sinto impotente, especialmente diante da atual tendência na Espanha de identificar a tourada com o franquismo. Aliás, ela só é defendida publicamente na Espanha por um partido de extrema direita. Me dá agonia, quando penso na história da tourada. Mas nada nem ninguém pode lutar contra as falsas memórias históricas, mesmo quando são revisionistas. Nem contra as ideologias destrutivas que de repente se tornam evidências unânimes.

– Era a uma dessas ideologias que você se referia quando disse que tinha as melhores intenções do mundo? Que nova utopia é essa que você considera uma ameaça?

A que chamei de utopia animalista – ou ideologia antiespecista. E quando digo que ela se apresenta sempre sob o seu melhor ângulo é porque ela parece a gentileza em pessoa. E aqui não estou mais falando como *aficionado*, mas como filósofo humanista. Porque essa ideologia parece ser uma extensão da moral humanista a todos os seres que sofram, mas na verdade é a sua negação. Ela diz defender o bem-estar dos animais de criação, o que me parece uma intenção legítima e louvável, que eu mesmo defendo, mas ao mesmo tempo é movida pelo desejo de eliminar toda forma de criação, considerada uma sujeição, o que me parece absurdo. Ela se apresenta como ecologista, mas é a própria negação da ecologia.

– Você se considera um defensor do "bem-estar" animal? Da ecologia? Não é contraditório com a sua defesa da tauromaquia?

De jeito nenhum. Vamos começar pela ecologia, ciência que conheci nas aulas de Maurice Godelier, 45 anos atrás. É o contrário do animalismo. A ecologia se interessa pelas espécies vivas e cuida do equilíbrio entre elas: pode introduzir predadores num ecossistema onde o excesso de gazelas está causando um desequilíbrio na cadeia alimentar, por exemplo. O animalismo se preocupa com os indivíduos e não está nem aí para as espécies. Para essa ideologia não há nenhuma espécie nociva, há apenas indivíduos sujeitos ao sofrimento. Já a ecologia não faz diferença entre espécies "sofredoras" e "não sofredoras", porque as espécies da base da pirâmide são tão importantes quanto as espécies do topo. Para o animalista, o Mal é o sofrimento e a morte. São eles que devemos combater, num novo sonho de pureza absoluta – e é nisso que consiste o perigo dessa utopia. Um mundo sem Mal? Epa! Desconfie... Para o ecologista, o sofrimento é um sinal de alerta fundamental para o ser vivo; e a morte individual é necessária à sobrevivência das espécies; não são um mal, mas componentes indispensáveis à vida. Para o animalista, a domesticação é um Mal análogo à escravidão e ao colonialismo; os antiespecistas coerentes militam contra os animais de estimação: eles têm de ser eutanasiados pouco a pouco (recomendação de um dos ideólogos dos antiespecistas, Gary Francione), para que desapareçam essas espécies escravizadas que não conseguiriam sobreviver sem seus mestres humanos. O ecologista não se preocupa com os animais domésticos, mas com a perda de biodiversidade, com o empobrecimento dos ecossistemas e das condições de durabilidade da biosfera. Para os animalistas (versão antiespecista), o Mal é a predação, por causa do sofrimento que ocasiona às vítimas: por isso eles incitam os seres humanos ao veganismo, e os mais coerentes (como Estiva Reus) defendem o fim de todos os carnívoros (por que se restringir ao carnivorismo humano?). Ao que se retrucou que o veganismo não diminuiria o sofrimento dos herbívoros, pois, como é facilmente demonstrável, muitos morreriam de fome, o que os condenaria a uma agonia nitidamente mais longa. O debate continua aberto, mas não vou entrar nele!

Em resumo, é uma escolha: ou ecologia ou animalismo. Entre essas duas posições, há conflitos. Necessariamente. *A priori*, me sinto mais próximo dos ecologistas do que dos animalistas. Mas não chego a absurdos.

– Em que você está pensando?

Um exemplo significativo poderia ser o seguinte... Vou intitulá-lo: "O novo apólogo do lobo e do cordeiro". Vamos situá-lo no Mercantour. Os lobos reapareceram no parque há 25 anos. Os ecologistas – estou me referindo aos militantes, não aos cientistas! – ficaram felizes: nossos ancestrais teriam ficado irritados, depois de milênios de luta contra essa espécie selvagem. Mas a Natureza mudou de campo e hoje exibe todas as virtudes do mundo, logo os lobos são necessariamente amigáveis. Infelizmente, eles são "seres vivos sensíveis", como diz o Código Civil. Eles passam fome. Por isso atacam os cordeiros, que são também, incontestavelmente, "seres vivos sensíveis", que por sua vez sofrem porque são comidos. O que fazer diante desse conflito de sensibilidades entre espécies? Ou desse conflito político entre ecologistas e animalistas? Pois bem, a resposta que dou é humanista. Antes de tudo, devemos proteger os pastores: eles também são incontestavelmente "seres vivos sensíveis". E eles devem proteger *suas* ovelhas, que eles criam e possuem legitimamente, contra os ataques dos lobos. Portanto, seria conveniente limitar tanto quando possível a presença de lobos no Mercantour, não porque as ovelhas sofrem, mas porque a vida dos pastores virou um inferno. Porque se a ecologia é o grande adversário do animalismo, não há nada mais nocivo para a ecologia do que o *ecologismo*, isto é, o militantismo cego, reprovador, dogmático, rígido e, sobretudo, indiferente às condições de vida dos homens.

Agora, voltando uma última vez à tauromaquia, ela é incontestavelmente especista (mostra a superioridade da vida humana sobre a animal), mas não há nada nela que seja antiecológico. Ao contrário! A criação do touro de combate é uma das últimas formas de criação extensiva na Europa. Se as touradas acabarem, muitas dessas terras que hoje são reservadas aos touros de combate serão convertidas em agricultura intensiva ou industrial. Graças ao touro de combate (imagine a Camarga e a Andaluzia), esses pastos são reservas ecológicas extraordinárias para a flora e para a fauna (linces, abutres etc.), como os grandes parques naturais protegidos. Além disso, será que os ecologistas realmente preocupados com a biodiversidade não desejariam preservar essa espécie única que é o touro de combate (*bos taurus ibericus*) e, por extensão, a tourada? Para "salvar" alguns indivíduos de um destino considerado cruel, a espécie inteira (vacas, bezerros, novilhos) tem de ir para o abate? Para mostrar quanto me preocupo com o bem-estar dos animais de criação, eu acrescentaria: o touro de combate é o único animal criado pelo homem que vive em harmonia com a sua natureza selvagem, pois a própria finalidade da criação é preservar a sua "bravura", sem qual a tauromaquia nem existiria. E o touro também morre em harmonia com essa natureza: ele morre combatendo.

Mas estou vendo que estou de novo defendendo a tourada, exatamente o que eu não queria fazer. Na verdade, são as contradições da época que me deixam indignado. Porque é claro que eu não teria a cara de pau de dizer que sou apaixonado por touradas por motivos ecológicos! Mas não vejo nenhuma incoerência nisso.

– Você me disse também que é frequente associações de criadores de cabras, ovelhas, coelhos recorrerem a você, porque não sabem como revidar os ataques das organizações que são contra a criação de animais.

Sim, eles não conseguem entender o que aconteceu. De um dia para o outro, ou quase, eles se tornaram párias. Estão entre a espada e a parede: de um lado, são tratados como torturadores pelas associações antiespecistas; de outro, são pressionados pelas redes atacadistas para aumentar a produtividade.

É fato que o produtivismo frenético da modernidade – seja capitalista, seja socialista – provocou a degradação das condições de criação de animais para consumo humano (especialmente porcos, vacas e galinhas). Eles foram reduzidos a mercadorias ou simples máquinas de produzir carne e excremento: animais enjaulados, amontoados, condenados a sobreviver para se reproduzir e produzir carne. É uma "coisificação" intolerável dos animais, tratados como objetos sem vida e sem sensibilidade.

Entretanto, da mesma forma que um veneno pode gerar um contraveneno tão nocivo quanto ele, ao invés de um antídoto, a mesma modernidade gerou a personificação do animal. Para não transformá-los em coisas, nós os transformamos em pessoas. Erro simétrico e tão grosseiro quanto o primeiro. E os animais têm tanto a perder num caso como no outro. Porque se "o animal é uma pessoa", isto é, um sujeito de direito, ele pode ser levado à justiça. E os homens têm mais ainda a perder, porque se o animal é uma pessoa, a proposição é reversível: a pessoa é um animal. Se assimilamos os homens aos animais, não vejo em nome de que condenaríamos quem mata pessoas, ou quem chama uma ministra de macaca.

O que defendo diante dos criadores é que eles assumam a bandeira do "bem-estar animal" das associações anticriação, porque elas fazem um uso hipócrita dessa bandeira: elas denunciam os absurdos de certas criações ou abatedouros (em geral reais, infelizmente) só para mostrar a crueldade e a impossibilidade da criação em geral. Mas muitos criadores não esperam as denúncias espetaculares dessas associações para melhorar a criação com a ajuda de associações "welfaristas" razoáveis, como a CIWF [Compassion in World Farming]. Mas é óbvio que, para que as coisas comecem a mudar de fato na questão do "bem-estar animal" dos animais de criação, as redes atacadistas têm de descobrir um novo nicho ou os poderes públicos têm de colocá-las na linha.

– Não duvidava que você defendesse o bem-estar animal. Mas como você define essa noção a partir das suas posições humanistas?

Em meu *Em defesa do universal*, sugeri que é possível definir o bem-estar animal por seu princípio, enquanto hoje ele é definido em geral por suas consequências. As consequências são aquilo que denominamos "as cinco liberdades fundamentais", tal como foram formuladas pelo Farm Animal Welfare Council: o animal não deve sofrer fome ou sede; desconforto; dor, lesão ou doenças; não deve sentir medo ou aflição; e, sobretudo, deve poder manifestar os comportamentos naturais próprios da sua espécie: por exemplo, a galinha tem de poder ciscar, esticar as asas etc.

Digo simplesmente que, ao contrário dos seres simplesmente vivos cujo bem é o ser – ou seja, a vida –, para os seres sensíveis (por exemplo, mamíferos, peixes, pássaros), o bem não se confunde com o ser: o bem é o estado final e perfeito em que o bem *por ser* é sentido como tal. Esse é o bem-estar. Nesse estado, o animal é tudo o que ele *pode* ser e ele pode *fazer* tudo o que o define. Aristóteles diria que seu "ser em ato" se confunde com o seu "ser em potência". Ele pode perceber, se mexer, se alimentar, se relacionar com os indivíduos da sua espécie conforme a sua natureza. Esse bem-estar, estado neutro e estável da experiência, de perfeita conjunção com o seu próprio ser, é semelhante ao que Epicuro denominava o "prazer constitutivo", que é como o silêncio do organismo satisfeito, ou pelo menos em perfeito estado de funcionamento.

– Ok, devemos assegurar o "bem-estar" dos animais de criação. Mas volto à minha pergunta: como isso é humanista? O humanismo não consiste em, como dizem alguns, ter consideração moral somente pelos seres humanos?

Não na minha opinião. Porque se temos deveres absolutos em relação aos outros seres humanos, também temos deveres relativos em relação às outras espécies animais. No fundo, tanto os deveres absolutos quanto os deveres relativos obedecem a um princípio análogo. Eles dependem do tipo de relação e troca que estabelecemos com as espécies animais e são proporcionais a essas relações. Foi daí que deduzi as normas humanistas das nossas relações com os animais. Elas são simples e deveriam ser facilmente aceitas por qualquer pessoa razoável, seja qual for o seu nível de sensibilidade. É uma moral "popular", isto é, não se baseia na razão (ao contrário daquela moral que desenvolvi longamente na nossa sétima entrevista). Parto da ideia de dever. Ter deveres é ter dívidas. É a mesma palavra: dever. Nós *devemos* nos comportar em relação às outras espécies de forma proporcional à *dívida* que temos com elas. As quatro normas que formulei são as seguintes.

Em relação a todas as pessoas, e apenas a elas, nós temos deveres absolutos. Devemos tratá-las com igualdade e reciprocidade – como mostrei. Porque só existimos por e em nossas relações de reciprocidade com todos os outros seres humanos. São elas que nos constituem. Essa é a nossa dívida em relação à humanidade presente em cada ser humano. Quaisquer que sejam os deveres que temos em relação aos outros animais, eles são subordinados aos que temos em relação às pessoas. Ao contrário do que afirmam os antiespecistas, um cachorro saudável vale menos que um idoso doente. Esse é o fundamento do humanismo: e, portanto, se me permite, do especismo.

Com os animais de estimação (a aristocracia do mundo animal), nós temos relações afetivas. Eles nos dão a sua presença, a sua dedicação, o seu afeto e, para algumas pessoas, a sua proteção. Essa é a dívida que temos em relação a eles. Devemos a eles nossa afeição e proteção, porque temos o dever de preservar a relação recíproca que mantemos com eles. Isso faz parte tanto do bem-estar deles como do nosso. Não temos o direito de romper esse "contrato afetivo" implícito, abandonando nosso cachorro à beira de uma estrada, por exemplo.

Diferentemente dos animais de estimação, existe o que os economistas chamam de "animais de renda". São todas as espécies domesticadas pelo homem, algumas dez mil anos atrás. Dada a degradação das condições de criação, elas constituem muito frequentemente o que podemos chamar de "proletariado animal" e às vezes – infelizmente – de subproletariado. Elas nos dão o seu mel, o seu leite, a sua lã, a sua carne, a sua energia. Essa é a dívida que temos em relação a elas. Nós as privamos da liberdade da vida selvagem, portanto temos o dever de lhes dar em troca as liberdades que essa vida não lhes dava e que a vida doméstica deveria lhes dar: proteção contra o frio, a fome, a sede, os predadores, as doenças etc. – tudo isso, é claro, permitindo que elas manifestem os comportamentos próprios da sua espécie domesticada. Porque esse é o seu bem-estar. A galinha tem de poder ciscar e o coelho tem de poder saltar.

Resta a última fauna: a dos milhões de espécies selvagens que povoam a terra, o mar, o ar e o subsolo do planeta. O que devemos a elas? Nesse caso, não temos uma dívida individual com cada inseto, cada peixe, cada pássaro, cada mamífero. Em compensação, nossa dívida global com elas é enorme, porque todas formam a biosfera conosco e com as demais espécies vivas. E essa dívida é tanto mais importante porque a espécie humana é superpredadora e ao mesmo tempo a única guardiã possível do planeta. Nossa responsabilidade é enorme. Nosso dever é ecológico: defender as espécies ameaçadas e lutar contra as espécies nocivas, respeitando os equilíbrios que garantem a vida na terra a longo prazo, especialmente a da espécie humana nas melhores condições possíveis.

– Portanto, para você, não há "direitos animais" em geral?

Não, é uma noção absurda, e acho que concordamos nesse ponto. Dizer que os homens têm direitos é dizer que, por definição, eles têm direitos iguais. Senão seriam privilégios de alguns, e não direitos humanos. Ora, os animais não podem ter todos os mesmos "direitos". Dizer que o lobo tem "direito" à vida é negar o mesmo direito à ovelha. A própria noção de "direitos animais" é contraditória, porque a sobrevivência de certas espécies depende da morte de outras. É a lei da vida, que é o contrário do direito. E nós mesmos não temos os mesmos deveres em relação a todos os animais: se elimino as pulgas do meu cachorro é porque reconheço deveres em relação a ele e não em relação às pulgas. E não reconheço nenhum dever em relação aos zangões, às cobras ou aos javalis que destroem as plantações, ou em relação aos "gentis" lobos.

– Esses preceitos parecem razoáveis e acho que todos concordam com eles. Mas, na sua opinião, de onde vem essa explosão recente da ideologia animalista e do veganismo?

Há diversas fontes. E devemos incluir entre elas a ascensão legítima e, no fim das contas, bastante tardia da consciência ecológica? Não acredito. Na verdade, a ecologia e o animalismo são contraditórios, como eu disse antes, mesmo que os nossos contemporâneos misturem uma coisa com outra. Devemos incluir, entre as fontes dessa ideologia, as infames condições de vida dos animais de criação? Talvez. Mas como elas não pioraram de uma geração para outra (ao contrário!), o que precisa ser explicado é por que, de repente, elas se tornaram intoleráveis para as pessoas.

O que eu diria, em primeiro lugar, é que, se a percepção do animal mudou, é por que a percepção do homem mudou. Em *Nossa humanidade*, publicado em 2010, e em diversos trabalhos preparatórios, ou seja, muito antes que se pudesse falar em "explosão", eu já tinha apontado o desenvolvimento das teorias que iam alimentar essa ideia e, mais tarde, esses movimentos.

A origem básica é epistemológica. O século XX foi, nas ciências "duras", o século da física. O século XXI é o século da biologia. Ora, para a biologia, e especialmente para as neurociências, a diferença homem-animal não existe. Ainda mais que, desde a virada do século, as ciências humanas seguiram pelo mesmo caminho: o "homem estrutural" passou a "homem neuronal", como vimos na nossa sexta entrevista. No século passado, a psicanálise, a linguística, a antropologia se fundavam na oposição homem-animal. O "desejo" era tipicamente humano, o animal tinha apenas "necessidades"; a linguagem era humana, o animal possuía apenas códigos de sinais; a história era humana, a evolução era animal; a humanidade possuía uma cultura, o animal tinha uma natureza etc. Houve uma mudança de paradigma nas ciências humanas: o paradigma cognitivista. Hoje, para compreender o homem, não o opomos mais ao animal, mas tomamos o animal como modelo. Popularizada pelas mídias, a nova proposição científica é: "Não há mais diferença entre o homem e o animal" (o que é uma idiotice), do que se deduziu que "devemos tratar os animais como os seres humanos devem ser tratados" (o que é um sofisma, somado a uma idiotice).

Mas essa ideologia animalista tem outras fontes. Uma delas é política. Porque a questão animal se politizou recentemente. E já se imagina por que motivo. A análise política em geral, e a esquerda em particular, é nostálgica da visão da sociedade dividida em classes antagônicas. Pior: está órfã do social. De acordo com uma análise discutível, mas bastante convincente, o resultado foi o seguinte: a esquerda, abandonando as classes populares nas mãos da extrema direita (ou talvez a habilidade da extrema direita tenha sido saber se unir às classes populares com seus temas identitários "protetores"), passou a se dedicar às "vítimas", isto é, às "minorias" de gênero, orientação sexual ou "raça", a exemplo da esquerda norte-americana dos *campi* universitários. Mas *a* vítima incontestável para todos, tanto à esquerda quanto à direita, o novo proletário, é o animal! Ele está na base da pirâmide de exploração. Na conjunção de todos os tipos de servidão: o animal é escravo dos pobres e dos ricos, das nações dominadas e dominantes, das mulheres e dos homens, dos transexuais, dos homossexuais e dos heterossexuais etc. O Animal em geral é vítima do Homem em geral. E mais ainda porque ele não tem voz! Para muitos militantes generosos, isso se traduz na necessidade de serem eles os porta-vozes desses animais e na esperança ilusória de que a "libertação" dos animais, o último elo da dominação, permitirá libertar pouco a pouco todos os escravos, colonizados, dominados, excluídos, subalternos, precarizados e, indiretamente, mulheres, homossexuais, transexuais etc. Como um eco da frase de Marx: "Libertando-se das suas correntes, o proletariado libertará a humanidade inteira". Foi por isso que escrevi em *Três utopias contemporâneas* que o "animalismo não é uma radicalização da proteção do animal: é a animalização da radicalidade".

– Mas, nesse livro, o mais surpreendente é o paralelo que você faz entre a utopia animalista e a utopia trans-humanista.

É verdade. Tentei mostrar que é impossível compreender uma sem a outra. O pós-humanismo e o animalismo são o aposto inevitável desse "homem neuronal" que se impôs tanto nas ciências como nos usos cotidianos. Essas duas utopias são fomentadas pela mesma vontade de superar o homem e o humanismo iluministas. Mas elas superam ambos por cima e por baixo. Para o Iluminismo, o progresso técnico libertava os homens das restrições naturais, como a doença. Os pós-humanistas querem ir além. Eles não se contentam mais com uma medicina curativa: eles querem uma medicina melhorativa, que seja capaz de superar a velhice e até a morte. A esperança do homem está no progresso sem fim das técnicas e o futuro que o espera é o seu "devenir máquina". Em outras palavras, o ciborgue. Os antiespecistas, por sua vez, querem ficar aquém do humanismo, que para eles é apenas outra maneira de designar o fatal antropocentrismo. Ao invés de libertar o homem da Natureza, a técnica subjuga os animais humanos, aqueles mesmos que exploram a Natureza e os outros animais. A esperança está na dissolução do homem na comunidade moral de todos os seres que sofrem. O futuro que o espera é o seu "devenir animal".

O que me impressiona, repito, é a simetria das duas posições. Penso muito na visão antiga da humanidade. É como se, para os antigos, houvesse no universo três faunas: os animais supra-humanos, isto é, os deuses; os animais infra-humanos, isto é, os animais; e, entre eles, os animais humanos. Os homens são definidos por essa situação intermediária: são racionais como os deuses e mortais como os animais. Mas os antigos extraem uma ética dessa situação média: o homem não deve tentar sair da sua condição. Não deve se considerar um deus, visto que é um simples mortal; e não deve se bestializar, visto que é um ser racional. A representação contemporânea do ser humano reduz a pó essas evidências antigas – repetidas de certa forma nas religiões monoteístas. Para os pós-humanistas, cuja ideologia em geral é a dos libertários, os seres humanos podem ser como os deuses imortais, graças à técnica. Eles sonham com um mundo de super-homens, livre do mal da morte. Para os animalistas, que são filhos mais ou menos legítimos dos revolucionários de Maio de 68 que fomos, o homem deve libertar os animais, voltando ele próprio a ser um animal e rompendo com o progresso técnico. Eles sonham com um mundo de seres sensíveis, puro de todo sofrimento.

Opus a essas duas utopias – que considero nocivas – a única utopia política à altura do homem: a utopia cosmopolítica. Se é para imaginar uma nova utopia, que seja humanista: seria a reconciliação da comunidade moral universal com as comunidades políticas singulares. Essa é a minha esperança, o que chamei várias vezes de meu sonho messiânico. Esse ideal cosmopolítico – que, repito, não deve se tornar uma meta – me parece capaz de evitar as ameaças que põem em risco as futuras gerações: quer venham da Natureza (epidemias, pandemias), da técnica (desastres nucleares ou provocados pela indústria) ou dos excessos da técnica usada na exploração da Natureza (mudanças climáticas, esgotamento dos recursos naturais).

– Vamos trocar o ideal pelo real, o mundo pelo indivíduo e a política pelos afetos. Você escreveu um livro notável sobre o amor, mas muito curto (Não existe amor perfeito)*, que consiste essencialmente em uma tentativa de definição. Você explica que o amor "é a fusão instável, em proporção variável, de ao menos duas de três tendências heterogêneas: a amistosa, a desejante e a passional". Gostaria de saber mais, não sobre esse trabalho conceitual, que pode ser encontrado no seu livro, mas sobre o lugar do amor na sua vida e no seu pensamento. Fique tranquilo, não vou pedir que você conte as suas histórias de amor! Quero simplesmente lhe perguntar: o fato de você ter falado tão poucas vezes e tão brevemente sobre o amor significa que você dá menos importância a ele do que se costuma dar?*

Vou começar pela sua última observação. Me admira! Poucos, muito poucos filósofos da atualidade, franceses ou estrangeiros, escreveram sobre o amor. Por isso eu esperava uma observação inversa da sua parte: "Como é que você, conhecido sobretudo pela tendência a filosofar sobre objetos sérios e distantes, foi se meter a escrever um livro – pequeno, é verdade – sobre esse tema 'existencial', que tem fama, se não de frívolo, pelo menos de rebelde à conceituação?". É verdade que, em relação à posição central que o amor ocupa no seu trabalho, no meu essa posição é bastante modesta. Mas ele encontrou um lugar e sou o primeiro a se surpreender.

Escrevi esse livro em três modos. Do mais patente ao mais sutil: em terceira pessoa, em segunda pessoa e em primeira pessoa.

Em terceira pessoa, o objeto mais evidente é o que você guardou dele: a definição do amor. A ideia me ocorreu numa discussão pública como o meu saudoso amigo Ruwen Ogien, que foi ao meu seminário para falar sobre o seu livro *Philosopher ou faire l'amour* [Filosofar ou fazer amor]. Suas posições me pareciam pessimistas em relação à realidade do amor e derrotistas em relação à possibilidade de defini-lo. Me lancei no projeto, apesar das centenas de objeções que aparecem assim que ele é formulado. Como você tem a coragem de enquadrar o amor, se a única coisa que ele quer é fugir? Definir o amor não é estabelecer limites a ele? Ou, pior, regras? Não é negar a sua extraordinária volubilidade? Matar o seu mistério? Sufocar a sua vida? Etc. Ouvi também vozes furiosas, sempre as mesmas, a voz dos eternos rebeldes, a quem ninguém engana! Algumas diziam que o amor varia de acordo com a sociedade, a cultura, a classe. Em muitas sociedades, é desconhecido; em outras, é supervalorizado. Ou: é um privilégio burguês. Ou: uma criação do capitalismo. Ou: uma invenção do individualismo contemporâneo. Não, não é piada, você pode sustentar tudo isso! Eu disse que escrevi esse livro, apesar dessas objeções, mas eu deveria ter dito que o escrevi pelo prazer de mostrar a vacuidade de todas elas. Continuei, nesse campo, os meus combates usuais. A minha defesa do universal. Contra o retativismo (histórico, sociológico, etnológico), a minha defesa das constâncias antropológicas – o que não significa que nego a diversidade dos usos ou a parte histórica dos sentimentos. Contra a fluidez do real, a minha defesa das definições – a investigação racional das definições é consubstancial com o exercício filosófico e sua formulação muitas vezes esclarece a experiência vivida. Mas não é diante do rigoroso autor de um indispensável *Dicionário filosófico* que vou defender essa causa! Mas gosto de reivindicá-la. Aliás, fiquei muito feliz, numa mesa-redonda sobre o amor da qual participei recentemente, quando uma jornalista muito generosa me apresentou como "o especialista das definições impossíveis", referindo-se à música.

Enfim, em terceira pessoa, minha investigação me conduziu à proposta de um novo método de definição. Diferente daquele que utilizei em outros casos supostamente desesperados: por exemplo, quando defini o jazz por uma série de círculos concêntricos ao redor de um centro prototípico. Para definir o amor, eu precisava de um método que delimitasse solidamente a noção, mas permitisse uma diversidade de realizações concretas em permanente evolução. Porque todo amor é singular e cada amor é uma história. Ou mais até, como observei na nossa primeira entrevista, me parece. Estabeleci três polos fixos como contraposição: "amizade", "desejo" e "paixão", porque, ao contrário do amor, a amizade é sempre recíproca, o desejo bruto pode levar ao estupro e a paixão pode ser rancorosa. E, entre esses três polos, defini o território do amor, que tem sempre um pouco – ou muito – de cada uma dessas tendências.

Seguindo a vocação que atribuo à filosofia – e apontei na nossa primeira entrevista –, tentei introduzir o máximo de racionalidade possível na experiência – e o amor está no centro de toda experiência humana. Também quis enriquecer o conceito com o máximo de experiências possível: daí todos aqueles exemplos literários. É assim que ele se integra aos meus trabalhos sobre a humanidade e à tese que defendo sobre ele: longe de excluir a diversidade, a universalidade é a própria condição dela. Esse livro ocupa um lugar natural no "meu pensamento", como você diz. Mas falta responder à pergunta sobre o lugar que ele tem na minha vida.

– E, retomando a sua distinção, explicitar o que você quis dizer quando afirmou ter escrito o livro em segunda pessoa...

Foi uma das raras vezes em que escrevi pensando nos possíveis destinatários. Todos os apaixonados, é claro. Mas sobretudo os "apaixonados de primeira viagem", digamos assim. Meus filhos já passaram da idade, mas meus netos vão chegar em breve a essa fase. Pensei nos adolescentes, nos jovens que talvez estejam entrando pela primeira vez no triângulo do amor por um dos seus lados ou por um dos seus polos, e às vezes sem nem se dar conta. Como todo mundo, eles forçosamente vão se afligir: "Será que sou amado(a)?", que é a angústia constitutiva de todo o apaixonado. Mas os que estão debutando no amor também se colocam uma pergunta mais obscura e talvez mais profunda: "Será que eu amo? Será que 'amar' é isso?". Acho que esse é um dos motivos por que o livro mexeu tanto com os leitores.

Ele recebeu um "Prêmio Colegial do Livro de Filosofia" e recebi muitos testemunhos de leitores, em geral tocantes, dizendo que o livro foi um reconforto para eles. Eles entenderam a moral que eu quis passar: não existe um jeito certo ou errado de amar, desde que a gente se esforce para não machucar o outro, como em toda relação humana. Também entenderam que o amor, mesmo o mais recíproco (que nunca é de mão beijada!), não é simétrico: ninguém é amado da mesma forma como ama. Isso é impossível, cada um tem o seu itinerário no mapa do amor. E as mensagens que mais me comoveram foram dos que disseram que se sentiram aliviados ao saber que, decididamente, não existe amor perfeito, e que era talvez a busca ansiosa por essa perfeição que estragava a sua vida amorosa.

A propósito do título, me lembro de uma pequena peripécia editorial. Dei ao opúsculo o título: "O amor é imperfeito". Porque a demonstração de imperfeição que eu faço – ao menos em terceira pessoa — não é a dos amores em si, mas do conceito de amor, constituído de três elementos heteróclitos. Mas a minha editora insistia: "Não, é melhor 'Não existe amor perfeito'!". E eu resistia: "As pessoas vão entender que 'Não existe amor feliz' e não é essa a minha proposta!". E eu tinha razão, porque muita gente confunde uma coisa com a outra, pelo menos entre as pessoas que não leram o meu livro. Mas, pensando bem, ela estava certa. Ela estava raciocinando em "segunda pessoa". Pensou nos meus leitores, que forçosamente leriam o livro pensando no que eles próprios viveram ou estavam vivendo. E é o fato de admitir que o real pode ser feliz, apesar da sua imperfeição, que o faz digno de ser amado.

– E em primeira pessoa?

Como muita gente da minha geração e da anterior, eu era fascinado por uma espécie de modelo Sartre-Beauvoir: um amor "necessário" que não proíbe amores secundários. Era o meu ideal na minha juventude. Mas, de novo, a realidade sempre fica a dever: não existe amor perfeito. No entanto, o amor que me une àquela com quem compartilho a minha vida há quase cinquenta anos é o fio condutor *necessário* da minha vida amorosa. Aliás, nossa comunhão não se resume a essa vida e a esse amor, já que temos os mesmos gostos: ópera, teatro, contemplação da vida selvagem, e compartilhamos as mesmas paixões: a música e as touradas. Foi pensando "em primeira pessoa" nessa relação única que escrevi em *Não existe amor perfeito* que, em toda história, as partes respectivas de desejo, amizade e paixão evoluem continuamente e suas fusões sucessivas estão sempre engendrando novas formas de vida e de amor. É nela que penso quando os leitores se perguntam, e às vezes me perguntam (como se eu fosse um conselheiro matrimonial!), se um amor pode ser duradouro e eu respondo: "Desde que esteja sempre se transformando".

Mas como deixei subentendido há pouco, minha vida não se resume a esse fio condutor indispensável. Foi rememorando episódios antigos dessa história, e de outras histórias minhas, que escrevi em primeira pessoa que o amor pode não ter paixão e se resumir à libertinagem a dois; ou, ao contrário, a paixão torna cego e lúcido ao mesmo tempo, ou pode ser medida no espaço e no tempo: "Quantos quilômetros sou capaz de percorrer para passar uma hora com a minha paixão?".

E quando descrevi essa contradição do amante que quer o amado livre e seu, eu devia ter escrito: "Eu a queria livre e minha".

O conceito de amor tem realmente um lugar no meu pensamento, mas não tem nenhum na minha vida. Porque o que abalou, perturbou, iluminou, instruiu, guiou, determinou mais de uma vez a minha vida, o que ora lhe deu sentido, ora quase a privou de todo sentido, não foi a ideia de amor, foram os amores, foram as minhas histórias de amor. O amor, nesse sentido, não existe; o que existe, e ocupa todo o meu pensamento, é a minha mulher e mais nada. Nesses momentos de domínio, arroubo, exaltação, embriaguez, eu filosofo pouco. O que às vezes me fez perder o pé, desdenhar das ideias, abandonar o conceito e até rejeitar o pensamento foi o meu amor por alguma mulher. "Filosofar ou fazer o amor." Talvez Ruwen Ogien estivesse certo, os dois ao mesmo tempo é impossível.

Paro por aqui. Você me fez dizer mais do que eu gostaria. Vejo isso como um sinal da sua habilidade, mas sobretudo como uma amostra da nossa amizade. Porque a amizade, ao contrário do amor, é sempre recíproca, ainda que neste nosso diálogo de entrevistador e entrevistado ela seja assimétrica.

– De todos os meus amigos, você provavelmente é quem tem a cultura filosófica mais vasta e mais diversificada. Você me impressionou várias vezes, no seu seminário, com a amplitude das suas leituras, especialmente

em filosofia contemporânea, seja "continental", seja "analítica". Sem entrar na distinção entre essas duas correntes, da qual já tratamos, como você vê o estado atual da filosofia?

Recordei na nossa primeira entrevista a minha carreira variada e às vezes caótica. Mas pelo menos ela me deu a possibilidade de ver a filosofia se desenvolvendo de maneiras muito diferentes. No seminário que ministrei durante mais de quinze anos na École Normale Supérieure, convidei mais de duzentos filósofos franceses e estrangeiros, de "todas as confissões", digamos assim. Tentei compreender suas intervenções, qualquer que fosse o tema, e discutir suas posições, por mais distantes que fossem das minhas. Aprendi com esse duplo privilégio uma lição de modéstia e de otimismo. De modéstia: quantas vezes, nas minhas "Segundas da filosofia", não fiquei mudo de admiração quando precisei "retomar" a apresentação para começar a discussão! De otimismo: porque a filosofia está realmente viva, apesar do que dizem os que alegam uma pretensa era de ouro nos anos 1960-1970. Afirmo sem pestanejar que, na Universidade francesa, o nível de formação dos professores e a variedade dos objetos de reflexão são nitidamente superiores aos de cinquenta anos atrás, ou mesmo de trinta anos atrás. Isso se deve, entre outras coisas, à generalização da pós-graduação em três anos (na realidade, em cinco), que se tornou etapa obrigatória em qualquer formação universitária. Essa pós-graduação é financiada em geral por bolsas de estudos, muito curtas e muito modestas, mas que não existiam antes da década de 1990. Quase duas mil teses de filosofia são defendidas por ano na França – das quais centenas são interessantes e algumas são notáveis. O nível dos professores doutores é muito elevado, às vezes superior ao dos professores titulares encarregados de selecioná-los. Tenho certeza de que nenhum estudante da nossa geração seria capaz de dominar tantas fontes, conceitos e conhecimentos e mostrar ao mesmo tempo tanta criatividade como alguns jovens filósofos de hoje. Mas o que mais admiro é a variedade de temas. Nossa formação, e a dos nossos professores, era centrada na "história da filosofia", ou seja, no conhecimento dos filósofos do passado, que aprendíamos a comentar. Era bom, mas não era suficiente. E a mesma coisa os temas de tese. Eles tinham em geral a estrutura: "O N em X", N sendo um conceito qualquer e X um grande filósofo de prestígio; ou, quando o caminho até X parecia muito espinhoso, faziam um desvio por Y e Z, autores considerados menores e menos estudados. Mas a lógica era pouco ensinada, a filosofia das ciências se reduzia à história das ciências, a filosofia moral era menosprezada, a do direito era ignorada (pois não tudo é política?), a metafísica se reduzia à sua história, as diferentes correntes da filosofia analítica eram pouco conhecidas e ensinadas, e a filosofia da arte e a estética se resumiam em geral a Kant e Hegel! Hoje, na Universidade, há excelentes especialistas em todas essas áreas. E o reverso da medalha é que a chamada filosofia geral, sem a qual praticamente não existe filosofia, é tão pouco praticada hoje como era antigamente. Em geral fica restrita, como antigamente, aos cursos preparatórios. Como você mesmo disse, fiz o que pude para defender o conceito da filosofia geral na Universidade.

A variedade dos temas com que os jovens filósofos trabalham hoje também permite uma delimitação muito precisa do contemporâneo. Isso levou à criação de novas disciplinas, como a ética aplicada, a ética animal, a ética de gênero, a ética ambiental etc. É saudável que a filosofia acadêmica saia da toca – ainda que, como você pode imaginar, em geral as preocupações militantes se impõem ao rigor conceitual e argumentativo. Como pode imaginar também que esses filósofos panfleteiros são os mais solicitados pelos jornalistas.

Mas também vejo despontar filósofos importantes na geração que veio depois da nossa e da seguinte, isto é, filósofos com senso da historicidade das questões e da transversalidade dos problemas. Isso, para mim, é fundamental. Filósofos – e filósofas – que não limitam a reflexão à crítica. Ou ao aqui e agora. Para quem a política e a ética fazem parte da metafísica e às vezes remetem à epistemologia. Para quem a filosofia não começou antes de ontem e parou em Heidegger ou Wittgenstein. Para quem ela se nutre de matéria estranha: literatura, ciências exatas, linguística, antropologia, psicologia, biologia, neurociências etc. Às vezes lamento que alguns dos meus ex-alunos e ex-doutorandos mais promissores tenham se fechado muito rápido numa especialidade. Admiro os que considero os verdadeiros pensadores.

– E fora da França? Ou mesmo fora da Universidade?

A circulação internacional das ideias, das correntes e das obras filosóficas é muito mais fácil. Os pensamentos estão menos enraizados nas tradições nacionais. Isso é efeito dos padrões internacionais que se estabeleceram no ensino superior e na pesquisa em quase todo o mundo, e na filosofia, a partir do modelo das disciplinas científicas. É como na música sinfônica: a sonoridade das grandes orquestras do mundo tende a se igualar, em benefício de um som globalmente melhor, mas menos tipificado. Você, André, é hoje um dos raros representantes de um modo de escrita e pensamento especificamente francês, como lembrei num artigo do *Cahiers de l'Herne* dedicado a você. E, além do mais, a meio caminho entre a filosofia erudita e a filosofia popular. A posição com que eu sonho para o futuro da música...

A exceção francesa são os leitores de filosofia. O público vai muito além dos *campi* e dos "profissionais". Isso é efeito, entre outras coisas, da continuidade do ensino de filosofia no segundo grau. O que permite editoras dinâmicas, programas de rádio com boa audiência, "festivais" filosóficos, um grande número de associações privadas organizando ciclos de conferências ou cursos de filosofia... E tudo isso é muito animador!

Mas um ponto me entristece. Como uma sombra num quadro alegre. Acreditei durante muito tempo, como um cândido herdeiro do Iluminismo, que o ensino generalizado da filosofia e sua penetração no tecido social teriam um efeito benéfico na formação do cidadão e na racionalidade dos debates sobre a sociedade. Não é o caso. Pelo menos a julgar pela naturalização progressiva das ideias de extrema direita nas redes de informação contínua, a participação cada vez maior do conspiracionismo e das paixões negativas (ressentimento, rejeição, exclusão) nas redes sociais, a falta de cultura política em certas mobilizações, a ascensão das ideologias identitárias a serviço das causas puras e perfeitas... Em outras palavras, uma desconfiança galopante e um fanatismo assustador. Talvez fosse ingenuidade minha pensar que a filosofia podia ter alguma influência sobre corpo social, e em especial uma influência positiva sobre formação dos espíritos. Afinal, ela se prestou ao serviço das iniciativas mais delirantes. Mas, ainda assim, é triste para quem dedicou a sua vida à filosofia ver que ela tem tão pouca influência positiva. O meu consolo é a constatação de que a irracionalidade que caracteriza as opiniões populares espontâneas parece não poupar os discursos supostamente refletidos dos doutos. Vimos isso nitidamente no início da pandemia.

– De fato, me lembro de um projeto de artigo que você me enviou e no qual você fazia um paralelo entre as visões conspiracionistas da pandemia e certas interpretações intelectuais que estavam se difundindo.

Sim, encontrei em certas interpretações científicas da pandemia o mesmo processo de pensamento que no mecanismo dos boatos. Buscar a todo custo um Sentido, em vez de explicações; designar "o" responsável, em vez de desenredar a série de causas; interpretar o Mal, em vez de compreender os males para remediá-los. E ainda afirmar que "tudo isso está ligado" e que "não é nenhuma coincidência se...". Por exemplo, enquanto nas redes sociais viralizavam mensagens do tipo "é uma conspiração da CIA", "é uma arma biológica criada pela Big Pharma e teleguiada pelas finanças internacionais" (siga o meu olhar: Soros, Rothschild, Salomon e companhia), na imprensa séria doutores especializados no social criticavam essas bobagens e tentavam substituí-las por visões próprias sobre a Origem do Mal. Alguns apontaram o culpado a esmo: o neoliberalismo. A acusação tinha tanto fundamento quanto se tivessem dito, como nas redes sociais, que "a culpa é do sistema". O neoliberalismo podia ser interpretado no sentido que se quisesse (e eles são muitos e confusos), porque, de todo modo, como "o pulmão" do *Doente imaginário*, todo mal vem dele. Não só as crises financeiras e as "desigualdades", o que é compreensível, mas também as guerras, as mudanças climáticas, os tsunâmis e as epidemias. Para outros, o culpado era necessariamente "o Homem", dono e senhor da Natureza. Eu estava apostando que os apologistas da Mãe Natureza iam calar a boca no momento em que fosse necessário mobilizar as solidariedades humanistas globais (portanto especistas). A pandemia não é uma ameaça a toda a humanidade? Não revela a verdadeira natureza da Natureza e a força deletéria da Vida bruta, a de um agente patogênico invasivo que se reproduz às cegas? Mas não: o Homem é necessariamente o pecador original que maculou a Natureza inocente. Agora ela está se vingando...

Afinal, essas interpretações religiosas do Mal são humanas. Por que sofremos? Porque pecamos. Por trás de todo gemido, há a busca ansiosa de um erro e a necessidade de um culpado. E, ouvindo diariamente essas tolices, doutas ou ingênuas, eu me consolo pensando que, na nossa juventude, nós também éramos adoradores da Explicação Única. O Mal tinha uma única fonte: a divisão da sociedade em classes e a propriedade privada dos meios de produção. Que vale tanto quanto o neoliberalismo, o Homem ou, em outros contextos, o Ocidente e a Branquitude.

– Há alguns anos, durante um jantar na minha casa, eu disse: "Passamos pelo mais difícil!", pensando na nossa idade, nos anos que se passaram e no trabalho que realizamos. Você respondeu: "Sim, mas muito provavelmente também vivemos o melhor!". Achei engraçado, principalmente porque fui obrigado a concordar com você (só a verdade me faz rir). Posso lhe perguntar o que foi esse "melhor" que você viveu? E o pior?

O pior período da minha vida foi a adolescência. Transtornos relacionados à puberdade, obsessões sexuais, ódio do meu pai, tormentos religiosos, angústias diversas, a impressão de que o meu pensamento me escapava: um caos físico, intelectual e espiritual. Prometi a mim mesmo nunca me esquecer das dificuldades dessa idade. E não me esqueci. Alguns anos depois, as coisas continuavam na mesma: só pensava no amor, que me parecia distante, e na morte, que me parecia próxima. É curioso: minha morte nunca esteve tão próxima – eu poderia ter dito essa frase idiota em qualquer idade! – e nunca pensei tão pouco nela, em todo caso não com o pavor dos meus 20 anos. Nessa época eu costumava repetir as primeiras frases de *Aden Arabie*, de Nizan. Elas eram verdadeiras: "Eu tinha 20 anos. Não deixarei ninguém dizer que é a idade mais bonita da vida". Foi só depois da *agrégation* de filosofia que a minha paisagem mental começou a se desanuviar.

Agora a melhor... Eu começaria citando que o que dependeu menos de mim e que, pensando bem, me parece realmente o mais importante. Tenho – ou tive – a sorte de viver numa das regiões mais pacíficas, mais livres e mais prósperas do mundo (embora eu não ignore as suas mazelas): a que ainda faz boa parte do planeta sonhar. A minha geração tem – ou teve – a sorte de não passar pela guerra e, sobretudo, de viver um parêntese histórico único, com a liberação dos costumes e um progresso social quase contínuo. Também tive a sorte, ao contrário dos meus pais, dos meus avós, dos meus bisavós e da maioria das gerações anteriores, de não sofrer perseguições antissemitas. Muitas vezes me pergunto angustiado: meus filhos e meus netos terão essa sorte? Estremeço pensando nisso...

O melhor? Pude filosofar a minha vida inteira, e pude até mesmo viver da filosofia. Pude prolongar o sonho que sempre esteve comigo desde o deslumbramento que senti ao descobrir, nas *Meditações metafísicas*, de Descartes, que era possível dizer o mundo em primeira pessoa, desde que eu o procurasse nos conceitos e nos argumentos.

O melhor de tudo? Pude viver as minhas paixões, pude até mesmo transformá-las em matéria filosófica. É um orgulho para mim ter escrito e filosofado sobre duas delas: uma considerada honrosa (a música) e outra vergonhosa (a tourada). Não tendo sabido – tal qual o filósofo antigo – me curar das minhas paixões, tentei pôr alguma razão nelas. Fui fiel à injunção socrática de sempre pensar em harmonia consigo mesmo, embora eu não tenha vivido uma "vida filosófica" no sentido que a expressão tinha na Antiguidade. Hoje a sabedoria é feita de outras exigências, menos terapêuticas e talvez mais profiláticas: serenidade para si mesmo, preocupação com os próximos e mobilização contra as injustiças do mundo. A concepção antiga da "filosofia como maneira de viver" me parece obsoleta, mas não fui totalmente infiel a ela: a filosofia não me permitiu viver de acordo com a razão, porém mais de uma vez me deu razões para viver. E acho que dediquei o essencial da minha vida a ela. Em todo caso, ela me deu grandes alegrias. A de ler e reler os textos clássicos, analisá-los, compreendê-los, transmiti-los. A de ensinar filosofia em todos os níveis e para todos os tipos de públicos, na França e no Brasil. A de perguntar *por que* e *que é* com a insistência ansiosa da minha infância e acreditar, e às vezes pressentir, elementos de resposta. A de tentar, com igual prazer e sofrimento, dizer o mundo e defender o universal.

Eu disse há pouco que não acreditava na finalidade que a maioria dos filósofos antigos atribui à filosofia. Mas acredito na finalidade mais elevada que eles atribuem à existência humana: poder vivê-la serenamente até o fim, rodeado de amigos.

ÍNDICE ANALÍTICO

Nona entrevista – A música e as outras artes [p.287-344]

Décima entrevista – O que resta [p.345-92]

SOBRE O LIVRO

Formato: 13,7 x 21 cm
Mancha: 23,7 x 40,3 paicas
Tipologia: Iowan Old Style 10/13,1
Papel: Off-white 80 g/m² (miolo)
Cartão Supremo 250 g/m² (capa)

1ª edição Editora Unesp: 2022

EQUIPE DE REALIZAÇÃO

Edição de texto
Marcelo Porto (Copidesque)
Tomoe Moroizumi (Revisão)

Capa
Marcelo Girard

Editoração Eletrônica
Sergio Gzeschnik (Diagramação)

Assistência Editorial
Alberto Bononi
Gabriel Joppert

Impressão e Acabamento
Bartiragráfica
(011) 4393-2911